アニエス・ポワリエ
木下哲夫 訳

パリ左岸

1940-50年

白水社

パリ、オテル・ラ・ルイジアーヌ、「円形の部屋」としても知られる10号室。
シモーヌ・ド・ボーヴォワール、ジャン=ポール・サルトル、ジュリエット・グレコが相次いで住まいとした。© Agnès Poirier

ジュリエット・グレコとのインタヴュー。2014年1月7日、サントロペの自宅にて。
© Grégoire Bernardi

パリ左岸　１９４０－５０年

装丁　細野綾子

フランソワに

パリはぼくらに厭いてはいなかった。ぼくらはまだ颯爽として、人気もあった。街の女は微笑み、振り返る。部屋は冷えても女たちの姿は良く、月並みな屈託に煩わされない今とは別の生き方、崇高な生き方の気配以上のものがあり、この壮大な博物館、遊園地はただきみひとりのために明け暮れた。

ジェイムズ・ソルター『日々を焼き尽くす』

目次

年表 8／主な登場人物 14／地図 16
序文 19

I

戦争がわたしの先生だった 一九三八年七月―一九四五年八月

第1章 陥落 31
第2章 選択 51
第3章 闘争 83
第4章 欲望 119

II

「現代《レ・タン・モデルヌ》」 一九四五年秋―一九四六年十二月

第5章 存在の哲学 149
第6章 欲望と解放 177
第7章 第三の道 206

Ⅲ　行動の曖昧さ　一九四六年十二月―一九四八年六月

第8章　共産主義者にならずにすますには　233
第9章　恋愛、流儀、麻薬、孤独　260
第10章　行動と異議　277
第11章　「巴里の憂鬱は強力な気付け薬」　310

Ⅳ　感覚に磨きをかける　一九四八年六月―一九五〇年

第12章　「あっちが芸術を独り占めしているのに、こっちはドルで懐を膨らませているだけ」　331
第13章　神経を刺激する　347
第14章　怒り、恨み、しくじり　363
第15章　権利擁護　383
第16章　告別、そして新しい夜明け　400

謝辞　419
訳者あとがき　421
索引　*1*／原注　*13*

年表

一九三九年

八月二十三日　ソ連外相モロトフ、ドイツ外相フォン・リッベントロップと独ソ不可侵条約締結。ヒトラーの西方への侵攻がこれにより容易となる。

八月二十四日　ジャック・ジョジャール、ルーヴル美術館を閉館。美術品四千点を安全な保管場所に移送するため、秘密裏に梱包

九月一日　ドイツ、ポーランドに侵攻

九月三日　フランスとイギリス、ドイツに宣戦布告

一九四〇年

五月　シルヴィア・ビーチがパリで経営する書店シェイクスピア・アンド・カンパニーに身を潜め、アーサー・ケストラーが『真昼の暗黒』の草稿をロンドンの版元に送付

五月十日　ドイツ、ベルギーとフランス北部に侵攻

六月十日　ムッソリーニ率いるイタリア、イギリスとフランスに宣戦布告

六月十一日　フランス政府、パリから撤退

六月十四日　ドイツ軍、パリ入城

六月十八日　BBCの放送を通じ、シャルル・ド・ゴール将軍がロンドンからフランスに戦闘の続行を呼びかける。すべての若者にレジスタンスに加わり、共に闘うよう促した。

六月二十二日　ジャン＝ポール・サルトルとアンリ＝カルティエ・ブレッソン、身柄を拘束され、ドイツの捕虜収容所に移送される。

六月二十三日　アドルフ・ヒトラー、エッフェル塔の前で記念撮影

一九四一年

三月　サルトル、収容所を脱走しパリに戻る。

四月─九月　ボーヴォワール、サルトル、メルロ＝ポンティがレジスタンス集団「社会主義と自由」を結成。しかしメンバーの多くがより有力な共産党系のレジスタンス集団を選んだため、まもなく企図を断念。サルトルはリセ・コンドルセの教職に復帰し、哲学を講じる。

十二月　ドイツ、アメリカ合衆国に宣戦布告

一九四二年

一月　フランス文学の検閲官に任じられたフランス贔屓のドイツ軍中尉ゲルハルト・ヘラーがアルベール・カミュの『異邦人』を読み、出版を許可する。

九月　レジスタンス作家集団の全国作家委員会（ＣＮＥ）が作家エディット・トマのアパルトマンで毎週会合を開く。

十一月　アメリカ合衆国、北アフリカに侵攻

一九四三年

六月　サルトルの戯曲『蠅』がシテ座（現パリ市立劇場）で初演される。

八月　サルトルの七百ページにおよぶ哲学論考『存在と無』と、恋愛の三角関係を描いたボーヴォワールの半自伝的な処女小説『招かれた女』が同じ週に刊行される。

九月　ピカソ、パリに潜伏中のハンガリーの写真家ブラッサイに占領下で制作した作品の撮影を依頼する。

一九四四年

六月六日　夜明けにノルマンディー上陸作戦開始。アンリ＝カルティエ・ブレッソンとジョルジュ・ブラック、ラジオで共にニュースを聞く。

八月十六日　パリ蜂起が始まる。

八月二十五日　午後四時十五分、ナチのフォン・ショルティッツ司令官が降伏文書に署名

九月　対独協力者の粛清が始まる。

一九四五年

一月　「コンバ（戦闘）」誌の編集長アルベール・カミュが特派員としてサルトルをアメリカに、ボーヴォワールをスペインとポルトガルに送る。サルトルにとっては初の訪米だった。

七月　アレクサンダー・カルダー、マルセル・デュシャンおよび知り合ったばかりのサルトルの助力を受けてモビール展の準備を進める。
八月　ペタン元帥の反逆罪を問う裁判が行なわれる。広島、長崎に原爆が投下される。
十月　サルトル、クラブ・マントナンで「実存主義はヒューマニズムか」と題する講演を行なう。女性たちが失神する。
フランスで戦後初の選挙が行なわれる。フランスは第三共和政を廃止する。

一九四六年

一月　シャルル・ド・ゴール辞職
四月　ケストラーの『真昼の暗黒』がフランスでたちまちベストセラーとなる。
五月　リチャード・ライト、パリで暮らし始める。
九月　ボーヴォワール、『第二の性』の執筆準備に取りかかる。
十二月　ボリス・ヴィアン、「アメリカの黒人作家」ヴァーノン・サリヴァン名義で処女作『墓に唾をかけろ』を秘かに刊行。性描写を咎められ、版元が裁判にかけられる。

一九四七年

一月　ボーヴォワール、アメリカ合衆国に四か月滞在。ネルソン・オルグレンと出会い、恋に落ちる。
三月　トルーマン大統領が連邦政府職員忠誠審査制度を施行

四月　ジャズ・クラブ兼バー〈ル・タブー〉、ドーフィーヌ通りで開業、まもなく「実存主義者の巣窟」の名がつく。
六月　カミュの『ペスト』がパリの書店の店頭に並ぶ。
　アメリカのジョージ・マーシャル国務長官がハーヴァード大学の院生に向けて講演し、のちのマーシャル・プランの概要を説明
十一月　ノーマン・メイラー夫妻、復員軍人援護法の奨学金を元手にパリで暮らし始める。夫妻は一年間滞在した。

一九四八年

一月　アルベルト・ジャコメッティが《歩く男》を含む最新作を展示する。カタログのエッセイはサルトルが執筆
二月　チェコのクーデターが共産党に対する党員の忠誠心を揺るがす。
三月　非共産党系左翼の結集とヨーロッパの独立を目指し、サルトルが政党「革命的民主連合（RDR）」を結成
六月　アート・バックウォルド、リチャード・シーヴァー、エルズワース・ケリー、ライオネル・エイベルが復員軍人援護法を利用してセーヌ左岸で暮らし始める。
八月　シオドア・H・ホワイトがマーシャル・プランの実施状況を取材しにパリに赴く。
九月　ソール・ベローが家族と共にパリに到着
十一月　ジェイムズ・ボールドウィンがパリに到着する。所持金は四十ドルのみ。

二十七歳の青年ギャリー・デイヴィスが国連総会の最初の会議に割って入り、「ひとつの世界にひとつの政府」運動の開始を宣言

一九四九年

一月　クラフチェンコ裁判
　　　サミュエル・ベケット、『ゴドーを待ちながら』脱稿
四月　ソール・ベロー、ついに『オーギー・マーチの冒険』に着手
五月　エルズワース・ケリー、独自の作風を見いだす。
　　　ネルソン・オルグレン、『黄金の腕』を書き終え、パリに到着。四か月をボーヴォワールと共に過ごす。
　　　ジュリエット・グレコ、パリでの初公演を終えたマイルス・デイヴィスと会う。ふたりとも一目惚れだった。
六月　ボーヴォワールの『第二の性』第一巻刊行
七月　十五歳のブリジット・バルドーが雑誌「エル」の表紙モデルに選ばれる。
十一月　ボーヴォワールの『第二の性』第二巻が刊行され、大騒ぎとなる。

主な登場人物

ネルソン・オルグレン　一九〇九年生まれ、アメリカの作家
ドミニク・オーリー　一九〇七年生まれ、フランスの作家
ジェイムズ・ボールドウィン　一九二四年生まれ、アメリカの作家
シルヴィア・ビーチ　一八八七年生まれ、アメリカの書店主、版元
シモーヌ・ド・ボーヴォワール　一九〇八年生まれ、フランスの思想家、作家
サミュエル・ベケット　一九〇六年生まれ、アイルランドの作家。六九年ノーベル文学賞受賞
ソール・ベロー　一九一五年生まれ、アメリカの作家。七六年ノーベル文学賞受賞
ソニア・ブラウネル＝オーウェル　一九一八年生まれ、イギリスの翻訳家、編集者
アート・バックウォルド　一九二五年生まれ、アメリカのジャーナリスト。八二年ピューリッツァー賞受賞
アレクサンダー・カルダー　一八九八年生まれ、アメリカの彫刻家
アルベール・カミュ　一九一三年生まれ、フランスの作家。五七年ノーベル文学賞受賞
ジャン・コクトー　一八八九年生まれ、フランスの詩人
マイルス・デイヴィス　一九二六年生まれ、アメリカのジャズ・トランペット奏者
ジャネット・フラナー　一八九二年生まれ、アメリカのジャーナリスト、「ニューヨーカー」誌パリ特派員

アルベルト・ジャコメッティ　一九〇一年生まれ、スイスの彫刻家、画家
ジュリエット・グレコ　一九二七年生まれ、フランスの歌手
ジャック・ジョジャール　一八九五年生まれ、第二次世界大戦中のルーヴル美術館館長
エルンスト・ユンガー　一八九五年生まれ、ドイツの作家
エルズワース・ケリー　一九二三年生まれ、アメリカの画家
アーサー・ケストラー　一九〇五年生まれ、ハンガリー生まれのイギリスの作家
ノーマン・メイラー　一九二三年生まれ、アメリカの作家。六九年、八〇年ピューリッツァー賞受賞
ジャン・マレー　一九一三年生まれ、フランスの俳優
アドリエンヌ・モニエ　一八九二年生まれ、フランスの書店主、版元
ジャン・ポーラン　一八八四年生まれ、フランスの編集者
パブロ・ピカソ　一八八一年生まれ、スペインの画家
ジャン＝ポール・サルトル　一九〇五年生まれ、フランスの思想家、劇作家、作家。六四年ノーベル文学賞に選出されるが受賞を辞退
アーウィン・ショー　一九一三年生まれ、アメリカの作家、脚本家
シモーヌ・シニョレ　一九二一年生まれ、フランスの女優
エディット・トマ　一九〇九年生まれ、フランスの作家、司書
ボリス・ヴィアン　一九二〇年生まれ、フランスのジャズ・ミュージシャン、作家
シオドア・H・ホワイト　一九一五年生まれ、アメリカのジャーナリスト。六二年ピューリッツァー賞受賞
リチャード・ライト　一九〇八年生まれ、アメリカの作家

パリ左岸
1940–1950
レ・アール
ルーヴル宮殿
オテル・ド・ヴィル
（パリ市庁舎）
ノートルダム
大聖堂
リュクサンブール
公園
セーヌ川
0 マイル 1 2
0 キロメートル 2
© 2017 Jeffrey L. Ward

左　岸

1. オテル・ラ・ルイジアーヌ、6区セーヌ通り60番地
2. ジャン・ポーラン、5区アレーヌ通り5番地
3. ジャン=ポール・サルトル、6区ボナパルト通り42番地
4. シモーヌ・ド・ボーヴォワール、5区ビュシュリー通り11番地
5. オテル・モンタランベール、6区モンタランベール通り3番地
6. オテル・デュ・ポン・ロワイヤル、6区モンタランベール通り 5-7番地
7. カフェ・ド・フロール、6区サン=ジェルマン大通り72番地
8. カフェ・レ・ドゥ・マゴ、6区サン=ジェルマン=デ=プレ広場6番地
9. キャヴォー・デ・ロリアンテ、5区カルム通り5番地
10. ル・タブー、6区ドーフィーヌ通り33番地
11. リチャード・ライト、6区ムッシュー・ル・プランス通り14番地
12. パブロ・ピカソのアトリエ兼住居、
 6区グラン=ゾーギュスタン通り7番地
13. ドラ・マール、6区サヴォワ通り6番地
14. ガリマール社、7区セバスチャン・ボタン通り5番地
15. ル・バー・ヴェール、6区ジャコブ通り10番地
16. バー・ル・モンタナ、6区サン=ブノワ通り28番地
17. マルグリット・デュラス、6区サン=ブノワ通り5番地
18. ル・プティ・サン=ブノワ、6区サン=ブノワ通り4番地
19. シェイクスピア・アンド・カンパニー、6区オデオン通り12番地
20. リセ・ルイ=ル=グラン、5区サン=ジャック通り123番地
21. ブラッスリー・リップ、6区サン=ジェルマン大通り151番地
22. ノーマン・メイラー、6区ブレア通り11番地
23. ソルボンヌ大学、5区ソルボンヌ広場
24. ハロルド・カプラン／アンリ・マティス、
 14区モンパルナス大通り132番地
25. ギャリー・デイヴィス／アート・バックウォルド、
 オテル・デ・ゼタジュニ、6区モンパルナス大通り135番地
26. リチャード・シーヴァー／ジェイムズ・ボールドウィン、
 オテル・ヴェルヌイユ、6区ヴェルヌイユ通り8番地
27. 国立美術学校、6区ボナパルト通り14番地
28. ソール・ベローの仕事場、オテル・ド・ラカデミー、
 6区サン=ペール通り32番地
29. ソール・ベロー一家、6区ヴェルヌイユ通り24番地
30. エルズワース・ケリー、オテル・サン=ジョルジュ、
 6区ボナパルト通り36番地
31. ライオネル・エイベル、
 5区モンターニュ・サント=ジュヌヴィエーヴ通り49番地
32. アルベール・カミュ、6区マダム通り29番地
33. カフェ・ル・モナコ(現ル・コントワール)、6区オデオン交差点 5-9番地
34. コンスタンタン・ブランクーシのアトリエ、15区ロンサン袋小路11番地
35. エディット・トマ、5区ピエール・ニコル通り15番地
36. サミュエル・ベケット、15区ファヴォリット通り6番地
37. アルベルト・ジャコメッティ、14区イポリット=マンドロン通り46番地
38. ジョルジュ・ブラック、14区ドゥアニエ=ルソー通り
 (現ジョルジュ・ブラック通り) 6番地
39. フェルナン・レジェのアトリエ、
 6区ノートル=ダム=デ=シャン通り86番地
40. ブラッサイ、14区フォーブール・サン=ジャック通り81番地
41. ジャン・モネの事務所、7区マルティニャック通り18番地
42. オテル・シャプラン、5区ジュール・シャプラン通り11番地の2
43. オテル・トリアノン・パラス(リチャード・ライトの最初の滞在先)、
 5区ヴォージラール通り3番地
44. オテル・ビソン (ジュエット・グレコ)、6区グラン=ゾーギュスタン河岸
 53番地の3

右　岸

45. シオドア・H・ホワイト、8区ボカドール通り24番地
46. インターナショナル・ヘラルド・トリビューン社、8区ベッリ通り21番地
47. マーシャル・プラン本部、8区サン=フロランタン通り2番地

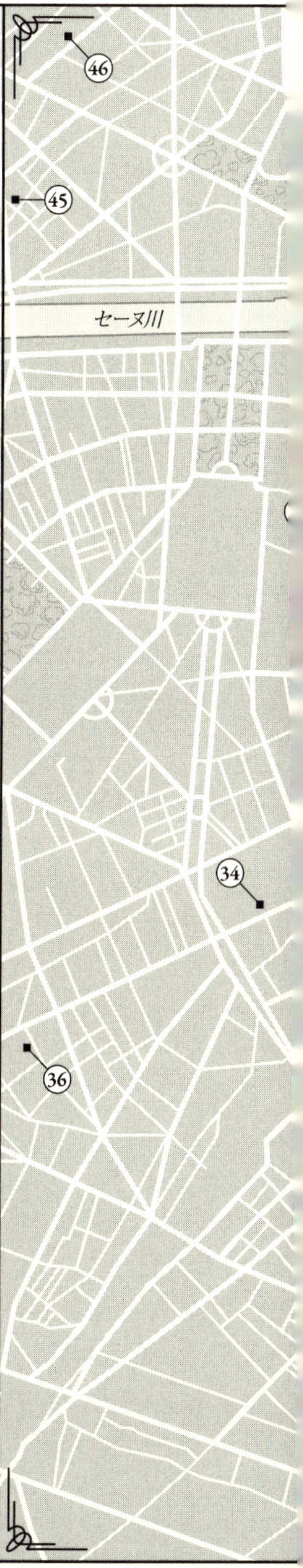

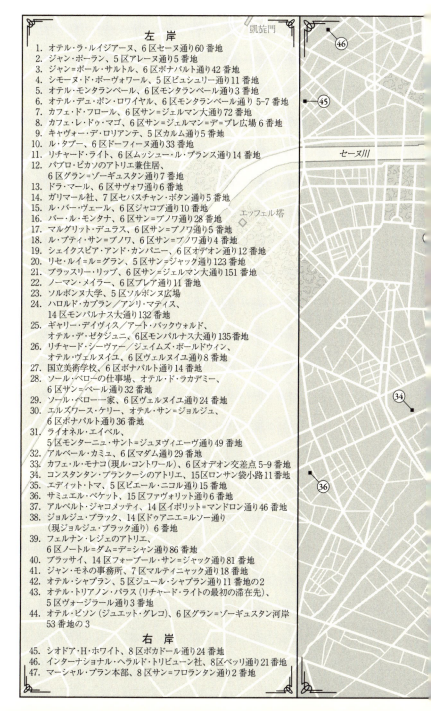

序文

本書は一九〇五年から三〇年の間に生まれ、一九四〇年から五〇年にかけてパリに暮らし、愛し、闘い、遊び、華やいだ幾世代かの肖像である。彼らの思想的、芸術的営為の影響は今日のわたしたちの考え方、生き方、さらには装い方にまでおよぶ。この世代の人々の内面をつくり、性格を形成したおぞましい戦争を経て、当時の世界で最も独創的な意思の持ち主がパリに集い、人生、芸術、政治について資本主義と共産主義に代わる、伝統にとらわれない独自の方針——第三の道——を見いだそうと試みた。

これらの若い男女——駆け出しの小説家、哲学者、画家、作曲家、文化人類学者、理論家、俳優、写真家、詩人、編集者、版元、劇作家——はいずれも第二次世界大戦の試練によって人格形成され、政治、文化について必ずしも同じ見方を共有したわけではないが、共通点が三つあった。戦争体験、死と隣り合わせの経験、パリ解放の高揚感である。彼らは廃墟と化した世界にふたたび歓びをもたらそうと自らに約した。本書は彼らの生き方を変えた相乗効果の物語であり、美術、文学、演劇、文化人類学、哲学、政治、映画の交配を可能にした戦後パリの肥沃な土壌を探る。

四年におよぶナチの占領と苦しい日常に終止符が打たれた後、パリの画廊、大通り、ジャズ・クラブ、ビストロ、書店、そして戦争末期に創刊された無数の新聞雑誌は熱のこもった議論の場、闘争計画、マニフェストを練る場となった。アルベール・カミュの編集する「コンバ（戦闘）」、ジャン＝ポール・サルトルとシモーヌ・ド・ボーヴォワールの「レ・タン・モデルヌ（チャップリンの映画『モダン・タイムズ』の仏訳）」の影響力がとくに強かったのは言うまでもないが、それから数年遅れて大挙押し寄せた復員米兵と学生からなる多国籍の読者向けに、パリを拠点とする英語の雑誌が数多く創刊された。こうして花盛りとなった出版文化はそのすべてが半径およそ一・五キロ圏内に編集部を置きながら、パリ市内を越えて広範囲に読者を得た。新聞や雑誌の主筆や芸術家がサン＝ジェルマン大通りで声を張り上げれば、その叫びはマンハッタン、アルジェ、モスクワ、ハノイ、プラハにまで谺《こだま》した。ヨーロッパを初めとする世界各地の政治指導者層がこれらの知識人、芸術家そして作家の声に耳を傾け、その意見に従ったのは、発信地がパリであったからにほかならない。

パリはなぜ、戦後それほど素早く文化都市としてそのように高い地位を取り戻すことができたのだろうか。ドイツは衰退し、ロシアと東欧の文化的生活は破綻し、スペインがフランコ政権下で孤立し、イタリアは一世代におよぶファシズムの影響から脱け出すのに忙しく、イギリスはヨーロッパの論壇からかつてないほど軽んじられる状況にあった。英米で活躍した歴史家トニー・ジャットの要旨を借りれば、フランス自体も衰微してはいたものの、ナポレオンの栄華が頂点に達した一八一五年以降、戦後の十年ほどパリでの主張が重んじられた時代はなかった。

わたしたちの兄弟姉妹は共にパリで、新たな行動規範を創り上げた。彼らはニュー・ジャーナリズムの礎を築いた。公式に名づけられるのはさらに十年後のことだが、ニュー・ジャーナリズムはこの時期に左岸の紫煙に霞むホテルの部屋で誕生し、文学と報道の境界を永遠に暈すことになる。詩人と劇作家は緩やかにシュルレアリスムを埋葬し、不条理演劇を発案する。新進画家は社会主義リアリズムを乗り越え、幾何学的抽象を突き詰め、アクション・ペインティングを育んだ。哲学者は実存主義などの新たな思想学派を創始する一方、政党の結成にまで踏み込んだ。作家の卵はパリの貧民街やサン＝ジェルマン＝デ＝プレの古びた下宿で独自の表現を探り、ヌーヴォー・ロマンを生み出す者もあった。写真家はマグナムなど報道写真家のエージェンシーを興し、作家としての権利を確立する。ヘンリー・ミラーなど発禁処分を受けたアメリカの作家の作品は、どこより先にフランスで出版された。黒人のジャズ・ミュージシャンは祖国の人種差別を逃れ、パリのコンサート・ホールやジャズ・クラブで聖人扱いされ、崇められる。ニューオーリンズのジャズはようやくパリで正当な評価を受け、ビバップが産声を上げた。カトリック教会の聖職者がマルクス主義の洗礼を受ければ、色彩感覚に秀でたクリスチャン・ディオールは画廊経営からオートクチュールに転じ、ニュー・ルックのファッション・デザインで世間を酔わせた。

一九四四年以降、すべてが政治色を帯びる。これを逃れる術はない。左岸の世界市民はこのことをよく理解し、全力を尽くしてアメリカ合衆国の政策と共産党の見解の両方に疑問を投げかけようと試みる。パリは彼らにとって避難所でもあれば、異なる思考法への架け橋でもあった。彼らは国際連合の理想主義、さらにはのちの欧州連合（EU）に結実するユートピアの兆しを熱心に擁護し、第三の道への可能性を開いた。これら先駆者は他者との関わり方も革新した。結婚、家族の制度を疑い、揺さぶり、しばしば拒み、恋愛対象をひとりに限らず、互いにそれを認め合うことを人生の大志に定めた。堕胎が公認される三十年前にその権利を求める運動を興し、麻薬、煙草、そしてアルコールの摂取に情熱を燃やした。性意識の昂揚は創造性に不可欠の要素となり、彼らのなすことすべてにその影響はおよぶ。彼らはまた同時に、ごくわずかの例外を除き、きわめて勤勉で、仕事中毒にすら近かった。彼らは仕事に打ち込み、遊びに打ち込んだ。

女性が舞台の中央に躍り出た。戦中六年の潜伏を終えて《モナ・リザ》がルーヴル美術館に戻るのを呼び水に訪れた新時代には、二十九歳のフランソワーズ・ジルーが「エル」誌を創刊、編集に当たり、それから奇しくも二十九年後、ジルーは時の中央政府の大臣に就任する。フランス文学の大御所コレットが世を去るのと同時に、高級娼婦も舞台を去る。バルドーとボーヴォワールがフェミニズムを代表するふたつの新しい顔となり、世界はまもなくその足元にひれ伏す。依然として男性優位のこの時代を生き延び、足跡を残したのはとても強靱な女性たちだけである。単に立派な男性の連れ合いとしてでなく、ひとりの人間として生きようとすれば、喧嘩腰も避けられない。夫人や愛人としてのみ生きるのを拒み、有名で不実なことも少なくない伴侶につけこまれるのを潔しとしない女性のほぼ全員がバイセクシュアルであり、女ドン・ファンでもあった。なかには政治ばかりか性愛でも第三の道を求めた者もある。「ニューヨーカー」誌のパリ特派員ジャネット・フラナーは記事のすべてに「ジュネ」と署名し、戦前には容姿端麗、影像を思わせる同性の恋人を同伴して世間を騒がせたが、一九四八年に進歩的な母親に宛てた手紙にこう記す。「どうして第三の性が存在しないのでしょうね。筋肉や繁殖意欲に支配されない性があってもよさそうなのに」[1]。テストステロンの撒き散らされたこの十年間に相応しい問いに違いない。

誰もが――男も女も、芸術家も哲学者も――新たな行動規範と基準を定め、紛れもない成功を次々と収め、夥しい蹉跌の置き土産を残した。トニー・ジャットは後者をアカデミックな論考『未完了過去――フランスの知識人　一九四四―一九五六』[2]で扱った。著者の失望と不満がどのページからもふられた恋人の嘆きのように溢れ出る。パリの知識層は時代環境と生来の才能に恵まれ、世界を変えて余りある力を賦与されながら、ジャットの目には、しくじったと映る。「フランスの知識人の生き方は西側の他の国々に大きな影響をおよぼすのに、彼らが崇拝者の期待に答え損ねたということの撞着が、戦後ヨーロッパの歴史を決定的に左右した」。自らフランス的思考法に育まれたジャットは、サルトルと仲間たちが同時代人から最も必要とされたときに、期待に背いた事実を決して許そうとしない。ジャットは自著を「知識人の無責任に関する評論」[3]とまで呼ぶ。彼らに世界を変えることが期待されたということ自体、まず疑わしい。彼らはどうして、それほどの希望をかけられたのか。本書は戦後パリの政治、芸術、倫理、性愛の熱気を伝えると共に、知識層の無責任さにも目を向ける。

本書は一九四〇年から五〇年の間にパリでくりひろげられた物語を伝えるけれども、創作ではなく、学術的な分析でもない。これは多様な出典と文書にもとづく再構成、心象のコラージュ、宿命の万華鏡である。記憶には足を取られやすい。たとえば記録文書は事実を提示するが、全体像を示すとは限らない。当時を知る登場人物や目撃者の何人かにじかに会い、話を訊くのは不可欠にしても、これにも不満がつきまとう。ひとは言いたいことしか語らず、そのひとの真実が事の真相を伝えるとは限らない。自伝や回顧録も同様で、披露されたものに劣らず秘匿されたものが興味深いことも珍しくない。出来事と同時に記され、改竄を免れ、またのちに書き換えられることのなかった日誌や日記、書簡は後知恵に汚されない意識の流れをとどめて、記録文書と同程度に信頼性が高い。とはいえ、個人の回想や人間関係に客観性や中立性は存在しない。一九四八年をアメリカ人学生としてパリで過ごし、サミュエル・ベケットを英語圏に紹介したリチャード・シーヴァーが自伝『黄昏の優しい時』の序文に記したように、「時は急く心を労らず、折々の残滓で日々心を満たす。過去の沈殿層を緩やかに覆い、地形を狡猾に作り替える河口の沈泥のように」[4]。

そこでわたしは手に入るかぎり多様な出典、新聞雑誌の切り抜き、インタヴュー、記録文書、写真を照らし合わせ、情報の信憑性を測ることにした。フランス国立図書館、別名「壮大な図書館」で過ごした時間も真実の解明に役立った。そこで見いだした資料が有用だったばかりでなく、研究者として建物の中に入った経験に助けられた。フランス国立図書館はおそらくパリに存在する唯一の正真正銘スターリン主義的建造物で、その規模は威圧感を抱かせるほど巨大である。カフカ的な迷路を思わせる通路の中にはどこにも行き着かないものもあり、金属の扉は墓石ほど重い。それが思いがけず戦後の政治と文化の研究にまたとない道具立てを提供してくれた。

パリはパリであり、一九四〇年代の姿をとどめる場所も多く残り、「犯行現場」のように思える場所をわたしは探り、当時の雰囲気を捉え、跡を追う亡霊が手を触れたかもしれないものに自分でも触れてみたいと望んだ。登場人物の多くは左岸の古ぼけた安宿に暮らした。そうした建物には現存するものもあるけれども、多くは豪華なブティック・ホテルに模様替えされてしまった。ただひとつの例外はナポレオンの時代から家族経営の続くラ・ルイジアーヌ。[5] ボーヴォワールは一九四三年から四八年までの五年間をこのホテルで暮らした。ジャン＝ポール・サルトル、アルベール・カミュ、ジュリエット・グレコなど、本書に登場する人々の多くがこのホテルを住まいとした。今ではWi-Fiが自由に使えるようになったにしても、[6] ラ・ルイジアーヌの客室は一九四〇年代とほとんど変わっていない。わたしはこのホテルに予約を入れ、さまざまな思いを喚起せずにおかない壁に囲まれて眠り、ボーヴォワールの言葉そのままの体験をした。

一九四六年五月十六日木曜日、春めいてきた。煙草を買いに出かける道すがら、アスパラガスの素敵な束が赤い包装紙にくるまれ、野菜売りの屋台に並ぶのを見た。働こう。書くのがこれほど楽しく思えるのは珍しい。とくに午後、四時半に戻った部屋にまだ朝方の紫煙が漂う。机の上には、緑色のインクで書いた文字で埋まる紙の束。指先に触れる煙草とペンが心地好い。マルセル・デュシャンの気持ちがよくわかる。絵をやめたのを後悔しているかと訊かれたデュシャンの答えは「絵具のチューブを絞る感触が懐かしい。パレットに絵具が溢れ出るのを見られないのが残念だ。あれが好きだったからね」[7]。

過去がこのようにあらゆる感覚に襲いかかることがあるとは、想像もしなかった。思想の対決や果てしない知的論議に遇うことは予期しても、過去がこれほど生々しく目の前に姿を現し、手を延ばせば触れ、匂いを嗅ぎ、味わうことすらできそうに思えるとは予想もしなかった。

わたしにとって、この物語を書くことは、焔に包まれた家に歩み入るようなものだった。戦争の劫火、感情の坩堝《るつぼ》、政治にかける情熱、派手な仲違い、荒々しい性愛、神経をすり減らす焦燥、常軌を逸してもなお美しい理想、壮大な陰謀——数えきれない破綻といくつかの目覚ましい成果。本書の主役たちは、冷戦が世界の新秩序となるのを防げなかったかもしれない。しかし彼らが四分の三世紀を経て今日のわたしたちが依って生きる規範の多くを打ち立てたのは間違いない。

Ⅰ

戦争がわたしの先生だった

一九三八年七月—一九四五年八月

連合軍の戦車が轟音を響かせてパリの目抜き通りを驀進《ばくしん》し、うら若いフランス娘の頬に歓喜の涙が真珠の粒のように滴り、無数の他人同士が祝福の接吻を交わした一九四四年の酷暑のあの夏の日々からわたしたちの物語は始まらない。そこから説き起こしたい誘惑に駆られるのも無理はないが、誤解を招く恐れも大きい。およそ七十五年の時を経た今、一九四四年の夏に沸騰した高揚感を言葉に表すには窮するが、それを理解するにはその日までに精神、肉体の双方を苛んだ苦しみの深さを肌で感じる必要がある。苦しみは耐えがたい恥辱感を伴った。当時の恍惚を理解するには、一九四〇年五月、六月のパリ市民の虚ろな眼差しを避けてはならず、フランスの降伏とナチの占領を導いた束の間の戦闘に先立つ激動の日々からも目をそむけることはできない。

戦後のパリで活躍した作家、芸術家、思想家の人格はナチ占領下の混乱の中で形成されたばかりか、思考、振る舞いは生涯を通じてこの時期の経験に左右されたから、彼らの真価をよく知るにはまず占領の実相を明らかにしなければならない。ひとりひとりの戦争体験は異なっても、誰もが何らかの形で戦争を耐え忍んだ。中心地のパリにいた者もあれば、ヴィシー政権下のフランスや北アフリカに取り残された者、あるいはこのうえなく過酷な場合にはドイツで戦争捕虜となり、あるいは強制収容所に入れられ、またロンドンで空襲に晒されたり、疑似体験として安全なニューヨークでラジオのニュースに釘付けになった者、あるいはついに覚悟を決めて戦闘に身を投じた者もある。そうした人々のすべてが戦争の時代に何らかの形で生まれ変わり、人格を改め、そしてこの経験があったからこそ、のちにパリを自らの住まいと定めた。

はるかに時代を下り、三世代におよぶパリの名高い住人たちは口々にこう言うだろう。「戦争がわたしの先生、パリは人生の学校だった」[1]。

第1章　陥落

瀬戸際

エリザベス王妃は踝丈の白いサテンのドレス、肘までとどく白絹の手袋を着け、庇の広い白の帽子をかぶり、白いサテンの小さなバッグを携えていた。緩やかに歩む王妃に数歩遅れて燕尾服にシルクハット、白い手袋姿のアルベール・ルブラン仏大統領が続く。英国のジョージ六世とエリザベス王妃が一九三八年七月に国賓としてパリを公式訪問したのには、英仏両国間の緊密な連携を再確認し、ヒトラーを牽制する狙いがあった。英国王室の行列が通過する沿道に配備されたニュース映画の撮影隊は、ルーヴル宮に向かう黒いリムジンの車列と騎馬で従う正装で固めたフランス共和国親衛隊、真鍮を象嵌した凝った細工のサーベルが陽差しを受けて煌く様をフィルムに収めた。英国王室は英仏協商が今なお磐石、万事安泰を広く世界に示すために、《モナ・リザ》と《ミロのヴィーナス》を表敬訪問しようと考えた。もっともこのわずか四か月前、ドイツはオーストリアを併合していた。

ニュース映画には初期印象派の名画群の前を歩む王室の人々と、それを取り巻く六人の男の姿が見える。フランス国立美術館連合の副会長ジャック・ジョジャールもそのひとりだった。長身、黒髪、痩身、四十三歳のジョジャールは厳めしい風采ながら、颯爽とした印象を与えた。

ジョジャールは宥和政策を端から信用しなかった。エリザベス王妃にルーヴル美術館のグランド・ギャラリーの展示品を見せてまわるジョジャールが、フランスの国有美術品をすべて避難させる計画に着手済みと知る者はほとんどいない。計画はドイツ軍がもしパリに侵攻したらではなく、パリ侵攻は必至と見て、それに備えて立てられた。ジョジャールはスペイン内戦の戦禍を免れるため、プラド美術館の所蔵品すべてをマドリードからスイスに移送する作業を統括した経験があった。危機管理計画はすでに具体的な段階に入り、必需品のリストが作られ、何千個もの木箱は正確な採寸にもとづき発注済みだった。

一九三八年の夏、東方の隣人たちに対するドイツの侵略政策が自らの身に降りかかる火の粉になろうと恐れる者は数えるほど、戦争への備えに進んで取りかかろうとする者など皆無に等しかった。世界の文化遺産と数千年来の文明を先々待ち受ける危機から護る最良の方策を探り、日夜思案を重ねる大人たちをよそに、パリの若者たちはシャルル・トレネを、「歌う狂人」と綽名された二十四歳の天才をアイドルと崇め、物真似に熱を上げる。一九三八年の夏、パリの十代の若者はトレネとそっくり同じ青シャツ、白ネクタイに帽子のいでたちでフランスを「スウィング」させるアイドルを気取った。

富裕層の多いパリ西部近郊ヌイイのリセ・パスツールで哲学を講じる教師のひとりもまた、世の中の動向には少しも頭を煩わされずにいた。生徒と同じように、三十三歳のジャン゠ポール・サルトルもシャルル・トレネに耳を傾けるのが楽しかった。それよりもっと楽しいのは、世の中の習わしを蹴飛ばすこと。さて戦争は？　戦争など頭にない。サルトルは好んで生徒たちを連れてカフェに行き、文学を論じた。当時としては型破りである。生徒と教師の間の貴い隔たりを踏み越し、校内の上下関係に大っぴらに疑問を呈するような大それたことは、それまで誰もしたことがない。サルトルはそれに自分の蔵書を生徒に貸し与えるのも好きだった。酷い藪睨みで才気煥発、笑い始めれば誰もがついつり込まれる奇妙な容貌の教師を通じて、生徒たちはヘミングウェイ、ドス・パソス、スタインベック、そしてフォークナーを知った。[2] サルトル自身も信望高いガリマール社から処女作をまもなく上梓するところだった。作者はこの小説を『嘔吐』[3] と名づけたが、なんとも芳しくない題である。「ル・フィガロ」紙を筆頭に保守系の新聞は小説を不快、あまりに陰鬱、さらには虚無主義的とまで断じたが、それでも口をそろえて作者の紛れもない才能は認めた。

『嘔吐』を捧げた「ビーヴァー」はサルトルの親友、議論仲間、恋人シモーヌ・ド・ボーヴォワールの名の言葉遊びで、「ボーヴォワール（Beauvoir）」を英語式に発音すると「ビーヴァー」のように聞こえる。つまりボーヴォワールは英語を介して親しい友人たちには「カストール（フランス語でビーヴァーの意）」となった。カストールは三十歳、サルトルと同じ優秀な哲学教師だが容貌は異なり、かなりの美形である。ふたりは共に暮らしていた。といってもモンパルナス墓地の裏手、セル通り二十四番地のオテル・ミストラルという同じ古ぼけたホテルに住んでいただけで、部屋は別々だった。

サルトルとボーヴォワールは魅力のある教師で、ひとの話をよく聞き、善悪の判断を押しつけることは絶えてなかった。教え子が熱烈な信奉者になったのも当然で、それが恋心に育つのも珍しくない。サルトルとボーヴォワールはそうした生徒たちを叱るどころか、愛情には愛情をもって応えた。生徒には金髪の美しいオルガとワンダのコザキエヴィッツ姉妹があり、十人兄弟の末っ子のせいで「ちびボスト」と呼ばれるジャック＝ローラン・ボストがあり、ビアンカ・ビーナンフェルドとナタリー・ソロキーヌもいて、全員がボーヴォワールに首ったけになった。サルトルとボーヴォワールはふたりの関係こそ「必然のもの」で、その他の恋は「偶然」にとどめようと言い交わしていた。住まいは別でも共に暮らすふたりの生き方は、次第に広がるプールにさざ波を立てる。サルトルとボーヴォワールのサークルに新たに加わる者は、教師兼恋人との関わりはかりそめとの前提を受け入れるのが通例で、情熱が冷めた後もじつに多くが親しい友人としてとどまった。また教師との恋が終わった後、仲間の生徒同士が新たな恋愛関係を結ぶのも珍しくない。のちに「サルトル一家」と呼ばれるこのグループの間では、恋愛関係がつねにあけっぴろげだったわけではなく、多くの小さな秘密によって仕組みが保たれる。たとえば一九三八年と三九年、ボーヴォワールはボストとよい仲でありながらビアンカとも熱烈な情事に耽る（ボストはビアンカとのことを知っていたが、ビアンカはボストとの仲を知らなかった）。ボーヴォワールがビアンカとの恋を終えた後、一九三九年一月にはサルトルがビアンカに言い寄る。サルトルとボーヴォワールは恋人、教師にとどまらない。ふたりは生徒兼恋人たちを養いもした。ふたりはたゆまず働いて全員の部屋代と食費を賄った。彼らの世界は知識と前戯からなり、政治や世界情勢は些細な役割しか果たしていない。彼らは哲学者であり、自らを政治を超える存在と見なしていた。

サミュエル・ベケットにも政治にかまける時間はあまりなかった。三十三歳の誕生日を迎えたばかりで、午まで寝るのを好んだ。一九三九年四月十八日、ベケットは故郷ダブリンの友人トマス・マグリーヴィーに手紙を送る。「もし戦争になったら、きっとそうなるに違いないが、ぼくはこの国に身を捧げるつもりだ[4]」。ベケットは何かの役に立ちたかった。時間はいくらでもあったが、まだ独自の表現には到達していない。やはりアイルランドの作家、しばらく秘書を務めたことのあるジェイムズ・ジョイスの影に隠れたままで、自分でも価値があると思えるものを創り出したいと苦心していた。無論『マーフィー』（一九三八年）はすでに書き上げた。英語で書いたこの小説をベケットは友人の英語教師アルフレッド・ペロンにフランス語に翻訳してほしいと切に願いながら、ふたりの若者は毎週火曜日に落ち合って昼食を共にしても、肝心の仕事の話になる前にテニスをしてそのまま別れるのが常だった。『マーフィー』に加えてベケットは詩を数篇（フランス語も含む）と翻訳もいくらか手がけていたが、そのほかに人に見せられるものはあまりない。ベケットは熱心な読書家で、哲学教師のフランス人が書いたという『嘔吐』を「素晴らしい出来ばえ」[5]と思いながら、少し年かさの作家ルイ＝フェルディナン・セリーヌを好み、とくに『夜の果てへの旅』を愛読した。ベケットは翻訳と講師の臨時収入とアイルランドにいる兄フランクが月々送ってくれる小遣いを頼りに、たいへんつましく暮らしていた。少なくとも戦争になれば、何かの役に立てるだろう。

ジャン＝ポール・サルトル、シモーヌ・ド・ボーヴォワール、そしてサミュエル・ベケットが気楽に世界情勢など知らんふりをするか、あるいは先々の戦争でどのような役割を果たせるか思い描く間に、ジャック・ジョジャールはすでに直感を信じ行動を起こしていた。ジョジャールは著名人をモデルにした写真の撮影で知られる六十歳のロール・アルバン・ギヨーに展示替えの類を匂わせ、まもなく美術館の収蔵品の目録作りをすると秘かに告げていた。理由はあえて詳らかにしない。非公式にギヨーに計画の全貌を伝えていたか否かも明らかでない。一九三〇年代のフランスで屈指の才能に恵まれた写真家に依頼し、日ならず毀損されるか、あるいは永遠に行方知れずになるかもしれない美術品の姿を後世に残そうと考えたのだろうか。

ジョジャールにはもうひとり撮影を頼むあてがあった。それは三十一歳のアンリ・カルティエ＝ブレッソン、当時はアンリ・カルティエとのみ知られていた若い写真家である。カルティエ＝ブレッソンは名高いパリの実業家一族の姓で、若者としては共産党の同志に自分が大ブルジョワの出と悟られたくなかった。ジョジャールはアラゴンが編集長を務める共産党系の「ス・ソワール」紙に雇われた写真家に頼むのに二の足を踏んだとも考えられる。ソ連とナチ・ドイツが相互不可侵条約を結んだとなっては尚更だろう。一方、アンリ・カルティエも映画監督ジャン・ルノワールの下で働き、多忙だった。一九三六年からルノワールの助監督となったアンリ・カルティエは共産党の宣伝映画ばかりでなく、危機に瀕する世界――愉楽を求め周囲の世界の動向に気づかないフランスのブルジョワジーの世界[6]――を描く『ゲームの規則』のような映画の制作にも携わり、この役どころが気に入っていた。

一九三九年八月二十四日、ソ連外相モロトフとドイツ外相フォン・リッベントロップが条約を結び、ヒトラーの西方への侵攻に道を拓いたその翌日、ジャック・ジョジャールはルーヴル美術館を三日間閉鎖するよう指示した。表向きの理由は改修である。実際には、三日三晩かけてルーヴルの館員、ルーヴル美術学校の学生、サマリテーヌ百貨店の店員二百名が四千点もの世界的に貴重な美術品を慎重に木箱に収めた。幸いなことに、ヴェロネーゼの《カナの婚礼》は円筒の芯に巻きつけることができた。ジャック＝ルイ・ダヴィッドの《皇帝ナポレオン一世と皇后ジョゼフィーヌの戴冠式》も同様。しかしドラクロワの《十字軍のコンスタンティノープルへの入城》、ジェリコーの《メデューズ号の筏》、そしてルーベンスの作品はどれも傷みやすく、国立劇団コメディ・フランセーズから借り受けた舞台装置輸送用の特殊な無蓋トラックに載せるしかない。一トン半もの重量のある《メデューズ号の筏》は巨大な毛布で覆っただけの状態で、幌もないトラックの荷台に立てかけたまま運ばれていった。

傑作は重要度に応じて分類された。黄色い丸はきわめて貴重な作品、緑の丸は主要作品、そして世界の至宝には赤丸。《モナ・リザ》を収めた白い箱には赤丸が三ついた。《モナ・リザ》との同行を任されながら、責任の重さをまだ充分に知らされていない学芸員宛ての手紙に、ジョジャールは真実をこう明かす。「さて、きみが指揮をとる護送団にはトラック八台が参加する。テラス通り五番地から出発するナンバープレート2162RM2の乗馬輸送用トラックには、黒でMNと文字を記した箱が積んである。それは《モナ・リザ》だ」。レオナルド・ダ・ヴィンチの最高傑作は、伸縮自在のゴムのサスペンションを特別に装備した救急車に乗って旅することになった。

自家用車、救急車、トラック、配達用ヴァン、タクシーが徴用された。一八六二個の木箱を積んだ二百三台の車列が八月末のある朝、フランス各地の十一か所に点在する城館を目指して出発した。作品は目的地でひっそり安全に匿われ、来るべき運命を待ち受ける。ロワール峡谷の名高いシャンボールやシュヴェルニーなどの名城も用いられたが、ジョジャールは戦略的に重要な地点から離れた、フランスの片田舎に好都合に「埋もれた」個人所有の大邸宅も徴用した。車両部隊には学芸員と館員各一名が配備された。その使命は、新居で美術品を危険が去るまで期限を定めず保護すること。家族を挙げて引っ越した彼らは、新天地で暮らし始めた。これらの献身的な美術館員にとって、冒険は五年以上も続くことになる。

　最後に避難する高さ三・三メートルの《サモトラケのニケ》が運び出されたのは九月三日の午後三時、フランスがドイツに宣戦布告したまさにそのときだった。これに続く数週間、フランス国有の美術品はすべて安全な場所へ移送された。国内すべての美術館が、ルーヴルでジョジャールが採用した搬出法を踏襲し、作品は美術品としての価値、歴史的重要性に応じた扱いを受けた。一九三九年の秋までに、いくらかでも価値のある美術品はすべて安全に保管された。この事情は、当然ながら避けがたく、外部に漏れた。「ル・フィガロ」紙のレーモン・レキュイエは「絵画の大脱走」と題する記事を書き、第一次世界大戦の退役軍人が多くを占める各地の国立美術館の館長の献身ぶりを讃え、読者には計画の内容を曖昧にしか伝えられないことを陳謝した。具体的なことは書けない、作品名、日付、地名は明らかにできないが、「それでも世界の美術遺産が野蛮なドイツ軍の組織的な企みから護られたと知れば、読者はほっとするのではないか」と記した。[8]

　歴史に対する務めを果たし、ジョジャールはルーヴル美術館内のテュイルリー庭園を見下ろす執務室に戻り、通常の業務に復帰した。ジョジャールは覚悟を決め、不可避の運命の到来を待った。数か月後かもしれないが、いずれドイツ軍がパリにやってくる。ジョジャールはそう信じて疑わなかった。ジョジャールこそ準備は万端でも、生憎フランス軍はそうはいかない。

黄昏

英仏両国がポーランド支援の責務を直ちに果たそうとせず、自重して軍事作戦を手控えたため、ドイツ軍は両面作戦を免れポーランドの侵攻、壊滅に全力を傾注できた。この戦いにはどう見てもおかしなところがあった。フランスはこれを「奇妙な戦争」、アメリカとイギリスは「まやかし戦争」と呼ぶ。フランス軍が宣戦布告から間を置かずに正面から戦いを挑んでいれば、ドイツ軍は一、二週間しか持ちこたえられなかったろう――少なくともドイツ軍のジークフリート・ヴェストファル将軍は後年、ニュルンベルク裁判でこう証言した。一九三九年九月、英仏両軍合わせて一一〇師団を有したのに対して、ドイツ軍の保有する師団数はわずか二十三にすぎなかった。

フランスとイギリスはともに、戦場でヒトラーと対峙するのではなく、自国内のドイツ人とオーストリア人、たとえばフランスはアーサー・ケストラー、イギリスはシュテファン・ツヴァイクへの嫌がらせに精を出す。十月、ハンガリー生まれの反ファシスト知識人アーサー・ケストラーは身柄を拘束され、フランス・ピレネー地方のル・ヴェルネ収容所に収監され、[9] オーストリアの著名作家シュテファン・ツヴァイクは正規のイギリス在留資格を持ちながら、バース市内の住居から八キロ以遠に出ることを禁じられた。

パリに暮らす人々の中には、宣戦布告後まもなくパリを引き払った者もある。ジャネット・フラナーは、一九二五年から「ニューヨーカー」誌の特派員として敏腕を発揮し、文章の辛辣さに加え同性の愛人たちの際立つ美貌によっても衆目を集めたが、アメリカへの帰国を決意した。フラナーはフランス人の愛人ノエリーヌ、本名ノエル・ハスキンス・マーフィーに、アメリカから手紙を送る、すぐに戻ってくると告げた。身長百八十センチ、「頬骨高く髪は干し草色、掛け値なしのヴァルキューレ（戦乙女）、ガルボとディートリヒをかけ合わせた水も滴る美女」[10]ノエリーヌは、再会を果たした一九四四年十二月には見る影もなく窶《やつ》れていた。

五十八歳のパブロ・ピカソは一九三七年四月にゲルニカが爆撃されたのに怖じ気づき、九月二日にパリを発ち、フランス南西部、ボルドーの北百キロほどに位置する海浜リゾート、ロワイヤンに移り住む。愛人マリー＝テレーズ・ワルテルとふたりの間に生まれた娘、まもなく四歳になろうとするマヤのために別荘を借りるかたわら、[11]新たな恋人、写真家ドラ・マールとオテル・デュ・ティグルで暮らし始めた。その後まもなく、窓から美しい海の望めるヴィラ・レ・ヴォワリエの三階の一室を借りてアトリエとする。ところがロワイヤンではインスピレーションが湧かない。ピカソは野生動物や風景を描くのは得手でなかった。当初はパリを逃れてほっとしたろうが、ポワトゥー地方の鮮烈な光にどうしても馴染めない。戦争への不安を紛らそうとしきりに素描をし、文章まで書いた。地元の市場で見かけた海産物にヒントを得て数点の油彩画を描いたものの、絵筆や絵具、カンヴァス、スケッチブックの補充を口実に車を駆って頻繁にパリに戻った。十一月十五日にニューヨーク近代美術館（ＭｏＭＡ）で「ピカソ芸術の四十年」と題するアメリカ初の回顧展が始まり、大いに満足感を味わえるはずだったが、これもあまりに遠い土地の出来事としか思えず、ほとんど些事としか感じられない。[12]

多くは様子見を決めこむ。ジャン＝ポール・サルトルとシモーヌ・ド・ボーヴォワールはパリにとどまり、ホテル、恋人、慕い寄る生徒を適宜交換しながら教師の仕事を続けた。

西欧の誰もが「まやかし戦争」に即して態勢を調えようとする間、国内外の新聞から世界最大の陸軍と評されたフランス陸軍だけは伝統への依存、無知、驕慢が祟り、あるいは麻痺状態に陥り、事態への備えをまったく欠いた。当時の目撃証言のひとつがフランス軍兵士の士気阻喪、司令部の徹底した機能不全、マジノ線といわゆる「突破不能」なアルデンヌの森に頼りきりの「痴呆的」軍事戦略、有産階級と労働者階級が共にうつつを抜かす幻想世界を見事に描き出す。マルク・ブロックは第一次世界大戦の従軍体験を持つソルボンヌ大学の中世史教授で、アナール学派を創始した。[13] 一九三九年、五十三歳のブロックは志願して入隊する。フランス軍司令部のまったくの無能ぶり、新時代への適応力のなさばかりがフランス瓦解の要因ではないと、ブロックは没後の一九四六年に刊行された『奇妙な敗北』に記す。国家と政府、そしてフランスの諸政党が国民に向けて敗北はありえないと仄めかし、およそ空疎な楽観論を伝えつつ、ヒトラーに対してはなんとも臆病な態度しか取らなかったことが現実を明快、冷静に見つめるのを阻んだというのである。労働者階級は卑怯な平和主義に逃げこみ、ブルジョワは我が儘に快楽の追求に明け暮れたとブロックは詰る。マルク・ブロックが描写するのはすべてのフランス人に共通する精神の荒廃だった。ジャン・ルノワールもこれに数か月先立ち、『ゲームの規則』でフランスのエリート層の耐えがたい浅薄さをスクリーンに映し出したが、どうやらフランス人特有のこの呑気さをサルトルとボーヴォワールも持ち合わせたらしい。

よその国からやってきた人間、とりわけアーサー・ケストラーのように他国生まれのユダヤ人には呑気に構える贅沢は許されない。彫刻家の恋人ダフニ・ハーディがイギリス当局に通報し、懸命に運動してくれたおかげで、一九四〇年初めにル・ヴェルネ収容所から釈放されたケストラーは、まずフランスに滞在しようとパリで滞在許可証の取得を試みた。五月一日、先を見越してケストラーは草稿をロンドンの版元に送付する。『真昼の暗黒』と題するその小説はハーディがドイツ語から翻訳したもので、自ら樹立に手を貸した当の政府に反逆罪で裁かれる老ボリシェヴィキの身の上を綴る。パリでは、ケストラーは何人かの友人の家に厄介になった。そのうちのひとりがパリ六区オデオン通り十二番地で世に名高い書店シェイクスピア・アンド・カンパニーを経営する五十三歳のシルヴィア・ビーチだった。[14]

エズラ・パウンド、アーネスト・ヘミングウェイ、アンドレ・ジッド等の作家と親しいビーチは、ジェイムズ・ジョイスの『ユリシーズ』を世に出すため、一九二二年にはかりそめに版元の役割も果たした。ビーチは当時もまだ書店の二階に暮らしていたが、それは真向かいのオデオン通り七番地でやはり書店を営むかつての恋人、今は親友のアドリエンヌ・モニエも同じこと。シルヴィアとアドリエンヌは友人たちが「オデオニア国」と呼ぶ、文化と国境を越えた同胞意識、寛容な精神の王国の心魂にあたる。ふたりは過去の時代に属し、一九四〇年五月、オデオニア国は包囲された都市のように感じられた。アドリエンヌはソルボンヌ大学で十九世紀フランスの写真をテーマに博士論文を書き終えたベルリン出身、三十二歳のジゼル・フロイントと睦まじかった。フロイントは今もオデオニア国に出入りする作家のポートレート写真をひとりも洩らさず撮影しようと余念がない。ユダヤ人の血を引くフロイントは、一方で家族と友人のいるアルゼンチンに逃避することも真剣に考慮中だった。

一九四〇年にまだパリに残っていたヘンリー・ミラーなど少数のアメリカ人作家は、フランス南部へ、そこからさらに安全な国へと避難を始めた。アーティストのマン・レイも同様である。アーサー・ケストラーはフランスの身分証明書が得られるのではないかとの希望にまだすがっていた。シルヴィア・ビーチの住まいで「ケストラーがスタンダールの『赤と黒』を読んでいると、書棚の高いところに載っていた四つ葉のクローバーが落ちてきて、彼の『眉間にとまった』。アドリエンヌはケストラーの目許に口づけし、これはあなたの身の安全を告げる吉兆と請け合った」。[15]

総崩れ

「戦争の新局面」——という婉曲表現も用いられた——の幕は一九四〇年五月十日金曜日の払暁に開く。ドイツ軍の戦車がベルギー国境を越え、フランスに侵攻した。ところがフランスの新聞の見出しはどれもロンドンの政権が陥った危機（この結果、ウィンストン・チャーチルが権力の座に就く）にばかり目を向けていた。夜明けと共に空襲警報が鳴り渡り、八か月前に「まやかし戦争」が始まった頃から昼間の警報とはとんとご無沙汰の都市を驚愕させた。同僚ジャネット・フラナーの跡を継ぎ、「ニューヨーカー」誌の特派員となった太り肉の赤ら顔、いつも上機嫌なA・J・リーブリングはフランス国立図書館の真向かい、ルーヴォワ広場に面したホテルの部屋から外を見晴らした。これはリーブリングに限らず、どの建物のどの窓にも見物するフランス人の姿があった。誰もが寝間着姿か素裸で、空を見上げた。それから数時間後、第三軍の写真映画撮影隊に属しメス市に配備されたアンリ・カルティエ＝ブレッソン伍長は、作戦に駆り出される寸前、かろうじてヴォージュ地方の農家の中庭に愛用のライカを埋めることができた。

五月十五日水曜日、数日後には連合軍を分断するに至る決定的な攻撃をドイツ軍が仕掛けた当日、サミュエル・ベケットは救急車の運転手を志願した。アイルランドはこの戦争では中立国ながら、ベケットは以前の戦闘で外国人の作家、たとえばアーネスト・ヘミングウェイが第一次世界大戦で赤十字の救急車の運転手を志願して十八歳でイタリア戦線に向かったように、参戦を願った。「ベケットは大型車両の運転免許証を提出したが、何も音沙汰がなかった[16]」。実はベケットの願いは、イギリス救急隊の連絡将校としてブルターニュ地方に配属された親友アルフレッド・ペロンに合流することにあった。

五月十六日木曜日、パリの外国人特派員とフランスの政治家たちが恐慌を起こす。その晩リーブリングは髪をポマードでオールバックに固め、むっつりとした顔つきの青年たちがセーター姿でオートバイに乗り、暗い夜道を高速で走り抜けるのを目撃した。「まるで征服者のようだった」[17]。おそらくドイツ軍のスパイが偵察に現れたのだろう。

五月十八日日曜日、七十三歳のウェイガン将軍がガムラン将軍に代わりフランス陸軍最高司令官に就任し、八十四歳のペタン将軍が招請を受け、政権の一員となった。いずれも生粋の右翼、王政主義者、熱心なカトリック教徒、反議会主義者だが、軍略に関しては好対照。A・J・リーブリングがアメリカの読者に説明したように、ペタンが「整然とした退却以上に大胆な作戦を発案する能力を欠く」のに対し、「ウェイガンは攻めの一手が身上」だった[18]。

五月二十一日火曜日、フランス政府を率いるポール・レノーが上院に対し、ドイツ軍が北部の町アラスに達し、「フランスは危機に瀕している」と告知した。一週間後、ベルギー国王レオポルド三世が降伏し、英仏両軍はかつてない不利な状況に立たされる。ウィンストン・チャーチルは苛立ちを隠せない。「ベルギー国王は事前の協議もなく独断で降伏し、我等が陣形の側面と退路を露呈させた」[19]。ダイナモ作戦（「ダンケルクからの撤退」のほうが通りがよい）がこうして始まる。イギリス軍は三十三万八千人の兵士を救出する必要に迫られる。当初、作戦は難航したが、兵士のほぼ全員（うち二万六千五百人はフランス兵）が六月四日までに無事撤退を完了し、大きな躓きが「上首尾」に転じた。この日ウィンストン・チャーチルは大喜びしたけれども、英国民に「撤退によって勝利はおぼつかない」と釘を刺すのを忘れない[20]。

六月六日、タクシーの姿は疎らになり、ホテルからは客が消え、電話は繫がらないことが多くなり、レストランとカフェは鎧戸を閉ざした。国外との通信は途絶え、とりわけ外国人にとって暮らしに障害が増す。サミュエル・ベケットはアイルランドの銀行口座から金を引き出せなくなり、欲しかったフランスの滞在許可証も取得できなかった。[21] 一方、A・J・リーブリングはなんとか安全を保証する通行証を手に入れた。

六月十日、ムッソリーニ率いるイタリアがフランスとイギリスに宣戦布告する。両国はアフリカの領土分割について譲歩し、イタリアの植民地拡大を認め、ファシストの独裁者の機嫌を取り結んで中立の立場を守るよう期待したが、思惑が外れた。パリでは、駐仏アメリカ大使、四十九歳のウィリアム・C・ブリットがピラミッド広場のジャンヌ・ダルク像の下にバラの花環を捧げる姿が目撃された。ルーヴル美術館のジャック・ジョジャールの執務室の窓からも、この光景を望むことができた。

ウィリアム・クリスティアン・ブリット・ジュニア——イェール大学卒、ヨーロッパ駐在新聞特派員の経験があり、美しい女性をこよなく愛する通人、文才にも恵まれ、一九三三年から三六年まで駐ソ連大使を務めた——は熱烈なヨーロッパ贔屓で、明敏なフランス通でもあった。母親はユダヤ系ドイツ人で旧姓ホロヴィッツ、息子がドイツ語とフランス語、アメリカ英語の三か国語を完璧に使いこなせるように配慮して育てた。これがまもなく大いに重宝する。

友人のフランクリン・D・ルーズヴェルト大統領とは一九三六年に大統領の耳目となって働くようパリに派遣されて以来、日々電話で連絡を取り合っていたが、パリ脱出を勧められた。ブリットはワシントンの大統領官邸に電報を送る。「パリ駐在アメリカ大使はかつていかなるときも逃走した例はなく、これはアメリカの大使館員の受け継ぐ最良の伝統であるとわたしは考えます」。事実、ガバヌーア・モリスはフランス革命を最後まで見届けたし、エリフ・B・ウォッシュバーンは一八七〇年のパリ・コミューンのさなか、プロイセン軍のパリ占領にも怯まなかった。また一九一四年には皇帝の軍隊の大砲の射程距離内にありながら、マイロン・T・ヘリックもパリから逃げ出そうとしなかった。パリ残留を望んだのはブリットひとりにとどまらない。パリ市内および近郊に住む三万人のアメリカ人のうち五千人がパリから離れることを拒んだ。[22]ちなみに、ヨーロッパでこれほど多くのアメリカ人が暮らした地域は他にない。

六月十日の宵、パリ市民は室内に難を逃れ、ラジオを囲んだ。真夜中過ぎまで起きていた者は、ロンドン経由で送られてきたルーズヴェルトの演説を聞いた。アメリカ大統領はイタリアによる宣戦布告を裏切り行為と説いた。同日の日中、ロワイヤンではピカソが女の顔を描いた。見るからに陰気な絵だった。A・J・リーブリングはルーズヴェルトの演説を聞いていない。数時間前にパリを離れていたからである。パリを後にするときの気持ちは、恐れより落胆に近い。リーブリングはヒトラーがフランスを壊滅させる日が来るとは夢にも思わなかった。フランスは「知性と理性的な暮らしが歴史的につねに保たれる」地であり、「それが再建されるまでは、何もかも意味を持ちえない」。リーブリングにはフランス人の臆病さ加減も腹立たしい。一九四〇年六月には臆病者が大勢いた。その週、リーブリングは政治的な旗幟もさまざまな十紙余りのパリの新聞に十を越す異なる筆名で寄稿する悪名高いフランス人ジャーナリストと昼食を共にした。男はアメリカ人の同業者にこう語った。「奴らを挑発するなんて、まったく酷い間違いさ。ポーランドと関わり合うなんて、狂気の沙汰だ！」男は赤ん坊のように泣きじゃくりながら、口にアスパラガスを詰め込み、こう叫ぶ。「平和になってほしい、すぐに、今すぐに！」[23]

パリを逃げ出そうとしていたのはリーブリングひとりに限らない。無数のパリ市民とフランス北部からの難民もまた目的地を目指す途上にあった。アーサー・ケストラーも、いまだ身分を証明する法的書類の一片も持たぬまま、その中にあった。友人宅に匿われ、隠れ家を日々転々とするうち、ようやくリモージュまでの移動許可証を入手する。ケストラーには外人部隊に志願するほかに道は残されていなかった。外人部隊は一八三一年に始まり、信条、国籍を問わずあらゆる人間に新たな人生と身分を授けた。ケストラーは五年の年季で入隊し、法的には存在しなくなる。ケストラーはアルベール・デュベールに生まれ変わった。

ボーヴォワールもパリを離れた。かつて恋人だった教え子ビアンカ・ビーナンフェルドの父親が車でアンジェ近郊ポエズの友人宅、モレル夫人の田舎家まで送ってくれた。ボーヴォワールは後年、歴史的な出来事の展開があまり身近に感じられなかったと認めている。無論ラジオのニュース番組に耳を傾けはしたが、探偵小説を読み、モレル夫人と性と性別の問題についても語り合った。若い娘たちが次々とボーヴォワールと恋に落ちると知り、モレル夫人はボーヴォワールを「狼の罠」と呼ぶ。言い換えれば「レズビアン」である。ボーヴォワールはターバンに似たヘッドバンドを着けるようになった。恋人の「ちびボスト」はこの新しい髪形を「レズビアンにも、コカイン中毒者にも、苦行僧にも見える」[24]と評した。

かなりの財産を相続した四十二歳のアメリカ人女性、美術品蒐集家ペギー・グッゲンハイムは、所持品を引きずりパリの街路を行く避難民をよそに、ナチがやってくる前にパリを逃げ出そうと必死の画家たちから絵を買い取ろうと奔走していた。グッゲンハイムがこのとき二十五万ドルを投じて手に入れた作品群の価値は、やがて四千万ドル以上に高騰する。[25]いくつもの売買交渉をまとめた後、グッゲンハイムは南に逃れ、アルカションを目指した。アルカションでは友人のスペイン人画家サルバドール・ダリとその霊感の源、ロシア生まれのガラ夫人が別荘を貸し、「移動中」の友人たちを歓迎した。

六月十一日の朝、サミュエル・ベケットは市内にとどまったパリ市民と共に、目覚めに煤の臭いを嗅いだ。首都周辺の弾薬工場がフランス当局の指令で爆破され、夜通し燃え続けたからである。「燦々とした太陽の輝きは硫黄の火照りほどに鎮まった[26]」。ポール・レノー首相は政府ともどもロワール河畔のトゥール市に撤退する準備を進めていた。フランスの首都を救うため、パリは公式に「無防備都市」と宣言された。フランス政府は一切の防衛努力を放棄して、そうした地域への爆撃を禁じた戦時国際法をドイツ軍が遵守するよう期待したのである。ただし、相手がナチでは安心できない。パリを明け渡す前にレノーは友人のアメリカ大使ブリットを訪ね、ドイツ軍にパリの破壊を思いとどまるよう説得を依頼した。駐在大使の中でパリに残る最後のひとりとなっていたブリットは、フランス政府不在の状況下で事実上パリの暫定市長に任命されたことになる。

六月十二日、サミュエル・ベケットと出発間際に同行を決意した彼の「フランス娘」[27]、シュザンヌ・デシュヴォー＝デュムニールは、リヨン駅からヴィシー行きの混み合う鈍行列車に乗り込んだ。ヴィシーには知り合いがあり、いくらか金を融通してもらえはしないかとベケットは期待したのだった。ヴィシーにやがてフランス非占領地域の本拠が置かれ首都になろうとは、まだ知る人もない。ロワイヤンでは、ピカソがまた一枚、陰鬱な女の顔の絵に取り組んでいた。

当初、ドイツ国防軍は平和裡のパリ入城に同意した。ところが市外ポルト・サン＝ドニ付近で愛国者たちがドイツ軍の将校を狙撃し、第十八軍を率いるゲオルク・フォン・キュヒラー将軍、ほんの数週間前にオランダの都市を壊滅させ、「ロッテルダムの屠殺者」の異名をとる将軍を憤らせた。将軍は翌朝八時を期してパリに空襲と地上砲による総攻撃をかけるよう命令を発する。パリをロッテルダムやワルシャワと同じ運命から救うのに、ブリットに残されたのはわずか数時間。ブリットはフランス政府高官二名を説得してドイツ側の当事者とパリ北方二十キロに位置するエクアンで会談し、パリを明け渡す条件を定めるよう促す。協定文書が調印され、フォン・キュヒラーはパリ爆撃命令を撤回する。「光の都」は一アメリカ人の手で救われたのだった。

街がナチの残虐行為の生贄になるのを免れる間、大きな広場はことごとく鳩の大群に占拠され、静寂に響く鳩の鳴き声がわずかながらパリに残る市民の耳に満ちた。壁にはポスターが貼られ、二百八十万人の市民に現在の居場所から動かないよう命じた。市内に踏みとどまりポスターを読んだ市民の数は、ごく少数にすぎない。六月十四日の明け方、シルヴィア・ビーチとアドリエンヌ・モニエは住まいの小さな窓からオデオン通りの十字路の方角を見やり、ドイツ軍のトラックが轟音を立てサン＝ジェルマン大通りを走り抜けるのを目撃する。ドイツ軍がパリに入城したのだった。先刻まで影も形もなかったドイツ兵たちが、パリの至るところで目についた。今し方までジャン＝ポール・サルトルはパリの哲学教師、ジャック＝ローラン・ボストはその教え子だったが、いまやサルトルとカルティエ＝ブレッソンは戦争捕虜となり、「ちびボスト」は重傷を負っていた。

「目のない都市」

ドイツ軍の乗用車、トラック、ワゴン車、装甲部隊が街路に溢れ、公共の建物は次々と巨大な鉤十字の幟で覆われる。「死せる都市の死者の沈黙は、昼夜の別なく低空を舞い、あらゆる部屋に禿鷹の影を投げかけるナチの戦闘機の耳をつんざく騒音に取って代わられた。大通りはドイツ軍の将校を乗せた高性能の乗用車専用の高速道路さながら。灰緑色のドイツ兵の軍服が至るところで目についた[28]」。

パリ市民はドイツ軍を虚ろな眼差しで見つめた。ドイツ兵は当初これが理解できず、まるで自分たちは透明人間のように、無視されたと感じた。ドイツ兵はやがてパリを「目のない都市[29]」と呼び始める。パリの精神は、ドイツ兵が鋼鉄の抱擁に捉えたと思う間もなく姿を消した。ドイツ軍はパリの街と市民を石に変えたのだった。[30]

ヴィシーではフランスの作家ヴァレリー・ラルボー――ジェイムズ・ジョイスに『ユリシーズ』の内的独白を思いつかせたのはラルボーの作とされる――が思いやり深くベケットを窮状から救い、金も融通した。ベケットとシュザンヌはここから徒歩で出立し、納屋や商店の床を塒《ねぐら》にしながらアルカションを目指す。アルカションにはデュシャンの愛人でもあるアメリカ人の友人メアリー・レノルズの家があり、そこに二晩か三晩泊めてもらえるものと期待したのだった。ところが着いてみると、レノルズ邸にはペギー・グッゲンハイム等の友人多数が詰めかけて満室状態。ダリとガラの別荘もマン・レイやデュシャンを初めとする作家や芸術家で混み合っていたが、ベケットとシュザンヌはプラージュ大通り一三五番地の二にある下宿屋ヴィラ・サン＝ジョルジュの一室をなんとか借りることができた。チェスが何より好きなデュシャンとベケットは、一日の大半を海辺のカフェでチェスをして過ごす。

六月十八日、ＢＢＣ放送の演説でフランスのシャルル・ド・ゴール将軍が母国に戦闘の継続を訴え、すべての若者にレジスタンスに参加し共に戦おうとロンドンから呼びかけた。このとき、フランスではド・ゴール将軍を知る人はまだ少なかった。四日後にはしかしペタン元帥が降伏し、アドルフ・ヒトラーとの間に休戦協定を結ぶ。その日Ａ・Ｊ・リーブリングはこう記す。「ド・ゴールはフランスを勇気づけようと語りかけた。ペタンはいつもながら無能者らしく酷薄で非難がましく、フランスの勇気を挫こうとして語るように聞こえる」[31]。

六月二十二日、コンピエーニュで休戦協定の交渉が大詰めを迎える頃、アンリ・カルティエ＝ブレッソンは捕虜となり、識別番号ＫＧ８４５を付され、二万三千人のフランス人捕虜のひとりとしてドイツのルートヴィヒスブルクのＶＡ収容所に送られた。サルトルはその前日、三十五歳の誕生日に身柄を拘束され、トリーア近郊のXⅡD収容所に移送されようとしていた。アルカションでは、ベケットとデュシャンが海辺のそよ風に吹かれながら、十指に金の指輪を嵌めた肥えた婦人が休戦を歓迎し、「ああ、これでまたケーキが食べられるわ」と言うのを耳にした。

第2章　選択

占領軍と暮らす

アドルフ・ヒトラーは手に入れたばかりの華麗な獲物を一刻も早く訪れたくて矢も楯もたまらず、六月二十三日、名所巡りの特別視察団を仕立てパリにやってきた。これを機に作曲された勇ましい曲がベルリンのラジオ局から放送されるのに合わせて、総統はエッフェル塔を背にカメラの前でポーズをとる。写真は新たな現実の正体を浮き彫りにした。

ヒトラーと共にドイツ軍高官の第一陣も赴任する。パリの新たな支配者たちである。パリ市内の最高級ホテルは彼らの宿泊施設として接収された[1]。新任地のパリに落ち着いた高官のひとりに四十七歳の貴族、ルネサンス美術・建築の研究家フランツ・フォン・ヴォルフ・メッテルニヒ伯爵もあった。ラインラントおよびフランス占領地域の文化財保護の責任者に指名された伯爵は、その後まもなくルーヴル美術館に足を運び、ジャック・ジョジャールとまみえることになる。八月十六日、ナチ・ドイツの記章を帯びた黒いリムジン車がゆっくりと正面玄関に近づいた。ちょうど一年前からジョジャールが予期していた扉を叩く音が、ついに鳴り響く。メッテルニヒがジョジャールの豪奢な執務室に案内される。ふたりは黙って互いの目に見入った。ジョジャールは両手を後ろで組んだままである。ふたりはよく似ていた。共に並外れた長身で痩せぎす、年頃は四十代半ば、いずれ劣らぬ愛国者だった。それぞれ相手を値踏みする。互いに気づいた以上に、ふたりには共通点が多かったのではないか。ルーヴル美術館は藻抜けの空と聞いてメッテルニヒは安堵したようにも見えたとジョジャールは日記に記している。[2]ジョジャールはメッテルニヒにフランスの所有する美術品はすべて安全な場所に移送済みであると告げ、帳簿を見せた。メッテルニヒ伯爵と折衝する際には、手の内をすべて明かすのがおそらく最良の方法とジョジャールは見極めた。プロイセン貴族の多くと同様、メッテルニヒもナチ党員ではなかった。与えられた任務はフランス占領地域の美術品の保護であり、それはまさに、文字どおり、伯爵の意図と合致する。個人コレクション、とりわけロートシルトのようなユダヤ系フランス人の所有物に関しては手の施しようがなくとも、公的なコレクションについては略奪、そして貪欲な上官の羨望からできるかぎり護り、またジョジャールのように美術品の保護を心底から願う人々であれば誰であれ、身を挺して庇護するつもりだった。八月のこの朝、ジョジャールとフランスは思いがけない協力者を得た。どちらもそのことを口にはしない。責任を負う対象は、芸術と人類のみである。

　パブロ・ピカソは一九四〇年の夏にドイツ軍の兵士がロワイヤンの市内に現れたのを見て、もうこの町にとどまる理由はないと得心した。台風の目に飛びこんで悪魔と対決するほうが、まだましだろう。ピカソにとってはよその国に行くのはたやすく、アメリカ合衆国やイギリス、あるいは南米なら友人やファンも多かったが、自宅へ、パリへ帰った。八月二十五日からは市民の誰もがしていること、つまり食料を買うために行列に並び、いつ来るかわからずつねに混み合うバスや地下鉄を待つ代わりに、徒歩で移動した。自家用車のイスパノ・スイサを動かす燃料が手に入らないので、これはガレージにしまい、左岸のグラン・ゾーギュスタン通り七番地に構えた広々としたアトリエを暖めようにも石炭はごくわずかしかないため、重ね着をして寒さをしのいだ。毎朝、今ではすっかり仲の冷めたオルガ夫人も暮らすラ・ボエシ通り二十三番地の自宅から四キロ歩いてアトリエに通い、夕食はカフェ・ド・フロールでとり、外出禁止となる真夜中までに帰宅した。

空襲の激しいロンドンであれ、占領下のパリであれ、すべての若者はナチの支配に順応して暮らしを立てるほかない。シモーヌ・シニョレ（本名カミンカー）は仕事を見つけようと必死だった。一九四〇年九月、十九歳のシモーヌは二人の弟を養うためにも稼がざるをえない。父親はどうやらロンドンに赴いたらしく、「姿を消して」久しい。母親ひとりの収入では家族を支えきれない。かつての級友、ジャーナリストとして名高いジャン・リュシェールの長女コリンヌがシモーヌの職探しを知り、親切にも父親に相談してくれた。十五歳で退学し映画スターになったコリンヌは、いつも救いの手を差し延べてくれる。黒髪をオールバックに撫でつけた三十九歳のハンサムな父親リュシェールは、シモーヌを自分の助手に雇ってくれた。リシャールはこのとき創刊まもない「レ・ヌーヴォー・タン（新時代）」紙の編集長に指名されたところだった。

月給一千四百フラン[3]の新しい職場でシモーヌは電話の応対、選別を任された。この頃リュシェールの手助けを求める多数の中から、即座に取り次ぎを命じられた相手がひとりあった。ヒトラーが直々にパリに派遣した大使、リュシェールとの付き合いも長いオットー・アベッツである。オットーは毎日、友人に電話をかけてきた。ジャン・リュシェールは、ペタン元帥が一九四〇年十月三十日の演説でフランス国民に正式に要請するより早く、占領者に「協力する」道を選ぶ。ただその一方で、しばしばオットーを電話口に呼び出して投獄された者を救い、あるいは追われる者の必要書類の取得に便宜を図って、マルセイユに逃れ、リスボンあるいはカサブランカを経由してニューヨークに渡る手助けもすれば、何も訊かずにひとを雇い入れた。リュシェールはシモーヌの父親がユダヤ人で、どう見てもド・ゴールと共に戦うためにロンドンに渡ったと知りながら、それでも助手に採用した。

一九二〇年代、今では別世界とも思える時代にリュシェールはジャーナリストとして高く評価され、独仏宥和の仕掛け人、熱烈な平和主義者、そして社会主義の主導する人民戦線の支持者だった。一九二七年には進歩的な日刊紙「レ・タン（時代）」を創刊した。それから十三年を経てリュシェールは「ルーシュ・エール（Louche Herr いかがわしい男）」と綽名されて蔑まれ、歴史の闇に紛れたが、あえて移り気な占領者の機嫌を取り結びながら、同時に人助けにも力を尽くしたのだった。

一九四〇年十月のある晩、シモーヌは生まれて初めて劇場に出かけた。チケットは上司がくれたもので、連れはない。茶色のダッフルコートを着たハンサムな青年が目を惹いた。シモーヌは芝居がつまらないと思い、青年もそうだと言う。青年に寄り添うすらりと背の高い、美しい金髪の若い女性がずっと微笑みかけるのに好奇心をそそられた。

二十四歳の青年はクロード・ジェジェール、同伴の女性はソニア・モセ。クロードは映画監督志望、ソニアはある詩人の霊感の源である。長身、金髪のためアーリア系に見えて、ソニアはユダヤ人だった。ドラ・マールとマン・レイの写真に映る素性の知れない女性の多くは、ソニアがモデルを務めた。芝居が終わるとふたりはシモーヌに近づき、三人はしばらくお喋りをし、翌日サン＝ジェルマン＝デ＝プレのカフェ・ド・フロールで落ち合うことにする。シモーヌはそれまで一度も左岸に行ったことがなかった。そこは別世界だった。

カフェ・ド・フロールでは誰もが姓ではなく名を名乗り合う。客は役のつかない役者、作家、画廊のない彫刻家や画家だった。大声で話す者はない。生真面目な気配が漂い、グラスに交じり本が立ち、店内はかなり薄暗い。ドイツ人はひとりもいないが、誰もが外国訛りで話した。男はコールテンの上着にタートルネック、薄汚れたトレンチコートを羽織り、髪は長め、女は化粧っ気がない。流行の服を着る者はなく、個性的なスタイルの持ち主ばかりだった。
シモーヌはこうした客層とは縁遠かったが、のちの回顧録にもあるように、たちまちその場に馴染んだ。[4] それから、自分が板挟みになっていると感じた。一日の大半をオットー・アベッツの電話に応え、対独協力者として悪名高いジャン・リュシェールの下で働く若い娘が、午後遅くカフェ・ド・フロールに入り浸り、ゲシュタポが指名手配中の、多くは共産党員かトロツキストの常連に交じって過ごしてよいのだろうか。

パリ市民は占領者と共に暮らす術を身につけるのみならず、多くの制約にも慣れなければならなかった。一九四〇年秋までに、自家用車はすべて禁止された。バスの燃料はガソリンからアルコールか木炭に変わった。地下鉄にはドイツ兵とパリ市民が共に乗り合わせ、車内は混雑する。それがいやなら歩くか自転車に乗るしかないが、自転車は滅多に手に入らず、一九四〇年にはたいへんな贅沢品になっていた。我が物にするには、盗むのが手っ取り早い。ドイツ軍はパリ市民に食料の配給制を実施し、一日のカロリー摂取量を一三〇〇キロカロリーに制限した。生き延びるのに足りはしても、反抗するには足りない。カフェは営業を続けたものの、供するのはほんの数か月前の惨めな模倣にすぎない。肉はすでに極端に品薄で、伝統的なフランス料理はメニューから消えていた。クロズリー・デ・リラの名物料理アンドゥイエットも姿を消した。

ピカソと同じように、パリ市民も帰宅を始めた。十月、ベケットとシュザンヌはアルカションから十五区ファヴォリット通り六番地の質素な一部屋のアパルトマンに戻ってきた。ふたりは幸運だった。建物はまだ暖房が効き、お湯が出たからである。シュザンヌはパリの女性の多くと同じように、ここでバター、あそこで卵、肉、野菜、果物はまた別の店でと食料調達の腕を上げた。数日後、友人の彫刻家、スイス人のアルベルト・ジャコメッティがモンパルナスのアトリエに戻り、アルフレッド・ペロンもフランス軍を除隊となり、リセ・ビュフォンの教師に復職した。ベケットのアパルトマンからヴォージラール通りを歩いて十分の距離である。ふたりは週に何度か、かろうじてランチと呼べるものにありついた。[5]

非占領地域から分離されたヴィシー政権を率いるペタン元帥は、さっそくナチの手本に従おうとする。一九四〇年十月三日以降、ユダヤ系フランス人は公職から追放され、金融、商業活動を禁じられた。これをきっかけにレジスタンス集団が結成される。ベケットの友人アルフレッド・ペロンは、パリで最初に結成された地下活動集団への参加をすぐさま決意する。この集団は美術史家アニエス・アンベールを初めとして、人類学博物館と縁の深い研究者、知識人が大半を占めた。[6] ベケットはイギリスのラジオ放送を聞いて情報を収集し、役に立ちそうなものをメモにまとめてペロンに送り、ペロンはそれをアンベールに届けた。アンベールは少数の仲間と共に一九四〇年十二月、地下活動の最初の情報誌「レジスタンス」を創刊する。[7]

ボーヴォワールは教育、読書、執筆にかまけてやはり政治にはさほど関心を払わない。ドイツで捕虜になったサルトルと会えないのが寂しかった。午前中はロダン美術館に隣接するリセ・ドゥリュリーで教え、午後はリシュリュー通りの国立図書館でヘーゲルを研究し、日が暮れてからは暖房の効いたカフェで処女作となる小説の推敲にたゆまず取り組んだ。三角関係をテーマとする小説の題名は『招かれた女』に決めた。夜の過ごし方は慎重に定めた。週に二晩は生徒のナタリー・ソロキーヌとオテル・シャプランの自室で過ごし、土曜の晩はパリに戻り怪我の治癒を待つジャック＝ローラン・ボストとモンマルトルのオテル・デュ・ポワリエで落ち合う。ボストはこの土曜以外の晩は新しい恋人オルガ、コザキエヴィッツ姉妹の一方とオテル・シャプランの一室で過ごした。男女関係がこれほど奔放だった理由の一端は、屋外はもとよりホテルの室内も凍えるほど冷えたことに求められるだろう。ボーヴォワールは三人の若い娘の暮らしを支え、ボストにもいくらか経済的に救いの手を差し延べるため、身を粉にして働いた。

良きドイツ人、悪しきフランス人

ドイツ軍の将官が個別の任務を帯びて続々とフランスの首都に赴任した。十一月八日、三十一歳の誕生日に特別指揮官ゲルハルト・ヘラーはパリ行きの列車の乗客となった。ポツダム生まれのヘラーは学校でフランス語を修め、ピサ大学とトゥールーズ大学に留学体験を持つ。ヘラーはさまざまな言語と文学を愛した。正式にナチ党員になったこともなければヒトラーに忠誠を誓ったこともなく、ヒトラーには悪寒を覚えた。それでもヒトラーがパリに派遣したオットー・アベッツ大使とは馬が合った。アベッツはヘラーを宣伝部隊文学部門に配属する。宣伝部隊の本拠はシャンゼリゼ大通り五十二番地に置かれた。

ヘラーの担当範囲はなんとフランスで出版される文学作品の全刊行物におよんだ。「オットーのリスト」はフランスの出版社に越えてはならない一線を示した。アベッツがまとめたこのリストにより、反ファシスト、ユダヤ人、共産主義者の著書は禁書とされた。トーマス・マン、シュテファン・ツヴァイク、ルイ・アラゴン、ジークムント・フロイトの著作が図書館と書店の書棚から一掃される。ヘラーはフランスの出版社が自主規制するよう抜け目なく計らった。数か月のうちに左岸の出版社とは黙契を結ぶ。わたし、あるいは上官に疑われるようなことをしなければ、折々貴君らを庇うこともできるかもしれない。ヘラーはヒトラーではなく文学を愛し、それを実地に示すことになる。「ある意味で、ヘラーは左岸の文学界にかつてない奇妙な仕方で一枚嚙んだ。戦前の反ファシスト、左翼文学の花形のじつに多くがドイツ占領下の時代を無事に生き延びられたとすれば、ヘラーと彼の代表する精神のおかげである」[8]。

廃棄される前に、禁書は凱旋門に近いグランド・アルメ通りの古い車庫に保管された。ヘラーは学生時代の愛読書が山積みにされた光景を目の当たりにする。それが無惨に損なわれると思うと、胸が悪くなった。「まもなく焼却処分となる本が山と積まれた車庫で胸に湧いた心地の本質に思い至るのは後になってからのこと、カール・マルクスを引用し、『羞恥とは革命的感情である』と記したジャン＝ポール・サルトルを読んだときのことだった[9]」。

ガリマール社のカリスマ的な編集者ジャン・ポーランとの出会いも、ゲルハルト・ヘラーを変える要因となった。フランスで最も重要かつ信望の高い出版社ガリマールは、我が身を救うために悪魔と取引することをすぐさま決意する。元来多様な政治色の作家を抱えるガリマールは、「お抱えファシスト」もいた。ピエール・ドリュ・ラ・ロシェルである。アベッツは一九三四年にドリュ・ラ・ロシェルをすでにベルリンに招聘していた。ドリュはフランス国内のナチの宣伝活動に重要な役割を果たす。取り決めが結ばれる。ガリマール社の刊行する有力誌「新フランス評論（ＮＲＦ）」は、従来の編集長ジャン・ポーランに代わり、ドリュが采配を振るう。ＮＲＦ誌の影響力はじつに大きく、オットー・アベッツが支配下に収めたいと願うのも無理はない。アベッツはかつてこう言い放ったという。「フランスに三大勢力あり。共産主義、巨額の金融取引、そしてＮＲＦだ[10]」。ただしガリマール社はその見返りに、ジャン・ポーランの指揮の下、出版活動を続けることができた。

ジャン・ポーランのちっぽけな執務室はドリュ・ラ・ロシェルの編集長室と隣り合わせ。対ナチ協力路線を採るドリュから二メートルも離れていないところで、ジャン・ポーランは作家の構成するレジスタンス集団下部組織への指図を始め、先々何が起ころうと反ファシストの小説家の作品を出版するつもりだった。カリスマ性のある五十六歳のポーランはときにドリュ・ラ・ロシェルのNRF誌に原稿を推薦し、ドリュはこれを採用した。何はともあれ、ふたりとも文学と詩をこよなく愛したからである。こうして共産党に肩入れする詩人ポール・エリュアールの詩が五ページを埋めるNRF誌の一九四一年二月号には、直前に他界したジェイムズ・ジョイスを讃える記事とユダヤ系の思想家アンリ・ベルクソンの追悼文も掲載された。

抜け目なく老練なガストン・ガリマールは、ドリュ・ラ・ロシェルをドイツ軍にも受け入れやすい表看板に利用し、そのため反ユダヤ主義、ファシスト的な屑も刊行せざるをえないと感じつつ、シモーヌ・ド・ボーヴォワール、ジャン＝ポール・サルトル、アルベール・カミュ、ジェイムズ・ジョイス、ポール・クローデル、イワン・ツルゲーネフ、レーモン・クノー、ポール・モランに加え、自身は共産主義者のレジスタンス派で、ユダヤ系の反ファシスト主義者エルザ・トリオレを妻にもつルイ・アラゴンの作品まで出版した。

そのうえジャン・ポーランはパリで最も早い時期にレジスタンス運動を展開した人類学博物館グループ[11]に属し、ベケットの親友アルフレッド・ペロンやアニエス・アンベールの仲間に加わっていた。[12]ポーランはガリマール社内のちっぽけな執務室に複写機をこっそり持ちこみ、小冊子を作成したり、謄写版でビラを刷った。さらにポーランは秘密裏に「レ・レットル・フランセーズ（フランス文学）」紙の創刊にも着手する。

ガリマール社の先例は占領下でドイツ軍との対応を迫られた多くの企業や団体にとり、奇妙な手本となる。ガリマールはナチに妥協し、後生大事に護り続けてきたはずの主義主張を踏みにじったように見えたが、まさにそれによってひとかけらの矜持を保つことができた。当時、ガストン・ガリマールにはそれ以外に採るべき道はないように思われた。一切の活動を停止し、ロンドンに渡りド・ゴールに合流してレジスタンス運動に加わった者もある。ガストン・ガリマールはそうではなく、どっちつかずを芸の域に高めた。我慢を選んだガリマールは、ナチ支配下の窮屈な状況でも「許容される」処世術に道を拓いたのだった。

ドイツ軍の占領下で生きることはできないが、かといってド・ゴール軍に参加して実戦に身を投じるほどの気力を欠く作家や芸術家には、もちろん採るべき道がもうひとつあった。アメリカの民間難民支援組織「緊急救助委員会」は、著名な作家や芸術家多数がマルセイユ経由でアメリカに逃れる手助けをした。救出の手筈が調うまでの待機所はヴィラ・ベル・エール。恩恵を被った作家、芸術家、知識人の数はおよそ二百名にのぼる。多くはユダヤ系だが、全員がそうだったわけではない。シュルレアリストのアンドレ・ブルトン、ヴィクトル・ブローネル、マックス・エルンスト、ロベルト・マッタ、ジャン・アルプ、アンドレ・マッソン、マルセル・デュシャンに加え、マルク・シャガール、思想家ハンナ・アーレント、作家アンナ・ゼーガースもこうして海を渡った。

パリにとどまることにした人々にとって、一九四一年は転機の年となる。

旗幟を鮮明にする

サミュエル・ベケットはイギリスのラジオ放送で聴取した情報をアルフレッド・ペロンに伝えるだけでなく、そこから一歩先に踏み出した。画家を父にもつジャニーヌ・ピカビアが、レジスタンスの下部組織「グロリア」を結成した。ベケットはファヴォリット通り六番地のアパルトマンをこの組織の情報受け渡し所として提供する。ベケットは「情報を突き合わせ、タイプに打ち、できるだけ簡潔な英語に翻訳し……紙一葉にまとめる」。次の中継所では「グループのメンバー、通称『ギリシア人』がベケットの作成した文書をマイクロフィルムに写し取り、非占領地域に運び、そこからさらにイギリスに送った。[13]

う若いシモーヌ・シニョレにも決断の時が訪れる。昼間、対独協力者の下で働き、夜になるとナチに反対する友人たちとカフェ・ド・フロールで過ごすのがもはや耐えがたくなった。働き始めてから八か月後、カフェ・ド・フロールで過ごした時間に勇気づけられ、シモーヌは「レ・ヌーヴォー・タン」誌を辞める決意を固め、雇い主に自分は女優になるつもりと告げた。ジャン・リュシェールはシモーヌの怖いもの知らずの若さを笑い、本気にしない。無論、シモーヌの言葉ははったりだった。次の仕事は見つかっていなかったし、母親と相談もしていなかった。

立ち去る前にシモーヌは振り向いてリュシェールをじっと見据え、若者らしく生意気にも上司に向かってこう言い放つ。「あなたがたみんな、戦争が終わったら反逆罪で銃殺されますよ」。リュシェールはもう一笑いし、幸運を祈るとシモーヌに餞《はなむけ》の言葉を贈った。時は一九四一年の春、シモーヌは自らも記すように、フルタイムの「フロリスト（カフェ・ド・フロールの常連）」となる。「フロリスト」は正午頃サン＝ジェルマン＝デ＝プレにお出ましになり、経営者が配給切符かつけで食べさせてくれるボザール通りのレミーの店かジャコブ通りのシェラミーの店で昼食をとる。二時頃にフロールに戻り、サッカリンで甘くした代用コーヒーを飲み、店を出て三時半から五時半頃まで界隈を散歩し、六時にまた店に戻って三時半に別れた仲間と落ち合う。レモネードを一杯だけ注文し、それで夕飯時まで粘る。

シモーヌはのちに、この時代はまったく何も生み出さなかったと嘆くけれども、カフェ・ド・フロールは実は彼女と友人たちがすべてを教わった人生の学校だった。彼ら彼女らは、カフェに集う二十歳そこそこの面々が「山師」と呼びならわすピカソから学んだ。ユダヤ系ロシア人の画家シャイム・スーティンからも学んだ。スーティンは物心ついたときから馴染みの画材屋の女主人に通報されるのを恐れて、若者たちに代わりに絵具を買いに行ってくれと頼んだ。巻き毛が目立つイタリア系スイス人、不安そうな顔つきの心優しいアルベルト・ジャコメッティから学んだ。シモーヌと友人たちはもはやそこにいない人々、ソニア・モセのように突然姿を消した人々からも学んだ。姿が見えなくなったのは国外に追放されたか、潜伏したか、あるいは戦闘に身を投じたかだった。四十歳のフランスの大詩人ジャック・プレヴェールはいまだパリに戻らず、その不在は誰もが強く意識せざるをえなかったが、シモーヌのような新参者は、ほかの客の思い出話に耳を傾けてプレヴェールについて「学ぶ」ことができた。カフェ・ド・フロールで過ごした時間は決して無駄にはならなかった。それは大学にも匹敵した。[14]

ジャン・ポーランがレジスタンス活動を疑われ、ゲシュタポに拘束されると、ガリマール社のお抱えファシスト、仇敵ドリュ・ラ・ロシェルが手を尽くしてポーランの保釈を勝ちとった。人類学博物館グループの他の面々はそれほどの幸運には恵まれない。アニエス・アンベールは逮捕されてシェルシュ＝ミディの監獄に送られ、さらにフレンヌ監獄を経てドイツに移送された。グループの創設者で文化人類学者のアナトール・レヴィツキーとボリス・ヴィルデはともに処刑された。

一九四一年三月末のある宵、シモーヌ・ド・ボーヴォワールはホテルの部屋の扉の下に白い紙が差し込んであるのに気づいた。そこにはサルトルの筆跡で、「カフェ・デ・トロワ・ムスケテール（三銃士）にいる」と記してあった。ボーヴォワールは部屋を飛び出し、カフェに駆けつける。サルトルは収容所の看守を騙し、別人になりすまして保釈されたのだった。サルトルは人が変わったように、ひたすら喋り続けた。ボーヴォワールが思い描いた、恋人同士の再会とは様子が違う。ボーヴォワールがユダヤ系であることを否定する宣誓供述書に署名したと聞くと、サルトルは容赦なく睨みつける。それに、闇市場で食糧を調達するなどもってのほか。サルトルにとって、今は行動あるのみ。ふたりの共通の友人、思想家モーリス・メルロ＝ポンティもパリに戻っていた。三人は意志統一を図り、他の作家たちも糾合してレジスタンス集団「社会主義と自由」を結成する。いきり立つサルトルにボーヴォワールは驚きを隠せない。一九四一年の夏、ふたりは自転車を漕いでヴィシー政権下のフランスへ赴き、占領地域の南側でもメンバーになる可能性のある人々との連携を図った。ところが、グループの目指す抵抗運動の性格をめぐり、計画は行き詰まる。サルトルは爆弾より言論を重んじた。同志の多くはまもなくより実効性のある、組織もしっかりした共産党系のレジスタンス集団を選ぶ。レジスタンス運動の指導者としてのサルトルとボーヴォワールの活動はこうして終息した。サルトルはリセ・パスツールの教職に復帰した後、まもなくリセ・コンドルセに転勤する。ただし宣誓供述書には最後まで署名しなかった。サルトルとボーヴォワールはふたたび生徒たちのもとへ、言論活動へ、複雑に入り組んだ男女関係へ立ち戻ったけれども、以前とは決定的な違いもあり、占領軍に対してはあくまで戦いを挑む。ただし銃は手にしなかった。

「ヴェルコール」の名でも知られるジャン・ブリュレルも似た道を選び、地下出版を興してたちまち爆弾にも負けない強力な影響をおよぼす。ブリュレルは一九二〇年代後半に児童書で名を成した。一九三八年まで平和主義を貫いたが、休戦協定が結ばれるとすぐさまレジスタンス運動に加わる。与えられた任務はイギリス人捕虜の脱出ルートの確立である。ブリュレルが選んだ別称ヴェルコールはグルノーブル近郊フランス・アルプス山麓の地名に因み、フランスのレジスタンスでも出色の大胆不敵さで勇名を馳せた。[15]

一九四一年の夏、三十九歳のブリュレルはパリに小旅行に出かけ、ヴィユ・コロンビエ通りで著名な文学評論家アンドレ・テリーヴと出くわした。[16] テリーヴの政治信条は年少の同業者ブリュレルとは水と油。才気煥発、「マングースの如く敏捷」[17]と評されるテリーヴは反動派だったが、それにも増して無政府主義者でもあった。自由奔放で独立心が強いばかりに、何であれ政治集団とは反りが合わず、対独協力派にはなりようがない。テリーヴはつい先頃、一冊の本を読んで衝撃を受けた。ちょうど持ち合わせているので、ぜひブリュレルに進呈したいと言う。

その本『庭と道』は、ドイツ国防軍のエルンスト・ユンガー大尉がフランス侵攻のさなかに綴った日記だった。愛国心旺盛でナチを心底毛嫌いするドイツの作家は、ドイツ軍将校のイメージに深みを添えた。日記を読めば書き手が豊かな感受性を備え、心優しく上品で、従軍部隊がベルギー、フランスに侵攻する間にもカザノヴァ回顧録、エラスムス書簡集、ハーマン・メルヴィルの短編小説やアンドレ・ジッド、ヘロドトスを読み続けたことがわかる。エルンスト・ユンガーの著書はおそらく慈悲心と潜在的なナチ批判を嫌われ、その後まもなく占領軍によって禁書処分を受ける。しかし市中に出回る間に『庭と道』は大いに人気を博した。好奇心を刺激され、ジャン・ブリュレルはテリーヴに礼を言い、後で『庭と道』に目を通した。ブリュレルはユンガーの真摯さに衝撃を受け、驚愕する。「平均的なフランスの読者は、心優しいユンガーがドイツ人全体の意思と行動を象徴すると思いはしまいか」[18]。

善良なドイツ軍将校に用はないとブリュレルは思った。複雑さ、繊細さも願い下げ。これは戦争であり、戦争は闘うほかない。ドイツ軍は打破され、フランスは解放されなければならない。ブリュレルは『庭と道』に応答するものを書くよう促されるのを感じた。わずか数週間でブリュレルは『海の沈黙』を書き上げる。これは戦争中にドイツ軍士官をやむなく寄宿させることになったフランス人の老人と姪の物語。作曲家を生業とする士官はフランス人の家主との友好的な交わりをひたすら求めるが、老人と姪は頑なに口を閉ざす。あくまで深い沈黙に打ちひしがれ、傷ついた士官は東部戦線で闘おうと決意し、志願する。

ブリュレルとレジスタンス集団の友人は『海の沈黙』を本の体裁にまとめ、出版することにした。「こうして前代未聞の風変わりな出版社が左岸に誕生した」[19]。十三区オピタル大通りを逸れたところで細々と印刷屋を営む勇敢な経営者が見つかり、死亡通知の作成が専門のこの業者ほど安全な選択肢はなさそうに思われた。ブリュレルは上質紙を用いた趣味のよい百ページの本にしたいと願う。紙は配給の割当分しか手に入らず、地下出版は危険を極め、物資の欠乏状態が蔓延する中でこの試みを成功させるには、可能なかぎりプロであろうとしなければならないとブリュレルは考えた。出版社の名称はミニュイ社（深夜叢書）に決まり、ヴェルコールがデザインした星印はやがてレジスタンス出版の象徴にもなる。

毎週ヴェルコールは八ページ分の原稿を印刷所に届け、組版ができ次第、原稿は廃棄された。その後、印刷された紙葉をラスパイユ大通りに設けた隠匿場所に運び、友人がそれを回収して製本所に届けた。何週間もかけて、ようやく初版三百五十部が完成する。一九四二年二月、ヴェルコールはガリマール社の執務室にいるジャン・ポーランの手に一冊が渡るように手配し、そこで複写されたものがロンドン、ニューヨークへと送られた。ある朝、ロンドンの「ホライゾン」誌に勤めるソニア・ブラウネルの仕事机の上に、この本が届く。ブラウネルはさっそく目を通し、上司のシリル・コノリーに回覧する。コノリーはすぐさま翻訳すると『明かりを消して（*Put Out the Light*）』と題し、一九四四年に刊行した。ニューヨークでは、「ライフ」誌がこれを連載する。フランス国内はもとより国外でも『海の沈黙』が大好評を博したため、ミニュイ社は他の著名作家にも出版用の原稿を提供するように求めた。アラゴン、ポール・エリュアール、ジャン・ゲーノ、そしてジャン・ポーランがそろってレジスタンス戦士の名の下、文章や詩を出版した。判型はどれもおよそ十二センチ×十七センチ、扉ページの裏には「フランスに、命令に服することを拒む作家あり」と記してある。ポール・エリュアールはトゥルノン通り十九番地でリュシアン・シェレールの営む稀覯書店に潜伏しながら、ミニュイ社の編集主任顧問を務めた[20]。ミニュイ社はフランスの作家以外にも視野を広げ、外国の軍隊に占領された北欧の村落の暮らしを描くジョン・スタインベックの小説『月は沈みぬ』の訳書も出版する[21]。

ドイツがアメリカに宣戦布告した一九四一年十二月以降もパリにとどまることにしたアメリカ人にとって、暮らしはいっそう厳しさを増してゆく。そして危険にもなった。シルヴィア・ビーチはすべての本を隠し、書店を閉める決意をする。あるドイツ軍の将校に、どんな本であろうと売らないと断り、脅されたのがきっかけだった。パリ在住の他のアメリカ人と同様、ビーチも毎週近くの警察署への出頭を義務づけられる。「ゲシュタポがわたしの跡をつけまわし、しじゅう訪ねてきた」[22]。シルヴィアとアドリエンヌは寒さに凍えた。アドリエンヌは書店の売り場に薪ストーブを取り付けたものの、住まいは凍てつくほどに冷え、あまりの寒さに読み書きもままならない。二人分の配給切符を一緒にし、配給一回分の石炭を昼食か夕食時にまとめて使い、二人前の暖かい食事を調理した。チョコレート、砂糖、ワイン、コーヒーは闇市場でしか手に入らず、しかも戦前の十倍の高値がついた[23]。さらに悪いことに、男と違い、女には煙草の配給が認められなかった。

一九四二年九月二十四日、シルヴィア・ビーチを含むアメリカ人女性三百五十名が身柄を拘束され、ブーローニュの森のアクリマタシオン庭園内の動物園に連行され、空き家になった猿の檻に収容された。「猿はわたしたちだけでした」と、後年ビーチは素っ気なく述べる。芸術家、資産家の夫人、踊り子、スパイまで含めたこの奇妙な女性の集団は、その後フランス北部、ロレーヌ地方のヴィッテルに移送され、かつて高い格式を誇った温泉付きの古びたホテルで軟禁状態に置かれる。自由は奪われたものの、パリにいた頃より食事はまともだった。パリの友人たちが釈放を願って手を尽くす間、ビーチはここで自重、時機到来を待ち焦がれた。

一九四一年十二月にアメリカ合衆国が公式に参戦すると、パリでは目に見えて緊張が高まった。ナチ党でもとくに恐れられる親衛隊情報部のカール・オーベルク少将が前任者に代わり、パリ占領の指揮を執ることになった。四十五歳の少将は生粋の親衛隊、入隊は一九三一年にさかのぼる。容姿も任務によく似合った。頭髪を剃り上げ、縁なし眼鏡、黒の軍服の上に丈の長い黒革の外套を羽織る。親衛隊および警察指導者に就任したオーベルクは、占領地域の治安維持をドイツ国防軍から引き継いだ。オーベルクの使命はふたつ。ユダヤ人をフランスからポーランドに送り、死滅させること、そしてフランスのレジスタンス運動を駆逐することである。一九四二年七月十二日、パリ在住のユダヤ人一万三千人余り（三分の一は子供）を一斉検挙したオーベルクに、「パリの屠殺人」の異名がつく。

数週間後、アルフレッド・ペロンが逮捕される。ペロン夫人がすぐさま暗号電報を送信したおかげで、サミュエル・ベケットとシュザンヌは犯罪の証拠になりかねない書類を廃棄し、レジスタンス集団「グロリア」の他のメンバーに累がおよぶ前にパリを脱出できた。ふたりが最初に身を寄せたのはパリ市域のすぐ外、やはり出自を偽ってジャンヴリーに潜伏中のロシア生まれのユダヤ人作家ナタリー・サロート宅だった。

一九四二年には、何をしてもそれが意味を持ち、後々まで響いた。五月、ジャン・コクトーはオランジュリー美術館が催したヒトラーお気に入りの彫刻家アルノ・ブレーカーの展覧会に出席した。ピカソは欠席。コクトーは慎重さを欠いた。それは映画スターのアルレッティも同様。アルレッティはドイツ軍将校ハンス・ユルゲン・ゼーリングに燃えるような恋をして、リッツ・ホテル七階の一室に共に住む。隣室にはココ・シャネルが、やはりドイツ人の恋人ハンス・ギュンター・フォン・ディンクラーゲと共に暮らしていた。一九四二年八月二十四日、「ライフ」誌がアメリカの報道機関によるフランスの対独協力者告発キャンペーンの第一弾として、「ドイツ軍に協力した廉で地下組織に糾弾されたフランス人」のブラックリストを掲載する。そこにはアメリカでも大の人気者のフランス人、モーリス・シュヴァリエ、アルレッティ、そして劇作家サシャ・ギトリの名もあった。[24]

ハドソン河畔のパリ

一九四二年の夏を前にして、アポリネールの若い翻訳者で熱心なトロツキストのアメリカ人ライオネル・エイベルはシカゴを発ち、ニューヨークに帰り着いた。公共事業促進局の連邦作家計画に雇われ一年を過ごしたシカゴからニューヨークに戻るに際し、三十歳の「ネイション」誌文芸評論家が夢見たのはただひとつ、ニューヨークを亡命先に選んだフランスのシュルレアリストと知り合いになることだった。面会を求める前に、エイベルは親しい美術史家マイヤー・シャピロ教授の助言を仰ぐ。用心が欠かせない。シュルレアリストと主唱者アンドレ・ブルトンにはハリウッドのスターに近いオーラがあり、エイベルは不作法を避けたかった。シャピロ教授宅を訪ねると、ニューヨークに住む二十七歳の細身で男前の画家ロバート・マザウェルも居合わせた。マザウェルもアンドレ・ブルトン宅を訪問したくてうずうずしているという。ブルトンの住まいは近所の西十一丁目二六五番地にあった。

エイベルはやはりパリから亡命してきた三十一歳のシュルレアリスムの画家ロベルト・マッタと友達付き

合いを始めていて、シュルレアリスムとはまるで無縁というわけでもない。マッタはアメリカ人の年若いアン夫人と十二丁目の五番街と六番街の間にある、簡素でも優雅な三部屋のアパートに暮らしていた。マッタはニューヨークの住まいを訪れるであろう来客をもてなすために、手を尽くしてフランスからアブサンを何ケースか持ち込んだ。「これはアニセットじゃありません、本物です！」とマッタは嬉しそうに前口上を述べる[25]。

ライオネル・エイベルとロバート・マザウェルがシュルレアリストに謁見する準備が調った。二人の若いアメリカ人の期待が裏切られることはない。「ブルトンはわたしたち二人を十八世紀に連れ戻した。言葉に伴う両手の動きは優美で、声は歌うよう、発声法に非の打ちどころなく、語順もつねに文法どおりだった。接続法の必要なときには必ずこれを用いた[26]」。数週間後、ロベルト・マッタはライオネル・エイベルとロバート・マザウェルをパーティーに招く。カンヴァスの大作が仕上がり、パーティーの宵に命名式を行なうという。パーティーにはマルク・シャガール、マルセル・デュシャン、シュルレアリストのアンドレ・マッソン、イヴ・タンギー、カート・セリグマン、作曲家ジョン・ケージ、画廊主ピエール・マティス（画家の息子）そしてもちろんシュルレアリスムの皇帝アンドレ・ブルトン殿下も顔を揃えた。

いまやシュルレアリスト・グループの一員に迎えられたエイベルは、アンドレ・ブルトンからシュルレアリスムの新雑誌「VVV」の編集の手伝いを依頼される。ふたりは創刊号の制作に力を合わせて取り組んだものの、協力関係はわずか二、三か月しか続かない。ブルトンは否応なくひとを惹きつける魅力的な人物ではあったが、全能の神ゼウスのように振る舞い、玉座から稲妻を投げつけるのも躊躇しない。ニューヨークに生まれ育ったユダヤ系知識人で堅物のエイベルには、フランス人シュルレアリストの乱れに乱れた男女関係がどうにも受け入れがたい。しじゅう別れ話が持ち上がり、離婚するかと思えばひとの妻や夫を寝取り、妻でも夫でもない相手と懇ろになるのが、どれも仲間内の話なのである。パリのシュルレアリストは移住先のニューヨークで、アルトゥール・シュニッツラーの物議を醸した戯曲『輪舞』さながら、自前の性の輪舞をくりひろげた。誰かがどこかでいつも恋に落ち、失恋し、次から次に相手を変えてはこれを繰り返すが、その関係がグループをはみ出すことはない。たとえばマッタと妻のアンとの関係は破綻するが、アンはマッタが自分との子供をもうけなければ離婚に応じないという。マッタはしぶしぶ承知し、アンは双子の男の子を授かる。息子たちが生まれるや否やマッタは妻と別れ、すぐさま愛人のひとりパトリシア・コノリーと結ばれたが、新妻は画廊主ピエール・マティスの浮気相手だった。アンドレ・ブルトンの妻ジャクリーヌは夫を棄て、アメリカ人の若手画家でロバート・マザウェルとも親しいデイヴィッド・ヘアの許に走る、等々。

エイベルの友人でシカゴ出身の二十四歳、ハロルド・カプランもこの頃ニューヨークにいた。カプランはパリがナチの手に落ちた月に陸軍に入隊し、アーネスト・ヘミングウェイやE・E・カミングスの例に倣い救急車の運転手になることを夢見た。ところがアメリカ陸軍はカプランにまた別の用途を見いだす。知る人ぞ知る情報局で活用しようというのである。フランスの文化と言語の双方に深い学識を備え、マルセル・プルーストをこよなく愛し、博士論文のテーマに選んだ青年カプランは、フランスおよびフランス語圏北アフリカ向けのフランス語放送を流すニューヨークのラジオ局に勤務する資格充分と見なされる。アイゼンハワー将軍の北アフリカ進攻が一九四二年十一月に迫るなか、有用なのは間違いない。さてニューヨークからフランス人に語りかけるのに、甘美なバリトンの語気に威厳の漲るアンドレ・ブルトンに優る者があるだろうか。カプランもエイベルと同じくシュルレアリストの頭目に「魅了された」[27]。

ニューヨークに暮らす亡命フランス人は世界の陰鬱な出来事から気を逸らそうと、マンハッタンの映画館や歌劇場に慰めを求めた。一九四二年十二月、映画館で『カサブランカ』[28]――「ニューヨーク・タイムズ」

の評論家ボスリー・クラウザーによると「背筋を疼かせ、心臓が跳び出す」[29]——の封切りが間近に迫る頃、メトロポリタン歌劇場はいささか異色の趣向でドニゼッティ[30]の『連隊の娘』を上演した。[31]舞台上で毎夜フランス生まれのソプラノ歌手リリー・ポンスが、原作にない場面で三色旗代わりにレジスタンスのロレーヌ十字旗を振り、「ラ・マルセイエーズ」を歌う。「行こう、祖国の子らよ」と歌い始めてまもなく、端役の伍長を演じる若手バリトン歌手ウィルフレッド・エンゲルマンが星条旗と自由フランスの幟をふたつ並べ、高く掲げて舞台の前に進み出る。ニューヨークの聴衆は当初戸惑ったが、やがて毎夜やんやの喝采を送った。

危険を冒す

パリでは、ドイツ軍将校専用の指定を免れた映画館の雰囲気はそれと比べて穏やかだった。しかし十二月三日に封切られた作品の背後にこめられた意味に無頓着でいられた者はない。詩人ジャック・プレヴェールが脚本を書き、マルセル・カルネが監督を務めた『悪魔が夜来る』は、ドイツ軍の検閲に触れないように舞台を中世のフランスに設定はしても、占領下のフランスを寓意的に表すことは火を見るより明らかだった。フランスの人気女優アルレッティと舞台出身の新人、三十四歳のアラン・キュニーが、騎士と男爵の娘の婚礼を邪魔しようと悪魔の遣わす吟遊詩人役を演じた。アルレッティが花婿を誘惑すれば、キュニーは花嫁をたらしこむ。ところが花嫁と吟遊詩人は恋に落ちる。怒った悪魔は恋人となったふたりを石像に変える。石の下でも、しかしふたりの心臓の鼓動はやむことがない。ドイツに支配されたフランスのように。

当時のフランス映画監督としては最も名高いマルセル・カルネは、ヴィシー政権下のフランスにとどまる道を選び、映画を作り続けた。カルネの選択には眉を顰《ひそ》める者も多く、とくにジャン・ギャバン、ジャン＝ピエール・オーモン、ジャン・ルノワール等ハリウッドに新天地を求めたフランスの俳優、監督の反発は強かった。カルネはありとあらゆる制約に従わねばならず、無論、最後にはドイツの検閲という関門が待っていた。ところがカルネは難関を巧みに迂回し続ける。大きな集客力を持つとともにドイツ軍将校と大っぴらに浮き名を流すアルレッティを起用し、これを隠れ蓑としたのは、ガリマール社がドリュ・ラ・ロシェルを表に立てたのとよく似ている。美術監督アレクサンドル・トローネルと作曲家ジョゼフ・コズマはどちらもユダヤ人で活動を禁じられていたから、ふたりが偽名を使い映画制作に参加していることがもし露見すれば、カルネはそれこそ窮地に立たされただろう。マルセル・カルネとジャック・プレヴェールはカフェ・ド・フロールにたむろす俳優志望の若者たちを、正規の身分証明書を持たない者が多いにもかかわらず、ためらうことなく抜擢した。ゲシュタポに追われる共産党員や潜伏中のレジスタンスの活動家についても同様。シモーヌ・シニョレもそのようにして、ささやかな役を手にした。『悪魔が夜来る』のジプシー役である。[32]『悪魔が夜来る』は多くの観客を集め、ナチ占領下の暮らしも三年目に入ったフランス人を静かに鼓舞した。一九四二年十一月にアメリカ軍が北アフリカに侵攻して以降、フランス全土がドイツ軍の支配下に置かれ、ヴィシー政権下のいわゆる「自由フランス」の幻想も一掃される。

パリでは地下活動が激しさを増していた。

レジスタンス派の作家が集う全国作家委員会（ＣＮＥ）は、ジャック・デクール会長が一九四二年五月にゲシュタポに処刑された後、解散していた。クロード・モルガンは委員会の再結成を託され、ガリマール社が一九三四年に処女小説二作を同時出版したのを機に一時話題を集めた三十歳のエディット・トマに相談を持ちかける。[33]一九四二年九月まで、トマは昼間は国立公文書館で、決して日の目を見ることのない未来のありそうもない研究に資するはずの、忘れられて久しい資料をまとめる「不条理な」作業に明け暮れ、夜はアパルトマンの部屋の扉を開き、再結成された全国作家委員会を迎え入れた。毎週、フランスの作家が二人一組になり、徒歩あるいは自転車に乗り、トマのアパルトマンにやってくる。ジャン＝ポール・サルトル、フランソワ・モーリアック、ポール・エリュアール、ジャン・ポーラン、クロード・モルガン、そしてレーモン・クノーといった面々である。アパルトマンの部屋の窓からトマは、五区のピエール・ニコル通り十五番地、サン＝ジャック通りの角を曲がり、人通りの疎らな細い道をやってくる仲間に目を凝らす。トマの部屋は建物の二階にあり、幸い管理人不在のためパリ市内の一般の建物と比べて大人数が出入りしても人目に立ちにくい。トマには、こうした会合のどれひとつとっても奇跡としか思えない。「カトリック信者もいれば無神論者もいる。共産党員もいれば自由主義者も実存主義者もいるのに、誰もが心から仲間を信頼していた。わたしたちの間では、一度も裏切り者は出ませんでした[34]」。

毎週自分の家に集うフランス文学界の偉人たちの中で、エディット・トマがとくに好意を抱いたのは詩人ポール・エリュアールだった。「穏やかで優しく、中世風の調った顔立ち[35]」のエリュアールはパブロ・ピカソ、アンドレ・ブルトンとも親しく、詩人としての才能はピカソの絵画にもいくらか似通ったところがあり、つねに分類、流行、時代を超越する。四行の連を二十一連ねた詩篇「自由[36]」はロンドンを経由してニューヨークに達し、出版され絶賛を浴びた。イギリス空軍はフランスを夜間空襲する際、この詩の幾千幾万ものコピーを投下した。この詩は

学校のノートの上
勉強机や木立の上

砂の上、雪の上に
きみの名を書く

と始まり、

死の歩みの上に
きみの名を書く

取り戻した健康の上
消え失せた危険の上
記憶のない希望の上に
きみの名を書く

ひとつの言葉の力によって
ぼくは人生をふたたび始める
ぼくが生まれたのはきみを知るため
きみを名づけるためだった

自由と。

と結ばれる。

アンリ・カルティエ＝ブレッソンは三年近い収容所暮らしの末、三度目の脱出を試みて夜間に独仏国境を越える際、イギリス空軍の投下した空飛ぶ「自由」の詩の一片を捉えた。カルティエ＝ブレッソンはモーゼル川沿いに歩いてフランス国内に入り、民間人の服を盗み、汽車の切符と偽の身分証明書をなんとか手に入れ、トゥール南東二十キロ余りのロッシュにほど近い農場に三か月間潜伏した。

ポール・エリュアールはしばしば危険をまったく顧みずに行動するにもかかわらず、つねに幸運がついてまわるように見えるレジスタンスの活動家のひとりだった。多くはそれほどの幸運に恵まれず、たった一度のわずかに軽率な行ないの末、処刑された。他方、ガリマールやマルセル・カルネのように地下活動に協力するため、あえて対独協力者と誼《よしみ》を通じる者もあった。作家志望、二十九歳のマルグリット・デュラスもそのひとりで、昼は書籍委員会の公務員、夜はレジスタンスの協力者として振る舞う。デュラスはカフェ・ド・フロールの前でサン＝ジェルマン大通りと交わるサン＝ブノワ通り五番地にアパルトマンを見つけ、夫のロベール・アンテルムと暮らし始める。夫はパリ警察庁の役人で同じく公務員だった。同じ建物の二階上には、ヒトラーに賛同する対独協力者ラモン・フェルナンデスの住まいがあった。フェルナンデス夫妻は日曜日にサロンを催し、ドリュ・ラ・ロシェル、ゲルハルト・ヘラー等が常連として集った。デュラスも折々サロンに顔を出した。しかしデュラスのアパルトマンは部屋という部屋にベッドが置かれ、すべてがしばしば隠れ場所の必要な友人たちの塒に、移動を続ける共産党系レジスタンス活動家の拠点になった。

一九四三年春ともなると、連合軍によるパリ周辺の工場への攻撃が激しさを増す。一九四三年四月四日には、アメリカ空軍のＢ17ｓ爆撃機百機以上が昼日中、初めてルノー自動車の工場めがけて爆弾を投下した。

この工場ではドイツ国防軍の戦車と装甲車両が製造されていた。

ジャン＝ポール・サルトルは哲学論考の主著『存在と無』[37]の仕上げを急ぎながら、戯曲の第二作『蠅』[38]の執筆に没頭していた。ジャン・ポーランは売れる見込みがほとんどないのを承知の上で、七百ページの論考を出版するようガリマールを説得する。八月初めに刊行されてから三週間後、思いがけず本が売れ出した。大勢の女たちが『存在と無』を買うのを見て、ガリマールは狐につままれたような気分。やがて事情が判明する。本の重さが正味一キロのため、闇市場で売買されるか砲弾用に溶かすため姿を消した本来の銅製分銅の代わりに重宝されていたのだった。[39]『蠅』の公演がシテ座で始まった。[40]『蠅』と『存在と無』の両方でサルトルは「自由意志」――自由な選択と自由な意志、個人の自由と責任――について考えを深めた。プレヴェールとカルネが『悪魔が夜来る』で試みたように、サルトルも出来事を遠い場所、遠い時代に置き換える。選んだのは古代ギリシアである。アイスキュロスの『オレステイア』を翻案して、サルトルは巧みに占領下のフランスを語った。芝居の初日、立派な風采の三十男、ハンフリー・ボガートをフランス人にしたような男がサルトルに近づき、初対面の挨拶をした。名はアルベール・カミュ。何列か前の席に着いたボーヴォワールと同様、カミュも舞台上で役者が「自由」と言うたびに観客が息を呑む気配を感じた。共産党系の非合法紙「レ・レットル・フランセーズ」が『蠅』にヴィシー政府への諷刺、自由の弁明を見て取ったのに対し、ベルリンの新聞「ダス・ライヒ（国家）」の演劇批評家は芝居を途方もない侮辱、「背反」と見なす。[41]

数週間後、ガリマールはついにボーヴォワールの処女小説、三角関係を描いた不埒な物語『招かれた女』を出版する。第二次世界大戦の開戦を間近に控えたパリを舞台に、本人とサルトル、そしてオルガとワンダのコザキエヴィッツ姉妹との関係を少々潤色し、あるいは半ば自叙伝風に綴った物語である。小説は厖大なゴシップの種となり、またサルトルとボーヴォワールを伝説化する礎ともなった。

一九四三年九月、ピカソはハンガリー出身の写真家ブラッサイを自宅に招いた。ふたりが顔を合わせるのは十一年ぶりになる。ピカソはブラッサイに、ほかの誰でもないブラッサイただひとりに、占領下で制作した作品の写真を撮ってもらいたかった。ナチはピカソに作品の展示、写真の公開、売買を禁じたかもしれないが、それでもピカソは先々のことを考えていた。その秋、かすかな希望が兆す。スターリングラードの戦いが東部戦線のドイツ軍の侵攻を決定的に阻んだ。連合軍は北アフリカでの一連の戦闘に勝利し、シチリア島を解放し、いまやイタリアで進軍を続けていた。ムッソリーニがまさに降伏し、イギリス空軍がフランスの工場、港湾施設、主要な鉄道操車場に猛攻撃を加えていた。連合軍がフランスの大西洋岸、または英仏海峡の浜辺に地上侵攻する可能性がいよいよ高まったように思われた。問題は、それがいつになるかだった。

ピカソはすっかり面変わりしていた。髪はいささか薄くなったものの、両の眼は以前と少しも変わらぬ黒いダイヤモンドのまま。船倉のように広いピカソのアトリエには梁が渡り、通路が設けられ、百点を越す彫刻が置いてある。戦前にブラッサイが目にしたときにはまばゆい白い石膏製だった巨大な女の頭像のいくつかが、ブロンズで鋳造されていた。ブロンズであれば欠片までドイツ軍が徴発して大砲の材料にする占領下のパリで、ピカソはいったいどのようにしてブロンズを手に入れたのだろうか。「ああ、それは長い話になるな」とピカソは話を逸らした。ピカソはこのところ久しく彫刻作りに明け暮れていた。浴室に手を入れて彫刻の制作室に変え、《羊を抱く男》を作った。アトリエの中はどこでも自由に歩き回ってかまわないとピカソはブラッサイに告げた。撮影する彫刻は百五十点あり、一刻も無駄にできない。

ブラッサイがピカソの彫刻の撮影に取りかかり、まず眼窩は虚ろ、頬骨はこけ鼻のひしゃげた巨岩のようなブロンズの頭蓋骨――戦中のピカソはこの主題をくりかえし取り上げた――にカメラを向ける頃、レジスタンスの活動家の多くがしばし「身を潜める」決意をする間、対独協力者の判断は脱出する、しないの二手に分かれた。

ガリマール社ではドリュ・ラ・ロシェルが世間の趨勢にすっかり嫌気がさし、編集部に顔を見せなくなり、一九四三年七月号を最後にNRF誌の編集からも手を引いた。旧友たちはもとより、身の安全を保証する通行証とビザの発給まで申し出てくれたゲルハルト・ヘラーなど新たに親交を結んだドイツ人の友人たちからの勧めにもかかわらず、ドリュは出国を拒み、フランスにとどまる道を選ぶ。熱心に望んだ社会主義ファシスト革命が実現しなかったことも、フランスを離れる理由にはならなかったらしい。ドリュはブルトイユ大通りからパリ市街の広々とした景観とナポレオンの眠る廃兵院の黄金のドームを望む宏壮な住まいにひとり引きこもる。そこで儒教、ヒンズー教ばかりかユダヤ教の文献を読み、日々を送った。女を次から次に蒐集したのと同様、流行りの政治思想に次々と肩入れして二十世紀前半を生き抜いた伊達男の暮らす世界と、パリに住む十代の若者たちの世界との差はあまりに大きい。十六歳のジュリエット・グレコもそのひとりだった。

若いグレコは、ついに日の目を見ることなく終わる幻想世界に幻滅するどころではない。グレコはパリ郊外フレンヌの悪名高い監獄に閉じ込められていた。一九四三年の春に姉のシャルロットと共に逮捕されたグレコは、秋になってようやく釈放されたものの、自由の身になれたのは自分ひとりだけ。共にレジスタンスとして活動した母と姉がラーフェンスブリュックの強制収容所に送られたのかどうか、グレコにはまだ知る術がない。金も帰る家もなく、着の身着のまま、逮捕された日と同じ紺の木綿のワンピースに藁のサンダル履きのグレコが監獄の門から外に出たのは、記録に残るほど寒さの酷しい秋の一日だった。パリまで十キロ余りの道のりを歩き始めて、グレコは懸命に知恵を絞る。突然、母の友人、名高い舞台女優のエレーヌ・デユックがサン＝シュルピス教会付近のセルヴァンドニ通り二十番地にひっそり建つ古ぼけた下宿屋に住んでいることを思い出した。夜の帳が下り、グレコが狭いセルヴァンドニ通りの件の扉を叩く頃、小路は深い闇の底にあった。エレーヌ・デュックは扉を開き、グレコを見つめ、直ちに経緯を理解する。通りに人影のないことを素早く確かめて、エレーヌはグレコを家の中に招き入れた。「それからの二年、わたしはベッドの中で過ごした」とグレコはのちに語る。[42] 着るものもなく、飢えと寒さに苦しめられ、ジュリエット・グレコは実際に長い間、身を隠したまま過ごした。俳優志望や画学生の男友達が服をくれた。あまり寸法が大きいので、グレコはシャツ、セーター、上着、ズボン、何でも捲って纏った。街頭で、カフェで、人々が振り返る。新しいファッションがこうして生まれようとしていた。

　自殺願望に耽るドリュ・ラ・ロシェルとは対照的に、ジュリエット・グレコと彼女の世代は戦争を生き延びることに必死だった。そして駆け出しの女優シモーヌ・シニョレと同じように、悲劇役者を志すグレコも芝居か映画の端役をもらおうと次から次にオーディションを受けた。師事する演劇教師がグレコのために、コメディ＝フランセーズのエキストラの仕事を見つけてくれた。一九四三年十一月二十七日、グレコはポール・クローデル作、本来の上演時間十一時間におよぶ『繻子の靴』の初日の舞台に立った。他のエキストラと同様、大きな布の下に隠れて姿は見えない。エキストラはゆっくり立ち上がり、すとんと身を屈め、また身を起こし、大波の動きを表現する。著名な俳優ジャン＝ルイ・バローが五時間に短縮した公演は批評家を魅了した。占領下のパリでこのような芝居が上演されるのは、前代未聞のことだった。

　ジャン＝ポール・サルトルは次作の戯曲に一心不乱に取り組み、奮闘の甲斐あって『出口なし』をわずか二週間余りで書き上げた。サルトルはこの戯曲をオルガの妹、同じく教え子で恋人でもあるワンダ、女優になりたいワンダのために書いた。登場人物は女二人と男一人、芝居は地獄でくりひろげられる。サルトルは数か月前、『蠅』の初日に初対面の挨拶をしに来た立派な風采の若者に新作の演出を依頼する。アルベール・カミュはそれまで一度も芝居を演出したことはなかったけれども、美貌のワンダに紹介されるとそそくさと依頼を引き受けた。カミュはサルトルとワンダが恋人同士とは知らなかったが、だからどうだと言うのだろう。カミュはリュクサンブール庭園に近いジュール・シャプラン通り十一番地の二に建つオテル・シャプランのワンダの部屋を稽古場に選ぶ。これはさまざまな理由から、実際に稽古をつけるのにも恋を育むのにも好都合だった。

サルトルは一目見てカミュが気に入り、カミュのおかげでサルトルとボーヴォワールふたりの交際範囲も大きく広がった。ふたりは年長のシュルレアリスムの作家ミシェル・レリスとレーモン・クノーとも親しくなり、ふたりからピカソに紹介される。一九四三年の冬、サルトルとボーヴォワールは毎朝日課のようにピカソをアトリエに訪ねる友人たちにしばしば同行した。ふたりはカフェ・ド・フロールの友人に薦められてまたホテルを替え、セーヌ通り六十番地のオテル・ラ・ルイジアーヌに引っ越し、互いに至近距離で暮らすようになった。近隣の建物の屋根を望む円形の広い三室のひとつが急に空室となり、ボーヴォワールはそこにうまく入ることができたが、サルトルの部屋はそれより狭く、かなり殺風景で蔵書を収める書棚もない。ボーヴォワールは新居がすっかり気に入り、上機嫌。「これほど夢に近いあずまやに住めるのは生まれて初めて。臨終の日までここに住もうとまで考えた[43]」。

朝になるとピカソのアトリエはサロンに早変わり、目立たないように絵画や彫刻を配置替えし、撮影用に光の具合を調べるブラッサイの姿もしばしば見える。詩人のジャック・プレヴェールは一九四三年の十月と十一月、足しげくピカソ宅に通った。マルセル・カルネ監督のために脚本を書いた『天井桟敷の人々』の撮影が気にかかり、落ち着かない様子にも見える。一八二八年のパリを舞台とする『天井桟敷の人々』は主人公ガランスと彼女の人生を彩る四人の男、パントマイム芸人、役者、詐欺師、貴族の物語。四人の誰もがガランスを愛するが、ガランスが愛するのはただひとり。真実の愛の物語のすべてがそうであるように、結末は思わしくない。配役は主演女優アルレッティのほか一千八百名のエキストラを含み、中にはヴィシー政府の送りこんだ対独協力者も多ければ、これを隠れ蓑にしようとするレジスタンスの活動家も少なくない。上映に三時間を要する叙事詩的映画の制作に関わる人員が増えれば増えるほど、いずれもユダヤ人、偽名で活動するジョゼフ・コズマとアレクサンドル・トローネルの身に危険が迫る。いつなんどき、身許を暴かれ、身柄を拘束され、ドイツに移送されるかわからない。

一九四三年の冬には、飢えと寒さがパリ市民をことさらに苦しめた。ピカソは闇市でも石炭を手に入れることができず、ブラッサイはカメラを操作しようにも指がかじかんで動かない。ピカソは蚤の市でウールの裏打ちのある古着の革の上着を見つけ[44]、ブラッサイは自宅の居間に小屋掛けして寒さをしのいだ。一九四三年十二月初め、気温が零度近くまで下がると、パリ市民の暮らす室内は文字どおり凍える寒さとなる。ある朝、ブラッサイの飼っていた蛙のアルフレッドが水槽の中で凍死した。「わたしはアルフレッドが好きだった。彼の醜さはほとんど想像を絶する。わたしたちの生きる時代と同じように」。そこで同じ目に遭わないように、ブラッサイは以前の個展に展示した大きな写真の複写を取り出し、部屋の中にささやかな掘っ建て小屋を拵えた。小屋の中には肘掛け椅子とタイプライター、キャンプ用の小さなコンロ、ランプ、薬罐を持ち込んだ[45]。

飢えや寒さもものかわ、どうやら身近に誰かが新たに現れてピカソが勢いづいたことにブラッサイは気づいた。というわけで、ある朝うら若いフランソワーズ・ジローと出くわしても、ブラッサイは仰天まではしなかった。フランソワーズとは初対面ではない。三年前に別の画家、ユダヤ系ハンガリー人エンドレ・ロスダのアトリエで行き合わせたことがある。フランソワーズが絵と画家たちに憧れ、熱を上げているのは明らかだった。「フランソワーズはベッティーナ・ブレンターノ、ゲーテに燃えるような恋をして、詩と詩人たちのためにのみ生きた十八歳の娘を思い起こさせる。ベッティーナは肉体に悪魔を宿していた」[46]。ブラッサイには、ピカソもフランソワーズを誘惑したろうが、それに劣らずフランソワーズもピカソを誘惑したように思われた。フランソワーズのすべてがピカソを魅了し、惹きつけた。おちょぼ口、ギリシア彫刻のような鼻、頬の黒子、左右不揃いな緑色の目、高く弧を描く眉、そして柳腰。百メートルも離れていないサヴォワ通り六番地に暮らすドラ・マールとまだ昼食は共にしても、ピカソにとってこれは終わりと始まりを同時に意味した。フランソワーズはピカソの芸術の新局面を予告した。悲惨な年、一九四三年がようやく暮れようとする頃、パリの街と市民もまた終わりと始まりの到来を待ち受けていた。

第3章　闘争

捨て鉢な生き方

一九四四年一月の凍えるように寒いある日の早朝、ジャック・ジョジャールはルーヴル宮の庭園（三年半前からパリの生徒たちの菜園に転用）に向かうポン・デ・ザールを渡りながら、前夜クアルトゥスと電話で交わした話の内容について考えを巡らした。

レジスタンス活動家としての通称「クアルトゥス」は、四十三歳のアレクサンドル・パロディによく馴染んだ。紀元一世紀アテネに生まれた殉教者クアルトゥスと同様、パロディも選り抜きの上流一族の出身で父は哲学教授、本人も高級官僚だった。パロディは一九四〇年六月の休戦協定を即座に拒否し、信頼の置けるフランスの文官を周囲に集める。彼ら有志はレジスタンス運動を象徴するジャン・ムーランを中心に「総合研究委員会」を結成した。行政の専門家と立法の専門家で形成される委員会は先々を見据え、解放後の未来のフランス、新生フランス共和国が必要とするであろう法案作りに取り組む。ムーランが一九四三年七月にゲシュタポに逮捕、拷問、処刑された後、アレクサンドル・パロディはフランスの占領地域で地下活動を展開する「自由フランス」本部の長となった。

フランスの美術コレクションの保護が大切なのは、シャルル・ド・ゴールとアレクサンドル・パロディにとっても、貪欲なナチからこれを護るため精力的に闘い続けてきたジョジャールにとってと同様、自明と思われた。闘いは困難を極める。最も貴重な作品は城館から城館へ、小さな地方美術館の地下室からよその秘密の保管場所へと一度ならず移動が必要となり、とりわけ一九四二年十一月以降、連合軍が北アフリカに侵攻しフランス南部の自由地域が消滅してからはその頻度を増す。ジョジャールは八方手を尽くし、とくに傷みやすい国有作品の保管場所にはひとつ残らず、湿度計に加え排水ポンプ、消火器、電気ストーブまで送り届けた。予想外の味方フォン・ヴォルフ・メッテルニヒ伯爵がナチの目から庇おうと尽力してくれたのに助けられ、ジョジャールはルーベンス、ティントレット、ドラクロワ、ティツィアーノ、プッサンの全作品、そして《モナ・リザ》を到着してまもないモントーバンのアングル美術館からさらに北部へ、ペリゴール地方の小さな城館に向けて小分けにして送り出すよう指示した。《モナ・リザ》が運ばれた先のトレイヌ城には、公文書および古文書学を修め、小説家を職業としながら諸般の事情でフランスの至宝のにわか仕立ての番人になったアンドレ・シャムソンが家族と共に暮らしていた。

この頃になるとジャック・ジョジャールも疲労困憊、追い詰められた気分になっていた。暗黙の味方メッテルニヒ伯爵が一九四二年九月に容赦なく解任され、独り双肩に担ってきた使命の遂行はいっそう困難かつ危険を伴うものとなる。伯爵解任の前月、ペタン元帥が直々にナチ奇襲部隊員に対し、ベルギー政府が戦争中の安全を期してフランスに委託したポー美術館所蔵の初期フランドル派の傑作、きわめて貴重な多翼祭壇画《神秘の子羊の礼拝（ヘントの祭壇画）》の搬出を許可した。ジョジャールとメッテルニヒは直ちに各々の上層部に抗議する。メッテルニヒはその場で解任され、発車時刻の最も早いボン行きの列車に乗せられ、前職の美術史教師に戻される。ペタン政権の文化大臣、対独協力派のアベル・ボナールがジョジャールを電話口に呼び出し、こう告げた。「いつかお前を這いつくばらせて、消してやる。どういう意味か、わかるだろうな?」[2]

ジョジャールはそれでもなお、身を挺してフランス各地に隠匿された世界屈指の至宝を護ろうとする数千の部下の完全な忠誠心と克己心に頼ることができた。クアルトゥスとの前夜の電話の内容はこれに関わる。今後数週間から数か月間、(ノルマンディー上陸作戦に備えて)連合軍の爆撃が激しさを増すと予想されるため、ジョジャールと彼の配下は絵画や彫刻が標的にならないように、秘匿した場所を正確に伝達しなければならない。クアルトゥスはそれ以上何も言わない。ただ一言、暗号名「モーツァルト」を帯びる密使がひとり、まもなく直接ジョジャールに接触すると言い添えた。

一九四四年が明けて一、二か月、誰もが向こう見ずになり、ふてぶてしい気分をもてあます。重大な出来事が慎重に計画されているのはたしかでも、いつそれが実行されるか正確なところは誰にもわからず、いつなんどき死が訪れるかもしれず、ドイツ占領軍はいつにも増して苛立ち、残酷な振る舞いにおよぶ。必需品は手に入らず、誰もが腹を空かせ、寒さに震え、それでもなお希望に胸をときめかせた。

ある日の午後、「モーツァルト」がジョジャールの執務室のドアをノックした。派遣された密使を一目見て、ジョジャールは凍りつく。モーツァルトは四十歳のプラチナ・ブロンド、一九三〇年代の映画スター、ジャンヌ・ボワテルだった。密使は必要な情報を集め、クアルトゥスに報告するため質問をした。密使が立ち去った後、ジョジャールはその日一日呆然として過ごす。その夜、ジョジャールは日記にこう記した。「男は頭脳、心臓、性器、胃を有する。それらは必ずしも調和するとは限らず、頭脳がつねに他の臓器を支配するとは限らない」[3]。出会いによって心を鷲摑みにされたのは、ジョジャールばかりではなかった。数日のうちにジョジャールとボワテルは恋仲となる。レジスタンスの活動家として、愛人として(ジョジャールには妻子があった)、ふたりはともに二重の「二重生活」を送った。パリではそれがこのふたりに限らなかったのは言うまでもない。

ガリマール社が出版の準備を進めるアルベール・カミュの戯曲『誤解』と『カリギュラ』は、パリの著名な演出家たちの間で回し読みされていた。一九四二年に刊行された『異邦人』と立て続けに世に出た『シーシュポスの神話』により、三十歳になるかならぬかのカミュは三十九歳のジャン゠ポール・サルトルのライバルの地位を確立する。『天井桟敷の人々』に出演中の俳優で、演出家でもあるマルセル・エランが『誤解』の朗読会を自宅で催した。『天井桟敷の人々』の助演俳優のひとり、二十二歳の女優マリア・カザレスも聴衆の中にいた。フランスに亡命した共和派を両親にもつ蠱惑的なスペイン美女カザレスには、すでに男性ファンが群れなしていた。カミュは朗読会にひとりで現れる。コンサート・ピアニストの妻フランシーヌ・フォールは身に危険のおよばない遠い故郷、北アフリカのアルジェに暮らしていた。

朗読の続く間、カミュとカザレスは部屋の両端から互いを見つめ合った。「どちらも異国の征服者だった。そして女には魔女の魅力があった」[4]。口説いたり口説かれたりは抜き。ふたりは出会いから数時間のうちに愛し合う仲となり、可能なかぎりの時間を共に過ごす。夜になるといずれも徒歩、ヴァノー通り一番地の二の空き家となったアンドレ・ジッドのアパルトマンに警察とゲシュタポの目を避けて暮らすカミュのもとにカザレスが赴くか、あるいはカミュがヴォージラール通り一四八番地のカザレスの住まいに通った。

ドイツ軍によるフランス文学の検閲を委ねられた特別指揮官ゲルハルト・ヘラーは、軍服を脱ぐとほっとした。群衆に交じっても目立たなくなり、パリの夜歩きを楽しみ、彼なりの二重の「二重生活」を祓い清めようとした。ヘラーは胸に募る不安を追い出し、存在の根幹に関わる不快感と闘うため、長時間を散歩に費やす。ここに歴史の悲劇的な気まぐれにより、昔から来たかったパリに来て、尊敬してやまない作家たちと交わり暮らす若者がいる。ヘラーには作家たちと交わるばかりでなく、彼らの作品の運命を決める権力まで与えられた。彼には作家たちをゲシュタポの手から護り、ときには避けがたい死から救う力があった。

ヘラーは正式にカミュと面会したことはなく、偶然行き合わせたとしても自分から名乗りはしなかったろう。ヘラーが一九四二年一月に『異邦人』の草稿を手にし、その日の午後に読み始めて翌朝四時まで一度も目を離すことなく読み通し、数時間後にはガストン・ガリマールの秘書に電話をかけて出版を許可し、必要なだけの紙の使用を認め、問題が起これば解決に手を貸そうと申し出たことは、当の本人以外の別の人間が後日カミュに伝えることになる。

ときには同胞エルンスト・ユンガーがあてどないそぞろ歩きに付き合った。ヘラーとユンガーは倫理的に正当化しえない立場に立たされた「善きドイツ人将校」だった。著名な小説家であり、反ヒトラーのフランス通でありながら、ドイツ国防軍の陸軍指揮官を務めるユンガーはカール＝ハインリヒ・フォン・シュテュルプナーゲル参謀総長に仕えた。ユンガーに与えられた任務のひとつは、レジスタンス活動への報復としてドイツ軍に逮捕、処刑された数多の一般市民の今生の別れの手紙をドイツ語に翻訳すること。こうした侘しい仕事をすませた後、ユンガーはセーヌ川沿いに露店を連ねる古本屋を巡り歩いて稀覯本を漁り、ジャン・コクトー等パリの友人と夕食を共にした。

ほぼ三十年もの長い年月を経たのちに綴った回顧録の中で、ヘラーは説明のつけようのない事情を説明しようと試みる。

> 間近で人々が飢えに苦しみ、捕虜が処刑され、ユダヤ人の子供たちが強制収容所に送られるさなか、わたしたちが幸せに暮らしていたという事実は理解しがたく、たしかに受け入れがたい。そのことはよくわ

かっているけれども、わたしはそうした非道に正面から抗う力を持たず、また充分な信念と勇気も持ち合わせなかった。わたしはただ、存在しうるか否かが部分的にせよわたしの判断に懸かるフランスの真の価値、才能と信じるものを、与えられた権限の範囲内で可能なかぎり保護しようと努めたにすぎない。わたしは神の祝福を受けた小島に、泥濘と血の大海に囲まれて住んでいたようなものである。[6]

夜の散歩中、ヘラーにはのちに「束の間の出会い」と呼ぶ機会も訪れた。ヘラーが認めるのはふたつあり、[7]ひとつは十五歳のお転婆娘、ヘラーはレネットと呼んだその娘と何か月も日を決めて落ち合ったものの、一九四三年の夏のある日、娘は何も言い残さずに姿を消した。フランス人の若者、同じく十五歳のジャックがやがてレネットに代わり、ヘラーの心を捉える。「わたしたちは見つめ合い、微笑んだ。わたしは彼を散歩に誘った」。ヘラーは労働者階級に属する配達夫の少年を、一九四三年のクリスマスにオペラ座に連れていく。演目はリヒャルト・ワーグナーの『さまよえるオランダ人』。少年と手を繋ぎ、唇を重ねるのはヘラーの秘密の生活の一幕だった。ただし昼間はサン゠ドミニク通り五十七番地のドイツ文化会館で執務し、扉の向こうの小部屋にはヘラーの手紙や報告書をタイプするドイツ人の秘書兼許嫁マリー゠ルイーズがいた。

カミュと同じように、サルトルも『蠅』がパリの劇場で上演できたのはひとえにヘラーが仲立ちしてくれたおかげと後日知らされた。宣伝局の同僚がサルトルの戯曲には両義性、反抗精神があると指摘したが、ヘラーは報告書に、芝居は「レジスタンスとは無縁の古代ギリシアの話」であり、それ以上のものではないと書いて同僚の不安を宥める。しかしヘラーはもとより、レジスタンス系の地下新聞も対独協力派の新聞雑誌も騙されはしない。サルトルの戯曲は人々の耳に蜂起への呼びかけと響いた。

ヘラーが五区アレーヌ通りを往き来して過ごす時間が次第に長くなった。この通りの五番地にはガリマール社の編集者兼お抱えレジスタンス活動家、ヘラーが敬してやまないジャン・ポーランが暮らしていた。ジャン・ポーランの住まいは古代ローマの円形闘技場アレーヌ・ド・リュテスの周囲を巡り、パリでも最古のひとつに数えられる通り沿いのネオ・ゴシック様式のひときわ目立つ建物にあった。ポーラン宅の玄関は闘技場と庭園の目立たない入口の真向かいに当たり、立地の面からレジスタンスにとってこのうえない逃走路にもなれば、ゲシュタポの監視にももってこい。ヘラーは革の外套を着た同僚がポーランを逮捕するのではないかと強く懸念した。ヘラーはほぼ毎日、朝な夕なアレーヌ通りを往来して、友人を待ち伏せ逮捕を目論むドイツ軍の親衛隊情報部員のいないことを確かめた。パリの南五百六十キロ、サン＝タルバンの精神病院に他のレジスタンスと共に身を隠したポール・エリュアールと同じように、ジャン・ポーランもまもなく安全な場所へ逃げる必要に迫られる。ポーランの地下活動はあまりに多くのひとの知るところとなった。

潜伏、失踪、逃走

サミュエル・ベケットとパートナーのシュザンヌは、プロヴァンス地方の小村ルシヨン＝アン＝プロヴァンスのオテル・エスコフィエに一年半前から滞在し、食事は全室を埋めた難民と共にエスコフィエ夫人の賄いですませた。ベケットは難なく農家の手伝いと便利屋の仕事を得る。これで宿代と食費には困らない。こうして意志に反して身を潜め、かなり退屈で快適とはほど遠い暮らしを続けるうちに、ベケットはついに独自の表現を見いだし、『ワット』――「沈黙を破る本」――を書き上げる。そして「読点をじつに見事に用いて、ベケットは留保と躊躇、打ち消しと事情は異なる可能性の容認に満ちた構文による独自の作風に初めて到達した」[8]。世界を揺るがす出来事とベケットの唯一の繋がりは、エスコフィエ夫人の台所に置かれたラジオのみ。村中の住人がロンドンから届くニュースを聞きにこの台所に立ち寄った。

一九四四年春、歴史の潮目は明らかに変わり始め、対独協力派の作家たちはサン＝ドミニク通りのドイツ文化会館とヘラーの執務室に群がった。彼らは身分証明書とビザを必要とした。苛烈な反ユダヤ主義者、天才小説家、自称「過激な悲観主義者」、あるいは単に虚無主義者のルイ＝フェルディナン・セリーヌは国外に脱出しなければならないと知りながら、ヘラーに面会すると誰の耳にも届くような大声で、「ヘラー、あんたはガリマールの手先で、レジスタンス活動家ジャン・ポーランの私設秘書だ。パリ中の誰もが知っているぞ！」[9]と言い放つ。泣く子も黙る親衛隊情報部の非情な同僚とヘラーの関係は、このためいっそう悪化した。

ジャン・ポーランはよくヘラーに走り書きのメモや手紙を送り、留置された仲間を自由の身にし、逮捕された者を大目に見てもらえるよう口利きを頼んだ。ヘラーはこうした依頼があれば、親衛隊を恐れる気持ちを一度ならず克服して説得に努めた。無用な殉教者を出すことはないではないか。親衛隊は通常ヘラーのフランス人の友人たちを解放してくれたけれども、いつもそうとは限らない。

アルベール・カミュはサルトルの最新作『出口なし』を演出するばかりでなく、ワンダ・コザキエヴィッツと共に主役も務めることにし、稽古に精を出した。これは重要な芝居であり、観客の心を強く揺さぶるだろう。カミュはそう信じて疑わなかった。ところが、配役のひとりオルガ・バルベザ（旧姓ケシュリエヴィッチ）が二月十日に逮捕されると、カミュは稽古の続行を断念する。連帯の意思表明以外にも、カミュにはそうする動機があった。演技にも演出にも、自分は力不足と感じたのである。そのうえワンダへの恋心もとうに冷め、いまやカミュの頭は（そして夜も）マリア・カザレスに占められていた。サルトルは拘りなくカミュの辞意を受け入れ、直ちに次の行動に移る。サルトルはヴィユ・コロンビエ座の演出家レーモン・ルーローに芝居を託し、ルーローはすぐさま台本に目を通す。数時間後、稽古は翌朝に再開と決まり、今回は役者も演出家もプロが起用され、稽古場ももはや女優の宿泊するホテルの部屋ではなく、もっと真面目な雰囲気の本物の劇場に変更された。

連合軍によるパリ近郊と工業地帯への爆撃は激しさを増しつつあった。それまでは夜間に限られたドイツ軍による市民の逮捕が、真昼にも公然と行なわれるようになる。三月八日、エレーヌ・ベールが七区グルネル通りの自宅に徒歩で向かう途中、親衛隊情報部に行く手を阻まれ、検挙された。二十二歳、英文学専攻のユダヤ人女性はポール・ヴァレリーと知り合った二年前から日記をつけ始めた。エレーヌは両親と共にドランシーの留置所に連行される。三月二十七日、エレーヌ二十三歳の誕生日に父母と娘はアウシュヴィッツ行きの列車に乗せられた[10]。同日、ボーヴォワールの教え子で折々の恋人、長身のロシア美女ナタリー・ソロキーヌがオテル・ラ・ルイジアーヌに駆け戻った。ナタリーはボーヴォワールの部屋の真下に住んでいた。ユダヤ人の恋人ジャン＝ピエール・ブールラ、かつてサルトルに教えを受けた青年が父親、姉妹と共につい今し方検挙され、ドランシーに拘引されたという。カフェ・ド・フロールの常連だったソニア・モセ[11]も顔を見せなくなった。友人たちがソニアの身に起きた凶事を知ったのは、それから数か月を経た後のことである。

一九四四年が明けてしばらく、時代は夢遊病に罹り、半狂乱に陥る。「誰もが夢遊病患者のように日々を送り、自らの運命を鞄のように肩に掛け、万一の逮捕時に備えてポケットには歯ブラシと石鹼を忘れない。我々はみな二度の一斉検挙、二度の人質拘束、二度の誤解の間の猶予期間を生きていた[12]」。

ドイツ軍のパリ占領のこうした側面は、時代精神を理解し、占領がそれを生き抜いた世代をいかに左右し、形成したかを理解するうえで決定的な意味を持つ。敵の概念は、サルトルの言葉を借りるなら、自分たちと「炎の壁」で隔てられて初めて現実のものとして感じられ、決して見紛いようのないものとなる。そうした経験をしたのは、もっぱらアメリカ兵とイギリス兵だった。パリにも敵はいて、その性質たるや卑劣をきわめたけれども、この敵には顔がない。それはパリの地下鉄で女性や老人に席を譲るドイツ軍の士官でもなければ、道に迷って礼儀正しく方角を訊ねるドイツ兵でもなく、家具の一部になった下っ端のドイツ兵とも違った。敵の顔を実際に見た者が、帰ってきてその話をすることは滅多にない。サルトルはこの顔のない敵を蛸に譬えた。蛸は宵闇に紛れてこの国の最も優れた人々を連れ去り、目に見えない怪物に一呑みにされたかのように、消し去ってしまう。「我々の周囲では日々、人々が黙って地中に呑み込まれていくようだった」[13]。ある日、友達に電話をかけると、呼び鈴がいつまでも、いつまでも主のいないアパルトマンで鳴り続ける。ドアをノックしても、誰も開けようとしない。「管理人が力づくでドアを押し開けると、玄関ホールに二脚の椅子がくっつかんばかりに置かれ、ドイツ煙草の吸い殻が床に散らばっている」[14]。何か少しでもわかることがありはしないかとオッシュ大通りにある親衛隊情報部の拷問所に赴いた妻たち、母たちは丁重な扱いを受けた。しかし夜になると、同じ大通りの舗道に向いて開いた地下の換気口から、恐怖と苦痛の悲鳴が聞こえる。パリ市民の誰にも検挙され、連行され、あるいは処刑された友人か親類が少なくともひとりはあった。それでも尊厳を護るため、あるいは用心して、誰もそのことをあまり口にしない。人々はこんなふうに言う。「奴らが彼を連れていった」。

ブラッサイも潜伏し、ピカソのアトリエでの作業をしばらく休まざるをえなくなる。ブラッサイは自宅を出ることを余儀なくされ、知人のつてを頼り入手した偽の身分証明書を携え、友人宅に世話になった。オーストリア＝ハンガリー帝国陸軍の元将校ブラッサイには、動員令が届く。一九四四年のパリに暮らす外国人、脱走兵はいくら用心してもしすぎることはない。ブラッサイはラ・グランド・ショミエール[15]に不条理な人生からの温もりのある逃避の場を見いだし、クリスマス以降ほぼ毎日通いつめた。一九〇四年の開校以来、この美術学校は暖房の効いた部屋で生身のモデルのスケッチ、素描講座を催してきた。一九四四年のパリで、これ以上は望みようがない。

四月二十七日火曜日、ブラッサイがふたたびグラン・ゾーギュスタン通り七番地のドアをノックすると、ピカソそのひとがドアを開けた。寝ぼけ眼で無精髭を生やし、スリッパも履いていない。ブラッサイより一足早く、元気いっぱいのジャン・マレーが飼い犬と箒の柄と急用を携えて訪れ、ピカソの眠りを破った。「この柄で立派な笏を作ってもらえませんか?」マレーはエドゥアール七世劇場で上演されるラシーヌ作『アンドロマック』のピリュス役の稽古中だった。腰に豹皮一枚を巻きつけた半裸の姿で、王位を象徴する笏を手に舞台に登場するつもりだという。「いかにも野蛮そうで見栄えのするのが、明日までにいるんです。パブロ、やってもらえますか?」ピカソがまだ箒の柄をじっと見つめている間に、友人たちには新しい恋人として正式に紹介済みのフランソワーズ・ジローと俳優アラン・キュニー、ジャン・コクトーが揃って姿を現した。

コクトーとピカソは二十八年来の知り合いだった。この頃、コクトーがピカソに会いに来る頻度が増えている。旧友同士はよくル・カタランで昼食を共にした。ふたりは絶えず互いの創作意欲を刺激した。またよく言い合いをした。ピカソは「コクトーはしじゅうわたしの真似をしたがる」とこぼし、コクトーはしばしば「ピカソは形而上学に手を出そうとするけれども、何もわかっていない」と痛いところを衝いた。[16]それでもコクトーはピカソも自分と同じように、また共通の友人アポリネールと同じように詩人であること、ただし自分と違い、戦争中に敵に妥協しなかったことを知っていた。

コクトーには大きな弱みと、大きな強みがあった。コクトーは戦争を真面目に受けとめようとしなかった。少なくとも人前ではそういうふりをした。阿片をおそらく度を越す頻度で吸い、しばしば自分がどこにいるのかもわからない様子だった。展覧会のオープニングや上流階級の催しには招待の出所などお構いなしに、それがオットー・アベッツであれ、ゲルハルト・ヘラーであれ、はたまたレジスタンス活動家のジャン・ポーランからのものであれ、以前と変わらず出席し続けた。コクトーは招待主が誰かに拘泥しない。リシュリュー枢機卿の時代に遡る拱廊と燭台の囲むパレ・ロワイヤル広場に面したモンパンシエ通り三十六番地の二階で、ものの譬えにしろ字義どおりにしろ、あぶくの中で暮らしていたのだった。

対独協力派の新聞雑誌は同性愛者のコクトーを毛嫌いし、コクトーは街頭で対独協力派の若いならず者集団に一度ならず叩きのめされた。恋人のジャン・マレーは、コクトーの芝居『タイプライター』を観もせず貶した親ナチの週刊新聞「ジュ・スイ・パルトゥー（わたしは至るところにいる）」の演劇評論家アラン・ローブローの頰に平手打ちを喰わせる。そうまでしたマレーは、かなり勇気があると言わねばならない。ローブローはゲシュタポに強力なコネがあった。

一九四四年四月二十七日火曜のその日、五十五歳のコクトーは髪に白いものも見えず、いつにも増して若々しく見えた。コクトーはこのとき、天才奇人クリスチャン・ベラールが衣裳デザイン担当、マレーが主役を張る映画の撮影準備を進めていた。題名は『美女と野獣』にするつもりだった。ピカソは言葉の響きが気に入った。朝の訪問者たちが引き上げれば、ブラッサイはピカソが戦争中に手がけた作品の撮影に取りかかれるだろう。それは終わりのない作業のように思われた。

友人ジャン・ポーランの身を案じるゲルハルト・ヘラーの勘に狂いはない。ポーラン宅の玄関先の向かい、ローマ時代の闘技場の小さな入口に私設歩哨として詰めていれば、近くのナヴァール通り七番地の建物にも目を配れる。そこにはフランス文学の盟主フランソワ・モーリアックが作家ジャン・ブランザに匿われていた。つまり見通しのよい持ち場から、ヘラーはレジスタンス活動に携わるフランスの作家三人を同時に警護したことになる。五月六日、ジャン・ポーランはユダヤ人との密告状が届き、それをもって親衛隊情報部は直ちに出動する。ヘラーの通報がかろうじて間に合い、ポーランは屋根伝いに危機を脱した[17]。

ポーランがドイツへの移送と拷問を免れた日から数えてちょうど三週間後、ヴィユ・コロンビエ座でサルトルの芝居『出口なし』初演の幕が上がる。地獄――とはつまりホテルの一室――を舞台に、女二人と男一人が他人に裁かれる辛さを知る。サルトルの最も名高い戯曲は、わたしたちの日々の振る舞いがわたしたちが誰であり、他人がわたしたちをどう見るかを決めることを示そうとする。三人の登場人物は、地獄とは拷問部屋と思っていたところ、やがて互い同士が地獄と気づく。年長の婦人は若い女に惹かれ、若い女は若い男に惹かれても、若者はさしあたり誘惑の駆け引きに加わる気分ではない。実生活では、ロシア生まれの若手俳優ミシェル・ヴィトルドはボーヴォワールと恋仲、若手女優ギャビー・シルヴィアは劇場支配人の妻だった。

「ドイツ占領下ほど我々が自由だったためしはない」と数か月後にサルトルは記す。「ナチの毒が我々の思考そのものを害したため、自由な思考は何であれ勝利だった。我々の闘争の状況はしばしば惨憺たるものではあったが、我々に『人間の条件』と呼ばれるこの引き裂かれ、耐えがたい境遇を思うさま生きることを許した[18]」。

パリの憤懣が弾けるとき

一九四四年六月六日未明、アルベール・カミュとマリア・カザレスは、ピガールにある著名な舞台演出家シャルル・デュラン宅で今宵もまたフィエスタに興じた後、夜間外出禁止令をものともせず、ほろ酔い気分で自転車に乗り、坂道を駆け下った。「フィエスタ」とは、占領下でも平気で夜通しパーティーを催し浮かれ騒ぐサルトル、ボーヴォワール、カミュと友人たちが、その年の春に考えた呼び名だった。彼らはもうどうにも我慢がならなくなった。このままではどうしようもない。カミュはサドルに跨がり、カザレスはハンドルに腰掛け、ふたりが闇の帳に包まれたコンコルド広場を疾走する頃、十五万の兵力を持つ連合軍はアメリカ、イギリス、カナダ軍の兵士を先頭にノルマンディー上陸を目指して岸辺に迫った。陸海空軍を総動員した史上最大の「オーバーロード作戦」が開始された。上陸用船艇に乗り組む若者たちの大半はまだ十代、各々背に三十五キロ余りの装備を担う。ヨーロッパの海岸を見たことのある者はほとんどいない。船が浜辺に接近するほどにある者は祈り、ある者は歯を食いしばっても、誰もが何をなすべきか諳じていた。タラップが降りたら速やかに跳び下り、泳ぎ、走り、砂浜を匍匐前進し、眼前百八十メートルの崖を目指す。比較的安全な崖の下にたどり着くまで、神のご加護のほかに防護は一切ない。待ち受けるのは地獄、それはパリ市民が四年間耐え忍んだ地獄とは質の異なる地獄だった。

その日、一年前にドイツの捕虜収容所を脱走し密かにパリに戻ったアンリ・カルティエ＝ブレッソンは、ジョルジュ・ブラックと会うことになっていた。アルザス出身の版元ピエール・ブラウンが偉大な美術家の小型モノグラフのシリーズ化に着手し、肖像写真を慣れ親しんだアトリエで撮影してもらいたいと考えた。カルティエ＝ブレッソンは嬉しくてたまらない。数か月前にもマティスをカンヌに近いヴァンスのアトリエに訪ね、「光を切り抜く」画家の姿を捉えた。マティスは新しい試み、コラージュとデクパージュ、カットアウト、言い換えると「鋏で描く絵」に一心に取り組んでいた。

今回はキュビスムの生みの親ブラックを撮影する番である。カルティエ＝ブレッソンがモンパルナスの南、モンスーリ地区ドゥアニエ＝ルソー通り六番地[19]の画家のアトリエに着いたのは正午頃。ふたりは差し障りのないお喋りを始め、どこからかラジオの音が聞こえ、そしてお喋りが唐突に止んだ。BBC（当時のパリのラジオの大半はこの局に合わせてあった）の放送内容を理解したまさにその瞬間ブラックの顔に浮かんだ表情を、カルティエ＝ブレッソンはその後も長く記憶にとどめるだろう。連合軍が上陸した。ひとしきり間を置いて六十二歳の画家は書棚に緩やかに歩み寄り、歴史家ピエール・アスリーヌの伝えるところによれば、ジャン・ポーランから贈られた本を取り出し、黙ってカルティエ＝ブレッソンに手渡した。本はドイツの哲学者オイゲン・ヘリゲル著『弓と禅』だったという。[20]

一週間後、カミュの戯曲第二作『誤解』の公演がマリア・カザレスを主役にマチュラン座で始まっても、パリ市民には連合軍の地上での進軍状況がほとんど伝わらない。ピカソのアトリエではブラッサイが気もそぞろで撮影に集中できず、朝の訪問客たちは興奮のあまり他の話題には気が回らないほどだが、情報は乏しく、とりわけドイツ軍がBBCラジオの周波数を狙って妨害電波を発信したため状況は一向に好転しない。確実なのはバイユー、イジニー、そしてカランタンの町々が解放されたこと、そして連合国側の陸空軍がドイツの陸空軍に対して一歩も退かず、持ちこたえていることだけだった。パリ市民は食料不足と停電さえ話題にしなくなった。連合軍の上陸によりパリへの補給路が断たれ、状況は急激に悪化したにもかかわらず、それどころではなかったのだろう。

パリ市民はいまや飢えに苦しみ、占領下のいかなる時期と比べても、はるかに大きな危険に晒された。レジスタンス活動家の司書エディット・トマは、アパルトマンに全国作家委員会の作家たちを迎えるのをやめていた。検挙者が多くなりすぎたためである。七月初めのある朝、トマは台所の戸棚の中を覗き、「長期の包囲戦をしのぐのに充分な乾麺と白豆」[21]の蓄えがあると知って微笑む。パリ市民はしかしもっぱら楽観と希望で空腹をしのいだ。セーヌ河畔に並ぶ小鳥屋に群がり、粟《あわ》や稗《ひえ》の穀類、麻の実を求める者も現れる。小鳥はほとんど食用にされ、もう餌を必要としなかった。

一週間後、地下鉄のレオミュール＝セバストポル駅の出口付近でドイツ軍警察による一斉検問が行なわれ、アルベール・カミュとマリア・カザレスが網にかかった。男は身体検査を受けたが、女は身分証明書を提示すればすむ。カミュの手提げ鞄には地下出版の新聞「コンバ」のゲラ刷りが入っていた。身体検査を受ける寸前、カミュはゲラをかろうじてカザレスに手渡すことができた。ふたりは解放されたが、パリを離れ、身を潜める時が来たのは明らかだった。カミュはすぐさま自転車で五時間半かけてパリ東方ほぼ百キロのヴェルドロに行き、そこで友人宅に匿ってもらうことになり、好物のコーンスターチをたらふく腹に収めた。

こうして七月十四日のパリ祭が巡ってきた。市内パトロールやナチの占拠した建物の警備に当たるドイツ軍兵士は神経を尖らせ、掌こそしっかりライフルを握っても、引き金に掛かる指先は次第に熱を帯びる。兵士たちは不機嫌に見えた。実際は怯えていたのである。パリ市民は独特のやり方で町を飾り、それが無言の呼びかけとなり市中に満ちるかと思われた。サン＝ミシェル大通りとスフロ通りの角の建物のバルコニーに、誰かが洗濯物を干した。濃紺の作業着、純白のテーブルクロス、血のように赤いスカーフが風に靡《なび》き、パリの空に浮かぶ。[22]夏の輝かしい朝の光を浴びたこの景色に、人々ははっと胸を打たれる。近くの花屋が青のデルフィニウム、白百合、赤いバラだけを店先に並べた。女たちも装いを工夫して国旗の三色に服の色を限り、胸のポケットに青白赤の三色の鉛筆を挿して仕事場に向かう工員や職人がそこかしこで目についた。四年目にして初めて、パリ市民は互いの目を見つめ合い、同胞愛を探し、求め合った。

ルーズヴェルトとチャーチルから自らの臨時政府をフランスの次期政権にするとの言質は取りつけても、シャルル・ド・ゴールは連合軍がパリ解放に手を貸すと保証されてはいなかった。たとえ政治的には、連合軍にとってさえこれに優る褒美はなかったとしても、純粋に軍事的、戦略的な観点からすれば、パリの優先順位が高くないことはド・ゴールも承知していた。連合軍最高司令官アイゼンハワーの計画はあまりあてにならず、ルーズヴェルトとなれば尚更だった。

ド・ゴールとフランスのレジスタンスは先々の計画を立て、連合軍の軍事支援が一切ない場合に備えて手配を進めた。野戦病院と救護所は区毎に設置され、医師、看護師、担架運搬人からなる移動治療班には個別の活動ができるように医薬品が支給された。ひときわ目を引くルクレール率いる第二機甲師団所属の兵士一万四千五百人を中核とするフランス国内軍（ＦＦＩ）[23]と自由フランスの軍勢が、独力でドイツ国防軍を打ち破れると信じるのは、奇跡を信じ自らの幸運を信じるに等しい。ド・ゴールはその両方を信じた。

しかしドイツ軍は退却時にドカンと一発、大きな置き土産を残すつもりだった。ヒトラーはパリを破壊し、廃墟にしたかった。ヒトラーが八月七日、じきじきに大パリ都市圏軍事総督に任命したディートリヒ・フォン・コルティッツ将軍は、工兵隊に命じて市内全域に爆薬を仕掛けさせた。市内四十八か所に架かるすべての橋の下、発電所、揚水所、とくに名高い建造物に何トンものダイナマイトが取り付けられた。エッフェル塔、ルーヴル宮、凱旋門、エリゼ宮、オペラ座、ナポレオンの墓のある廃兵院、リュクサンブール宮殿、そしてフランス議会上院の建物もすべて破壊対象のリストに載った。[24]

これと同じ週、ガリマール社のお抱えファシスト、ドリュ・ラ・ロシェルは廃兵院に近いブルトイユ大通りで友人と偶然行き合い、こう言った。「決心した。よそに行くことにする」。数時間後、ドリュは自殺を図る。ゲルハルト・ヘラーは自転車に飛び乗り、ドリュの枕元にたどり着き、耳元で囁いた。「枕の下に貴方のパスポートを置いておきます」。パスポートにはスペインとスイスへの入国ビザが付してあった。しかしドリュには地獄への片道旅行しか頭にない。その晩、ヘラーはパリ滞在中の四年間に書きためた日記とエルンスト・ユンガーから託された『平和』と題する草稿を荷造りした。ヘラーは書類をブリキの缶にしまい、小さなシャベルを手に廃兵院に向かう。外は蒸し暑い。ヘラーは額に汗が伝うのを感じた。散歩道に立つ一本の木に目星をつけ、コンスタンティーヌ通り、サン＝ドミニク通り、タレーラン通りとの距離と角度を目測し、記憶にとどめ、歩数を数え、静かに穴を掘り始めた。ヘラーは自らの身を救うため、パリでの暮らしを——文字どおり——地中深く埋めたいという衝動に駆られた。

「蜂起とは何か？　それは武器を手にした市民である」

一九四四年八月十六日水曜日、壮大な変化、危機と同胞愛に満ちた一週間、数世代後にも大きな影響をおよぼす一週間の幕が開く。その日、親ドイツ系の新聞雑誌「パリザー・ツァイトゥング（パリ新聞）」、「ジュ・スイ・パルトゥー」、「ル・ピロリ（晒し台）」に依る記者や編集者が一夜のうちに姿を消した。レジスタンス系の版元がすぐさま藻抜けの殻となった事務所を占拠する。[25] 親ドイツ系の悪名を馳せたラジオ・パリも、同じく消滅する。蜂起は電波の世界ですでに始まっていた。

その日の午後、フランス・レジスタンスのさまざまな支部が一堂に会した。連合軍はいまだ首都に向かって進軍せず、共産党系のフランス国内軍は蜂起開始の日程に合意していない。シャルル・ド・ゴール支持派には、冷静を保ち、市民多数の生命を危険に晒すことなく、首都の完全な破壊を避けることが至上命題だった。彼らは自由フランス軍が到着し、ドイツの占領軍を放逐する機会が到来するまで待機を望んだ。

モンパルナスからほど近いダンフェール＝ロシュロー広場の地下納骨堂で作戦の指揮を執る、多くはようやく二十歳を過ぎたばかりのレジスタンスの指揮官たちは逸る気持ちを抑えきれない。ド・ゴールのパリでの右腕アレクサンドル・パロディが少なくとも二十四時間待機するよう彼らを説得した。パリ市内の各地でゼネストが成立し、市庁舎等のさまざまな行政機関で働く数千の公務員にも地下活動の闘士に合流し、武器を手にとることが可能となった。

八月十八日金曜日、パリ市民は目覚めて町中の壁という壁に、交差した三色旗を添えたレジスタンスのポスターが貼られてあるのを目の当たりにした。これはすべての退役将校、退役士官に対する総動員令であり、「身体の自由の利くすべての男女は隊列に加わり」、「ドイツ軍とヴィシーの売国奴を至るところで攻撃せよ」と呼びかける檄だった。フランスのレジスタンスは、ド・ゴールを将に戴くフランスの唯一正統な軍隊として自らが世間に認められるよう振る舞う。ド・ゴール派は秩序を保って事態を進捗させ、パリ市民の生命を危険に晒す前に、軍事訓練を受け火器操作に習熟した若者をできるだけ多く集めようと試みた。ド・ゴール派は手を尽くし、共産党員をもう一日思いとどまらせる。

蜂起は八月十九日土曜日の夜明けに始まった。ノートルダム大聖堂の真向かいのパリ警視庁に武装した約二千名が立てこもり、ドイツ兵と戦車に銃撃を開始する。あたかもその合図を待ち構えていたかのように、パリ市民は古い伝統に立ち返り、バリケードを築き始める。舗石、樹木、古い自転車、がらくたの家具、町中で手に入るありとあらゆるものが利用された。蜂起の参加者の使命は、万難を排してドイツ軍の装甲車両の通行を制止すること。フランス国内軍は市内各地の区役所、省庁の建物、印刷所、新聞社など戦略的に重要な建物の占拠に着手した。自由フランス軍とパリ警視庁は協調行動をとる。パリ市民にとってこれは大いに喜ばしい光景でも、同時に心穏やかでないところもあった。パリ警視庁は四年間ドイツ軍の指揮下に置かれ、一九四二年七月に一万三千人のユダヤ系フランス人を一斉検挙した張本人だったからである。虜囚はその後、ドイツ国内の強制収容所に移送された。

兵力二万のドイツ軍が混乱を来しパニックに陥ったことは、手に取るようにわかった。屋上に配備された狙撃兵は市民を狙い撃ちした。銃弾がパリ市民の頭上をかすめ、しばしば致命傷を負わせる。七十五年後の今日でも、建物の所々に弾痕が残る。

パブロ・ピカソは十センチも離れていないところを飛びすさる銃弾の音を聞いた。九歳になる娘マヤと母親マリー゠テレーズ・ワルテルの身を案じ、ピカソは直ちにアトリエを後にする。ピカソは走り、うずくまり、樹木の陰や玄関口に身を隠し、道を渡る前には必ず建物の屋上に目をやった。そしてようやくアンリ四世大通り一番地に暮らすマリー゠テレーズとマヤのもとにたどり着く。ピカソはふたりの許にとどまり、そこで絵を描くことにする。ピカソはニコラ・プッサンの《牧羊神の勝利》の複製画を携えていた。

八月二十日日曜日、フランス、アメリカ、イギリスの国旗が至るところで目につくものの、状況はいまだ予断を許さない。パリの半分はいまやレジスタンスの手中にあったが、市民がどれほどドイツ軍の戦車に抗し陣地を護れるかはわからない。午前中、シェルブールの連合軍司令部ではシャルル・ド・ゴールがアイゼンハワーと談判するが、アイゼンハワーもとうとう部隊をパリに送る意図はないことを明らかにする。パリは連合軍にとって戦略的に重要ではなかった。ド・ゴールは、連合軍指揮下のフランス軍第二機甲師団司令官ルクレール将軍に命じて直ちにパリに向けて進撃させるとアイゼンハワーを脅した。パリ北方二百キロ余りのノルマンディー地方に待機するルクレール将軍にアメリカ軍最高司令部の許可を待つ気は毛頭なく、軍法会議にかけられる危険も犯す覚悟で、すぐさま少人数の斥候部隊を送り出した。

「ニューヨーカー」誌から派遣され、第二機甲師団に従軍中のＡ・Ｊ・リーブリングの健康はいまだ優れないが、観察眼の鋭さにいささかの衰えもない。リーブリングにとってこれに優る持ち場はない。第二次世界大戦は当初からほぼ「フランスを解放するため」の作戦そのもの、「リーブリングが熱烈に復興を望んだのは、フランスというひとつの世界であった[26]」。そうであれば、ルクレール将軍の戦車に乗り込めたのは僥倖ではあったが、ことは急を要する。将軍がパリの城門に到達するのに、どれだけ時間がかかるのだろうか。

八月二十一日月曜日、パリ市民は初めて大判の紙一枚に刷られたレジスタンス系新聞を手にとった。「コンバ」、「リベラシオン」、「ル・フロン・ナシオナル（国民戦線）」、「ユマニテ」、「ル・ポピュレール」、「ル・パリジャン・リベレ（解放されたパリ市民）」は秘密の印刷所から運び出され、恐れ知らずの若者たちが街頭でこれを販売する。社説は各々パリ市民に「包囲を維持し、方途を尽くして敵を攻撃せよ」と鼓舞した。アルベール・カミュの署名入り「コンバ」紙の社説がとくに市民の心を打つ。「蜂起とは何か？　それは武器を手にした市民である。市民とは何か？　それは国民のうち、決して膝を屈しない者である[27]」。パリに戻り「コンバ」紙の編集長となったカミュは、レオミュール通り一〇〇番地の小さな編集室に泊まり込み、記事を書いた。

八月二十二日火曜日、Ａ・Ｊ・リーブリングはアメリカ軍第四歩兵師団とルクレール率いる第二機甲師団に伴い、パリ南西三十キロ余りの小村モンレリーに到着する。その数時間前、アイゼンハワーとアメリカ軍野戦指揮官ブラッドリー将軍がアメリカ軍第四歩兵師団にルクレール将軍のパリ解放への加勢を命じた。リーブリングがモンレリーで中世の塔を見上げていると、「おはよう」と呼びかけるアメリカ人の声がする。声の主は東海岸出身の通信隊中尉だった。「こっちに来てごらんなさい！」若い中尉は双眼鏡を「ニューヨーカー」誌の特派員に手渡した。パリはそこに、四年二か月十五日前にリーブリングが立ち去ったときと同じ場所にあった。

捕虜収容所を脱出した経験のある写真家アンリ・カルティエ＝ブレッソンにとっては、蜂起を記録し世界に示すとき、ノルマンディー上陸作戦の日にジョルジュ・ブラックを取材して以来潜伏していたロワール＝エ＝シェール地方の農場を発つ時が来た。カルティエ＝ブレッソンはライカとありったけのフィルムを丁寧に荷造りし、ついでにシャツも一、二枚加え、自転車に飛び乗った。細い田舎道だけを選んで走り、九時間半自転車を漕ぎ通し百七十五キロを走破して、カルティエ＝ブレッソンは夜のパリにたどり着く。

八月二十三日水曜日の朝、カルティエ＝ブレッソンは友人宅のソファで数時間眠った後、リシュリュー通りの国立図書館の隣にあるレジスタンス派の写真家の溜まり場に向かった。四歳年下のロベール・ドアノーもローライフレックスを携え、そこにいた。集合した二十名の写真家それぞれに、数か所の取材地区が割り当てられる。カルティエ＝ブレッソンはサン＝ジェルマン＝デ＝プレ、メニルモンタンとバティニョルを任された[28]。

カルティエ＝ブレッソンはフランス国内軍の若者たちの一団に同行し、直ちにエッフェル塔に近いサシャ・ギトリの豪壮な邸宅に向かう。ナチ占領軍とことさらに親密なことで知られた著名な劇作家は、宏壮美麗な邸宅にレジスタンスの若者たちがどっと侵入しても冷静さを失わない。ギトリは自分のような人気者に害は及ぶまいと甘く見ていたが、ドイツ軍の狙撃兵を射殺したばかりのフランス国内軍のライフルはまだ熱を帯びている。サシャ・ギトリのような対独協力者は、レジスタンスにとりドイツ占領軍と同じ重要性を持った。彼らはフランスの曖昧さ、不道徳さの象徴であり、適宜裁かれ、刑の宣告を受けなければならない。フランス国内軍の若い兵士たちは、ギトリをグルネル通り一〇六番地の七区の庁舎で尋問するため連行しようとする。ギトリに着替える暇は与えない。カルティエ＝ブレッソンはギトリが黄色い花柄のパジャマに翡翠色の鰐革のパンプスをつっかけ、パナマ帽をかぶり街頭を護送される姿を撮って、その瞬間を後世に残した。それはパレードのようにも見え、パリ市民を畏れさせ、劇作家を辱めようと意図した行進は庁舎に着くまで二十五分間続く。尋問は一一七番の番号を付された部屋で始まった。「なぜお前はヘルマン・ゲーリングと会食したのか？」とフランス国内軍の若い兵士が訊く。「好奇心からさ」とサシャ・ギトリは答える。この答えは誤りだった。

ギトリがフレンヌの監獄に移送される頃、フォン・コルティッツ将軍はオテル・ムーリスでベルリンからの電話に応えていた。受話器をいくら耳から遠く離しても、聞こえてくる特徴ある声の主が誰かは間違えようがない。受話器は叫ぶ。アドルフ・ヒトラーの声だった。怒り狂う総統は、パリの橋々を爆破し、街を焼き尽くせと命じる。街を破壊するのならフォン・コルティッツにはお手の物。一九四〇年五月にはロッテルダムを容赦なく破壊する作戦を指揮した。ただし今回の状況はまったく絶望的で、パリを救えば後々自分に有利に働くこともあるだろうと将軍は予見した[29]。

アーネスト・ヘミングウェイはアメリカ軍第四歩兵師団と緩やかに連携し、自前の解放軍と共にパリ南方三十キロ余りの地点にあった。ヘミングウェイは部隊を「ヘム師団」と名づけた。フランスとアメリカの正規、あるいは正規とは呼びがたい戦闘員からなる師団は、十六名が四台のジープに分乗して移動する。「コリアーズ・マガジン」に派遣されたヘミングウェイはブルターニュからの道すがら、独自の戦友集団をまとめ上げた。部隊が丘の頂きに到着し、妨げるものもない眺望を得られたとき、ヘミングウェイは運転手にジープを停めさせる。ヘミングウェイは双眼鏡を摑み、焦点を合わせた。地平線を見晴らし、動きを止める。「喉の奥が妙に詰まり、眼鏡を拭かなければならなかった。眼下に見えるいつも美しい灰色の都市こそ、わたしが世界で何より愛するパリだったからである」[30]。

「戦争は今日で終わりにしたいね」

アメリカ軍第四歩兵師団は、ルクレール将軍のパリ入城が先になるよう計らった。ルクレール率いる師団が先発させた少数の斥候戦車部隊は、一九四四年八月二十四日午後九時二十分に市庁舎前広場に到達する。技師を待機させていたフランス国立ラジオ放送局は、パリ市内の神父たちにすべての教会の鐘を鳴らすよう呼びかけた。午後十一時二十二分、二百五十八年間ノートルダム大聖堂の最低音を担う重量十三トンの最大の鐘、通称「エマニュエル」が嬰への轟音を奏でると、その音量は凄まじく少なくとも八キロ四方に届いたという[31]。パリ中の教会が朗報を市民に中継して伝えた。

美術評論も手がける作家レオン・ウェルト（サン゠テグジュペリの『星の王子さま』はウェルトに献呈された）は、この瞬間を日記にこう書き留めた。「『歴史』が存在するとは知らなかった。わたしは『歴史』を信じなかった。ところが『歴史』がいきなりわたしの顔を殴りつけた」[32]。三十歳のド・ゴール派、レジスタンス活動家イヴ・カゾーは記す。「ノートルダムから轟くとてつもなく重々しい鐘の音に、我々は呆然とした。ノートルダムの鐘と共にさらに深い声が聞こえた。『よく考え、弔うのだ、今は素晴らしい時かもしれないが、恐ろしい時でもある』[33]」。

こうして八月二十五日金曜日がめぐってきた。パリの南門とノートルダム大聖堂を結ぶ主要道路オルレアン通りに面した二部屋のアパルトマンに叔母と暮らす当時十九歳の若手作曲家モーリス・ジャールは、明け方突然、前触れもなく目が覚めた。地響きがする。建物全体が震えていた。「ヒトラーがパリ蜂起を鎮圧するため、フォン・コルティッツの援軍に送りこんだドイツ軍の機甲師団かと思った。これで終わりと観念した。全身が強張って動かない。轟音はどんどん大きくなる。窓を開けて、バルコニーに這い出した。そして覗いた。何かわかったとき、息が止まりそうだった。ルクレール将軍の第二機甲師団がパリに入城した。そのときの気持ちはとうてい言葉では言い表せない」。

ジャン＝ポール・サルトルはセーヌ通りのオテル・ラ・ルイジアーヌの部屋を飛び出し、サン＝ミシェル大通りに向かう足を速めた。哲学者は解放軍を一目見ようと舗道を埋めつくす数百、数千のパリ市民の渦に紛れる。ルクレール将軍率いる第二機甲師団に参加した自由フランス軍とスペイン共和国軍がパリ南門から市内に入り、大通りに溢れ出した。アメリカ第四歩兵師団に属するアメリカ、イギリス、カナダ軍の兵士はパリの東門、北東に位置するイタリア門からパリ入城を果たす。サルトルはルクレールの自由フランス軍が戦車を駆ってセーヌ川に向かい進軍する姿を見た。「兵士たちはわたしたちを見つめ、歓声を上げ、笑顔を浮かべる。兵士たちは指で勝利を表すV字をつくり、わたしたちにその手を振り、誰もが心臓の鼓動がひとつとなり脈打つのを感じた。そこには民間人も軍人もなく、心をひとつにした自由な人々がいた」[34]。

市民の心を何より強く揺すぶったのは、些細な事柄だった。ルクレールの第二機甲師団の戦車にはひとつ残らずパリの通り、界隈、あるいはナポレオンの戦勝に因みオステルリッツ、イエナ、ワグラム等の名がついていた。すっきり「パリ」の名を帯び、本物の真っ白なウサギが運転手の出入りするハッチの隣に意気揚々と乗る戦車が注目を浴びた。もう一台、ヒトラーの顔を「クソ（merde）」の文字が横切る肖像画を描いた戦車も人気があった。さらに「ろくでなしに死を！」[35]の幟を立てた戦車もある。スペイン共和国軍の戦車の名は「ゲルニカ」だった。

パリの消防夫の一団がエッフェル塔と凱旋門の頂きに登り三色旗を掲げる頃、フォン・コルティッツは依然としてオテル・ムーリスにとどまり、フランス・レジスタンスの司令官たちと降伏条件の交渉を続けていた。パリ警視庁に護送され、さらにモンパルナス駅に設けられたルクレールの司令部に送られたフォン・コルティッツは午後四時十五分、二十通余りの停戦命令を伴う降伏文書に署名した。パリではしかしフォン・コルティッツのようなドイツの「謀叛者」の処刑を誓い、民間人虐殺の手も緩めない筋金入りのナチ親衛隊との闘いが続く。[36]シャルル・ド・ゴールは十五分後に司令部に到着した。フランス国内軍の指揮官、共産党員ロル＝タンギーの名がフォン・コルティッツ、ルクレールと並び公文書にあるのを目にして、ド・ゴールはルクレールを睨みつける。これでは共産党に出し抜かれかねない。

アーネスト・ヘミングウェイと配下のヘム師団もまた、オルレアン門から直進してオデオン通りに到着した。七番地と向かい合う十二番地の前で戦車を停め、ヘミングウェイは「シルヴィア！　アドリエンヌ！」と大声で呼びかける。先に応じたのはシルヴィアだった。「一階に駆け下りました。ふたりの身体がぶつかって、彼がわたしを抱き上げて振り回し、接吻するのを見た人々が街頭で、アパルトマンの窓から喝采を浴びせました」[37]。アドリエンヌは階上から情景を見下ろした。「小柄なシルヴィアの姿が下にあり、ミケランジェロの彫刻のようなたくましい二本の腕の中に飛びこみ、抱き上げられ、脚が宙を舞うのが見えました。そうです、ヘミングウェイでした。巨漢ぶりが以前より目立つ、ひたむきで抜け目のない慎重そうな洞窟の原始人です」。「ご婦人方、何かわたしにできることはありますかな？」とヘミングウェイは訊ねる。部下の兵隊さんたちと一緒に、屋上を調べてください。付近にドイツ軍の狙撃兵が隠れているとの噂が流れていた。シルヴィアとアドリエンヌは発射音を聞き、通行人がウサギのように撃たれるのを窓から目の当たりにしていた。ヘム師団は銃を手に屋上に駆け上り、二十分後に戻ってきた。「異常ありません、ご婦人方」。「飲み物はいかが?」とシルヴィアは応えたが[38]、ドアに顔を向けたときヘミングウェイの姿はそこにない。「また会う日まで」。ルクレール率いる第二機甲師団とアメリカ軍第四歩兵師団に配属された従軍記者の集う予定のオテル・スクリーブに向かう途中、ヘム師団はもう一度、今回はグラン・ゾーギュスタン通り七番地の前で車を停めた。ピカソはまだマリー゠テレーズとマヤと暮らしていて、留守だった。伝言に添えて何か託したいものはないかと管理人に訊ねられたヘミングウェイは、すぐさまジープに取って返し、手榴弾の詰まった木箱を取り出すと「ヘミングウェイからピカソへ」と書きつけて管理人の許に運び、手渡した[39]。

午後六時三十分、リュクサンブール宮殿がついにレジスタンスの手に落ちる。その日の午後早く、レジスタンスは市民の憎しみの的だったオペラ広場のドイツ軍総司令部を奪取していた。

二十世紀を代表する優れた写真家と映画のカメラマンが、一九四四年八月二十五日と二十六日にパリに居合わせた。彼らの撮った写真と映画は世界中を駆けめぐり、おかげで「パリ解放」は第二次世界大戦を象徴する出来事のひとつとなった。戦略的、軍事的には「パリ解放」は戦史の脚注にすぎない。しかしそこには人の胸に迫るものがあり、写真がそれを大いに盛り上げた。フランスの写真家は、アメリカの戦争写真家や映画カメラマンにも手助けされて、二日間の市街戦を永遠に歴史に刻む。「ライフ」誌に寄稿するロバート・キャパ、「ヴォーグ」誌に寄稿するリー・ミラーもちょうどパリに到着したところだった。「シム」の名で知られるデイヴィッド・シーモアと劇作家アーウィン・ショーも同じくパリにやってきた。この壮絶な二日間は自ら体験する特権に恵まれた者ばかりでなく、従軍記者の記事を読み、写真やニュース映画の映像を見て疑似体験をした者にも、永遠に消えることのない鮮烈な印象を残す。写真家、映画カメラマン、そして記者の仕事には想像を絶する困難、危険が伴った。彼らの努力の成果に触れた人々は、危険をものともしないパリ市民の姿に我が目を疑う。市民はなおも銃弾の飛び交う街頭に群れなして押し寄せる。若い兵士が愛らしいパリジェンヌにキスされ、次の瞬間、狙撃兵の銃弾に胸を撃ち抜かれる。

ブロンクスに生まれ、ラジオドラマの脚本執筆を生業とし、牡牛のような体格、鹿のような眼差しをした三十一歳の美男子アーウィン・ショーはこの日、八月二十五日の午後に生まれて初めてパリを見た。ショーの属する少人数の通信隊撮影部はカメラマン二名、運転手、それにショーの四名、いずれも上等兵で軍隊の階級では下から数えて三番目に低い。四人の乗るジープはパリ到着までに通過した小さな町々の住民から手渡された花や贈り物で飾られ、群衆をかきわけ緩やかに進むうちに投げ込まれたトマト、リンゴ、ワインの瓶もかなりの量にのぼった[40]。

ショーの部隊の向かう先は連合軍総司令部の置かれたオペラ座で、そこで調査報告をし、撮影済みのフィルムを託すよう命令を受けていたが、そのとき、砲声が聞こえた。フランス軍第二機甲師団の戦車が、コンコルド広場のドイツ海軍司令部に攻撃を仕掛けたのだった。地平線に四つの巨大な煙の渦が立ち昇る。ショーの部隊は情景を撮影しようと停車したが、どこから撮影すればよいのか。屋上に登らなければならない。偶然彼らの会話を耳にした男、このひとは役者だったが、最寄りの劇場、コメディ・フランセーズに案内してくれた。ロビーは粗末な病院に転用されていた。ショーとカメラマンは壮麗な階段を昇り、フランスの誇る名優の胸像の並ぶ踊り場をいくつも越えて屋上を目指す。「屋上に出て、ドレルが撮影を終えようとするとき、我々は狙い撃ちされた。面倒なレンズ調整に手間取り、それがこういう場合には殊更苛立たしい。銃弾がいきなりいやらしい唸りを立て、ふたりの間の空気を切り裂いた」。

劇場のロビーに戻ったアーウィン・ショーは、眼前でくりひろげられる情景に釘付けになった。「看護婦の全員が女優、ほとんどがコメディ・フランセーズの劇団員だった。彼女たちはじつに可憐で、明るい色の柔らかな服を着ている。そのため光と陰の鮮明な対比、傷ついた肉体の発する白い輝きがゴヤの絵を思わせる。モデルはハリウッドのサミュエル・ゴールドウィンが選んだかのよう」。ショーは大理石の床に横たえられた死者のひとりに歩み寄る。うら若い金髪のフランス人の少年は、こめかみを撃ち抜かれていた。「少年の顔は目鼻立ちの調った細面、日焼けして健康そうだった。頬に赤い口紅の跡があるのは、その日パリに居合わせたすべての兵士と同様、そしてカーキ色のウールのシャツの胸元にはワインの染みが濃く残っていた」[41]。

アーウィン・ショーはちょうどそのとき、ジャン＝ポール・サルトルが劇場の一階前列の席に腰掛けていたとは知らなかった。サルトルは全国作家委員会の要請を受け、コメディ・フランセーズを生命を賭して（ただし銃は持たず）護衛するため、そこにいた。ショーがもう少しそこにいたら、サルトルを訪ねてやってきたアルベール・カミュと鉢合わせしていたかもしれない。その日の午後遅く、カミュは赤い天鵞絨の座席で居眠りするサルトルを見つけ、揺り起こした。「おい、ジャン＝ポール、ようやくきみも世間の動きと調子が合ってきたな！」口調は和やかでも、どちらにも皮肉は通じた。同じレジスタンス活動をするにしても、行動を起こすカミュと対照的に、サルトルは観念に拘った。

ショーの部隊は撮影したフィルムを現像してもらうため、オテル・スクリーブに赴く。リヴォリ通りでは銃声が止んでいたので、ショーと同僚たちは道の真ん中を歩んだ。米兵が危ない目にも遭わずに歩いているのを見て、それを勝利の証と見た何千もの市民が脇道から湧いて出て、米兵に喝采を浴びせ、歓呼の声を上げ、男女の別なく、誰彼となく接吻を送った。「群衆から漂う香水の匂いは強烈をきわめ、キス攻めに遇いながら嗅ぐ馥郁《ふくいく》として甘美な芳香は、泥濘と埃にまみれ二か月を前線で過ごした兵士には、とても現実とは思われず、立ちくらみを覚えた」[42]。

シモーヌ・ド・ボーヴォワールと新旧の恋人、生徒からなる小さな家族は、その日の宵を「ちびボスト」とオルガが同居するオテル・シャプランの一室で過ごすことにした。ホテルはリュクサンブール庭園の裏手にある。いつもどおり、各々このときのためにとっておいた食料を持ち寄り、皆で分かち合った。その晩の夕食はもっぱらジャガイモで、バターも塩もないまま、それを間に合わせのコンロで調理する[43]。一同は記念すべきその日の記憶を互いに語り合った。ボーヴォワールはドイツ軍の狙撃兵に胸を撃たれ、オテル・ラ・ルイジアーヌの自分の部屋の扉の前で息絶えたルクレール配下の若い兵士の姿が忘れられず、まだ目眩がした。すると誰かがラジオのスイッチを入れようと思い立つ。ラジオはすでにフランス国立ラジオ放送に合わせてあった。話し手は市庁舎前広場にいて、騒々しい群衆に話を聞かせようと努めている。シャルル・ド・ゴールがこれから国民に向けて演説を始めるところだった。ボーヴォワールと年少の友人たちは互いの顔を見つめ合い、耳を傾けた。ド・ゴールはそれまで一度も生身の将軍を見たことのない群衆に語りかける。「我々は今、個々人のあわれな人生を超越した時々刻々を生きている。パリよ！　辱められたパリよ！　挫かれたパリよ！　虐げられたパリよ！　しかし解放されたパリよ！……パリを占領してきた敵が降伏した今、フランスはパリに、故郷パリに帰還する。フランスは血にまみれても、決意は固い。フランスは計り知れない教訓により啓発され、しかしかつてないほど自らの義務と権利に確信を抱き、帰還する」。

オテル・スクリーブの寝室でアーウィン・ショーは窓の外から聞こえてくる群衆の声、とめどなく高まる歓声と歌声、甲高い女の笑い声の入り交じるざわめきに耳を傾けた。眠りに落ちようとする間際、ショーはその日の午後早く耳にした米兵の言葉を思い出す。「戦争は今日で終わりにしたいね」。

国民のみが人を王にできる

八月二十六日土曜日、ド・ゴールがルクレールの第二機甲師団と共にシャンゼリゼ大通りを行進するという噂が瞬く間に広まった。ド・ゴールは、フランスでは国民のみが人を王にできると知っていた。その人になりたい、ド・ゴールはそう願う。アメリカ軍はパリと行進をドイツ空軍から護るため、数機を上空に飛ばし警戒することに同意する。

ド・ゴールはレジスタンスのさまざまな党派、とりわけ信用ならない共産党を支配下に置く緊急の必要に迫られていた。ルーズヴェルトとチャーチルはド・ゴールが国民の支持を受けるだけでなく、共産党系レジスタンスも完全に掌握したという保証を求めた。両者はド・ゴールがこの双方の要件を満たして初めて、ド・ゴール政権を承認するだろう。フランス国民が取り戻したばかりの自由を謳歌し、解放者と共に勝利を祝う間にも、ド・ゴールはすでにフランス共産党に対する静かな戦争を仕掛けていた。とはいえ、共産党はレジスタンスの半数を占めるうえ、戦争中に勇気と組織力の双方を実証していたため、国内での評価は高い。ド・ゴールには慎重な舵取りが求められるだろう。

シモーヌ・ド・ボーヴォワールはちょうどそのとき、自転車を漕いでコンコルド広場に向かおうとしていた。人並みに紛れ見失ったオルガとワンダはシャンゼリゼの始点になんとかたどり着いたのに、ボーヴォワールは終点に取り残された。サルトルはリヴォリ通りに面したオテル・デュ・ルーヴルのバルコニーから行進を見物することにした。ジャック・ジョジャールの執務室はその真向かいにある。

ジョジャールは恋仲のジャンヌ・ボワテルはもちろん、全国作家委員会に属する友人多数を招き、窓の下を通り過ぎる歴史を見守ることにした。招待客の中には赤い巻き毛の目立つアンヌ＝マリー・カザリスもいた。二十四歳のカザリスは全国作家委員会の最年少会員で、[44]詩作により前年のポール・ヴァレリー賞を受賞していた。目眩を我慢して、カザリスはジョジャールの執務室の窓の下に突き出た巨大な胴蛇腹の上に陣取った。そこから西に百メートル足らず、アーネスト・ヘミングウェイはリッツ・ホテルからリヴォリ通りに向かって歩み、アンリ・カルティエ＝ブレッソンはカスティリオーネ通りの角でライカにアグファのフィルムをもう一本新たに装塡しようとしていた。A・J・リーブリングもこの出来事を見逃すつもりは毛頭なかったが、どこから見るのがよいかいまだに決めかねた。シャンペンを供するレストランのテラスで行進を眺められたらどんなによいだろう。リーブリングは疲労困憊、精神的にも参っていた。アルベール・カミュとマリア・カザレスは手を繋ぎ、唇を重ね、群衆の流れにどこまでもついていく。カミュは翌日の社説を書き上げたところだった。「四年におよぶ醜悪な歴史がいまや終わろうとし、それに伴い恥辱と憤怒に抗いフランスが挑んだ言語に絶する苦闘にも幕が下りる[45]」。

アメリカの「ライフ」誌はこうまとめた。「パリはおとぎ話の魔法の剣のよう――正当な持ち主が握れば輝かしい力を発揮するが、そうでない者の手に渡れば見かけ倒しのなまくらにすぎない。光の都の支配者が代わるたび、西欧文明の政治の均衡が変化する。過去七世紀がそうであり、一九四〇年がそうであり、今週もまたその例に洩れない[46]」。

ルクレール率いる師団を視察した後、ド・ゴールはパロディを左に従え、シャンゼリゼ大通りを歩み始めた。周囲には自由フランス軍の兵士、腰に拳銃を挿した共産党系のフランス国内軍を含む多様な政治志向のレジスタンス諸派、制服姿の憲兵、共和国のしきたりに則り、首の周りに金鎖を巻いた廷吏の姿まであった。見渡すかぎり、歓喜の渦。混沌と混雑は筆舌に尽くしがたい。ド・ゴールは回顧録にこの瞬間をこう記した。「これこそ海！　巨大な群衆、おそらく二百万にもおよぶだろう……時代の中のこの瞬間に、何かが起こりつつある。それは国民の意識に生じるあの奇跡のひとつ、ときには数世紀の時を越えて訪れ、フランスの歴史を折々明るく照らすあの行為のひとつなのだ」[47]。

　コンコルド広場でシャンゼリゼ大通りの終点に達すると、ド・ゴールはオープンカーに乗り込み、リヴォリ通りを経てノートルダム大聖堂に向かった。モーセの前の紅海さながら、群衆はド・ゴールの前で二手に分かれる。ド・ゴールがジャック・ジョジャールの執務室の窓の下、サルトルの立つオテル・デュ・ルーヴルのバルコニーの前を通過しようとしたまさにそのとき、数発の銃声が鳴り響く。群衆の多くは舗道に突っ伏した。戦闘に不慣れな者はうろたえて四方八方逃げまどい、屋上で銃を構える筋金入りの対独協力者とドイツ軍の狙撃兵には恰好の獲物となる。電光石火、若いアンヌ＝マリー・カザリスは胴蛇腹からジョジャールの執務室に這い上がり、テーブルの下に屈み込んだ。若者がひとり、彼女の足許に崩れ落ちる。胸を撃たれ、即死だった。

　市庁舎前では、米英の従軍記者とカメラマンがワシントンとロンドンに記事を送る準備万端、ド・ゴールの到着を待ち受ける。ド・ゴールはカメラの列の前でふたたび隊列を視察し、共産党系のフランス国内軍には見向きもせず、短いミサに参列するためノートルダム大聖堂へと歩を進めた。その間さらに銃声が響き、狙撃兵の銃弾が舞う。群衆が安全な場所を求めて逃げまどう間、ド・ゴールは堂々と胸を張ってセーヌ川に架かるアルコル橋を渡った。歩き続けるド・ゴールの周囲を銃弾が唸りを立てて飛びすさる。大聖堂の中に入るとド・ゴールは声を潜め、ルクレールと短く言葉を交わした。「ミサは短くすませて、狙撃兵を排除しよう」。十五分ばかりの驚くほど素早い礼拝が、ノートルダムの中二階から迎撃するルクレール配下のマシンガンの銃声によって中断されながらも終わると、ド・ゴールはノートルダムを後にし、そのまますぐにアイゼンハワーとの電話協議に入った。「わずかばかりの残留兵をパリから一掃するために、あなたの助力が必要だ。アメリカ軍二個師団あれば、充分でしょう」。この日の民間人の犠牲者数は三百人、ノートルダム大聖堂前でド・ゴールの殺害を狙った二名の対独協力者は発見、処刑された。

一週間のうちにレジスタンス活動家七百名、民間人二千八百名が命を落とす。ドイツ兵三千二百名が殺害され、一万二千八百名が捕虜となった。その日の夜、エディット・トマは日記にこうしたためる。「これで終わり、これから始まる。永遠に揺れ動く歴史の中で。わたしたちが焦がれるほど待ち望んだ瞬間がとうとうやってきたけれど、これからどうなるのだろう」[48]。

シモーヌ・ド・ボーヴォワールが「同胞愛の狂宴」と呼ぶこの沸騰する歓喜のさなか、パリの街頭で醜悪な光景がくりひろげられた。ボーヴォワールは住んでいたホテル前のセーヌ通りで、全裸の女が騒々しい野次馬に辱められるのを目撃した。野次馬は敵と寝た女を咎める。同じ罪を問われ、人だかりの前で頭を丸坊主にされ、ときには殴打される女は他にも大勢あった。アルベール・カミュから「コンバ」紙にこの歴史的な日々について書くよう求められ、雇われたばかりのボーヴォワールは、そうした儀式の「中世的サディズム」に着目する。ボーヴォワールはリンチに逸る暴徒からフランス国内軍が女たちを庇うのを見るたびに、ほっと胸を撫で下ろした。ロベール・ドアノーとカルティエ＝ブレッソンは、辱められた女たちの撮影を拒む。ふたりは市民を愛したが、暴徒と化せばそのかぎりでない[49]。

シャルル・ド・ゴールの臨時政府は共産党系のフランス国内軍に指揮系統の解散を命じることにより、実際にはレジスタンス全組織に武装解除、あるいは戦争継続中の自由フランス軍への入隊を義務づけた。ジャン・コクトーの颯爽としたパートナー、ジャン・マレーはすぐさま入隊した。愛国者になるのに遅すぎることは決してなく、休戦協定を恥辱と感じながらも占領下の四年間をレジスタンスに加わる勇気もロンドンに行く覇気もなく過ごした多くのフランス人が、良心の呵責を晴らす好機にすがった。

時代に緊張、危険、感動が漲り、肉欲と好色が充満した。一九四〇年六月十四日にドイツ軍がパリを陥れたとき、パリは石と化した女に譬えられた。四年後、自由フランス軍と連合軍に解放され、パリは息を吹き返す。この週、ピカソは戦場の只中にゆったり腰を落ち着け、新たな《ゲルニカ》を描こうとはしなかった。プッサンの《牧羊神の勝利》をつぶさに検め、インクでスケッチし、さらにグアッシュと水彩、そして油彩で描いた。つねに独立独歩、周囲の出来事に決して惑わされないピカソだが、実は歴史と歩調が合っていた。その週、ピカソは四年間描き続けた辛気臭い静物画と頭蓋骨を置き去りにする。六十三歳のピカソはふたたび、二十四歳のフランソワーズ・ジローに恋をした。パリは解放された。ピカソは精気と生きる歓びに満ち溢れ、世間にそのことを報せようとする。プッサンに着想を得て《バッカスの祭典》を描いたピカソはモダンであると同時に古風でもある。戦車が周囲の建物をことごとく震わせ、サン゠ルイ島の尖端を走るアンリ四世大通りに銃声が絶え間なく響く中、ピカソは性の至福を思う存分振り撒いた。

狙撃兵が排除され、パリにふたたび平安が戻った今、ピカソは安心してマリー゠テレーズとマヤの許を離れることできる。アトリエでは大勢がピカソの帰りを待ちわびていた。ピカソは柄にもなく解放されたパリの旗手、占領にも挫けない不屈の精神の象徴となる。素朴なアメリカ兵から国際的に名の通った美術館の館長まで、有名無名の絵描き仲間から好奇心に駆られ生身のピカソに会いたいと願う学生まで、分け隔てなく歓迎した。ピカソは誰からも褒められる栄誉に浴し、記者の質問に答え、カメラの前で機嫌よくポーズをとった。「数週間、ピカソのアトリエの扉は広く解放された。アトリエは遊園地に、売春宿になった。同胞愛の昂りに紛れ、外国人記者、写真家、米加軍所属の素敵な北米娘、恋しいフランス娘の腰を抱くアメリカ兵、長年の窮乏の痕を骨と皮ばかりの痩身に刻む若い女、白いソックスに黒のタートルネック姿の学生、午前十一時に羽毛の襟巻きを着けるムーラン・ルージュで鳴らした昔日の美女、ピカソが『貴種』と呼ぶ人々が出入りした[50]」。

同胞愛は至るところに見受けられた。街頭で、バーで、ド・ゴール派、共産主義者、カトリック教徒、マルクス主義者が声を合わせて同じ歌を唄った――彼らは共に闘ったのであり、何があっても袂を分かつことはないと誓った。街頭では、子供たちが新しい歌を唄う。「もうあんなことは二度と起こらない。あれはもう終わった。奴らはもうお終いだ[51]」。しかし占領者ナチを黙認、あるいは彼らと共謀し、今もなおパリに暮らすフランス人はどうだろうか。

第4章　欲望

まずは粛清

煤と埃にまみれたパリの汚れ具合は都市の精神に似合い、苦悩に相応しい。ロンドンやニューヨークと異なり、パリは躓き、罪を犯した。一九四四年、パリの建物や記念碑はたとえ蜂の巣状の弾痕で覆われても、物理的な痛手はドイツ国防軍の電撃戦の犠牲となり、各地で街区がまるごと地図上から一掃され、その傷跡も生々しいロンドンとは比較にならない。フランスが降伏してパリは破壊を免れたが、苦痛は勇者より弱虫の心を深く蝕む。パリの無傷の美貌は、精神の敗北によって購われた。一九四四年のパリは、ひとつならずいくつもの意味で廃墟だった。それは闘いを逃れた者、闘わずに残った者についても同様。敵に協力した者については言うまでもない。

一九四四年八月初め、フランスを逃げ出した多数の対独協力者の中に、作家ルイ＝フェルディナン・セリーヌ、シモーヌ・シニョレを雇った編集者ジャン・リュシェールもあり、彼らは皆ミュンヘンの西二百四十キロ、ドナウ河畔に建つジークマリンゲン城に滞在し、世界の終末を待ち受けた。身を隠し、人々の憤怒が鎮まる時を待てばよいと浅はかに考えた者もある。九月十四日、反ユダヤ主義の作家ロベール・ブラジヤックは母親宅の屋根裏に潜伏しているところをついに発見され、「利敵行為」容疑で逮捕された。誰より復讐を熱心に唱えたのは共産主義者で、煽情的な社説を連日掲載して読者の心に復讐心を植えつける。印刷を認可された十三の新聞のうち、共産党系は「ユマニテ」、「リベラシオン」、「ス・ソワール」、「ル・フロン・ナシオナル」などを擁し全国紙のほぼ半数を占めた。こうして共産主義者は人心の怒りを沸点にまで高める。女優のアルレッティは「フリッツ（ドイツ野郎）」と情事を重ねたのを咎められて自宅に軟禁され、『天井桟敷の人々』の数シーンの撮り直し以外は外出を禁じられた。リッツ・ホテルでのアルレッティの隣人、当時六十歳のココ・シャネルはハンス・ギュンター・フォン・ディンクラーゲとの仲を問われ、同じく逮捕されたが、数時間後に釈放される。シャネルはウェストミンスター公爵の愛人だった頃チャーチルとも親しく交わり、そのチャーチルが介入したのではないかとの観測も流れた。釈放されるが早いかシャネルとドイツ人の恋人は荷物をまとめ、スイスに向けて出国する。ふたりはその後八年間、フランスの土を踏むことなく過ごした。

ジレンマもあった。文壇の大御所コレットはどうすればよいのか？　フランスの良心は多くの厄介な事例への対応を迫られたが、七十一歳のコレットもそのひとり。コレットは「ラ・ゲルブ」、「ル・プティ・パリジャン」など対独協力派の新聞雑誌に寄稿するかたわら、年下のユダヤ人の夫モーリス・グドケをアパルトマンに匿った。コレットが対独協力派の新聞に寄稿し続けたのは、友人たちが危機に瀕した際に欠かせない有用な伝手を適所に確保するためだったかもしれない。ジャン・コクトーは同性愛者であることが幸いし、共産主義者からは迫害された少数派の一員と見なされ、目こぼしを受ける。上流階級の社交の場でナチの将校たちと同席したことは、咎められずにすんだ。

粛清は曖昧な作業と化し、罰の格差から復讐と正義をめぐる議論が国民の間で巻き起こる。とくに注目を集めたのは作家とジャーナリストの論戦で、このため友人間の仲違いも少なからず生じた。一九四四年九月九日、共産党寄りの「レ・レットル・フランセーズ」の創刊号が第一面に掲載した宣言には五十名余りのフランスの作家が署名し、ポール・ヴァレリー、フランソワ・モーリアック、ポール・エリュアール、アルベール・カミュ、ジャン＝ポール・サルトル、ルイ・アラゴン、アンドレ・マルロー、ジャン・ポーラン、レーモン・クノーが名を連ねる。「悲しみと抑圧の時の連帯を、勝利と自由の時にも保ち続けよう。連帯してフランスの復活、ペテン師と裏切り者に対する公平な処罰を成し遂げようではないか」——もっとも、公平な処罰とはどのようなものか、意見は一致しない。カミュは当初、共産党に与し容赦ない粛清を求めたが、モーリアックやポーランは同志に「許し、忘れる」よう促した。

レジスタンス運動に早くから参加し、実際に命を賭けて闘った少数——これら最も高貴な魂の持ち主たちは、最も寛容だった——を除くフランスの知識人と民衆の過半数は、対独協力者に対してどのような態度をとればよいか決めかねた。占領下に従順であった者ほど、「コラボ」と称される裏切り者に復讐心を燃やす。自らの無為を恥じる分だけ、彼らはより攻撃的になる。占領期はフランス現代史にかつて例を見ない曖昧な道徳律の実験室だった。四年もの長期にわたり勇敢な行動、無抵抗、臆病、背信が共存した事実と、七十五年を経た現在も、フランスは折り合いをつけるのに苦心を強いられる。

この事態をイギリスの友人たちに説明しようとして、サルトルは一九四四年秋に短いエッセイを著した。

一七九三年の「恐怖政治」が続く間、あなたは何をしたかと訊ねられた人が「わたしは生きた……」と答えたという。これは、今日の我々の誰もが口にできる答えである。相も変わらぬ日々の平凡な必要から、誰もがやむなく同じ場所に暮らすことになった。我々は至るところで、街頭でも地下鉄の中でもドイツの占領軍と出会い、地下鉄の中では文字どおり袖を振り合った。むろん彼らに対する反感、憎悪は少しも失いはしなかったが、そうした感情はいつの間にか現実味が薄れる。時が経つにつれ、パリ市民と外国人兵士たちの間に、言葉では言い表せない、けしからぬ仲間意識が芽生えた。仲間意識はいかなる意味でも同情とは異なる。それは生物らしい馴れから生じるものだろう。[2]

言い換えれば、敵はあまりに身近な存在となり、憎しみの対象になりにくくなった。そのうえ、国内で最小限の経済活動を維持すれば、誰もが敵を利することになる。微妙な毒があらゆる活動を汚染した。あらゆる選択は悪だったが、ひとは決断をせずに生きられない。仕事道具を手放し、すべての活動を停止する選択肢はない。そんなことをすれば、国中が滅びてしまう。「敵は蛭のように、わたしの血を吸う。我々は共生関係にあった」[3]。

一九四〇年にフランスを後にした人々については、何と言えばよいのか。国を離れるのがより気高い行為だったのか。直ちに国を離れ、ロンドンのド・ゴール軍に合流するのなら話は違う。サルトルの級友、哲学者のレーモン・アロンの場合はそうだった。しかしアンドレ・ブルトンを初めとするユダヤ人でもない大勢のシュルレアリストのように、ニューヨークに亡命した者はどうか。旧友との再会は当初こそ感動的ではあったけれども、踏みとどまった者は国を離れた者を決して許そうとしなかった。

レーモン・アロンはロンドンから帰国し、カフェ・ド・フロールでシモーヌ・ド・ボーヴォワールの腕の中に跳びこんだ。アロンは一九四〇年の当初からロンドンに渡り、ド・ゴール軍に参加した。宵が訪れ、サン＝ジェルマン大通りのカフェ〈ラ・リュムリー〉のテラスでアロンはボーヴォワールとサルトルに、ドイツ軍空襲下のロンドンの暮らしはどんなものだったかを語る。ボーヴォワールは「わたしたちのものでありながら、真相を実は知らなかった歴史的な出来事」について知る。「生き延びたことが恥ずかしく思われて、わたしたちの生きる歓びは宥められた」[4]。

「粛清し損なう国は、修復し損じる」とアルベール・カミュは社説で警告した。三十五歳の反ユダヤ主義作家ロベール・ブラジヤックが死刑を宣告されたと知り、カミュは深く動揺する。新聞やラジオの主役たちが処刑されてはいても、小説家が死刑宣告を受けたことはなかった。カミュはポール・ヴァレリー、ジャン・ポーラン、ジャン・コクトー、ヴラマンク、そしてコレット等と共に、ド・ゴールにブラジヤックの恩赦を求める請願書に署名した。しかしド・ゴールでさえ、ときには共産党の要求に譲歩せざるをえない。共産党は自らの払った犠牲への応報として、対独協力者五千人の首を要求した。ブラジヤックの首もそこに含まれる。フランス人の多くにとって、カトリック教徒、社会主義者、ド・ゴール派よりも多くの血を流した共産党——この伝説自体、共産党が巧みに世に広めたものかもしれない——の道徳的な優位は揺るがない。共産党は「銃殺された七万五千人の党」[5]を自称した。無論これは露骨な誇張だが[6]、歴史家がようやくその真偽を質すまでになお数十年の時を要する。一九四五年二月六日、ロベール・ブラジヤックは首に赤いスカーフを巻き、内ポケットに母親の写真を収めて、十二名からなる銃殺隊の前でいささかも怯まない。銃を発射しようとする若い兵士たちに「勇気を出せ!」と励ましの声をかけ、最初の弾が胸を撃つと同時に残る力を振り絞り「フランス万歳!」と叫んだ。

ボーヴォワールはブラジヤックの裁判を傍聴したが、友人のカミュとは異なり、恩赦を求める請願書に署名しなかった。彼女にはブラジヤックのような対独協力者に密告され、未だにドイツから戻らない友人があまりに多くあった。ボーヴォワールには許す気力も情もなかった。戦争中、ブラジヤックは著述を通じ一貫して、人々を処刑せよ、射殺せよと訴えた。自ら他者に願ったばかりか、じつに効率よく奨励した罰であるなら、本人も受けて当然ではないか[7]。ボーヴォワールにとってブラジヤックは犠牲者ではなく、処刑者だった。ブラジヤックに死刑を宣告するのは決して非人道的ではなく、公平な裁きだった。ド・ゴールは回顧録でこの事例について考えを巡らせ、ブラジヤックの才能が事態をさらに悪化させたと記す。才能があればそれだけ重い責任を負わされる、というのである。

哲学者－派遣記者

サルトルに背中を押され、ボーヴォワールもきっぱり教職を辞す決心を固めた。三十六歳にして長年の夢だった専業作家の道を歩み始めたボーヴォワールだったが、一抹の寂しさは否めない。カミュは「ちびボスト」を「コンバ」紙の取材要員として東部戦線に派遣したばかりでなく、ボーヴォワールとサルトルのかつての教え子ほぼ全員を一本釣りして、「コンバ」紙に記事を書かせたからである。「朝が来て、新聞を開くと、まるでわたし宛ての私信を読んでいるような気がした」[8]。

サルトルそのひとに「コンバ」紙のために五か月のアメリカ取材旅行に行かないかと持ちかけたとき、カミュはさらに上を狙っていた。アメリカ国務省はフランスの作家と記者十二名を合衆国に公式に招待し、「相互理解を深め」、新たな友人を作ろうと目論んだ。カミュはある朝、サルトルをカフェ・ド・フロールに呼び出す。「『コンバ』紙を代表して参加してみませんか?」サルトルは飛び上がらんばかりに喜んだ。「あんなに嬉しそうな姿は見たことがない」[9]と後年ボーヴォワールは記す。「わたしたちはアメリカ文学、ジャズ、映画で育った」。その後、カミュはボーヴォワールにもポルトガルとスペインを二か月旅して記事を書く機会を提供した。

フランスの報道機関は単に事実を伝えるよりも世界を理解し、世界に影響をおよぼそうと努め、以降これが最大の強みともなれば弱みともなり、愉快にかつ悪辣に党派性に傾く。レジスタンスの活動家で小説家、詩人のルイ・アラゴンが編集長を務める「ス・ソワール」紙のような共産党系の新聞、そして共産党の機関紙「ユマニテ」は全力を挙げて自らのイデオロギーを世に広めようと努め、自らと考え方を異にする者たちに攻撃を仕掛ける。カミュ、サルトル、ボーヴォワールもその槍玉に上がった。

カミュに続いて、多くの作家、哲学者がジャーナリストになった。フランスの新聞雑誌は単なる報告よりも、筆者の立場を明確に表明した記事で満たされる。それによってニュースはきわめて政治的、知的、理性的、文学的、ときに私的なものとなり、パリ市民はこれを歓迎した。紙不足のために紙面は一枚に限られても、そのわずかなスペースの中で筆者はまっすぐ核心を衝く。戦争中、生命を賭して国民に実情を伝えようとしたレジスタンス活動家の執筆記事がほとんどだったため、フランスの新聞雑誌は国内はもとより国外でも高く評価された。「今日の『コンバ』紙にカミュの書いた記事にはどれも深い意味が刻まれている」とジャネット・フラナーは記す。「新共和国は旧共和国にはないもの、腐敗し硬直したフランスには目新しいきわめて知的、勇敢、そして門外漢による新聞雑誌を伴って出発した。これらのみ、レジスタンスのスローガン『硬派』の名に恥じない。たしかに硬派であり、純粋だった」[10]。

アルベール・カミュの論説と党派性の鮮明な報道記事には惹きつけられる読者も多ければ、憤慨した読者の数もそれに優るとも劣らない。大勢をひっくるめて全員が同じ意見に思える「我々」を用いて、カミュはこのような文章を書く。「我々は何を欲したか？　毅然として、先見の明があり、品位のある新聞雑誌である」。カミュにとって報道は中立ではありえず、中立を標榜すべきでない。「批判的な分析を経ずに情報を伝えてはならない」。カミュは傘下の記者に独自の論調と文体を求めた。意見を表明する記事と現地報告を区別するのはよい。ただし、客観性は存在しないと知るべきである。カミュにとって、記者は日々の歴史家以外の何者でもない。「コンバ」紙創刊後の数週間に、カミュは記者の面々に明確な倫理的、道徳的基準を示す。[11] カミュはいまやマルクス主義を拒絶する。カミュがフランスのために望んだのは集産主義的経済とリベラルな政策の両方だった。カミュはしかし、このふたつの仕組みがどうすれば両立するかは説明しなかった。

エディット・トマも報道に肩入れした。トマは同志からフランスの女性読者層向けの共産党系週刊誌「ファム・フランセーズ（フランス女性）」の編集長に就任を求められた。よき闘士であったトマは、新たな任務も無言で受け入れる。しかし日記に明かした本心を覗けば、男女が別々の出版物を読むのも、別々の話を聞かされるのも正しいと思わなかったことがわかる。共産主義者として、レジスタンスの活動家として、トマには男女の性による区別は旧式、そして女性蔑視としか思えない。仕事を始めるにあたり、トマは政治的傾向がどうであれ、優れた書き手を雇い始める。トマはガリマール社の小さな執務室に復帰したジャン・ポーランに、書評担当者を推薦してもらえないかと依頼した。ポーランの返事は「ドミニク・オーリーがうってつけ」。一九四四年秋、三十七歳のオーリーはガリマール社の編集委員会のメンバーだった。作家としての主な関心は宗教史と十七世紀の詩。ジャン・ポーランと同じく、サド侯爵の熱心な読者でもあった。控え目な佇まいのオーリーはポーランと同じく、しかしトマとは異なり、肚の底から反共主義者だった。才能があるのなら、トマにその点の拘りはない。オーリーには才能があった。トマはオーリーに雑誌の文芸時評を任せる。雑誌の編集委員会には付和雷同の輩も多く、共産党のお偉方の夫人たち、報道のいろはも知らない面々は、トマの寄せ集め的な編集方針を血眼になって批判した。「あまりに凡庸、あまりに疑り深く、あまりに嘘が多い」[12]。湿って冷えこむ十二月のある晩、トマは日記にこう書き入れる。翌日、トマは辞表を提出し、即座にレジスタンスの編集する非共産党系の「ル・パリジャン・リベレ」紙に雇われる。それでもトマはオーリーとの連絡は絶やさない。オーリーもトマに同調し、同日「ファム・フランセーズ」の職を辞す。

数週間後に迫るサルトルのニューヨーク旅行とボーヴォワールのポルトガル・スペイン旅行の仕度に大わらわなのを除くと、一九四四年のクリスマスはふたりのサークルにとってやや退屈な感は否めず、カミュのアパルトマンで開かれた大晦日のパーティーもいつになく静かに過ぎていった。カミュ夫人、美貌のフランシーヌがようやくアルジェから戻ったけれども、夫婦間の雲行きは怪しい。カミュはマリア・カザレスと熱烈な恋愛中で、別れるつもりは毛頭ない。サルトルは酒量が増え、フランシーヌは午前二時までピアノでバッハを弾き続けた。パーティーもそろそろお開きという頃、カミュが温かい笑みを浮かべ、赤黒二色の表紙の本を手にボーヴォワールに歩み寄った。カミュはボーヴォワールにアーサー・ケストラーの『真昼の暗黒』を読んでほしいという。一九四〇年にアメリカで刊行されたが、フランスではまだ出版されていなかった。新年の初日がカーテン越しに洩れ入るオテル・ラ・ルイジアーヌの部屋に戻り、ボーヴォワールはケストラーの本をベッド脇の小さなテーブルに置く。数時間の睡眠の後、ボーヴォワールは読み始め、「最後の一ページにたどり着くまで、一度も本を置くことはなかった。一気に読み通した」[13]。

帰還

一九四四年から翌四五年にかけての冬、亡命生活を切り上げてパリに戻った人々の中にサミュエル・ベケットとジャネット・フラナーの姿があった。フラナーはA・J・リーブリングから「ニューヨーカー」誌パリ特派員の業務を引き継ぐことになったが、戦前の二十年間この職にあったことを考えれば、復帰したというのが正確だろう。サミュエル・ベケットとパートナーのシュザンヌはファヴォリット通りのアパルトマンの扉を開いたとき、心に恐れと憧れが交錯するのを覚えた。ゲシュタポの追手を逃れ、あたふたとパリの住まいから逃げ出した日から数えて、四年もの長い年月が流れた。驚くことでもないが、部屋には誰かが押し入った形跡があり、家具がいくつか、身の回りの物、調理器具などが盗まれていた。この光景を目の当たりにして気が滅入り、ベケットとシュザンヌはグランド・ショミエール通り九番地のオテル・リベリアに部屋を取る。ホテルは美術学校の隣、ベケットの贔屓するレストラン・ワジャの真向かいにあった。

ジャネット・フラナーもホテル住まいを選び、外国特派員仲間と共にオテル・スクリーブに投宿した。毎朝八時から十時の間は熱い湯の出る風呂に入れるとわかれば、それだけでもしばらく滞在する気になる。到着の翌日、偶然行き合ったアーネスト・ヘミングウェイから、別れた愛人ノエリーヌにジャネットの新しいイタリア人の恋人の話をしたと打ち明けられる。[14] 以前は彫刻のように立派な体格だった金髪のノエリーヌが、すっかり窶れて今では見る影もないという。戦争がノエリーヌの容姿を蝕んだ。後悔の念に苛まれ、ジャネットは週に三晩はノエリーヌと過ごすことにする。

パリは雨ばかり、寒く泥濘み、飢えている。ジャネット・フラナーがレミントン社の古いタイプライターを叩いて記したように、「解放に養われ、国がふたたび盛んに活動し始めてほっとしても、パリは依然として、市民の身体を考えれば、もっぱら野菜で食いつなぎ、暖房はないに等しい」。[15] 三人家族が配給を受ける一週間分の食糧は精肉半ポンド（二二〇グラム）、バター五分の三ポンド（二七〇グラム）、ソーセージ三分の一ポンド（一五〇グラム）にすぎない。これでは、十一月に開かれた諮問評議会でド・ゴール内閣に対する攻撃が高尚な政策ではなく、物資の不足に集中したのも当然だろう。八十万人のとくに有能なフランスの工場労働者は今もドイツで奴隷労働を強いられ、操業を開始したものの働き手を欠く工場に戻れない。パリでは十指を越す地下鉄駅が電力の供給不足のために閉鎖されたままで、家庭用ガスの使用は昼食時九十分、夕食時一時間に限定されていた。ということは、大麦を焦がした粗悪な代用コーヒーを飲もうにも、朝にはそれを温めるガスもなく、そのため誰もが「プティ・ノワール」(小さなカップ入りエスプレッソ)を一杯やりに朝からカフェに通うことになった。一九四四年十二月、パリ市民はオーバーにくるまり、パースニップとニンジンのシチューをすすって飢えをしのいだ。まとまった量、手に入る野菜はこれしかなかったのである。

オテル・スクリーブのレストランを利用できる一握りの幸運な人々の状況は、これと比べてずっとましだった。オランダから帰国したばかりのジャック゠ローラン・ボストは、従軍記者の特権を利してボーヴォワールをオテル・スクリーブの昼食に招待する。メニューは新鮮な卵、白いパン、ジャム、そしてスパム[16]。たいへんなご馳走である。ボーヴォワールは黄金並みに貴重な砂糖をこっそりポケットに詰め込んだ。オテル・スクリーブの食堂で昼食をとるほかはベッドで本を読み、愛を交わして長い時間を過ごし、隣席の客と肩をぶつけ合いながらカフェに居座り、夜にはいつもよりほんの少し多めに酒を飲むのが一九四五年初めの何か月か、暖をとり飢えをしのぐ最良の方法となる。パリ市民がこれほどの寒さと飢えに苦しむのは、一八七〇年に普仏戦争のパリ攻囲戦で祖父母がドブネズミやイエネズミ、猫まで食べてかろうじて生き延びたとき以来だった。パリの街頭は雪に埋もれる。スキー用の服があれば、それがパジャマに代わり寝間着になった。

パリ市民はこれとはまた種類の異なる国外追放者の里帰りを待ちわびる。初春、連合軍はライン川を渡った。怒濤の進撃が続く。各地の強制収容所の多くを解放するのも時間の問題だった。捕虜が徐々に帰還し、その後を追うように国外追放者の帰国も始まる。一九四五年四月二十二日、ジャネット・フラナーはオペラ駅から地下鉄に乗り、リヨン駅に向かった。フラナーは女性捕虜の第一陣が後刻、列車で到着するとの報告を受けていた。その数三百名、フランス国内に留置中のドイツ人女性との交換が条件だった。女性たちはベルリンの北八十キロのラーフェンスブリュックの収容所に囚われていた。パリ市民にその名は馴染みが薄くとも、フラナーはぴんと来た。ライラックなど春らしい花束を手に、おずおずと微笑みを浮かべて愛するひとの帰りを待つ群衆の中に、フラナーも混じりその時を待つ。数メートル手前で憲兵が群衆を規制するプラットフォームの入口に立つのはシャルル・ド・ゴール。ただひとり威厳をもって立つその姿は、卑怯なヴィシー政権のフランスに裏切られたすべての人々の帰郷を歓迎する英雄的な自由フランスを象徴し、見る者の胸を打った。ド・ゴール自身の姪、二十四歳のジュヌヴィエーヴ・ド・ゴールも一九四〇年に休戦協定が調印されるや直ちにレジスタンスに加わり、一九四四年にラーフェンスブリュック収容所に拘禁されたが、この日の列車には乗車していない。ド・ゴールにわかっているのは、姪が生きているということだけだった。列車が速度を緩め、車体を軋ませながら停車するのを見つめながら、ジャネット・フラナーは腕時計に目をやった。時刻は午前十一時ちょうど。

女たちが列車の窓から身を乗り出している。その顔を見て、プラットフォームに入ることを許された群衆は、恐怖とおぞましさに凍りついた。女たちの身体には灰緑色の暈がかかり、目という目が赤茶色の隈で縁取られている。その目はしかも見たものを心に伝えないように思われる。ド・ゴールが女たちの列に歩み寄り、握手を交わし始めた。群衆もうちひしがれた哀れな女たちの中に愛するひとの姿を求めて、移動する。「歓びはほとんどなかった。感情がそれを通り越し、たどり着いたところは苦痛に近い」[17]。ド・ゴールはラーフェンスブリュックの収容所長が、見栄えがよいという理由からこの三百人を慎重に選んだことを知っていた。車中で息絶えた者十一名。「力ない手からライラックの花が落ち、プラットフォームに紫の絨毯となって広がると、踏みつぶされた花の薫りが病と汚れの異臭と入り混じる」[18]。女たちの多くは赤痢に罹り、発疹チフスを媒介するシラミで覆われていた。

この痛ましい帰還が、その後も長く続く里帰りの先駆けとなった。連合軍と赤軍により各地の強制収容所の解放が次々と開放されようとするなか、自由世界はホロコーストの真相を突きつけられ、前代未聞のおぞましさに圧倒される日が近づいた。ボーヴォワールとピカソは一日として、行方知れずになった多くの親しい友を思わずに過ごしたことはない。サミュエル・ベケットの親友アルフレッド・ペロンは強制収容所暮らしを生き延び、今は赤十字の保護の下、マウトハウゼンからスイスに移送される途上にあった。五月一日、ペロンは憔悴の果てに息絶える。

ド・ゴール派の政権は、オルセー駅[19]の収容施設ではこの事業に対応しきれないとすぐさま見切りをつける。帰国する国外追放者の健康状態はあまりに悪く、憔悴しきり、頭も混乱しているため、特別な収容、宿泊施設が必要だった。ド・ゴールは左岸の高級ホテル五か所を徴用する。そのひとつが戦時中ドイツ国防軍諜報部に占有されたアール・ヌーヴォー様式の豪華な館、サン＝ジェルマン＝デ＝プレのオテル・リュテシアだった。三百五十の客室に計一千台のベッドが運び込まれ、ドイツから帰国したばかりの帰還者を迎え入れることになった。時間外勤務を厭わない医師と看護師に加え、レジスタンス諸派、ボーイスカウト、青年組織がボランティアとしてオテル・リュテシアに詰め、昼夜を分かたず帰国した国外追放者の支援にあたる。ときには一度に二千名もの帰還者を載せた大型バスが深夜に到着することもあった。とくに健康状態のよい人々は登録をし、質問に答え、医師の診察を受け、このために用途変更された近所のパン屋でDDTを噴霧された後、部屋に案内され、休むことができた。衰弱の激しい者には十代のボランティアが付き添い、バスからそのまま部屋のベッドに連れていった。その後、帰還者は何年も飢え続けた肉体が堪えられるだけの少量から始め、綿密に立案された計画どおり食餌を与えられる。なかには感染力の強い病に冒された者もあった。帰還者の衣服の処理にあたったホテルの客室係と十代のボランティアがそれぞれひとり、発疹チフスに罹り亡くなった。

十八歳のジュリエット・グレコはボランティアとして帰還者の支援にはあたらなかったけれども、多くのパリ市民と同様、四月の終わりから夏にかけて、三年前にゲシュタポに捕らえられたまま行方知れずの母と姉シャルロットがひょっとすると見つかるかもしれないとの一縷の希望にすがり、連日オテル・リュテシアに通いつめた。ボーヴォワールも国外追放されドイツに送られたかつての教え子や友人の消息を求めて、リュテシアに足を運んだ。あまりに多くが彼の地で生命を落とし、あるいは旅の負担に耐えきれず、帰国の途上、息絶えた。ボーヴォワールの恋人「ちびボスト」は収容所の解放に立ち会い報告書を作成するため前線に復帰し、アメリカ軍にわずか一時間遅れてダッハウ強制収容所に入った。ボーヴォワールに宛てた手紙に、ボストは報告できなかったと記している。タイプライターに向かったが、全身が麻痺して動かない。「またしても、生きているのが恥ずかしく思えた。死がぼくらにつきまとい、自分に嫌気がさし、こう思った。死なない者は、受け入れがたきを受け入れるのだと[20]」。

ある日の午後、ついにジュリエット・グレコはオテル・リュテシアに収容された群衆の中に姉と母がいるのを見つけた。三人とも、一言も口を利かない。ジュリエットはシャルロットの手をとり、セルヴァンドニ通り十六番地のホテルの四階にある小さな自分の部屋に連れていった。母親の世話は家族ぐるみで付き合いのある友人たちが引き受けてくれた。「初めの何週間か、姉には子猫にやるように、ミルクとほんの少しだけ食べ物を食べさせたのよ[21]」。アメリカ軍の兵士たちがダッハウ強制収容所を解放したとき、良かれと思ってパン、ソーセージ、スパムを囚人に配ったが、それを食べた直後に囚人たちは死んだという話をグレコは聞いていた。一度失った自由と人生、その歓びにふたたび慣れるのには長い時間がかかる。

五年ぶりの自由な春

一九四五年四月、降り注ぐ最初の陽光が新しい春、五年ぶりの自由な春の到来を告げた。カフェのテラスに腰を落ち着けたパリ市民は、頬に射す太陽の温もりを感じることができた。四月には目が眩む、ポルトガルとスペインの旅から帰ったシモーヌ・ド・ボーヴォワールはこう記す。ボーヴォワールは何十キロもの食料——ハム、チョリソ、アルガルヴェ地方のケーキ、べとつく砂糖、卵、紅茶、本物のコーヒー、本物のチョコレート——を旅行鞄に詰めて持ち帰り、それを友人、恋人、見ず知らずの人々に気前よく振る舞った。ボーヴォワールは衣服もたくさん買い込んだ。民俗調のセーター、スペインのスカーフ、そしてポルトガルのファロで手に入れた多色織りの漁師用シャツはカミュ、「ちびボスト」、そしてロシア生まれの三十歳、才能溢れる役者、現在の恋人ミシェル・ヴィトルド用に三着ある。とっておきは自分自身のために買ったクレープ底の茶色の靴。街でよくひとに呼びとめられるのは、素性を知られてのことではなく、その素敵な靴をどこで見つけたのか教えてほしいと乞われるためだった[22]。

アメリカ映画がパリの映画館でも上映されるようになった。ハワード・ホークスが一九四〇年に監督したケイリー・グラント、ロザリンド・ラッセル主演のロマンティック・コメディ『ヒズ・ガール・フライデー』を観て、多くのパリ市民は少なくともその宵だけは微笑みを取り戻した。しかしすべての人を心底感動させたのは三時間の叙事詩、ジャック・プレヴェール脚本、マルセル・カルネ監督、アルレッティ、ピエール・ブラッスール、そしてフランス演劇界からデビューした新進スター、ジャン＝ルイ・バローとマリア・カザレス出演の『天井桟敷の人々』だった。この映画の制作過程と筋立てはフランスが耐え忍び、今も直面する倫理観の葛藤を見事なまでに体現した。

プレヴェールは主人公ガランス役を、恥ずべき情事の発覚後もフランス映画界最大のスターの座を譲らないアルレッティのために書いた。ガランスとアルレッティは一心同体、パリ市民の典型だった。芯が強く独立心旺盛、機知に富み、不遜、謎めいて男心を惑わし、笑い声は周囲に飛び火し、人生を愛し、人生から愛される女。プレヴェールの台詞はたちまち人々の口の端に上り、歴史に残るものとなった。ある場面で、ガランスは自分に恋い焦がれるパントマイム役者バティストにこう告げる。「わたしはこれだけの女。愛してくれる男を愛するの。それだけよ。いいわと言いたいときに、どうしたらいいえと言えますか、わたしにはわからない」。この映画が観客の心をそれほど強く揺さぶったのは、フランス人のじつに多くが感じる激しい倫理的動揺がそっくりそのまま描かれたからだった。ガランスとアルレッティにフランスの隠喩を見るのはじつにたやすい。心は純粋、貞節であり続けたとしても、あまりに軽々しく男に身を委ねる女。アルレッティが敵と情を交わして逮捕されたとは、なんとも皮肉なこと。持ち前の図太さを発揮して、アルレッティは尋問するレジスタンスの若い活動家にこう言い放つ。「わたしの心はフランスのものでも、わたしのあそこはね、どこの国のものでもないの！」

フランス国民は一九四五年四月のルーズヴェルト大統領の死去を、近年の自国のどの指導者の死よりもよほど身近に感じ、悲嘆に暮れた。カフェのウェイトレスがルーズヴェルトの死は「人類全体にとって困ったことですね」と言うのを聞き、ジャネット・フラナーは「無心の神々しさに触れる」思いがした。[23] パリの新聞はアメリカ大統領に厳粛な讃辞、真摯な絶賛を送り、フランス人らしく勇ましい見出しを掲げて追悼する。「ルーズヴェルト万歳！」（「リベラシオン＝シュッド」紙）、「アメリカ政治の命運を定めた偉大な声が沈黙した。しかしその谺はフランス国民の魂に響き続ける」（「ル・モンド」紙）。

ふたつの出来事が市民の気分をかなり明るくする。四月三十日にヒトラーが死亡したのに続き、一週間後にドイツが無条件降伏するとパリの街頭で歓喜の渦が巻き起こる。ジャネット・フラナーを含め、一九四四年八月のパリ解放の日の盛り上がりに立ち会う幸運を逃した誰もが、戦勝記念日の祝賀を存分に堪能しようと意気込んだ。ジャネット・フラナーにとってそれは、いったん遅れをとった歴史の流れに追いつくことであり、フランスの家族との再会を意味した。

フラナーはまずコンコルド広場に赴いた。「話し声のざわめきと摺り足の靴音に平和を祈る教会の鐘の轟音まで埋もれ、廃兵院の大砲さえ、片時も休む間もなく耳元で鳴る足と舌の騒音にかき消された」。ボーヴォワールと十人余りの友人たちもその場に居合わせた。ボーヴォワールのサークルではふたりの不在が目立つ。サルトルはまだアメリカ、ボストはまだドイツにいた。「コンコルド駅で地下鉄を下りた。群衆が潮のように流れ、歩くのもおぼつかない。実際、人波に運ばれた。潮の流れはどうやらオペラ座に向かうようだった」[24]。三色旗が風に舞い、どの街角からも「ラ・マルセイエーズ」の歌声が聞こえる。

ボーヴォワールと友人たちは、ジャネット・フラナーの滞在するスクリーブ通り一番地のホテルの部屋の窓の真下を通り過ぎた。自分の観測地点から、フラナーはその日遅く、パリ市民が「大通りの縁石から縁石まで埋めつくす」のを見た。家に残るわずかばかりの食料を持参して、つましいピクニックと洒落る者もあったが、行進するパリ市民の大半はもっぱら「大気と感動」を糧にその日を生きた。フランス生まれのソプラノ歌手リリー・ポンス[25]がその夜、群衆のためにオペラ座のバルコニーからフランス国家を歌ったが、フラナーとボーヴォワールの日記は言及しない。一九三一年からニューヨーク・メトロポリタン歌劇場のスターの座にあったリリー・ポンスは、一九四二年十二月にドニゼッティの歌劇『連隊の娘』の公演中、ロレーヌ十字のついた旗を振り、「ラ・マルセイエーズ」を歌ってニューヨーク市民に深い感銘を与えた。ポンスはマレーネ・ディートリヒと並び、一九四四年は丸一年仕事を投げ打ち、フランス、ヨーロッパ、中東を巡って連合軍部隊の慰問に尽力した一握りの芸術家の中に数えられる。

その日の印象を書き留めた後、フラナーは深夜、ふたたび外出しシャンゼリゼに向かった。群衆は疎らになり、残るは若者ばかり、「少年少女の長い列が腕を高く挙げ手を繋ぐ様は、夢遊病の紙人形の長い列を思わせた」[26]。昼も夜も、若者が主役を張る。「それは一九一八年に若者だった両親の知るはずもない素敵な自由を手に、平和を謳歌し、自由に振る舞う戦後の新世代だった」[27]。自分よりずっと年下の仲間を眺めて、ボーヴォワールはこう記す。「戦争は終わってもまだわたしたちの腕の中に図体の大きな厄介な屍のように居座って、どこにもそれを埋める場所が見つからない」[28]。

翌朝、ボーヴォワールはベッドから起き出す前に、床に広げた新聞各紙にじっくり目を通した。今では歴史的と呼べる日付の新聞を、ボーヴォワールはそれまでにも欠かさず買い求めてきた。「パリ・ヘラルド・トリビューン」が「勝利」の一語を大見出しに選んだのに対し、フランスの新聞は仇敵ナチの終焉に焦点を絞る。ド・ゴール派の「レ・ヌーヴェル・デュ・マタン（毎朝新報）」は一面いっぱいにフランスの象徴、翼を広げ月桂樹と連合軍旗を手にする女性の絵を掲載し、その上に「戦争は終わった」と見出しを添えた。諷刺好きな週刊誌「ル・カナール・アンシェネ（鎖につながれた鴨）」は勝利を祝うのにもヒトラーの漫画を持ち出さずにはいられない。死んだヒトラーは天国の門に向かい、神の胸にダビデの星をピン留めして「新秩序」の建設に取りかかろうとする。

異種交配

戦争が終わると、自由を取り戻した世界を旅し、発見し、理解し、愛おしみたいという意欲に突き動かされ、外国の芸術家、作家が続々とパリにやってきた。あらゆる境界を乗り越え、哲学と報道、多様な国籍の知識人、多様な分野の芸術家が結びつき、異種交配が始まる。「カイエ・ダール」誌を創刊した美術書の編集者クリスチャン・ゼルヴォスは、雑誌の再出発を華々しく飾りたかった。表紙に載せる二通りの作品を提供しようと一度は約束したピカソだったが、[29]このところまたしらばくれてやきもきさせる。それにもめげず、ゼルヴォスはドラゴン通り十四番地の編集室兼画廊で少しずつ準備を進めた。畑違いの、それも才能はあってもまだ無名の筆者に記事や評論を依頼するのがゼルヴォスは得意で、それが強みにもなる。この頃ゼルヴォスはオランダの画家ふたり、ブラムとヘールのファン・フェルデ兄弟に興味を持ち、アイルランド人のサミュエル・ベケットという作家にこのふたりについて何か書いてもらうことにした。ベケットはやり甲斐のある新しい仕事が気に入り、ファン・フェルデ兄弟の絵、とりわけブラムの絵に魅入られる。ベケットより十一歳年長のブラム・ファン・フェルデは「展覧会を催す組織からの支援がまったくない点は出版社からの支援がまったくないベケットと同等、成功からほど遠い点でもベケットに引けをとらない画家」[30]。ベケットとブラムは長身、痩身、骨張って無口なところまでそっくりだった。兄弟はエドゥアール・ローブの画廊とマーグ画廊で作品を展示していて、ゼルヴォスはふたりの絵に世間の関心を集めたい、それが無理なら少なくとも好事家の興味は惹きたいと願った。ベケットはエッセイを「ファン・フェルデ兄弟の絵画、または世界とズボン」[31]と題する。このタイトルは一九五七年の戯曲『勝負の終わり』でもベケットが使う冗談、七日間で世界を作った神の拙い手際を、それよりやや時間をかけても非の打ち所のないズボンを縫い上げた自分の腕前と比べて貶す仕立屋の話に関わる。

美術評論とは似ても似つかない美術評論を、ベケットはこう書き起こす。「まず、それはさておき」。さて、何について話すのだろう。美術愛好家の疑問、美術評論家の誤謬についてである。「絵はない、カンヴァスだけがある。そして、そうしたカンヴァスは、ソーセージではない以上、良くもなければ悪くもない」とベケットは書き、こう付け加える。「絵について知ることができるのは、どれくらいその絵が好きかということであり、それからたぶん、もし絵に興味が湧けば、なぜその絵が好きかということである」。ベケットにしては珍しくこのエッセイでは政治にも言及し、ファン・フェルデ兄弟は絵画よりも人間のありように興味があると記す。

アンリ・カルティエ゠ブレッソンはサン゠ジェルマン大通りを歩いていたところ、ゼルヴォスの画廊からベケットが出てくるのに気づき、「いい顔、おかしな歩き方」を記憶にとどめる。[32]カルティエ゠ブレッソンは仲間の従軍記者や写真家のようにドイツに行く勇気も度胸もなかった。パリ解放に際しては「戦場記者」の役を演じる巡り合わせになったけれども、前線に行きたいと思ったことはない。カルティエ゠ブレッソンは自分を仲間のような「被災地域の観光客」とも「窃視趣味の貴族」とも見なさない。[33]戦争そのものにそれほど興味がなかったのである。一九四五年、カルティエ゠ブレッソンはパリで歴史を作りつつあるか、あるいはまもなく歴史を作るであろう人々の顔に注目した。ジャン・ポーラン、エディット・ピアフ、シモーヌ・ド・ボーヴォワール、クリスチャン・ディオール、ポール・エリュアール、パブロ・ピカソ、そしてイーゴリ・ストラヴィンスキー等々である。カルティエ゠ブレッソン自身まだ三十七歳の若さながら、まもなく大見出しを飾ることになる。ニューヨーク近代美術館が数か月前に逝去したと勘違いし、回顧展を企画したのである。ところがカルティエ＝ブレッソンは存命、健康そのものとわかり、近代美術館は仰天したがなんとか立ち直り、企画続行を決断、一九四六年に回顧展を予定した。カルティエ＝ブレッソンの回顧展は数多いが、第一回目はこれである。さほどの歳ではないものの、一九三〇年代に世界各地を広く旅したおかげで、カルティエ＝ブレッソンはたいがいの芸術家よりも多くのものを目にし、撮影した経験豊富な写真家だった。メキシコでは黒人の詩人ラングストン・ヒューズと同じアパートに住み、メキシコ人女性グアダルーペ・セルバンテスと付き合った。ニューヨークではハーレム地区に暮らし、ポール・ボウルズと共同で部屋を借り、黒人女性とよい仲になった。どこに行っても風景と地元の住人に溶けこみ、どこでも写真を撮った。言い換えれば、ニューヨーク近代美術館は質量ともに豊富な作品群の中から、展覧会の出品作を選べたことになる。

世界最大のカメレオン画家ピカソ、人生を七回生きる男はまたしても自分自身と作品を作り替えようとしていた。見かけからして違う。お馴染みの黒髪を短く刈り込んだ。「今の自分でありながら昔の自分でもある、というわけにはいかない」[34]とピカソは、一九四五年五月十二日土曜日、旧友ブラッサイを迎えて挨拶代わりにこう言った。ピカソはこの頃、友達を「きみ」と呼ぶようになり、ときには「ぼくらはみな同じ年頃だろう、そうじゃないか？」[35]と説明をつけた。

戦争をさなぎ状態でなんとかやり過ごした若い芸術家たちは行動を起こし、創作を始める意欲満々、単に戦争に抵抗するばかりでなく、芸術の普遍性を標榜し続けた年長の芸術家に憧れた。二十一歳のダンサー、振付師のローラン・プティは三幕のバレエ『ランデヴー』の構想を携え、プレヴェールに面会を求める。プティはパリ・オペラ座バレエ団を退団して自前のバレエ団を結成したところで、自作の公演に最高の顔ぶれを揃えたかった。プレヴェールが筋立てを書き、ジョゼフ・コズマが作曲し、アントワーヌ・メイヨーが衣裳を手がけ（三人とも『天井桟敷の人々』の制作に参加した）、ピカソが巨大な緞帳をデザインし、ブラッサイにはモノクロ写真を巨大に引き伸ばした舞台装置を三つ作ってもらう。若者らしい性急さで、プティは全員に締め切りは三週間後と告げる。期限は守られた。六月十五日、《ランデヴー》の公演がサラ・ベルナール座で始まり、若いマリーナ・ド・ベルグが「世界で一番美しい少女」役を踊り、強烈な印象を与えた。平土間の前列にはよく知られた顔ぶれが多数揃った。カミュ、サルトル、ボーヴォワール、コクトー、そしてマレーネ・ディートリヒ全員が同じ列に並んだ。これは偶然ではない。ボーヴォワールの言うように、「わたしたちは初日や文化的な行事には、どんなことがあっても必ず出席することにしていた。そのとき、そこで私たちが顔を揃えること、政治的な信念に違いはあっても一堂に会することが、是が非でも維持したいと熱望する連帯の証になると考えた。オープニングやプレミアはわたしたちの示威行為になった」[36]。それもそのはず、公演が終わり、ベージュとモーヴで彩られたピカソの緞帳が降りると、喝采とブーイングと叫び声が等しい割合で鳴り響いた。「ピカソが一九四四年十月五日に共産党に入党して以来、彼の作品は非主流派の一部に対して牡牛の目の前で赤い布を振るのと同じ効果をもつようになった」[37]。ピカソが入党したのは信念に従うより友達の顔を立てるためだったが、その影響を受けた若い世代にも入党する者が現れた。悲劇役者を夢見るジュリエット・グレコも、フランスの何万もの若者と共に共産党青年部に入党した。グレコは党の公認する作家たちの作品に読み耽る。有能な者もあった。アラゴンは言うを俟たず、フェデリコ・ガルシア・ロルカ、サン＝ブノワ通りでときどき行き合うあの若い女性、マルグリット・デュラスもそのひとり。

サルトルはニューヨークでフランス大使館の文化参事官を務める文化人類学者クロード・レヴィ＝ストロースの友人、美貌のドロレス・ヴァネッティと知り合い、帰国の日程を延期する。ヴァネッティはイタリア人とエチオピア人を両親にもち、フランスで教育を受けた後、一九四〇年六月にアメリカ人の夫と共にフランスを逃れ、ニューヨークに渡った[38]。ヴァネッティと夫はフランスから亡命したアンドレ・ブルトン、フェルナン・レジェ、マックス・エルンストに加え、アレクサンダー・カルダー、マルセル・デュシャン、ジョン・ドス・パソス等とも親しく、サルトルはヴァネッティを通じてこうした面々全員と知り合うことになる。「ドロレスがわたしにアメリカを授けてくれた[39]」とサルトルはのちに記す。ドロレスの友人の中で、サルトルはとくにカルダーと気が合い、コネティカット州ロクスベリーのアトリエにも足を運んだ。サルトルはカルダーの作るモビールに夢中になり、カルダーはサルトルの機知と着想に魅了される。

カルダーは一九二〇年代後半から三〇年代初頭にかけて多感な時代を過ごしたパリを懐かしく思い、家族を連れてふたたびパリに赴き、そこで暮らすことを夢見ていた。パリで何かすることがあれば、夢が実現できる。サルトルにも手伝ってもらえるのではないか。マルセル・デュシャンが、友人ルイ・カレの画廊で個展をしてみてはどうかと持ちかけた。そうと決まれば話は早い。カルダーは運用が始まったばかりの国際航空便で送れる小品の制作に取りかかった。七月十六日、カルダーは三十七個のミニチュア・モビールを六つの小箱に分けて梱包し、ルイ・カレに検討してもらおうと送り出した。カレは興味をそそられ、デュシャンとカルダーにもっと作品を見たいと電報を送る。「サイズ、色を問わず、手持ちのモビール彫刻があれば喜んで展覧会を開こう[40]」。先を読んで、カルダーはカタログのエッセイをサルトルに書いてもらうのはどうかと提案すると、カレは「名案！」と返事をよこした。

カルダーの友人リチャード・ライトが家族を連れて一夏をモントリオールで過ごすため、ニューヨークを発とうとしていた。フランスのビザも申請済みだが、一向に返事がない。ライトは日記にこう記す。「モントリオールはわたしが行けるパリに一番近いところ」。ライトとエレン夫人はブルックリンで週二回フランス語を習い、覚えたての新しい外国語を使ってみたくてうずうずしていた。フランスの版元から続々と連絡が入る。アルバン・ミシェルが『アメリカの息子』と『アンクル・トムの子供たち』を出版することになっていて、ガリマールは『ブラック・ボーイ』を取り上げた。一年以内に三冊の著書がパリの書店に並ぶはず。そうなればかなり話題にもなり、大きな論議の的にもなるだろうとライトは期待した。自分の本がフランスの読者に好意的に受け入れられるのなら、作者の自分がパリに着けば大歓迎されるだろうとライトが考えるのも無理はない。

一九三九年七月十四日以来初となるパリ祭の祝賀は三日三晩続く。革命記念日はピカソの最も好む日だった。風景を滅多に描かないピカソでもこの日は特別、背景にノートルダム大聖堂と風に靡くフランスの国旗を配したセーヌ河岸をちっぽけなカンヴァスに描いた。「油彩画がとびきり小さいのを見て、米粒に見事な絵を描いた北斎を思った」[41]とブラッサイは日記に書き入れる。この週の初めに起きたもうひとつの出来事がピカソと多くのパリ市民の心を揺さぶった。ルーヴル美術館がついに七月十日、ひとこと「偉大な傑作」と題する戦後初の展覧会をもって、ふたたび門戸を開いたのである。各地の避難場所から、コレクションのすべてがようやくあるべき場所に戻った。一点たりとも損傷したものがないのは、ひとえに救助作戦の指揮を執ったジャック・ジョジャールと命懸けで作品を守り抜いた名もない数千の職員のおかげだった。

その三週間前、ルーヴル美術館の新館長に就任したジョルジュ・サールがジャック・ジョジャールをとある場所に招待した。高名な前任者に旧知のあるものと再会してもらいたいと考えてのことである。六月十七日日曜日、ふたりは美術館の保管庫に赴き、ルーヴル美術館の職員と美術史家、学芸員の総勢五名が厳重に警護する赤丸三個つきの白いポプラ材の箱の前に立った。全員が握手を交わす。ジョルジュ・サールがジャック・ジョジャールに目を向け、続いて学芸員ジェルマン・バザンに頷いて箱を開けるよう促した。ジョジャールはよく見えるように、しゃがみ込む。防水シートの層が慎重に取り除かれ、最後の一枚、アスベスト繊維を織った防火布の薄い一枚が現れる。ジェルマン・バザンはいったん作業の手を休め、サールとジョジャールを見やってから、布を裂いた。ジョジャールがふたたび頷く。《モナ・リザ》の顔がゆっくりと現れる。男たちは一言も口を利かない。聞こえるのは写真家ピエール・ジャアンがシャッターを切る音ばかり。ジャアンはほとんど彼らと彼女のまわりを踊るように移動し、撮影した歴史的な写真は直ちに全世界を駆け巡る。《ラ・ジョコンダ》がついに帰郷した。

裁かれる最後のひとりの反逆者

戦争に占領された歴史の一章を閉じる前に、パリ市民にはなすべきことがひとつ残っていた。国民全体を恥辱の淵に導いた八十九歳の同胞を裁かなければならない。その男の名はフィリップ・ペタン元帥。事の成り行きが劇的に、皮肉にかち合い、ペタンの裁判はシャルル・ド・ゴールが他界後まもないポール・ヴァレリーを、詩人としては一八八五年六月のヴィクトル・ユゴー以来初めて国葬に付すと決定したその日に始まった。パリに配属された外国特派員はふたりのフランス人、ともに偉人ながら一九四〇年にまったく異なる道を選んだふたりの偉人の記事を同時に書く羽目になる。軍人が醜行を選んだのに対し、詩人は地下のレジスタンス組織、そして同じ文人仲間の全国作家委員会に参加した。ペタンはヴィシーでパリの大学教授職からヴァレリーを追放し、ド・ゴールはヴァレリーを前職に復帰させた。

ジャネット・フラナー、アンヌ＝マリー・カザリス、アルベール・カミュはまもなく真夜中という頃合いに、大勢のパリ市民と共に黙して街頭に列をなした。ポール・ヴァレリーの亡骸は凱旋門にほど近いサン＝トノレ・デイロー教会から、軍楽隊のくぐもった太鼓の音と共に護送される。ヴァレリーの亡骸はトロカデロ広場とエッフェル塔の間に設けられた、松明の照らす棺台にフランス国旗に包まれ安置された。教え子に付き添われた詩人に、パリ市民は最後の別れを告げる。エッフェル塔の下から二台の投光照明器が夜通し巨大なVを照らし出した。Vはヴァレリーのｖ、勝利のＶである。全世界に向けてフランス文学の大使役を担い、デカルトの系譜に連なる伝統的なフランスのイメージを広めた偉人が、共和国によって神格化された。

ゆっくり寝る間もなく、ジャネット・フラナーはペタンの公判を取材するためシテ島のノートルダム大聖堂とサント＝シャペル教会（一二四〇年代に建立）の間に建つ裁判所に駆けつけた。フランスの裁判制度の風変わりな慣習と伝統衣裳にフラナーは戸惑い、慣れるまでに少々時間がかかる。「赤と黒の礼服は『不思議の国のアリス』の裁判風景を描いた絵札を思わせるが、パリの裁判には優しいユーモアもなければ目覚めの時も訪れない[42]」。法廷には六百人の傍聴席があるが、世界的な関心の高さに比べて、これではあまりに少なすぎる。フランス情報省は外国人記者には抽選で傍聴券を配布することにした。

裁判長は出廷したフランスの政治家全員にふたつの重要な質問への回答を求めた。「あなたはペタン元帥は反逆罪を犯したと考えるか、また反逆罪の内容は何か」。ジャネット・フラナーには「政界の大立者の証言すべての中で、レオン・ブルムのペタンに対する非難が最も知的で（複雑ではあったが）明快、曖昧さがなかった[43]」。ブルムの定義が最良だった。「確たる倫理観の不在がヴィシー政府の基礎にあり、それは反逆罪にあたる。反逆罪とは敵側への寝返りである[44]」。

裁判が最終局面に差しかかったころ、広島、長崎に原爆が投下されたというニュースがパリに届く。サルトルとボーヴォワールは慄然としたが、不快感を表すことはなかった。共産党系の新聞は日本の出来事にはほとんど関心を払わない。アルベール・カミュがフランスのジャーナリストとしてはただひとり、この出来事に対する激しい嫌悪を表明する。カミュは八月八日の「コンバ」紙の社説にこう記した。「世界はこれだけのもの、つまりさほどのものでもない……文明は今まさに野蛮の究極の段階に到達した……我々はまもなく集団自殺あるいは科学の知的利用の二者択一を迫られるだろう」。

八月十四日、ペタンの裁判が結審した当日、BBCは裁判所前の暴動を報じた。実際には、裁判所前のパリに、パリ市民は夏季大移動の習慣を再開することができ、首都を離れ、田舎や海辺に残る一族の根城に戻レ大通りは穏やかで、静まりかえっていた。例年の八月と同じ、静かなパリである。一九三九年以来久方ぶった。そして多くはラジオに耳を傾け、判決を待った。衆議一決までに七時間かかり、判決が出たのは午前四時、フランスはそれに満足したようだった。重大な反逆行為に対する判決は死刑。シャルル・ド・ゴールがそれを終身刑に減刑し、被告は大西洋の沖合二十キロに浮かぶユー島に送られることになった。

アレクサンダー・カルダーはパリでの個展に備え、ロクスベリーのアトリエで溶接作業中にトランジスター・ラジオから流れるニュースを聞き、いっとき手を休めてサルトルとパリの友人たちに思いを馳せた。フランスにはまだもう何人かペタンと同様、はるか遠くの島送りの刑に処すべき輩がいる。ド・ゴールがいてよかったとカルダーは思い、溶接の作業に戻った。アメリカ郵便局が設定した小包の寸法制限に後押しされる恰好で、カルダーはルイ・カレの画廊の個展用に、分解してパリ到着後に組み立てられる大作に着手していた。パリに行ける日が待ち遠しかった。[45]

Ⅱ

「現代《レ・タン・モデルヌ》」

一九四五年秋―一九四六年十二月

第5章　存在の哲学

第二次世界大戦は地上、人心の両面でついに終わった。一九四五年五月のヨーロッパ戦勝記念日の祝賀に続くペタン元帥の裁判と死刑判決、そして一九四五年八月の広島、長崎への原爆投下後の日本降伏により、多くの若者にとってまさに暗黒の五年間にまがりなりにも幕が下りた。戦争が終わっても、屍は残る。それを埋葬するところは、シモーヌ・ド・ボーヴォワールが痛切に感じたように、どこにもなかった。それでも遺骸を腑分けし理解すれば、戦争の過酷な試練に鍛えられた数世代はそこから学び、自らを解放し、生き生きとした暮らしに復帰できるのではないか。

自己満足やうやむやはもはや許されない。立場を明確にし、声を上げ、行動し、軽はずみで向こう見ずと思われる危険もあえて冒さなければならない。ひとは自らの暮らす社会、それを取り巻く世界と全力を尽くして取り組まなければならない。これは戦争から学んだ教訓だった。無関心が混沌を引き起こした。現実を澄んだ目で見つめ、変革する時が来た。人生、愛、思想を試し、因習をうっちゃり、自ら生まれ変わり、世界にふたたび歓びをもたらすこと、これがパリの若者の新たなモットーとなる。

一九四五年秋、パリは戦前より煤けていたが、灯火がふたたび点り、夜の賑わいは余所と比べようもない。ボーヴォワールの言う「同胞愛の狂宴」は持続したが、食料配給制も同じく継続された。ワインの配給が一人当たり月一リットルに減らされると、夜遊びはもっぱら自由のもたらす昂揚感と政治論議の熱気に煽られる。猟鳥の肉と鶏肉は店先に戻っても、値段は戦前の三倍にはね上がり、成り金しか手が出ない。

一九四五年秋、フランスに戦前以来初となる選挙が迫る。目的は明確。第三共和政と一八七五年憲法を廃止し、共和国を再建すること。第三共和政は一九四〇年七月にペタン元帥が権力の座に着くのを防げず、ナチに迎合するヴィシー政権により永遠に汚された。ペタン元帥が一九四〇年に自らをフランス国家の長と宣言したとき、第三共和政は事実上息の根を止められた。今こそフランス人がその亡骸を葬るときである。

「現代《レ・タン・モデルヌ》」

一九四五年九月、シモーヌ・ド・ボーヴォワールとジャン＝ポール・サルトルは教え子および友人グループと共に、自ら創刊した雑誌「レ・タン・モデルヌ」創刊号の仕上げを急ぎ、昼夜を分かたず編集作業に没頭した。雑誌創刊の構想を発表したのは一九四四年末、タイトルはチャップリンの映画『モダン・タイムズ』に因んでその仏訳を選び、記事の執筆は「コンバ」紙の編集に忙殺されるカミュを除き、ほぼ誰にでも依頼できた。共産主義者、カトリック教徒、ド・ゴール派、社会主義者。同窓生で進歩的な哲学者レーモン・アロン、マルクス主義者の現象学者メルロ＝ポンティ、民族学者で作家のミシェル・レリス、ガリマール社の頭領ジャン・ポーラン、パブロ・ピカソ（表紙とロゴのデザインを引き受けた）に加え、ジャック＝ローラン・ボストのように記事やアイデアを持ち込んでくる若い世代の書き手もいる。イギリスの作家フィリップ・トインビーがロンドン通信を寄稿することになり、編集委員会がとくに気に入った小説やエッセイについては単行本として世に問う前にまず雑誌に掲載、あるいは連載して、出版の可能性のある版元の反応を探ることになった。「レ・タン・モデルヌ」は新たなアイデアの実験室と才能発掘の場を兼ねたものになるだろう。ボーヴォワールはレジスタンスとして闘ったド・ゴール派の情報大臣ジャック・スーステルと接触を図り、用紙の割当を依頼した。

　ガリマール社が資金面の面倒を見るとともに、編集会議用の小部屋を提供することも了承した。創刊号は一九四五年十月一日発行と決まる。雑誌の長に推され、「社長さん」となったサルトルは、誰とでも会うのが大切と考えた。これこそ民主主義であり、開かれた議論の見本だろう。サルトルは会いたいという人があれば誰でも、毎週火曜日から金曜日の午後五時半から七時半まで、セバスチャン・ボタン通り五番地の雑誌の編集部に迎え入れると約束した。この公約は雑誌の巻頭に電話番号 Littré 28-91 を付して掲載された。この番号にかければ、編集部と連絡がつく。サルトルは「レ・タン・モデルヌ」の創刊号をあっさり「ドロレスに」捧げることにする。ボーヴォワールは瞬きひとつしない。

　サルトルは創刊号に「レ・タン・モデルヌ」[1]は何のために存在するかをはっきり宣言した。雑誌は自分たちの考えを広く、遠くへ伝えるメガホンとなるだろう。

　ブルジョワ出身の作家は誰でも無責任でいたいという誘惑に駆られる。私見を述べれば、コミューン以降の弾圧に対しフローベールは個人的に責任を負うと考える。フローベールは弾圧を止めるために、ただの一行も書かなかったからである。それは彼に関わる問題ではないというひとがあるかもしれない。ジャン・カラス裁判はヴォルテールに関わる問題だったか。ドレフュスの有罪宣告はゾラに関わる問題だったのか。「レ・タン・モデルヌ」に拠る我々は、この時勢に怯みたくない。我々の意図は、我々の生きる時代に影響をおよぼすことである。「レ・タン・モデルヌ」は旗幟を鮮明にする。[2]

論調は定まった。考え方は強く逞しく、書き方は恐れ知らずになるだろう。

創刊号はフランスでまもなく刊行される短編集の一篇から始まる。アメリカの黒人作家リチャード・ライト作『アンクル・トムの子供たち』の一編「火と雲」は「ニグロ」を登場させ、保守的なアメリカ南部の暴徒による私刑を描き、宗教を批判してフランスの読者に衝撃を与えた。「火と雲」は、才能ある新進作家をフランスの読者に紹介したばかりでなく、叙情的かつ暴力的な言い回しでアメリカの人種差別に光を当てた。マルセル・デュアメルの翻訳も素晴らしかった。これに続いて貧困、物価高騰、飢餓に関するレーモン・アロンの記事、戦時中の集団的精神疾患、戦争により誰の心にも不安がわだかまる現象を扱う心理学者の解説、ペタン裁判についてのレーモン・アロンの報告、ニューヨークで祝われたヨーロッパ戦勝記念日を報じるルポルタージュ、フィリップ・トインビーのロンドン便りが掲載された。創刊号を締めくくるのは「戦争の終わり」と題するサルトルの文章で、「平和は新たな始まりではあっても、我々は苦悩の中に生きる。戦争から平和に、我々はさまざまな段階、さまざまな変化を経て移行する。戦争は去り、誰もが身ひとつとなり、幻想は消え失せた。誰も自身を措いてほかに頼るあてはなく、それがおそらく戦争から生じた唯一の恵みかもしれない」[3]。

「レ・タン・モデルヌ」の創刊号はパリ、そして外国の読者に強烈な印象を残した。論調は独創的、ルポルタージュ記事は文学のように読め、立場は揺るぎなく、分析は挑発的だった。「レ・タン・モデルヌ」の悲観的なことに読者はショックを受けたが、そこには新しさもあった。自殺を生き方のひとつと認める一九二〇年代のニヒリズムとは異なり、今回の新しい悲観主義はそこまで受け身ではなく、しばしば迅速な行動にひとを駆り立てた。「レ・タン・モデルヌ」は誰であれ、読み手の心を豊かにした。彼らの心の平安をかき乱し、煽動しもした。[4]

「レ・タン・モデルヌ」が街角の売店に並ぶのに合わせて、ガリマール社はサルトルの新作、小説三部作『自由への道』の第一部『分別ざかり』と第二部『猶予』を刊行した。この小説は社会主義者の哲学教師マチューと友人たちを中心に展開し、彼らの人生はナチ占領下での行動（あるいは行動の欠如）によって見直しを迫られる。『他人の血』のボーヴォワール同様、サルトルも参加の問題、彼らの呼ぶアンガージュマンと取り組んだ。自由の本質を問うボーヴォワールの小説第二作『他人の血』は、これより二か月早く世に出ていた。恋仲だった教え子ナタリー・ソロキーヌに捧げられ、批評家から称賛された『他人の血』は、エレーヌとジャンの若い恋人同士が占領下で自身のため、周囲の人々のため、歴史の流れのために取る行動の結末を描く。ドイツ軍の占領に抵抗するか抵抗しないかが重要な問いとなり、そこでは何もしないことも抵抗と同様に究極の選択のように読み取れる。ボーヴォワールの考え方、感じ方はサルトルと同じ、ふたりは共に手を携え、「存在の哲学」と呼ぶ理論を深化させた。マスコミはそれとは異なる名をつける。「実存主義」である。若者たちはこれに殺到する。無神論は数ある中で、これこそが人間を彼らの人生、社会の中心に置いたからである。行動するかしないか、参加するかしないかの責任は彼らのものであり、ほかの誰のものでもない。言い訳は無用。人間は彼らの行なったこと、あるいは勇気が足らず行なえなかったことにより決まる。サルトルの哲学はジャズ、三文小説を含むアメリカ文学、たいがい見下される多種多様な大衆文化、性の実験、芸術の革新を通じて表現される新しい近代的な自由を提示した。これが若者たちの心を強く惹きつけた。

一九四五年十月のパリは、どこを歩いても書店の窓という窓にボーヴォワールとサルトルの最新小説が並べて飾られ、新聞雑誌を商う街角の売店では「レ・タン・モデルヌ」が売られた。この三つはカフェで、新聞で、ラジオで議論された。突然、徒然のカップルの話題から逃れる道はなくなった。

事実、わずか三号ほど刊行しただけで「レ・タン・モデルヌ」は「文学とジャーナリズムの境界を取り払った」ばかりでなく、「ヨーロッパ全土と北米の一部地域で、新鮮かつ刺激的との名声」[5]を博し、さらに重要なことには、活発な思考を促すとも評された。月に二度、日曜日の午後に開かれる編集会議はいまや参加者の誰もが最優先する日程となり、まもなくサルトルの新居に場所を移す。サルトルには十八年におよぶホテル暮らしをいよいよ切り上げる時が来たが、ボーヴォワールはこれからさらに二年間、ラ・ルイジアーヌを住まいとする。サルトルの母親アンヌ＝マリー・マンシーはその少し前に夫（サルトルにとってはどうにも折り合いの悪い義父）を亡くし、息子は母親と同居することにした。母親の見つけたアパルトマンはサン＝ジェルマン＝デ＝プレ広場の角に建ち、教会とカフェのレ・ドゥ・マゴの両方を見下ろすボナパルト通り四十二番地にあった。一九四六年五月十二日の朝、サルトルは茶色い革の旅行鞄を二つ下げ、オースマンによるパリ改造計画以前の典型的な砂岩造りの建物の四階に、少々息を切らしてようやくたどり着く。古くからサルトル家に仕えるアルザス出身の気のいい老女中ユージェニーが荷物の片づけを手伝ってくれた。部屋を見回し、サルトルは気に入った。広場を見下ろす南向きの居間を自分の書斎、編集室、寝室に選んだ。さほど広くはないが、隔週の編集会議を開けないこともない。いずれにしろ、狭いところに肩を寄せ合うのも悪くない。身体と身体の距離が近ければ、温もりを感じる。二つ目の窓のそばの奥まった一角に目をつけ、そこに小さな机、実はブリッジ・テーブルを置き、昼下がりにやってくるボーヴォワールが執筆できるようにした。ふたりが男女関係を解消してからすでに何年も経つ。ボーヴォワールが「恋多き女」なのと比べ、サルトルは性行為そのものよりも女を口説くのに熱心ではあったけれども、ふたりにはそのほかにも親密に交わる術がいくつもあった。同じとき、同じ場所で文章を書くのもそのひとつである。

　ボーヴォワールが「友情の最高の表れ」と呼んだ「レ・タン・モデルヌ」の編集会議は、次第に長引き深夜におよぶことが増え、そうなると熱を帯びた知的論争も収まり、しきりに笑い声が響く。「レ・タン・モデルヌ」は読者をことのほか重視した。毎週火曜日に二時間、「読者との対話」がガリマール社内の「レ・タン・モデルヌ」の小さな会議室で催され、ボーヴォワールはほぼ毎回出席した。雑誌創刊時の約束どおり、読者であれば誰でも編集委員会のメンバーと面会できた。火曜日の訪問者は記事について論じ合い、助言を求め、あるいは雑誌への掲載を期待して自分の意見を書いた文章や手紙を持参した。ガンガンバック大修道院長、「聖職者の地位を半ば剥奪された神父」も常連のひとり。「シュルレアリストの神父は痛飲し、教会を呪い、女としけこんだ。その後、修道院に二、三週間籠もり、償いをした」[6]。大修道院長は会議室によく文章を持ってきて、「なかにはかなりよく書けたものもあった」が、原稿料の支払いを求めた。侘しげに「いったいブルトンはなぜ神を憎むのだろうか」とボーヴォワールに訊ねたこともある。また別の火曜日の午後には受付の女性がボーヴォワールの部屋に駆け込んできた。編集委員会に原稿を不採用にされた読者が、手首に切りつけたのだった。

実存主義、ひとを失神させる新たな哲学

一九四五年十月二十九日、サルトルが時間に追われるのは毎度のこと、「実存主義はヒューマニズムか」と題してその晩に行なう講演のメモの仕上げを急いでいた。八時半までに入る予定の会場、クラブ・マントナン（今）はエスリンク大侯爵夫人がかつて暮らした瀟洒な館を講堂に模様替えしたもので、グラン・パレの真裏にあたる。サルトルには着替えをする時間がなく――あったためしがない――新聞雑誌に小さな告知を出しはしたものの、聴衆が大勢集まるはずはないと高を括っていた。サルトルとボーヴォワールは予定より遅れてカフェ・ド・フロールを後にし、八区のジャン・グージョン通りに着く頃にはいくらか息が上がっていた。目当ての部屋を見つけたものの、ドアを開けようとすると「もう入れない、遅すぎたな、お帰り」と断られた。講堂には立ち見もいて床に座り込む者もあり、立錐の余地もない。主催者は群衆をかきわけてふたりを演壇に案内し、ようやくサルトルの講演が始まった。

背が飛び抜けて高く痩せぎす、顔色の蒼白い金髪の青年が肥った中年の婦人と髪をポニーテールにまとめ黒いタートルネックのセーターを着た女学生に挟まれて窮屈そうに立っていた。青年の名はボリス・ヴィアン、二十五歳の青年はその後まもなく処女小説『うたかたの日々』にこの記念すべき宵の模様を描き、後世に伝えることになる。講堂はぎっしり満員で、おそろしく暑かった。サルトルはネクタイを心持ち緩めて、「参加（アンガージュマン）」の思想と道徳的責任について、至極わかりやすい言葉遣いで説明し始めた。サルトルが話し始めてすぐに、女性がひとり気を失い、続いてもうひとり失神した。幸い窓を開ければよいと気づいたひとがいて事なきを得たが、サルトルとボーヴォワールの評判は事実上この瞬間に定まる。実存主義が攻撃を開始し、たちまち最初のふたりの犠牲者を仕留めた。ひとを失神させるほど強烈な、新しい哲学

の登場である。「サムディ・ソワール（土曜の夜）」紙が翌日この件を報じるや否や、評判は瞬く間に広がり、若者たちは七百ページ、重さ一キロのサルトルの論考『存在と無』を買いに殺到した。二年前に分銅代わりにしようと母親たちが買いに走ったあの本である。『存在と無』は流行を追うひとがこぞって読む本となり、実存主義はたちまち熱狂的な崇拝者を得る。あるいはジャネット・フラナーがからかい半分のユーモアを交えて記すように、「かつてシュルレアリスムを考えもなしに流行の先端と思いこんだ輩が、今度はサルトルを考えもなしに流行の先端に押し上げた」[7]。

この晩の模様を報じる記事の中で、共産党系の「サムディ・ソワール」紙はボーヴォワールを指すのに、ラ・グランド・シャルトルーズ（シャルトルーズ大修道院）をもじってラ・グランド・サルトルーズ（サルトル大修道院）、ノートルダム・ド・ラ・サルト（サルトの聖母マリア教会）をもじってノートルダム・ド・サルトル（サルトルの聖母マリア教会）を用いた。新聞は侮辱したつもりでも、ボーヴォワールは大笑い。同紙はさらにふたりは男女の仲だが、ボーヴォワールにとってサルトルは唯一の男ではなく、ふたりは一度も結婚していないとすっぱ抜いた。フランスの半分はこれにショックを受け、残りの半分は痺れた。何日も経たないうちに、スキャンダルの渦中に投げこまれたカップルはカメラマンにつきまとわれ、ふたりの姿を見とがめた人々はじろじろ見つめ、ひそひそ囁き合った。それでもサルトルは普段どおりの暮らしを変えようとしない。少なくとも初めのうちはそうだった。服装もそれまでと同じ——ということは、ほとんど無頓着——、カフェで仕事をし、夕食はボーヴォワールか日替わりの愛人と共にとり、そうした生き方を隠そうともしない[8]。当然ながらブルジョワはこれにいっそう憤慨する。しかもサルトルの小説と新雑誌が描くフランスとブルジョワの姿は彼らの姿を投影していた。サルトルは「浅ましいリアリズム」、「惨め主義」[9]と詰られた。

サルトルは有名になっても気分が浮つくことはない。もともと有名になりたかったわけではなく、むしろ迷惑なくらい。唐突に脚光を浴びたのが愚かしく思え、代償の大きさに辟易した。サルトルの望みは小説を書き、作家になることであり、ボードレールのように世間に埋もれて生きる天才に憧れた。時流がサルトルをそれとは逆の方向に運び、積極的に発言して世間の注目を浴びる知識人となるよう申し渡した。サルトルの書いたものなどそっちのけ、誰もがサルトルがどのような人物であり、何を語ったかしか記憶しないだろう。言い換えれば、サルトルは世間の話題に上る知識人として記憶されることになるだろう。これは本人がかつて望んだ偉大な作家像とは必ずしも一致しない。「今後、サルトルは絶対をかりそめに託し、現在に、自らの生きる時代に閉じこもり、時代と共に完全に滅びることを受け入れる」[10]とボーヴォワールは書いた。なんという明快さ、先見の明だろう。事実、小説第二作『自由への道』はサルトルにとって最後の小説作品となる。サルトルは世界を評し、世界に影響をおよぼすために、自らを生贄に捧げたのだった。

ボーヴォワールは降って湧いたような評判にも、サルトルほど反発しなかった。またサルトルほど衆目に晒されてもいない。ボーヴォワールはつねづね人生の精彩、肉体と官能のさまざまな歓び、友達付き合い、お喋り、噂話までも愛した。雑誌の創刊号に厖大な反応が寄せられ、憤る声、褒める声ともに盛大だったので、ふたりはさっそく次号の制作に取り組む。ところが共産主義を信奉する作家の友人数名から、いきなり「レ・タン・モデルヌ」への執筆を断わられた。党の指令だという。決して死なないはずのレジスタンスの精神はいったいどこに行ったのか。事実、口汚い罵りがあちこちから聞こえ始めた。カトリック系の日刊紙「ラ・クロワ」は、「この無神論の実存主義は、十八世紀の合理主義と十九世紀の実証主義を合わせたより、はるかに危険」[11]とサルトルの『存在と無』を詰った。共産党は実存主義を「病人のための卑しく浅ましい哲学」[12]と決めつける。共産党はサルトルの人となりまで槍玉に上げ、サルトルの不潔さは肉体と身持ちの両方にまたがり、まるで豚のように、汚物の中で快楽に耽ると貶す。サルトルとボーヴォワールはもともとブルジョワ出身で、その出自を自ら否定する以上、ブルジョワの激しい攻撃は理解できたが、共産党の反応には深く傷ついた。

編集会議は熱を帯びる。ボーヴォワールは詩論となるとミシェル・レリスとはどうしても意見が合わず、レーモン・アロンはやがて共産党に好意的な記事や評論の掲載にすべて反対するようになった。カミュはアロンに「コンバ」紙に来ないかと誘い、アロンも真剣にこの提案を考慮する。「この復活の時代、まだ躊躇いがちで生煮えの状態では多くの疑問、応えるべき課題、正すべき誤り、払拭すべき誤解、反論すべき批判がある。わたしたちの論争には家族の口喧嘩のような親密さ、切迫感、温もりがあった[13]」とボーヴォワールは日記に記す。ボーヴォワールとサルトルは意見の相違や議論が生き甲斐だった。ふたりの始めた雑誌が世間の意識を覚醒させた今、もはやそれを止める術はない。

雑誌の一九四五年十二月号は期待を裏切らない。一切の妥協を排した巻頭言でボーヴォワールは実存主義の本質を説いた。「実存主義によって動揺し、不安を覚えるひとがいたとすれば、それは実存主義が絶望の哲学だからではなく、人々に絶えざる緊張の中に生きるよう求めるからである。実存主義はなぜそのように要求するのか。なぜ安楽な世界から外に出よと執拗に訴えるのか[14]」。これに続くのは近刊予定のジャン・ジュネ作『葬儀』、「俺には、ソーセージとパテは屍体の味がする」と始まる小説の抜粋。ジュネは当時まだ無名に近く、初期の詩と小説はサルトルとコクトーがこぞって擁護したが、卑猥な物書きと思われていた。サルトル初の評論『ユダヤ人』の冒頭部分も収録された。退役米兵の脚本家アイヴァン・モファットと結婚し、妊娠中のナタリー・ソロキーヌは、パリで米兵と遊んだ経験をもとに「どうでもよい夜」を書き、煙草やコーヒー、ミルクの見返りに売春したと告白した。イギリスの社会改革者ウィリアム・ベヴァリッジの著書『自由社会の完全雇用』の分析、カミュ作『カリギュラ』の劇評、フランスから帰国した復員米兵の手紙、強制収容所で当番兵を務めた収容者のおぞましい目撃証言、まもなく行なわれるフランスの選挙に関する英米の見方、論評のまとめも掲載された。

一九四五年のクリスマスを迎える頃、ボーヴォワールには休養が必要になった。「コンバ」紙派遣のアメリカ取材旅行を終えて帰国したばかりの「ちびボスト」が後からフランス・アルプスで合流することになっていた。ボーヴォワールは荷造りをし、オステルリッツ駅発ムジェーヴ行きの夜行列車の寝台券を予約し、駅に向かう途中、「レ・レットル・フランセーズ」を買い求める。同紙にはサルトルと実存主義を辛辣にこき下ろす記事が掲載されていた。共産党政治局員ロジェ・ガローディは一面の記事でこう主張する。「反動的な哲学について。偽預言者ジャン＝ポール・サルトル」[15]。独り我が道を行くサルトルは、そのために共産党から敵視された。共産党は実際、サルトルを恐れた。若者たちの間で人気が高まっていたからである。

頂きを雪の覆う山並みを眺めて気分が晴々としたボーヴォワールは、元気を取り戻して重い旅行鞄を抱え、イデアル＝スポール山荘への道のりを歩んだ。ボスト、オルガとワンダは次の列車で到着することになっていた。一週間、山荘の日光浴用テラスを離れない不精なコザキエヴィッツ姉妹を尻目に、ボーヴォワールとボストは斜面を陽気に滑走した。ボーヴォワールは一九四六年が待ち遠しかった。チュニスを皮切りに北アフリカ各地から実存主義を説く講演依頼が舞い込み、生まれて初めて飛行機に乗ることになっていた[16]。

ブルックリンからの眺め

ブルックリンでは黒人文学の希望の星、三十七歳のリチャード・ライトが「レ・タン・モデルヌ」の連載小説第一作に自作の短編が選ばれて喜んでいた。反応も上々、フランスの版元もこの機に乗じライトの近刊を売り込もうと目論んだ。ライトはサルトル、ボーヴォワールのどちらともまだ面識がなかったが、自作を高く評価してくれる左岸の住人には親近感を抱いた。ともに世界に対しある種の憤りを抱えるという共通点があり、ただしライトの怒りはフランスの仲間たちのそれより激しく、友人のアメリカの黒人作家ラルフ・エリソンに言わせると「怒髪天をつき心が乱れた」。ライトも友人の見立てに同意する。ライトは日記にこう記す。「どうしてわたしはほかの人たちのように、じっと座っていられないのだろう。わたしの心を苛むのは何か。これほど矛盾した状況に置かれているからなのか。農園育ちの黒人がニューヨークに暮らし、百姓なのにいっぱしの芸術家を気取り、黒人なのに白人女性と結婚し、共産主義者のくせに共産主義者のグループの一員でいることに我慢ならないからなのか[17]」。

ライトの住まいは黒人の中産階級が暮らすブルックリンにあり、ハーレムの黒人から「丘の上の人々」と呼ばれる集団に属する。結婚相手はユダヤ系ロシア人でアメリカ国籍の白人女性エレン・ポプロヴィッツ、ふたりの間にはジュリアという名の三歳の娘があった。批評家はライトをスタインベック、ドストエフスキーと引き比べた。つまりライトは成功し、敬愛される作家であり、家族もアメリカにしっかり根を下ろしていた。ライトはパリともフランスとも、個人的な関わりはまったくない。ミシシッピの綿花畑で働いたアフリカ系アメリカ人奴隷の孫にあたり、少年時代に第一次世界大戦中アメリカの黒人兵がフランスで戦ったという話を聞かされた。自軍のパーシング将軍が黒人兵には白人のドイツ兵に対して銃剣の使用を許さなかったのに、フランスのフォッシュ将軍はアメリカの黒人兵に最高位の勲章を授与したことも知っていた[18]。そして十代の頃にはフランス文学を貪り読んだ。デュマ、バルザック、フローベール、アナトール・フランス、モーパッサン、ピエール・ロティ、ラブレー、ヴォルテール、マルセル・プルーストに夢中になった。アラゴンのスターリン主義に貫かれた詩「赤色戦線」（一九三〇年）はライトの政治志向を決定づけ、アンドレ・ジッドの『ソヴィエト紀行』（一九三六年）はライトの共産主義かぶれを癒した。

名声はライトにとって天恵でもあれば呪詛でもあった。いまやライトのもとには白人女性との結婚を咎めるアフリカ系アメリカ人から多くの手紙が届く。南部に暮らす黒人女性は、ライトが悪い前例を作ったと書いてきた。ライトは有色人種の女性――その女性の手紙には「わたしたちにはありとあらゆる濃淡がある」とあった――と結婚すべきだった、蓄えた富は同じ人種の人間と分かち合うべきだという。「わたしは白人女性と結婚したのではなく、愛する女性と結婚した[19]」とライトは一九四五年一月十七日の日記に反論を記す。一週間後、ライトはこう書き加えた。「わたしのように生き、書くには、パリかどこか、自分の魂のすべてを自分のものと感じられるよその土地に住まなければならない。今ここにいては、それは望めない[20]」。リチャード・ライトは肌の色を故郷に置き去りにしたい、肌の色だけで自分が誰であるかを決められたくないと願った。人種意識から解放されたかった。一九四五年三月十一日、ライト夫妻はパリ行きに必要なパスポートを申請する。

新しい発想、才能、文学ジャンルの孵化

サルトルがアメリカ各地の大学を訪れ、実存主義について巡回講演を行なう間、ボーヴォワールはパリをそれほど長く留守にすることができず、チュニジアで二、三週間、存在の哲学を講じ、サヘル地方の砂漠を旅した後はふたたび雑誌の主筆に復帰し、ホテルの自室かガリマール社の小部屋で隔週開かれる編集会議を

主宰した。ボーヴォワールは若い作家の卵に手を貸し、売り込むのにことのほか熱心で、小説を執筆中のヴィオレット・ルデュックを辛抱強く励ました。

ルデュックは変わり種に違いない。一九四四年に『招かれた女』を読み、作者がバイセクシュアルと知り、ボーヴォワールに首ったけになった。望まれずに生まれ、愛されずに育ち、父親から認知されないまま、ルデュックは戦争の時代を闇取引で生き延びる。毎週ノルマンディー地方からパリのレストランに重たい精肉とバターを苦心して運び、密売した。憤怒を抱え、反抗的で、道徳など屁とも思わないルデュックは、持ち前の粗削りのエネルギーと遺恨を文章に注ぎ込もうと心に決めた。ある日の午後、ルデュックがカフェ・ド・フロールのボーヴォワールのテーブルの前に姿を現す。手にした草稿の題は『窒息』。ボーヴォワールはルデュックを一目見て、否応なく惹きつけられた。「金髪、長身、優美で凄まじく醜い貌に、はちきれんばかりの生命力が漲る」[21]。ボーヴォワールは草稿を読もうと約束した。書き出しからボーヴォワールは引きこまれる。「母は一度もあたしの手を握ったことがない」。ボーヴォワールは第二部の見直しを求め、ルデュックは直ちにこれに応じた。ボーヴォワールはルデュックの書き直した原稿をカミュに届ける。カミュは「コンバ」紙の仕事と並行して、ガリマール社で出版経験のない作家の作品集を編集中だった。ボーヴォワールはさらに抜粋を「レ・タン・モデルヌ」の十一月号に掲載する。怒りに燃える独創的な新しい声がこうして誕生した。サルトルの贔屓する盗人から転じた詩人ジャン・ジュネ、そしてジャン・コクトーも、ヴィオレット・ルデュックを世間を相手に共に闘う同志と認めた。

ボーヴォワールはヴィオレット・ルデュックをもうひとり、「レ・タン・モデルヌ」に初めて作品を採用されたばかりの作家と引き合わせる。ユダヤ系ロシア人ナタリー・サロートは旧姓チェルニャーク、ボーヴォワールより八歳年上でフランス人の夫があり、戦時中は偽名の下、潜伏場所を転々と変えて監視の目を逃れた。またレジスタンス集団「グロリア」がゲシュタポに発見された一九四二年九月には、急遽パリの住まいを脱出する必要に迫られたサミュエル・ベケットとシュザンヌ・デシュヴォー＝デュムニールを自宅に匿ったこともある。一九四一年の反ユダヤ法により本来の職業である弁護士として働くことができなくなり、サロートは作家を志した。サルトルとボーヴォワールは共にこの「ひとの心に波風立てる繊細さ[22]」の持ち主に好感を抱き、出版社を見つける手助けをしようと苦心する。当時サロートは、気の利いた呼称を思いつくのが得意なサルトルがすぐさま名づけた「アンチ・ロマン（反小説）」の第一作、『見知らぬ男の肖像』を執筆中。「レ・タン・モデルヌ」は出版社の興味を惹こうと抜粋を掲載する。[23]「アンチ・ロマン」は定着した。十年後に登場し同じく世に広まる「ヌーヴォー・ロマン」と共に、筋立てや登場人物の性格づけは二の次にして世界観を描くこの小説形式は、サルトルとボーヴォワールの手がけた月刊誌の奨励する新志向の実験室の産物にほかならない。

ボーヴォワールは夜を新しい友人、[24]ボリス・ヴィアンと過ごすようになった。ヴィアンは技師、ジャズ・トランペット奏者、ザズー（ジャズ狂）上がり、アメリカの推理小説の翻訳家、作家志望の青年。ボーヴォワールにはヴィアンがまだザズー風に[25]ブルージーンズに米軍放出品のチェックのシャツを着ているのがおかしくてならない。ふたりとも酒を飲み、ジャズを聴くのが好きだった。六年前、二十歳になったばかりのヴィアンは、ピンナップから抜け出たような金髪のガールフレンド、ミシェルと結婚した。ふたりの間に男の子が生まれ、パトリックと名づけられたその子はミシェルの両親が預かって育てることになった。どちらも親になる気がなく、その才能もなく、そうでないふりをする気もない。パンが手に入れば、さっそく友達を家に招いて「タルティーヌ・パーティー[26]」を開く。ときには友達に配給の食料を持ち寄るよう頼むこともあった。一九四五年十月の選挙を前にして、ド・ゴールの政府は賢くもパンで一票が買えると見抜き、パンを配給から外したものの、一九四六年一月には新たに選出された議員が小麦不足に直面し、パンの配給を再開する。フランス人は戦時中でも最悪の一九四二年にナチが許した配給量より一日一人当たり三枚だけ多くのパンを支給された。[27]

一九四六年一月のそうした一夜、ボーヴォワールとヴィアンは明け方まで語り合った。ボーヴォワールはこれを「永久の友誼の束の間のひととき」[28]と懐かしむ。ヴィアンは技師として生計を立て、事務所勤めの昼間は退屈で死にそうだった。ヴィアンにはまた子供の頃に罹った肺の病があり、文字どおり死に一歩ずつ近づきつつあった。本人も四十歳までは生きられないと知っていた。人生はとても短い。最大限に生かさない手はない。そのため、睡眠はほぼ諦めた。一九四六年一月、ヴィアンの本当の一日は午後六時に始まり未明まで続き、二、三時間眠って勤めに出かける。それでも、友人のレーモン・クノーが奔走してくれたおかげでガリマール社からまもなく前払い金が貰えることになり、それさえあれば昼間の仕事を辞められるだろうと期待した。処女小説については、ちょっとしたアイデアがあると言ってヴィアンはボーヴォワールを焦らし、サルトルとボーヴォワールのことを書くかもしれない、と仄めかす。この時期、サルトルとボーヴォワールは人生、そして哲学の手本として崇められていた。ボリス・ヴィアンの世代には、とくにそれがあてはまる。

サルトルの留守中、ボーヴォワールはダヴィッド・ルーセの書いた未発表のふたつの自伝的作品、短編『強制収容所の世界』[29]と八百ページにおよぶ長編「小説」、『我らの死の日々』にとくに感銘を受けた。どちらも強制収容所の仕組みを冷静、緻密に分析し、初めて白日の下に曝した。アメリカの「タイム」、「フォーチュン」両誌のパリ特派員を務めたレジスタンスの活動家ルーセは、ブーヘンヴァルトとノイエンガンメ強制収容所で過ごした二年間の証言を淡々と綴り、それがかえって読者に強烈な印象を残した。プリーモ・レーヴィがアウシュヴィッツから生還するまでを回想して『これが人間か』を著すのはこの一年後。「レ・タン・モデルヌ」はルーセの二作品の抜粋を本の刊行に先立ち、三月号、四月号に掲載して絶賛され、また一般読者を呆然とさせた。外国からの翻訳出版の申し込みも殺到する。国内外での「レ・タン・モデルヌ」の影響力はそれほど大きかった。ボーヴォワールはサルトルをルーセに会わせたかった。ようやく戦前の肉付きを取り戻し、ぽっちゃりした隻眼（戦前、テニスの試合で途轍もない不運に見舞われた結果）のルーセはこの年三十四歳、稀に見る傑物だった。

一九四六年四月末、サルトルがようやくアメリカから帰国する。ボーヴォワールには聞かせたい話、読ませたい本が山ほどあった。サルトルの留守中ボーヴォワールは仕事に精を出し、パーティーにも精を出し、原稿をひとつ仕上げ、もうひとつに手をつけたところだった。ボーヴォワールはサルトルの助言を必要とした。再会後しばらく、ふたりは宵を煙って騒々しい地下のバー〈メフィスト〉で過ごす。ここだけは、行きずりのひとに煩く絡まれずにすむ。ドアマンが店に入れるのは顔見知りだけで、客は作家か哲学者ばかりだった。サルトルはボーヴォワールの小説『人はすべて死す』の最終稿を一気に読み通す。ボーヴォワールは一九四三年からずっとこの小説を書いては書き直しを繰り返してきた。物語の主人公は若い女優、これはふたりの可愛いオルガと似ていないこともない。もうひとりの主役は彼女の付き合う不死身の男。主題は過ぎ去る時間と迫り来る死への作者の執着。最後のページを捲って、サルトルはボーヴォワールに微笑みかける。ガリマール社に送っていいよとサルトルは言った。ボーヴォワールはほっとする。ボーヴォワールは書きかけのエッセイ「曖昧さの倫理」について話し始めたが、途中で口を噤む。サルトルは具合が悪そうだった。騒音のせいか、それとも煙草の烟のせいだろうか。ものが飲み込みにくく、ぶんぶん耳鳴りがし、熱っぽいとサルトルは言う。「行きましょう」とボーヴォワールが声をかけ、ふたりはオテル・ラ・ルイジアーヌに向かって歩き始めた。サン＝ジェルマン大通りは避け、狭い裏通りのジャコブ通りからセーヌ通りに出る。爽やかな外気を吸ってサルトルの気分も少し回復したようだが、やはりどこかおかしい。

翌朝、ボーヴォワールは往診を頼み、やってきた医師から悪い報せを聞かされる。サルトルはおたふく風邪に罹っていた。伝染予防のため、隔離しなければならない。医師はサルトルの顔と首に黒い塗り薬をべっとり擦りつけた。サルトルは鏡に映る自分の姿に目を凝らし、ふたりは思わず大笑い。医師はボーヴォワールに薬局で買い揃えるもののリストを手渡した。ボーヴォワールはハンドバッグを手に買い物に出かけ、独り残されたサルトルは新たな「人間の条件」を思案し始める。それとも「男性の条件」だろうか。医師はサルトルにときどき睾丸を調べるように指示した。おたふく風邪の影響で腫れる恐れがあるという。

賑やかなことこのうえないビュシ通りでボーヴォワールはあたりを見回りし、微笑んだ。露店にも食料品店の店先にも品物が溢れている——一九四五年の春とは大違い。女たちはカリフラワー、アスパラガス、初物の苺、小さなブリキの鉢に入った鈴蘭を愛おしそうに眺める。[30] 値段はまだ法外に高いから、買うよりもっぱら眺めるばかりなのは仕方がない。新しい紙幣が流通し始めたらしいが、パリ市民の財布とはまだ縁遠い。「素敵な五百フラン札を飾る肖像画の主、憂鬱な詩人シャトーブリアンが頭を抱えるのもむべなるかな」[31] とジャネット・フラナーは記す。

実存主義が世界に広まる

「タイム」誌は一九四五年のある号の五ページを「マンハッタンに飛びこんだパリ文学界の寵児」に捧げた。記事に添えられたサルトルの実物より見栄えのする写真のキャプションには「哲学者サルトル。ご婦人方、恍惚となる」[32]とある。

アメリカの女性たちは恍惚となったようだが、クラブ・マントナンの聴衆のように卒倒はしなかった。ニューヨークのカーネギー・ホールの前方の列にいたマルセル・デュシャンは、「今、我々はサルトル大聖堂の前にいる」[33]と嘆声を漏らす。同じく前列のデュシャンに近い席に着いた文芸評論家ライオネル・エイベルは、講演に先立ち、西五十六丁目のフランス料理店でサルトルと昼食を共にする機会に恵まれた。昼食会の主催者は反スターリン主義、トロツキー主義に傾く雑誌「パルチザン・レヴュー」。エイベルは哲学者ハンナ・アーレントと共に招待され、サルトルの通訳も務めることになっていた。サルトルと対面しても恍惚とはしないまでも、エイベルは目を逸らせなかった。サルトルは「じつに興味深い、現代的な面貌の持ち主」とエイベルは記す。「ずんぐりむっくり、手首が太く、胸は分厚く、突き出した肩が肉体の強靱さを感じさせる。サルトルの発言は明快で歯切れがよく男性的だが、顔色は青ざめて不健康そうだった」[34]。「パルチザン・レヴュー」の共同編集長フィリップ・ラーヴとウィリアム・フィリップスは、サルトルが自分たちと波長が合い、帰国後も自分たちがアメリカでしているように、スターリン主義者に対する攻撃の手を緩めないことを確認したかった。

ふたりが見逃したのは、サルトルがスターリン主義にも増してアメリカの資本主義に懐疑的だったことである。サルトルはニューヨークを、そして自分を敬慕してくれる聴衆を愛した。サルトルは旅の楽しさに免じて、アメリカの友人たちを傷つけるのを避けようとする。楽しめる間はできるだけ楽しみたいのが本音で、カーネギー・ホールの講演を終えた直後、「ニューヨーカー」誌の「街の噂」のコラムニストに、子供のように嬉しそうにウィットも交えてこう語る。「たったふたつの言い回しさえ知っていれば、英会話で一晩過ごすのに困らないとわかった。『スコッチ・アンド・ソーダ』と『そうしよう』さ。これを代わりばんこに言っていれば、間違いは起こらない」[35]。真実はどこにあったかと言えば、サルトルは数か月後にやってくるボーヴォワールと同様、アメリカとアメリカ文化に魅了されながら、虫酸が走ることもあった。サルトルはすでに「レ・タン・モデルヌ」の夏の合併号にアメリカ特集を組むことを考え始めていた。サルトルはアメリカをじつに多くの面から愛しつつ、頭脳明晰であったから、アメリカの「建国神話とされる幸福、進歩、現実主義、楽観主義、勝利の女神、自由」[36]の裏にあるものを見抜いた。

アルベール・カミュも遅滞なく友人サルトルの後を追うべく、アメリカ旅行に備えて荷造りを始める。カミュは実存主義三銃士の三番手と目されていた。カミュは友人たちの「流行りの新哲学」(と呼んだのは「ニューヨーカー」誌のジャネット・フラナー)とたいして共通点があるとは思わなかったけれども、一緒にされて迷惑とも思わない。少なくとも、さしあたりはそうだった。とにかくニューヨークの知識人、学生たちは実存主義にすっかり熱を上げていた。新聞雑誌の紙面も実存主義の花盛りで、読者にさかんに説明しようとする。ただ、それで怖じ気づいて尻込みする者も多かった。あまり陰気に思えたのである。

リチャード・ライトは怖じ気づかない。ただパスポートを申請してから一年経つのに何の音沙汰もないのに苛立っていた。一九四六年三月のある日の午後、「ニューヨーク・ポスト」紙のコラムニストでアルフレッド・スティーグリッツの愛人、夫は百万長者のドロシー・ノーマンから電話がかかってきた。サルトルを招いてパーティーを催すので、ライトにも参加してもらえると嬉しい。ライトは大喜び。「レ・タン・モデルヌ」の創刊号に短編小説を掲載してもらったが、サルトルその人とはまだ会ったことがない。パーティーは大盛況だった。ライトは一目見てサルトルに好感を抱いたが、同じくらい重要なのはフランス大使館のクロード・レヴィ＝ストロース文化参事官に紹介されたことで、パスポートの件は善処しようと約束してくれた。文化人類学者の参事官は「その件はおまかせください」と言った。六週間後の四月二十五日、レヴィ＝ストロースはライトにフランス政府が発行したパリ訪問を求める公式招待状を進呈する。旅費と最初の一月分の滞在費はフランス政府から支給されることになった。

ワシントンのアメリカ合衆国国務省まで、実存主義の熱に煽られる。フランスに関連する催事、活動、講演、アメリカの新聞雑誌の掲載記事のどれもこれもが、国務省にかすかな不安を抱かせる。というより、単に好奇心をくすぐっただけかもしれない。一九四六年一月三十一日の朝、国外活動関連局長のフレデリック・B・ライオンはJ・エドガー・フーヴァー連邦捜査局（FBI）長官に書面で、アメリカについて不正確、批判的な報告を掲載する「コンバ」紙のカミュなる人物について問い合わせた。[37] 予備的捜査を行なうことは可能か。FBIにはまだカミュのファイルは存在しない。ワシントンの捜査官たちは、実存主義とアルベール・カミュについて何かしら調べようとすると、報道された記事、より正確には二月初めに「ネイションン」誌に掲載されたハンナ・アーレントの記事を読むしかなかった。カミュとサルトルの両名はいずれもレジオン・ドヌール勲章の授与を辞退したこともわかった。怪しい。カミュのビザ申請書には、共産党に同調したことは一度もないとはっきり書いてある。カミュと近しい間柄の人々はこれを知って大騒ぎしたけれども、FBIはカミュの言葉を額面通りに受け取った。

「レ・タン・モデルヌ」のサルトルとボーヴォワールの机には講演依頼が次々と舞い込んだ。サルトルのアメリカ巡回講演旅行が成功を収めてからというもの、全世界が実存主義の話を聞きたがった。順番待ちの国の列ができる。スイス、イタリア、スカンディナヴィア諸国での講演が春から夏にかけて予定された。遠隔の地から新たな友人たちがパリを目指す。

一九四六年五月、リチャード・ライトとエレン夫人、娘のジュリアは古い貨物船を軍隊輸送船に改造し、今では客船として定期運行される蒸気船ブラジル号に乗り、ニューヨーク港を出航した。ライトは大西洋の対岸に着くのが待ち遠しく、気の急くあまり、移民の多くが聞いたら仰天するような考えを抑えることができなかった。ライトはその尋常でない不埒な考えをひとには漏らさず、日記に記すにとどめた。「船が自由の女神像の横を通過したときには、ほっとした」[38]。ライトのアメリカに対する反感、新世界の発見を待ち焦がれる想いはそれほど強かった。一九四六年五月九日のル・アーヴルからパリまでの夜行列車の旅にもショックを受けた。ライトは車窓をよぎる荒涼とした景色から目を離せない。「どこを見ても瓦礫の山ばかり」[39]。フランス人はと言えば、見すぼらしく、痩せ細り、飢えていた。ライトは自分が恵まれた少数、ほとんど上流階級に属するような、奇妙な感覚に襲われた。フランス人から見れば自分は黒人ではなく、ただの金持ち、栄養充分なアメリカ人なのだと思った。

五月十日の明け方、列車はサン＝ラザール駅に到着した。プラットフォームに降りる三人家族をそよ風が歓迎する。ライトは光の都パリに意気揚々と到着できることを祈り、願ってきた。その願いは叶う。フランス政府の招待客として、ライトは外務省の役人の出迎えを受けた。プラットフォームにはそれに加えてアメリカ大使館のダグラス・シュナイダーも出迎え、しかも駅舎の外には一台ならぬ二台のリムジンが待機していた。それはライトの期待を上回る。実は面倒が起こる可能性を予測し、同胞作家の祖国に対する相反する感情を考慮して、国務省は出先機関のパリのアメリカ大使館に対し、ライト一家にできるだけうまく取り入るように指示していた。明け方のリムジンはおそらく好印象を与えるだろう。予測は図に当たる。歓迎団の一員には、この他にも「コンバ」紙の記者でカミュの友人モーリス・ナドーも加わり、著名作家にひとつ質問をした。第一印象はいかが？　お答えするのはちょっと早すぎるとライトは笑って質問をはぐらかす。実のところ、ライトは「頭が混乱し、自分が偉くなったような気がして、怖かった」[40]。アメリカの外交官がホテルに行く前に街を一回りしませんかと持ちかける。朝の早い時間だから、交通渋滞に巻き込まれる心配もないだろう。リムジンの一台は大小の旅行鞄で埋まり、ライト夫妻と娘はもう一台に乗り込んだ。「明け方のパリ」観光はコンコルド広場を抜けてシャンゼリゼ大通りを走り、セーヌ川沿いにノートルダム大聖堂、ルーヴル美術館を巡り、効果てきめん。ライトは言葉を失った。ただ「なんと美しいのだろう。なんとまあ、美しいのだろう」と繰り返すばかり。終着点に近づいたリムジンはムッシュー・ル・プランス通りを上り、左折してヴォージラール通り三番地、ソルボンヌ大学を望むオテル・トリアノン・パラスに向かった。

到着してからわずか二日後の日曜日、リチャード・ライトはサルトルの新居で開かれる「レ・タン・モデルヌ」誌の編集会議に招かれた。ブルックリンに生まれ、フランス語は片言程度の到着してまもないアメリカ人がパリの知的生活とその風変わりな習俗にじかに触れるのに、これに優る機会はないだろう。どんより曇ったパリの空の下、雑誌の寄稿者は三々五々ホテルの部屋から、あるいは愛の巣から、サン＝ジェルマン＝デ＝プレ広場を目指す。ボーヴォワールから執筆陣に加わるよう求められたボリス・ヴィアンは雨傘こそ部屋に置き忘れたものの、トランペットを持参しようと思いついた。何かの折に役に立たないとも限らない。トランペットは憂鬱な気分を晴らし、政治をめぐる激論を宥め、仇同士を仲直りさせるのに役立ちそうだ。ボーヴォワールは煙草を買いに行く途中、カフェのドゥ・マゴに立ち寄った。バッグにはコニャックの瓶を入れてある。会議の始まりは六時でも、議論が長時間におよぶこともある。気晴らしの一杯を厭うひとはない。メルロ＝ポンティが現象学について延々と熱弁をふるった後では尚更のこと。サルトルの母はドーナツを焼き、女中のユージェニーは愛する故郷アルザス産のプラム・ブランデーの瓶をサルトルの机の上の目立つところに置いておいた。

ライトが到着したときにはすでに部屋中に煙草の烟が充満して、ボーヴォワールのターバンさえほとんど見分けがつかないほどだった。議論はアメリカ社会、政治、文学を特集する夏の合併号に集中した。ライトは内容に助言するばかりでなく、自作がこの号の柱のひとつにもなる。「レ・タン・モデルヌ」はフランス側のアメリカに関する意見を紹介するばかりでなく、アメリカ人記者や作家に多くの記事を依頼する計画だった。実際、アメリカ人の発言の比重のほうが大きくなるだろう。サルトルはニューヨークのドロレス・ヴァネッティに現地の連絡係を託し、作家にじかに執筆を依頼し、記事の照合、編集、翻訳もしてもらう。ボリス・ヴィアンは黒人霊歌について書こうと申し出た。ボーヴォワールはセント・クレア・ドレイクとホレス・Ｒ・ケイトンの共著『黒人の首都』の連載を提案した。一八四〇年代から一九三〇年代にかけてシカゴのサウスサイドに生きた人々の全体像を視野に収め、歴史的、社会学的に考察した人種と都市生活の研究書である。[41]ボーヴォワールはこの他にもウィリアム・ラッセルとスティーヴン・Ｗ・スミスの『ジャズメン』、ジェイムズ・ウェルドン・ジョンソンの『アメリカの黒人霊歌』、アメリカ人女性を痛烈に描いたフィリップ・ワイリーの『毒蛇の世代』の抜粋も紹介したいと考えた。一九〇〇年以降のアメリカ美術について、クレメント・グリーンバーグに長文の記事の執筆を依頼することでも一同の意見は一致した。

ボリス・ヴィアンは勤め先の土木会社の事務用紙にタイプし終えたばかりの『うたかたの日々』[42]の草稿をトランペットのケースに忍ばせた。編集会議が終わってからこの紙束をボーヴォワールに手渡す勇気が見つかるだろうか。小説の登場人物ふたりは哲学者のジャン＝ソール・パルトルとド・ボヴアール公爵夫人。実存主義を種にした語呂合わせや言葉遊びも少なからず、サルトルの分厚い哲学論考『存在と無（レートル・

エ・ル・ネアン)』は『文字とネオン(レットル・エ・ル・ネオン)』と改題し、「照明器具のカタログ」に様変わり。サルトル宅の編集会議のさなか、ときおりヴィアンは黙り込み、周囲を見回した。自分が場違いなことは知っていた。ほかの出席者と違い、ヴィアンは真面目になるのはまっぴらだった。不条理、逆説、虚言、そしてなにより不遜、不敬を好んだから、何につけ政治化しようとする時代、集団の中では、いずれ政治に無関心と見なされ、ただのおどけ者、ラッパ吹き、夢想家と見下されることもしばしばとなる。実はヴィアンは自らの生きる時代に無関心だったわけではなく、その正反対。ただ、ひとつ部屋に居合わせた他の面々とは異なり、与えられた時間には限りがあると知っていた。

会議が終わり皆がさようならと言い交わす中、ヴィアンはボーヴォワールにホテルまで送ると言い張り、勇気を振り絞って原稿を託した。ボーヴォワールは心得顔に微笑み、すぐに目を通すと約束する。ボーヴォワールは速読のうえ、炯眼でもあった。

ホテルの円形の部屋に戻りベッドに落ち着くと、酔いに煩わされることもなくボーヴォワールはヴィアンの小説を読み始めた。肺に睡蓮の生えた死にゆく娘と、彼女を熱愛する奇矯な若い夫の恋物語をボーヴォワールは数時間で読み終え、「偉大な真実と深い慈しみ」[43]に心打たれる。言葉遊びや度を越した逆説の先に、ボーヴォワールは儚さ、詩情、美を見抜く。『うたかたの日々』がそれゆえベストセラーに、そして文学史に残る古典となるまでにはしかし、作者の死後十年の経過を待たねばならない。生前レーモン・クノー、ボーヴォワール、サルトルを除いてごくわずかのひとにしか理解されなかった若い作家は、現在形の世界を生きてはいなかった。彼の目は後世を見据えていた。死後の名声がヴィアンの正しさを立証するだろう。

ボーヴォワールとサルトルは、ヴィアンの生意気なところが大いに気に入り、ガリマール社に褒め言葉を伝え、小説の口添えをすると約束した。ふたりはまたヴィアンに「レ・タン・モデルヌ」に毎号連載するコラム「嘘つき年代記」を執筆させ、十月号に『うたかたの日々』の抜粋を載せることにも同意した。この決定につむじを曲げる若い記者もあったが、それはヴィアンがあまりに毛色が変わっていたからだろう。好んで右岸に住み、技師の教育を受け、トランペットを吹き、コラムでは実存主義を揶揄した。それでもヴィアンには独特の生き方があり、才能があった。それが何より重要だった。

ヴィアンの小説を読み終えた翌日の朝、ボーヴォワールはカフェ・ド・フロールに歩いていった。ボーヴォワール宛ての郵便は今でもカフェ気付で配達される。しばらくするとリチャード・ライトがやってきて、ボーヴォワールのテーブルに座る。ふたりはアメリカ特集の特別号について相談した。パリに来てまだ一週間しか経たないのに、カルチャーショックでライトは頭がくらくらした。ライトは毎日、日々の暮らしと関わる違い、あまり関わらない違いを書き留めた。「把手がドアの真ん中についている！　ごつごつした厚切りの肉を細長いパンの塊で挟んだものがサンドイッチとは。コーヒーにはクリームではなく熱いミルクを入れる。女たちは美しく、女だからといって気遅れしない。フランス人は心が広く、激しくもある」[44]。ライトは夜の街を歩くのが好きになった。幅が狭く曲がりくねった道が楽しく、街灯の黄色い光に照らされて街が神秘的な舞台装置に生まれ変わるのにも興をそそられる。ライトは熱心に資料と数字も調べた。フランス国内には二万人の黒人がいること、その大半は西インド諸島とアフリカ出身だが、復員軍人援護法の下、パリの大学に黒人の旧米兵が五百人いることもわかった。何より驚いたのは、パリにいると自分が黒人と感じないこと。ただアメリカ人としか感じず、それはライトにとって生まれて初めての経験だった。

パリ市民がなんとも質素に、多くの不自由に耐えながら暮らしていることにもライトは目を見張る。住宅供給がおぼつかず、多くのひとがホテル住まいをしていることにも気づいたが、そのホテルがいくら控え目に言っても老朽化していて、バスルームとトイレは踊り場にあるものを共同で使用する。これまでパリ市民がどれほどの苦難を乗り越えてきたか、ライトには想像もつかなかった。しかし事情はそれほど悪くはない。ジャネット・フラナーが一九四六年五月末に「ニューヨーカー」誌の読者に伝えたように、「店舗の窓からみすぼらしさは一掃され、素晴らしい装いに代わった。言い換えれば、パリはいまや自然な血色に頬の染まる老婦人に似ている」[45]。交通手段の改善も目覚ましい。妊婦や病人でなくともタクシーに乗れるようになり、最寄りの警察署に赴き、タクシーに乗る資格を認めてもらう必要もない。今では市内を五千台のタクシーが走り、閉鎖されていた地下鉄の駅のうち、さらに二十七か所の使用が再開され、これで長時間歩かずにすむようになった。不都合な面もあった。「骨董品なみの緑色のバスががたぴし職場に復帰し、どれもこぞって新しい番号をつけ、新しいルートを走り出したために、満足と戸惑いが入り交じることになった」[46]。

ひっきりなしに依頼を受けて、リチャード・ライトはあちこちで講演をし、数えきれないインタヴューに応えた。アメリカ大使館の職員が冗談半分にライトに忠告した。「そのへんの外国人に煉瓦に変えられて、大使館の窓にぶつけられるようなことはしないでくださいよ」[47]。アメリカの人種差別について、この男はどんな話をするのだろうか。大使館は懸念し、ライトがフランスのマスコミに応えたインタヴュー、たとえば共産党系の「サムディ・ソワール」紙の長い記事（ライトはフランスの第一印象を語るにとどめた）など、ひとつ残さず念入りに調査した。自分が監視されていることをライトはよく承知していた。ライトは注意を怠らない。

第6章　欲望と解放

クロード・ランズマンは回顧録でこう問うた。「それはわたしのあまりに若い肩にのしかかる戦争の重圧だったのか。あの時代の生と死の間の危うい平衡だろうか。新たな自由を手にしたわたしは、自分の存在をときには無償の行為によって証明しなければならなかった」。戦争体験と運良く四年も死を免れたという意識が、戦後パリの知識人と芸術家を人生のあらゆる局面での飽くなき自由の追求に駆り立てた。出自が労働者階級であれブルジョワであれ、彼らは属する階級の伝統や慣習、あるいは礼節にそっぽを向く。家族は捨て去るべき制度、子供は万難を排して避けるべき災厄とされた。とはいえこれほど捨てがたいものもなく、サルトルとボーヴォワールは当初の「結婚はしない、子供はつくらない」方針を守り抜き、アーサー・ケストラーは「子供はつくらない」のみを貫き、それぞれ芸術と人生の実験を優先したけれども、ほかの者——多くは男性——は先達の偽善に倣い、結婚はしたうえで自由気儘な暮らしをこっそり楽しむことにした。もっともそれで人生がバラ色になるはずもなく、カミュやメルロ＝ポンティのように周囲の目を欺いて生きる道を選んだ男たちの周囲は死屍累々の有り様となる。

強く、非凡な女たちもありとあらゆる自由を貪欲に求めた。シモーヌ・ド・ボーヴォワールとジャネット・フラナー、エディット・トマとドミニク・オーリーのほかにも、男たちのこうしたいい加減な態度を見て開き直り、自分でも欲望と野心の赴くまま遠慮なく生き抜こうと意を決した女は少なくない。経済的に自立し、知性を備え、大胆で、人生の快楽と昂揚を求める好奇心に溢れ、非合法の堕胎のくりかえしにも怯まないこうした先駆的フェミニストは、のちに続く幾世代にとって解放された女性像の手本となった。異性愛、同性愛、両性愛の別なく、セックスについてこうした女たちは「道徳とは無縁の古代ギリシア人の見方[2]」を採る。ジュリエット・グレコ、フランソワーズ・サガン、ブリジット・バルドーはそろってボーヴォワールの妹だった。

「家族なんて大嫌い」

カミュはマリア・カザレスが恋しくてならなかった。数か月前にフランシーヌ・カミュが妊娠したと聞き、マリアはカミュと別れた。カミュはマリアにかねがね、フランシーヌは自分にとって「妹」以外の何者でもないと言い続けてきたけれども、妹が妊娠してはマリアが苛立つのも無理はない。マリアは二十二歳、男性ファンの数も多く、『天井桟敷の人々』の好演によりスターの座を射止めた。なぜカミュに楽しい人生の邪魔をさせなくてはならないのか。カミュがおむつを替えている間に、マリアは男どもを何人でも振ってやればよい。カミュはマリアを忘れようとして、仕事に没頭する。カミュは新作芝居『カリギュラ』を稽古中のエベルト座に毎日通った。主役に選ばれた素晴らしくハンサムな無名の若手俳優の名はジェラール・フィリップ、演じるのは自らの絶対的な自由を求めて善悪を超越する古代ローマの暴君、カリギュラである。

カミュにとって、カリギュラは最も人間的で悲劇的な過ち、つまり他人すべての自由を犠牲にして自分の自由を押し通せると思う過ちをめぐる物語だった。

一九四五年九月五日、カミュが稽古場に出かけて留守の間にフランシーヌは双子、カトリーヌとジャンを出産する。カミュは当座こそ大喜びしたけれども、その気分は長続きしない。双子の面倒を見るフランシーヌを手伝うために義理の母と妹がアルジェからやってきたが、カミュは新しい役割になかなか馴染めない。何より腹立たしいのは、仕事をする時間がとれないこと、それから妻の無言の要求だった。カミュはボーヴォワールとサルトルの取り決めの真意がようやくわかり、しきりに羨ましく思う。子供はふたりの間だけでなく、よその誰とも決して作らない。アーサー・ケストラーはイギリス人の恋人マメイン・パジェットにこう言い渡した。結婚はイエス、子供はノー。[3] マメインはしぶしぶだったが、これを受け入れた。フランシーヌだって、受け入れたかもしれない。子供という重荷を背負わないボーヴォワールとサルトルは、じつに豊かで稔り多い人生を謳歌している。ふたりは精力的に働き、精力的に遊び、鉄の規律を自らに課し、日に十四時間執筆し、毎晩遊び歩き、忠実な友人と恋人からなる大家族を養い、家庭生活の気配の微塵もないホテル住まいを続け、稼いだ金は一銭残さず使い切る――これこそ作家にとって唯一の、真に革命的な生き方ではないか。カミュはこうした生き方をまっとうするサルトルとボーヴォワールに感服し、自分の置かれた状況が腹立たしくてならなかった。

とはいえ、もう後戻りはできない。子供はすでに生まれ、カミュは父、そして夫であり、ここまで進んだ物語を書き直すのは難しい。ブルジョワがこれまでつねにそうしてきたようにカミュも騙し、嘘をついてなんとかしのぐしかないだろう。本人にもあまり立派な生き方とは思えなかったが、ひとりの人間が生き延びられるか否か、そこにかかっている。なすべき仕事があり、言うべきことがあり、闘うべき戦いがあり、生み出すべき作品があり、それらは何より、絶対に何より、誰より、ほかの誰より優先する。カミュは小説を書き始め、『ペスト』と題するつもりだったけれども、書き上げる時間の余裕がない。カミュは執筆に専念できるホテルの一室、独りきりになれて、義母やら義妹やらのいない、泣き叫ぶ赤ん坊のいない、吐瀉物やおむつの臭わないホテルの部屋を夢見た。そして宵には、以前のように踊りたかった。カミュもサルトルやメルロ＝ポンティと同じように、踊るのが大好きだった。

カミュはあらゆる機会を捉えて家を空けた。双子が生まれるのとほぼ同時に、アメリカの出版社アルフレッド・A・クノップフ社から『異邦人』の英訳の刊行に合わせてアメリカ旅行に招待され、これを受け入れた。サルトルがアメリカに首ったけなのも、カミュの好奇心をくすぐった。ニューヨークでは、アメリカ文化に魅了されるより当惑し、新世界の門戸を開く鍵を求めた。鍵の名はパトリシアと判明する。『異邦人』が刊行され、批評家に絶賛されてから五日後[4]、三十三歳のアルベール・カミュは二十歳のパトリシア・ブレイクと出会う。サルトルにとってのドロレスと同じように、パトリシアはカミュにアメリカをもたらすだろう。パトリシアはカミュのこよなく愛する「脚長の「アメリカ人」淑女連[5]」のひとりだった。ただしパトリシアはそれだけの人間ではない。

医師の娘、暇を見てピアノを弾き、小遣も稼ぐパトリシアはスミス・カレッジを卒業したばかり。大学四年のときにカミュと知り合ったフランシーヌとこの点は変わらない。レーニンとマルクスを読み、共産主義に惹かれ、プルーストを愛した。金髪碧眼の器量良し、「ヴォーグ」誌で原稿整理を担当し、週給は三十五ドル。初対面の翌日ふたりは愛人関係となり、パトリシアの職場の同性の同僚はカミュを「若いハンフリー・ボガート」と呼ぶ。パトリシアは恋に落ち、カミュはぞっこんだった。カミュは愛読者から貸りたセントラル・パーク・ウェストのメゾネット式のアパートに滞在した。パトリシアは毎日のようにここを訪れ、晩にはしばしばカミュのお気に入りのチャイナタウンに出かけて夕食をとった。夕食の後は、たいがいナイトクラブに足が向く。カミュは踊るのが大好きだった。それは死をはぐらかすカミュなりのやり方だった。カミュは体重が増え、どこか具合が悪そうで、咳によく血が交じった。本心はというと、生きてフランスに戻れるとは思っていなかった。パトリシアはカミュの気分の昂揚を愛情の深さと取り違えた。事実はというと、カミュはたしかにパトリシアを愛おしく思いはしても、欠陥だらけのパリ、ヨーロッパに帰りたくて矢も楯もたまらない。ひとがただ「生きているふり」をするばかりでないところ、「会話が拙いのもひっくるめ機知に富み、皮肉と情熱、その偽りの連鎖に溢れる」[6]ところが懐かしかった。

サルトルと同じように、カミュも新世界の豊富な物資を旧世界に忘れずに持ち帰る。そのため滞在最後の数日は、パリ市民には手に入らないか欠乏が甚だしく一財産費やさないかぎり手に入らない品々を洗いざらい買い集めようとして奔走した。砂糖、コーヒー、粉末卵、米、チョコレート、小麦粉、ベビーフード、肉の缶詰、石鹸、洗剤を詰めた百キロ近い木箱を土産に、カミュは帰国する。しかしパリに帰り着いてすぐ、別種の滋養物をニューヨークに輸出しようと思いつく。カミュはパトリシア名義で「レ・タン・モデルヌ」の予約講読を申し込む。ふたりの間に大西洋が横たわるにしても、会話は「ブラック・ハーレムやブルックリンのユダヤ人地区、下品なコニー・アイランド」[7]での逢瀬と変わらず晴れやかに、朗らかに続くだろう。

帰宅した家では、フランシーヌとの関係はどう控え目に言っても、冷えきっていた。妻は黙りこくり、鬱憤を滲ませる。夫は口にこそ出さないが、気分を害し、憤る。パトリシアと一緒にいる間は幸せだった。幸せな気分を保つには、書くしかない。『ペスト』が待っていた。

カミュは世間体も悪くない家族からの逃避法を見いだす。八月五日、家族を連れてパリを去り、版元のガリマール社がヴァンデ県に所有するシャトー・デ・ブレフに落ち着いた。館はじつに宏大で、カミュに与えられた部屋は泣き叫ぶ子供からも、不貞腐れるまいとする懸命の努力がしばしば破綻する妻からもはるか遠く離れて、家族に煩わされず働くことができた。ほぼ毎朝、日課のように、愛しいパトリシアに手紙を書くことからカミュの一日は始まる。八月十二日、カミュはこう記す。「今の住まいは広々とした美しい古い館で、骨董品や古いタペストリーの調度に囲まれた額縁の中から先祖がこちらを見下ろしている。ここでやっと心の平安を得ることができた、とはつまり何にも邪魔されずに一日十時間小説を書けて、ようやく『ペスト』を書き上げようとしている」[8]。八月二十一日、これもパトリシア宛ての手紙に、ついに脱稿したけれども、題を『ペスト』と『恐怖』のどちらにするか決めかねていると記す。小説の主題である『全体主義』にしてもよい。変わらぬ愛の証に、カミュはパトリシアに重さ一キロのサルトルの哲学論考『存在と無』を送った。

アルベール、シモーヌ、そしてアーサー

アルベール・カミュ、そして誰よりジャン゠ポール・サルトルもしばしば可愛い学生や取り巻きの娘たちに手を出した。これはたやすいことだった。年若い恋人たちはのぼせやすく、意のままになり、かなり隙があったかもしれないが、偉人との恋が終わればあっさり元の暮らしに戻ってくれた。マリア・カザレスひとりがその例から外れたとすれば、それはマリア自身が誘惑者であり、カミュの執筆と同様、マリアも演技で大成を志したからである。カミュは知的な女性にはどうしても気遅れした。男性優位気質の甚だしいフランス領北アフリカ文化圏に育ったせいで、女性相手となると欲望と知性の折り合いをつけるのに難儀した。何

かしらの形で自分が主導権を握らないと、落ち着かなかった。

　一九四五年十二月、ボーヴォワールとカミュはサン＝ジェルマン大通りを挟んでカフェ・ド・フロールの向かいにあるブラッスリー・リップで頻繁に夕食を共にした。そこからガリマール社と隣接するオテル・デュ・ポン・ロワイヤルの地下のバーに行く。ボーヴォワールはすでにあまりに顔が知られてしまい、カフェ・ド・フロールではなかなかそっとしておいてもらえない。ボーヴォワールは気儘に振る舞えるポン・ロワイヤルのバーが気に入り、昼も夜もよく出かけたが、テーブル代わりのワイン樽ばかりは書き物をするのに好都合とは言えない。脚の置き場に困る。樽を挟むように大股を開くのは、優美さを尊ぶ美意識にそぐわない。[9]夜、ボーヴォワールとカミュは閉店時刻までポン・ロワイヤルでお喋りをし、それから楽しげに、心持ち千鳥足でラ・ルイジアーヌのボーヴォワールの部屋に行き、そこでさらにグラスを重ね、話し込んだ。一九四五年の冬は石炭の配給がまだ乏しく、ボーヴォワールの部屋はひどく冷えた。[10]酒を飲めば、いくらか寒さがしのぎやすい。

　ボーヴォワールはカミュに、カミュもボーヴォワールに惹かれた。カミュはボーヴォワールを自由な精神を持つ自立した素晴らしい女性と思い、性的にも結ばれたいと望んだ。五歳年長のボーヴォワールは美しく、気品があり優雅、激しやすくもあったけれども、そうした甲羅の下に暖かい心と深い情愛を秘めていることがカミュにはわかっていた。それでも、カミュはボーヴォワールの知性に怖じ気づく。それがために、自分の情熱が冷めはしないかと危惧した。ボーヴォワール相手に、ベッドでどんな睦言を交わせばよいのかとカミュは思案する。[11]ボーヴォワールはカミュに何のためらいも感じない。カミュには少しもその気を殺ぐようなところがなく、あったとすれば抹香臭い説教だけだが、それはもっぱら読者相手に限られた。カミュは結婚生活の困難やありあまる不満を告白した。「カミュは真実を語り、書きたいと願う」とボーヴォワールは日記に記す。「カミュの作品と実生活の間には深い淵が横たわる。カミュは一緒にいると剽軽で皮肉っぽく、少々下品で淫らにもなる。心を開き、衝動に身を委ねる」[12]。ボーヴォワールはカミュという人間の核に根ざす矛盾を正確に見抜いた。カミュはフランスを代表する倫理的な思想家のひとりとして世に知られながら、心の裡では真実への憧憬と自由への渇望に折り合いをつけられなかった。午前二時を過ぎて酔いの勢いに任せ、カミュは愛に思いを巡らせ、愛を語りたがった。「愛すれば、どちらかを選ばなければならない。続けるか、燃え上がるか！」ボーヴォワールはカミュの「優しさ、情熱への渇望」を愛した。ボーヴォワールとカミュが情を通じたとすれば、一九四五年十二月のこうした一夜であったに違いない[13]。

カミュが結局のところ、ボーヴォワールの鋭い知性と美貌に気遅れしたとすれば[14]、アーサー・ケストラーの恋心はそれがため瞬時に燃え盛る。ふたりの仲立ちをしたのはカミュだが、本人にその気は皆無。カミュのおかげで、ボーヴォワールは他に先駆けて『真昼の暗黒』を読み、ケストラーの思考、経歴に好意を抱いた。一年前からマメイン・パジェットとウェールズのブルフ・オキンで暮らすケストラーだったが、遠く離れてもフランスの政治状況や知識人の動向には目配りを忘れず、四十歳になったこの年、パリの渦にふたたび身を投じたいと切に願った。『真昼の暗黒』の仏訳が空前の好評を博しているとなれば、尚更のこと。一九四六年九月、何があっても断ることのできない招待状が郵便で届く。劇場支配人のジャン・ヴィラールから自作の戯曲『黄昏のバー』[15]の稽古に立ち会い、一九四六年十月二十三日に予定される初演を観に来ないかと誘いを受けたのである。外人部隊の軍服姿に身をやつし、身元を騙り必死の思いでパリを脱出してから六年が過ぎていた[16]。征服者として、文学界の英雄として凱旋できるなら、これほど嬉しいことはない。

ケストラーはマメインに先立つこと二週間、一足先にパリに着くと、共通の知り合いの紹介を待つことなく「コンバ」紙の編集部に赴き、編集長室とは名ばかりの小部屋に入り、親しみのこもった笑顔を浮かべてカミュに挨拶の手を差し延べた。そこからオテル・デュ・ポン・ロワイヤルのバーへ向かい、いずれ姿を現すはずのサルトルとボーヴォワールを待ち受ける。ふたりの姿を認めるとケストラーは立ち上がって歩み寄り、「ご機嫌よう。わたしはケストラーです」[17]と名乗った。ユダヤ系ハンガリー人転じてイギリス文学界の寵児とアルジェリア生まれの作家、実存主義哲学者ふたりはこうしてたちまち打ち解けた。

一週間後、ケストラーはマメインをサルトルとボーヴォワールに紹介し、四人はそれからしばしばサルトルのアパルトマンで落ち合い、あるいはカフェ・ド・フロールで昼食を共にした。十月二十三日、マメインはシーリア宛てにこう書き綴る。「サルトルはとてもチャーミングで、彼の話を聞いている間は実存主義がすごくいいように思うけれど、何のことかはあまりよくわかりません。サルトルとKはすっかり意気投合したし、シモーヌ・ド・ボーヴォワールともわたしたちふたりとも、焔に包まれる家のように、あっと言う間に近しい間柄になりました」[18]。その晩のわずか数時間後、ケストラーは焔に包まれる家のように、ボーヴォワールと近しい間柄になるだろう。

その日の深夜、二組のカップルはオテル・デュ・ポン・ロワイヤルのバーでばったり再会した。マメインは疲れていたので先に帰って休むことにし、ケストラーはボーヴォワール、サルトル、ジャン・ジュネと後に残った。ホテルに戻ったものの寝つかれず、マメインは暇つぶしに妹に手紙を書く。「Kはまだ戻ってくる気配がありません、それでちょっと心配しています。今頃（午前三時）は泥酔しているだろうし、それでこんな手紙をだらだら書いているの。ほかにどうしたらいいかわからないものだから」。ケストラーはそれからまだ数時間、ホテルに戻らなかった。ケストラーはボーヴォワールとラ・ルイジアーヌの円形の部屋で激しい愛の営みをくりひろげる。ケストラーはボーヴォワールを一目見て、心に燃える情熱を感じ取った。ボーヴォワールもケストラーのがむしゃらさに惹かれ、何もかもむさぼり尽くそうとするエネルギー、炎のような知性に魅了されたけれども、ある種の暴力性も察知した。ふたりは互いに好奇心を強く刺激され、おそらく同じ階級のボクシングのチャンピオン同士のように、お手合わせ願って力試しがしたかったのではないだろうか。背後でドアが閉まると同時に、ケストラーはボーヴォワールの服に手をかけて、引き裂くように裸にした。ケストラーが荒っぽくても、ひどく荒っぽくても、ボーヴォワールはさほど驚かない。うすうすそうではないかと予想もしていた。明け方にケストラーがマメインの許に帰った後（マメインはその頃ようやく眠りについた）、ケストラーとこうなることはもう二度とないだろうとボーヴォワールは感じた。力づくで奪うような愛し方を見て、ボーヴォワールはケストラーは粗暴で衝動的な男、女たらしの厭世家と見抜いた。ケストラーは女を自分の人生の小道具のように扱うらしい。まさにそのとおりのことをケストラーがマメインに言うのを聞きはしなかったか。「お前はわたしの小道具にすぎない」とケストラーはたしかに言った。シモーヌ・ド・ボーヴォワールは誰の小道具でもない。

マメイン、ジャン＝ポール、そしてアルベール

一週間後の十月三十一日、カミュとフランシーヌ夫人、ケストラーと恋人のマメイン、サルトルとボーヴォワールは「アラブ風ビストロでアラブ料理を食べる」約束をして、夕食時に落ち合った。食事を終えた後、六人は「ピンクとブルーのネオンに照らされ、ステージでは男たちがとても短いスカートをはいた女の子と踊る」バル・ミュゼット（踊れる酒場）に繰りこんだ。この日の宵から夜更けにかけて見聞きしたことがくっきり記憶に焼きついて、マメインは翌日、妹に何もかも詳しく書き送った。「生まれて初めてKと踊

って、それからカストール（どうも生まれてこのかたほとんど踊ったことがないのではないかしら）をKがずるずる引っ張って踊りまわり、サルトル（こちらも前に同じ）がカミュ夫人をずるずる引きずる滅多にない見物を目の当たりにしました」。新しい友人たちはじつに愉快な時を過ごし、夜はまだ浅かったので、ケストラーが全員をロシア風ナイトクラブに招待した。〈シェヘラザード〉はカミュ、サルトル、ボーヴォワールの好みには合わなかったけれども、ケストラーの勢いには逆らえない。ナイトクラブの店中は真っ暗闇に近く、バイオリンの感傷的な調べが耳に届く。パリの友人たちは面食らって顔を見合わせた。

　ケストラーが一連隊に行き渡るほど大量のシャンペン、ウォッカ、ザクースカ（ロシア料理の前菜）を注文して、全員やっとくつろぐことができた。「サルトルはたちまち泥酔し、ボーヴォワールも酔っぱらい、Kも酔っぱらいました（わたしたちウォッカとシャンペンをたくさん飲んだの）。フランシーヌ・カミュ（うっとりするくらい美しく、それに親切です）もきこしめされました。カミュとわたしは酔っぱらいはしなかったけれど、もう一歩でそうなるところでした」。掏摸《すり》に一万三千フラン入った財布を盗られても、ケストラーがまったく気づかなかったのも驚くに当たらない。あっと言う間に時間が経つ。サルトルは翌日ユネスコで千人単位の聴衆を前に講演することになっていて、その原稿をまだ書いていなかったけれども、あまり楽しいのでひとり先に帰る気になれない。いきなりバイオリン弾きの一団が六人のテーブルを囲み、「黒い瞳」を奏で始めた。ロシア民謡でもとくに名高いセンチメンタルな調べが聞こえたとたん、ケストラーは両手で頭を抱え、こらえきれずに咽び泣きを始めた。

　友人たちはケストラーの肩をぽんぽん叩き、誰かが「オニオン・スープをやる時間じゃないか」と声をかけた。表に出て、ゾラが「パリの胃袋」と呼んだレ・アール（中央市場）に向かう道すがら、男たちの独白が始まる。カミュは「真実が書けたらなあ！」とさかんに繰り返す。サルトルはくすくす笑いながら、大声で独り言を言った。「あと何時間かしたら、ぼくは聴衆を前に作家の責任について講演するんだぞ！」後ろからついていくケストラーは大声を張り上げ、「我々は政治に関して完全に意見が一致しなければならない。そうでなかったら、どうして友人でいられるか！」オニオン・スープを前にして、野放図なケストラーは牡蠣と、一緒に飲み下す白ワインをどうしても注文すると言って聞かない。「その頃にはサルトルは目茶苦茶に酔っぱらって、ひどく可愛く、おかしくてたまりませんでした。ナプキンに塩と胡椒を振っては小さく畳んで、ポケットにしまうのです[19]」。

カミュは大笑いしながらユネスコの講演の話を持ち出し、サルトルに「俺抜きで話してくれよ！」と語りかける。サルトルは「ぼくなしで話せたらいいのにな！」と怒鳴り返した。そろそろと思って窓の外に目をやると、夜はすっかり明けている。三組のカップルは別れの挨拶を交わし、甚だ怪しい足取りでそれぞれ帰路についた。セーヌ川に架かるポン・ヌフ橋を渡る途中、ボーヴォワールは橋桁に寄り掛かり、人間の条件の悲劇を思ってすすり泣きを始めた。「どうしてひとは川に身投げしないのか、わたしにはわからない！」とボーヴォワールはサルトルに言った。同じようにすすり泣きながらサルトルは応える。「よし、一緒に飛びこもう！」一方、ポン・ロワイヤル橋の上では、ケストラーとマメインがやはり涙にむせんでいたが、人間の条件を思ってのことではなかった。ただセーヌ川の「譬えようもない美しさ」に、「黒い幹に黄緑と黄色の葉をつけた素敵なポプラ並木、早朝の光を浴びて川面に映る建物」を見て涙を流したのだった。

ボーヴォワールは後になって、どうやってそれぞれのベッドにたどり着いたのか、思い出せなかった。八時間後、酔いも醒めやらず、蒼白い顔をしてボーヴォワールはサルトルの講演を聴くため、ユネスコの大講堂の最前列に着席した。サルトルが演壇に姿を現す。「窶れきった顔でした」。サルトルは二時間しか寝ていなかった。目覚まし時計が鳴ると、ベッドから起き出し、やっとの思いで行きつけの薬局に行き、オルテドリンの入った薬瓶をつかんだ。瓶には錠剤が詰まっている。サルトルはそれをぜんぶ飲み下した。オルテドリンは覚醒作用のある薬で、薬局で容易に手に入り、戦争中にお世話になったレジスタンスの活動家たちは、魔法のような効き目があると信じて神聖視した。

いくら薬を飲んでも、サルトルはマメインに寄せる好意を紛らせない。サルトルはマメインに心を奪われた。マメインもサルトルはチャーミングでじつに楽しいひとだと思った。「Kと一緒に会ったひとたちの中では、わたしはシュペルバー[20]が一番、あとサルトルが気に入りました」とマメインはその週のうちに妹のシーリアに書き送る。ただしケストラーの恋人に惚れたのはサルトルひとりではなかった。ケストラーは当然のこと、さらにカミュも加わる。カミュはマメインをこのうえなく美しいと感じた。それにカミュは女心を射止めるゲームでサルトルを出し抜くのがことのほか好きだった。マメインが靡いたのは誰か、サルトルか、カミュか？　その夜の成り行きが明らかになるのは、二、三か月後のことである。

「男が女を愛するように、わたしはあなたを愛す」

ふたりとも一九四五年の暮れに共産党系週刊誌「ファム・フランセーズ」を辞め、もう同じ編集部で働くことはなくなったけれども、エディット・トマとドミニク・オーリーの親しい仲は続いた。ふたりは何から何まで違っていた。政治的な背景も対極と言ってよい。オーリーは極右、トマは極左の出だが、戦争が始まるとオーリーは愛国心、トマは理想主義と理由こそは違え、どちらもレジスタンスに加わった。オーリーは臆せずひとを口説くたちで、何をやらせても如才なく、融通が利き、慇懃なことこのうえなく、用心深い。トマが真実、正統性を愛するのに対し、オーリーは秘密を好み、ときにはそれが嘘であっても厭わない。それでもふたりには三つの何より重要な共通点があった。知性、寛容、ユーモアである。会ったその日からふたりは親しい友人同士となった。互いに相手を、それぞれ異なる理由から畏怖した。オーリーはトマを敬愛し、トマはオーリーに夢中になった。オーリーには愛人があり、性的にも強く惹かれ合う間柄とわかっても、男の素性は摑めない。アルベール・カミュだろうか[21]。オーリーが極端に用心深いので、確かなところは知りようがない。トマ自身はというと、いつにも増して孤独をもてあましていた。

　トマは自分に対して、他人に対しても、とても厳しくあたるようになった。三十七歳になり、自分の肉体を恥じるあまり、自分から口説くなど思いもよらない。トマはほとんど男を諦め、セックスと愛とも無縁と思い切ろうとした。処女を喪失したのも三十二歳になってからで、日記に告白したところでは「痛みが歓びに勝った」[22]。それからも出会いはごく稀で長続きせず、満足のいったものはひとつもない。「男はどれもみな同じという点では、わたしは娼婦のようなもの。わたしはどの男も愛せない。これ以上どうしようもないくらい、わたしにははっきりわかる」[23]。トマには愛情より友情のほうがよほど好ましかった。近づきになるのを許したただひとりのひと、オーリーだけがトマの鋭い感受性、輝かしい美しさを認めてくれたように思える。

　親しい友達付き合いを続けて数か月後、オーリーはトマに寄せる本心を明かすことにした。男女を問わず口説き落とすのはお手の物のオーリーには、獲物のかどわかし方がよくわかっていた。十月二十七日、オーリーはトマをコーヒーに誘う。「部屋に着くとすぐにドミニクがわたしにこう言った。『エディット、これは奇襲なの』。ドミニクは青ざめて、具合でも悪そうだった。『男が女を愛するように、わたしはあなたを愛している』」。トマは帰宅するとすぐに、この日のやりとりと自分の気持ちを日記に綴った。

どうすればよいの？　神様（はいないけれど）、どうすればよいのでしょう。ドミニクのことは心から大切に思うし、敬ってもいる。ひとの見方も同じだし、同じ本が好き。ドミニクの細やかな心遣い、優れた知性をわたしは愛している。ドミニクが男であってくれたら、愛されて有頂天になるだろう。わたしが男だったら、わたしは彼女を愛するだろう。でもわたしは女、彼女も女。どうすればいい？　どうしてわたしはいつも自分を困った立場に立たせるのだろう。[24]

トマには女同士にセックスができるとは思えなかった。それは潔癖さからではなく、単にそんなことがある日自分の身にじかに降りかかるとは考えたこともなかったからである。実は、トマは同性愛がとくに嫌というわけでもない。「わたしにとって、同性愛は悪でもなければ善でもない。悪徳でもなければ美徳でもない。それではなぜ拒むのだろう。わたしは古代ギリシア人のように、倫理観など持ち合わせないのだから」

同じ日の数時間後、オーリーは抜き足差し足、トマの仕事部屋まで階段を昇り、ドアの下からそっと手紙を差し入れた。これもまた愛の告白だが、親称の tu ではなく敬称の vous を用いている。

エディット、わたしの愛しいひと。許してください。これ以上もう黙っていられません。今でもあなたに寄り添い、あなたを愛していると伝え、あなたに接吻をしたいのです。もう、どうすれば自分の気持ちを抑えられるのか、わからなくなりました。あなたの柔らかさを思うと、わたしの心は千々に乱れます。恋に焦がれ、あなたのあまりに柔らかい手、柔らかい黒髪、それとも頰の産毛に、そこ、耳のすぐ上のところに唇で触れたらどんな気がするか、あなたはご存じないのです。エディット、わたしはこれまで、今あなたを愛するように、女性を愛したことはありません。愛する女性に憧憬、敬意、そして慈愛の結ぶ儚い同志愛（戦時の昂揚はいかばかりでしたでしょう）を抱いたことは、これまで一度としてありません。今朝方、あなたをほんの一瞬我が腕に抱いただけで、わたしはよろめき、壁に手をついて我が身を支えたのでした。エディット、あなたの両の手に接吻をいたします。[25]

このような生々しい感情の披瀝に不慣れなトマは驚き、悩み、たちまちオーリーの仕掛けた罠に落ちた。サルトルがユネスコの演壇にやっとのことでたどり着き、作家の責任について一席ぶち、ケストラー、マメイン、カミュ、そしてフランシーヌが終日ベッドで過ごしたその日、リュクサンブール庭園を挟んで向かい側にいた女性ふたりも寝室から一歩も外に出ようとしなかった。一方が他方に、夢想もしなかった肉の歓びを手ほどきした。オーリーが悪童を演じれば、トマは年端も行かない、か弱い娘役。オーリーは肉体関係が友情に障ることは決してないと誓った。オーリーはひとりの愛人に貞節を尽くすことはできない、そのような誓いは立てられないと知っていたが、いつまでも友達としては誠実であり、将来も誠実であり続けるだろう。ふたりで過ごす初めての午後、夜を経てトマは変身する。トマはがむしゃらに情事に身を投じた。「わたしは燃える。一束の乾いた薪、一握りの藁のように。喉が渇く。たったひとり、砂漠を渡る。わたしは飢える。あなた、わたしの果樹園、泉水になってくれますか。それとも炎のように何もかも焼き尽くし、死ぬほど満たされないわたしをそのままにしておくのかしら[26]」。

凍えるように寒い十一月のある朝、オーリーが「十代の情熱的な少年」役、トマが「その子が生まれて初めて抱く情婦」役を演ずる爛れた愛欲の一夜を明かした後、リュクサンブール庭園に列をなすフランスの王妃の彫像の脇を肩を並べて歩きながら、トマは努めて平静を保ち、よそよそしくしようとする。「ドミニク、わたしね、これまでどうしても男と一緒にいるのに我慢がならなかった。またそうなるのではないか心配なの」。オーリーの目に涙が浮かび、こぼれそうになる。「まあエディット、あなた、わたしを棄てようっていうの。どうすればよいのか、教えて。あなたの望むことなら、わたし何でもするわ」。十一月も末になる頃に、トマはすっかりオーリーの魅力の虜になっていた。思いの丈を一心不乱に綴るのは、いまやトマの番である。

　何事も緻密に思考し、つねに好んで疑念を抱き、確実、確信を排してきたトマだったが、オーリーと恋に落ちたとたんすっかり箍が外れ、おそらくうぶにもなる。「今夜はスティーヴン・スペンダーに会いに行くのはよして、ただあなたのキスを肌に感じていたい。わたしの愛するひと、この時間が愛なのかしら」[27]。トマはときに日に何通もオーリーに手紙を書いた。「あなただけが欲しい、ドミニク、あなた、砂漠にあなたとふたりきり、砂と白骨の砂漠で、あなただけのために。愛がすべてで絶対でなければ、わたしに愛のことは何もわからない。あなたを愛するように、ひとりの人間を愛するのがわたしの運命、そうすればただひとりがわたしの中にいて、わたしを満たしてくれる」[28]。この後の数か月、トマとオーリーの相思相愛の関係は続き、トマは無我夢中の法悦境に誘われる。それが長続きはしないと、トマは知っていたのだろうか。オーリーはトマのために謎めいた男性の愛人と別れたこともあったかもしれないが、恋の狩人に生まれついたオーリーは、情熱が冷めれば必ず次の獲物に狙いをつける。アーサー・ケストラーとの灼熱の情事は短命に終わるにしても（オーリーはケストラーの評論集『行者と人民委員』の仏訳に取り組んでいた）、何か月も前から徐々に熱を帯びるジャン・ポーランとの関係は、いずれトマに寄せる気持ちを脇に追いやるだろう。トマはうすうすそれを感じとり、怯えた。

サルトルとボーヴォワール――お手本

アンヌ＝マリー・カザリスは優れた新鋭詩人に贈られるポール・ヴァレリー賞を二十三歳で受賞しても、第二のヴァレリーを目指そうとはしない。カザリスはシモーヌ・ド・ボーヴォワールになりたい、サン＝ジェルマン＝デ＝プレに暮らし、ジャーナリストとして活躍したいと願う。同年代の多くと同様、カザリスも一九四三年に『招かれた女』を読んだ。小説仕立てとはいえ実在の人物がモデルとわかるこの小説は、ボーヴォワール、サルトルそしてかつての教え子オルガ・コザキエヴィッツの三角関係を描き、当時の若者すべてを痺れさせた。カザリスも小説の魅力の虜になる。「ひとがこれほど自由に生きられるとは夢にも思わなかった。シモーヌはこのように生きる権利を自力で勝ち取り、おかげでわたしたち若い世代は、授かり物を受け取るように、この自由を手にした[29]」。カザリスは「フランス・ディマンシュ」誌に埋め草原稿を書き始め、さして重要でもとくに興味を惹く内容でもなかったけれども、とにかくそれをきっかけに記事の種、話を聞く相手を求めて街頭を歩き回るようになった。

ある日のこと、サン＝タンドレ＝デ＝ザール通りを歩いていると、髪は濃茶、曲線美の若い娘が目についた。十代の娘は黒のタートルネックに乗馬ズボン、コール墨のアイライナーが目立つ。美貌の娘はマスタード付きのピクルス・サンドイッチを頬張り、のちに聞いた話では、服装とは裏腹に生まれてから一度も馬に乗ったことはないという[30]。名はジュリエット・グレコ。若い娘ふたりはたちまち大の親友同士となる。晩にはしばしば〈メフィスト〉で落ち合った。このバーは午前一時まで店を開け、秘密の地下室まであり、そこには選ばれた少数しか入れない。カザリスはボーヴォワール、サルトル、カミュ、それから「コンバ」紙の記者がこの地下室を本部のひとつにしていると聞いていた。呼び鈴は長く押し続ける必要があり、カザリスとグレコはいつも中に入れてもらえるとは限らない。運がなければジャック・プレヴェールの行きつけの店、ジャコブ通り十番地の〈ル・バー・ヴェール〉で宵を過ごす。電話ボックスの落書きがとくに面白い。「『もしもし?』を聴くと、セーヌ川を思い出さないかい?」[31]はそのひとつ。

一九四五年十月、クロード・ランズマンはリセ・ルイ＝ル＝グランの高等師範学校準備級に編入されたところだった。二十歳の青年はそれまでの五年をクレルモン＝フェランの町とオーヴェルニュ地方のレジスタンスに加わり、命懸けで闘い抜いた。ランズマンはまたユダヤ人だったけれども、一九四一年以前、ヴィシー政府の反ユダヤ人法ができるまでは本人もさほどそれを意識したことがない。ランズマンと友人ジャン・コーはクラスでも優等生に属する。どちらも文学と女の両方に同じくらい熱を上げたが、学習意欲となるとさっぱりで、まもなく壮大な計画を思いつく。ジャン・コーの信じるところによると、作家になるには著名作家の個人秘書から始める必要がある。「コーにとっては、それがバルザック式通過儀礼だった」[32]。ある日の午後、ランズマンがリセの図書館に行くと、友人が目を輝かせ机に覆い被さるようにして書き物をしている。コーが書くというより作文している十通に余る手紙の宛て先はマルロー、アラゴン、サルトル、ジッド、モーリアック、ポーランなど。数日経ち、数週間が経った。とうとうある朝、リセの指導主事がコーに一通の手紙を手渡す。著名作家多数に手紙を送ったものの、結局のところコーの手許に届いた返事はその一通きりだった。差出人はサルトル。ランズマンとコーは汗ばむ手で丁寧に封筒を開け、手紙を読んだ。週日の午後二時から三時の間、いつでも都合のよいときにカフェ・ド・フロールに会いに来てください。手紙にはこうあった。

ふたりは面会した。サルトルは若者が気に入り、サルトルにとって初の事務局は、リセの図書館を発祥の地に組織される。実のところ、サルトルにしてもコーにしても「事務局」が何を意味し、哲学者をどのように助けられるのか皆目見当がつかない。「コーがやり方を考案し、目的を案出し、サルトルに少しずつ日程と財産を整理するように仕向けた」[33]——言い換えれば、サルトルの人生そのものをということになる。サルトルは金払いのよいことで知られていた。報酬は必ず現金で受け取り、好んで分厚い札束を持ち歩き、レストランやカフェの勘定はいつも自分持ち、ほかのひとには決して払わせず、ウェイターには多額のチップを弾んだ。サルトルは仰天するほど気前がよく、たまたま、あるいはいつも手元不如意の友人多数を周囲に惹きつける。サルトルはかつての教え子の堕胎費用をこっそり負担し、過去、現在の愛人の家賃の面倒を見、貧乏な作家には金を融通した。サルトルに助けてもらったひとは厖大な数にのぼる。実際、サルトルは何も所有したいと思わず、その言葉どおり、終生何も所有しなかった。コーはすぐさま、自分の主な役割は、忙しくなる一方の社交とつけこもうと手ぐすね引く輩からできるだけサルトルを引き離し、日の高いうちに中断されることなく執筆に専念できる時間を確保することと見抜いた。コーはリセを中退し、五区のソルボンヌ大学前のエコール通りの煤けたホテルに小さな部屋を借り、サルトルのアパルトマンに小さな机を持ちこみ、毎日午前十時から午後一時までの間、電話に応え、手紙の返事を書き、サルトルの日程を管理した。サルトルの暮らしはよく整理されたものとなる。一時半にリップかフロールに昼食をとりに出かけ、四時半に帰宅。ボーヴォワールが五時頃やってきて、緑色の布を張った自分用の小さなブリッジ・テーブルで書き物を始め、そうやってふたりはひとつ部屋で少なくとも八時、あるいは九時まで仕事をし、それから夕食をとりに外出する。ときどき、指の凝りをほぐしリラックスさせるため、サルトルはピアノに向かい、ベートーヴェンのソナタかバッハのプレリュードを復習した。ふたりは午後中、それぞれ用意した魔法瓶のお茶を飲み（これはホテル住まいの頃から続く古い習慣）、煙突のように煙草を――サルトルはパイプ、ボーヴォワールは紙巻きを――喫う。[34]その間もジャン・コーはふたりに友人クロード・ランズマンを紹介する機会を窺った。ランズマンはのちにふたりの哲学者、とりわけボーヴォワールの大のお気に入りとなる。

サルトルとボーヴォワールはハリウッド・スターのように若者たちを夢中にさせた。ふたりには特別なオーラがあった。ただしそれは一方通行に終わらない。サルトルとボーヴォワールはたえず若者たちから学んだ。この交流は関係者全員に豊かな稔りをもたらす。サルトルとボーヴォワールにジャズを指南したボリス・ヴィアンは、よくふたりを最新流行のジャズ・クラブに案内した。パンテオンの影の射す五区カルム通り五番地のホテル[35]の地下に開店したての〈ル・カヴォー・デ・ロリアンテ（ロリアンの洞窟）〉もそのひとつ。質素なホテルを経営するブルターニュ出身のペロドゥ夫妻はジャズを演奏する多くの常連客に頼んで、カルチエ・ラタンの若者向けに毎晩五時から七時まで演奏してもらおうと思いつく。地下は換気がひどく悪いが、まさか二時間で窒息するひともあるまい。ドアを開けたままにしておけば、若者たちはちょっと暑いと感じるくらいだろう。当局の許可を得るために、ジャズ・クラブの儲けは全額、解放時に連合軍の爆撃を受けてほぼ壊滅したロリアンに寄付すると夫妻は申し立てる。入場料は左岸のどこより安く設定した。[36]若者たちを呼び込もうという算段で、思惑は図に当たる。

クラブの開店はすぐに知れ渡った。ジュリエット・グレコとアンヌ＝マリー・カザリスはその後まもなく、毎日午後五時にカルム通りで落ち合うのが日課になった。「五フラン出せば店に入れて、そのうえサッカリン入りのオレンジ味の炭酸水まで飲めるのよ！　わたしたち皆、一文無しの時代でしょう」[37]。ふたりは密かにサルトルとボーヴォワールに行き合うことも期待した。金髪碧眼、身長百八十センチ、『ターザン』

のコミック本を読むのが好きな二十二歳のフランス人クラリネット奏者クロード・リュテールも注目の的だった。夢見がちな乙女たちは、まもなく「ロリアンテ（ロリアンの住人）」と綽名されるクロード・リュテールと彼のミュージシャン仲間めがけて殺到するが、それは彼らの音楽ばかりでなく、運動選手のような肉体の魅力にも惹かれたせいだろう。パリ訪問中のアメリカの黒人トロンボーン奏者タイリー・グレンは午後のセッションでリュテールに興味を持ち、話しかけた。グレンはリュテールのような若者がニューオーリンズ・スタイルを身につけているのに驚きを隠せない。ふたりはニューオーリンズ・ジャズとシドニー・ベシェについて語り明かした。リュテールとパリの友人たちはその後二、三年のうちに、それまで埋もれていたベシェを復活させ、国際的なステージに呼び戻す。

クロード・リュテールも熱心なファンと同様、一文無しだった。あちこちの演奏料の支払い日までの数日をしのぐため、クラリネットを質に入れなければならないこともあり、金が入るとようやく楽器を請け出してまた演奏を始める。リュテールにしても、ジュリエット・グレコ、アンヌ＝マリー・カザリスにしても、誰ひとりとしてまともな食事にありつける金を持たない。カフェ・ド・フロールのコーヒーとタルティーヌで腹の虫をおさえ、午後五時になるとジャズ・クラブに行ってオレンジ味の炭酸水を飲む。ジュリエット・グレコはグラン・ゾーギュスタン河岸五十三番地の三にあるオテル・ビソンに引っ越した。部屋はミシェル・レリスと隣り合わせだったが、セーヌ川越しに広々とした景色が望めるレリスの部屋とは違い、グレコの小部屋は薄暗く、薄汚れた中庭に面して小窓ひとつあるきりだった。

女性解放

九月初めのパリは市民がこぞって普段の暮らしに戻る時期、田舎の実家で英気を養い、日焼けした大人は仕事に復帰し、子供たちは鉛筆の本数を数え、学生鞄の埃を落とし、批評家は小説、芝居、映画の新シーズンに備えてウィットに磨きをかける。この時期は新しい計画に取り組むのに相応しく、ボーヴォワールにもひとつ心当たりがあった。夏休みに入る直前、サルトルから新しいエッセイのテーマになりそうなヒントをもらっていた。女性の条件——言い換えるなら、女であることの持つ意味である。ボーヴォワールはこのアイデアが気に入り、自分の体験も生かせるだろうと考える。ボーヴォワールはもはや駆け出しの域を脱していた。三十八歳となった今、主題と形式両面の思い切った冒険も許される。

サルトルに話を持ちかけられたときには、課題はたやすく、文体の稽古に近いものになりそうな気がした。エッセイはごく短くまとめられるだろうとボーヴォワールは予測した。ボーヴォワールを育てた父親は、もともと息子を望んでいた。娘が知性に優れ、学業優秀と知り、父親は娘の才能を伸ばそうと後押しした。したがってボーヴォワールの経験は多くの女性とは異なる。「自分が劣っていると感じたことは一度もない。誰からも『そんなふうに考えるのは、お前が女だからだ』と言われたこともない。自分が女であるという事実、自分の女性性を気に病んだことはまったくないのです。『わたしの場合、それは大した問題ではなかった』とわたしはサルトルに言った」。サルトルはもう一度考え直すように促した。「そうはいっても、きみだって男の子と同じように育てられたわけではないだろう。もう少し、よく考えてごらん」[38]。ボーヴォワールは言いつけを守り、毎朝リシュリュー通りの国立図書館に通いつめた。

図書館の楕円の間の美しいけれども硬い木製ベンチに腰掛け、ガラス張りの天窓越しに降り注ぐ九月の暖かい陽差しを浴びながら、ボーヴォワールは天啓に打たれる。「それは啓示だった。この世は男性の世界であり、わたしの子供時代は男がでっちあげた神話によって養われ、それに対してわたしは男の子のようには反応しなかった。これがあまりに興味深かったので、私的な告白をしようという当初の計画はそっちのけにして、女性の置かれた境遇に焦点を絞ることにした」[39]。そうなると短いエッセイをさっさと書き上げるというわけにはいかなくなる。ボーヴォワールは『第二の性』の執筆準備に取りかかる。この本はいずれ世界を震撼させるだろう。

ボーヴォワールはそれまで世間のしきたりなどお構いなしに好きなように生きてきたから、この主題について調べることは自己発見の旅路ともなった。その過程でボーヴォワールは若い娘たちがなぜ自分に夢中になるのか理解した。ボーヴォワールの生き方は解放された女性の手本、若い世代の憧れる生き方そのものであり、ボーヴォワールはそれを委細を尽くし、露骨に性的な内容も敬遠せずに分析することになるだろう。

これとまったく時を同じくして、エディット・トマも歴史に名を残す非凡な女性たちの伝記執筆に取り組んでいた。トマは最新小説二作[40]が一九四五年末にようやく出版されたのに勇気づけられ、作業に邁進する。二十二歳から数えて七冊の小説を出版しながら、未だに本当の意味での成功には手が届かないため、トマは小説からノンフィクションへ文学ジャンルを変えてみるのも、狭い枠から脱け出すきっかけになるかもしれないと考えた。いずれにせよ、トマは国立公文書館の司書長に任命されたところで、厖大な歴史文書や資料を自由に利用できる立場にあった。

トマの目論見に興味を示した出版社は二社あり、一方はジャンヌ・ダルクの肖像[41]、他方は一八四八年の第二帝政時代の先駆的なフェミニストの人物紹介集に注目した[42]。

オーリーはいまや文芸誌「アルシュ（アーチ）」の主要作家、評論家として活動していた。オーリーとしてはあらゆる手を尽くしてトマの力になりたい。オーリーはトマに女性の権利を擁護する闘士の姿を認めた。「エディット・トマの小説に登場する女主人公は皆、自らの身にふりかかる危険も顧みず、女性が通常置かれる境遇を拒否する。彼女等はほかの誰かのために、ほかの誰かに頼って生きるのを拒否する。彼女らは自立を望む」[43]。オーリーの応援に力づけられ、トマは新たな編集作業に着手するかたわら、短編集『イヴと他者たち』を書き上げる。これらの短編には共通のテーマがあった。小説に登場する女性たちは夫、あるいは神への依存を逃れて自立を取り戻し、自由に生き、人生に求めるすべてを手にしたいという抱負を強く主張する。

エディット・トマは書き手としては激しやすく、熱に浮かされやすい性質で、しばしばイデオロギーに流される。シモーヌ・ド・ボーヴォワールの才気はそれとは逆に、対象をあくまで理知的に捉え、それを冷静に、きわめて簡潔な文体で書き表す。後世はふたりのうちの一方のみを記憶にとどめることになるけれども、同じ年頃の女性ふたりが、同じ時期に通りをわずか数本隔てたところで、自らの存在に関わる同じジレンマと取り組んだことは特筆に値する。男性優位の世の中で、自由に、ひとりの女性として、自主的に、自立して生きるにはどうすればよいのか。それが課題だった。

ボーヴォワールの周囲にいる女たちの多くは、自由に生きる勇気を奮い起こすに至らない。中産階級は強力な規範に縛られている。実例は身近にもいた。アーサー・ケストラーのパートナーで未来の妻、三十歳の英国の薔薇マメイン・パジェットである。双子の妹シーリアともども幼い頃に孤児となったマメインは、富裕な従兄弟が学費を負担してくれたおかげで、イギリスとフランスの上流階級の子弟のみを受け入れる全寮制の学校で教育を受けた。知性に優れ、数か国語に通じ、豊かな教養を備え、可憐で女らしい容姿の双子の姉妹は、十代後半にイングランド南部、グラインドボーン歌劇場のオペラ公演に伴う上品な夜会で社交界の注目を集める。ところが、そこにいてはどう背伸びしても社交界の華となるか、「名士の妻」になる以上の望みは抱けない。それとは違う道を選び、自分たちの置かれた境遇から脱け出そうとするには、想像を絶する意志の強さと強靱な性格、それにある種の狂気が求められる。マメインはそうした強さを持ち合わせない。マメインはよい意味で柔和で繊細、思いやり深く、たしかに悪戯っぽいところもあるにはあったが、反逆心とは縁がない。マメインはシモーヌ・ド・ボーヴォワールとエディット・トマがそうはなりたくないと願い、そうならないために全力を尽くして闘ったすべてを体現する。マメインは、フランシーヌ・カミュと同じようにひとの妻となり、持てる才能を夫の出世を助けることに費やしながら、決してその功績を認められることのない生涯を送ることになるだろう。この不釣り合い、不公平、欺瞞はふたりの夫婦生活、家庭生活を毒し、当の本人の健康まで蝕むことになる。

マメインは一九四四年一月にシリル・コノリーがロンドン、ベッドフォード・スクエアのアパートで催したパーティーでアーサー・ケストラーと出会い、以来、伴侶の成功を陰で支えた。ケストラーが英語で執筆し、出版することにした時点から、とくにマメインの貢献度は高くなる。マメインはケストラーの翻訳者、編集者、校閲者となり、その間もしじゅう苛められ、ときどき抱かれても、それは自分だけに限らない間柄が続く。ケストラーが執筆する言語を切り換えるのはこれが二度目である。学生時代にハンガリー語を棄ててドイツ語を採り、いまやそのドイツ語も脇に置くことにした。ケストラーはまた自作の翻訳、調査、タイプ打ち、編集まで、人生で深い仲になった何人かの女性に任せきりにした。この時期に成功を収めた『真昼の暗黒』は、戦争前夜にドイツ語で書いたものを当時のイギリス人の恋人、彫刻家ダフニ・ハーディが英訳したもので、ロンドンのマクミラン社に原稿を持ち込んだのもハーディだった。

ケストラーの創作に手を貸し、人生を共に歩んだ女たちにはいくつか見返りもあった。ケストラーを介してマメインは目眩めく人生を経験し、同時代を代表する偉大な知識人、作家と出会い、しばしば彼らに惚れられ、稀には自分も惚れることがあった。一九四六年二月十五日、マメインはスイスのローザンヌ駅を発車直前の列車の食堂車で妹のシーリア宛てに絵はがきを書いた。「愛しいトウィニー、昨日［トリスタン・］ツァラ[44]と昼食をとったら、［ロシア］政府の招待客として一緒にウィーンに行こうと誘われました。ツァラは最悪のスターリニストよ[45]」。

ケストラーとマメインは定期的に著名人を招いてもてなしもした。寡夫になってまもないジョージ・オーウェルは生後一歳半の息子リチャードを連れてクリスマス休暇を過ごしに訪れ、マメインの妹シーリアに結婚を申し込み、当惑させた（この頃オーウェルは八方塞がりの境遇にあり、若い女性に次々と結婚を申し込む）。「素晴らしくチャーミングでウィットに富む」哲学者バートランド・ラッセルは三度目の妻を連れて現れ、どうやら飲みすぎたらしく突拍子もない予測を口にした。「ラッセルの言うには、アメリカではカトリック教徒の人口が飛躍的に増えているので、アメリカはいつかカトリック教徒の支配する国になり、わたしたちはスターリンと教皇のどちらを選ぶか新たな選択を迫られるのですって[46]」。

マメインはその一年前にケストラーと同居し、ウェールズのブルフ・オキンに住むことに同意した。ケストラーはロンドンが気に入らず、ウェールズの丘がなぜかオーストリアを思わせるという。ケストラーは結婚すると約束したが、約束を果たすのに七年もかけたのはおそらく子供をつくりたくなかったためで、マメインも最後には不承不承これを受け入れる。ふたりの日々の暮らしは質素なものだった。家事全般を、折々「低能な召使い」に妨げられながらこなすのに加え、マメインはケストラーの秘書の仕事も一切合切引き受けた[47]。

マメインのすぐ下の世代、一九二〇年代後半から三〇年代の初めに生まれ、戦争中は子供だった世代にとって、自立は家庭生活よりよほど望ましく、それを手に入れるためなら危険を冒す価値があると思われた。それはサン＝ジェルマン＝デ＝プレの空気のせいかもしれず、本物の濃いコーヒーがカップに戻ってきたせいかもしれず、シモーヌ・ド・ボーヴォワールに憧れたせいかもしれないが、とにかくジュリエット・グレコと友人のアンヌ＝マリー・カザリスは相手が誰でも、従順な伴侶になるつもりはない。それは仕事をして自分の食い扶持を稼ぐというだけの話ではなく、エディット・トマが自作の小説の主人公について語ったように、自立すること、他人に頼らなくても自分は何ひとつ欠けるところのない自足した人間だと感じられることでもある。こうした若い女性たちもドミニク・オーリーやボーヴォワールと同じように、自由奔放なセックスを楽しもうという意欲満々だった。グレコとカザリスには、夜毎サン＝ジェルマン大通りのバー〈メフィスト〉に集う「コンバ」紙の記者が、若者もさほど若くない者も含め、とても魅力的と思われた。「ライブの合間を縫って彼らは二、三日パリから姿を消し、マルティン・ハイデガーにインタヴューしようとシュヴァルツヴァルトを訪れた。ハイデガーは磁器のパイプを吹かして『原子爆弾はデカルトの論理的帰結だ』とのたまい、フランス人訪問客を追い返した」[48]。いいなと思っても、グレコとカザリスは記者たちに言い寄ろうとはしない。ふたりは、間違いなく「魔性の女」ならぬ「魔性の小娘」だった。本気になるのは男たちと同じくらいにとどめることにした。

一九四六年二月のある宵、三十八歳の現象学者モーリス・メルロ＝ポンティ〈余暇のダンスもなかなかのもの〉はメフィストで漆黒の髪に雌鹿の目をした十代の娘に目を留めた。現象学者は娘に歩み寄る。娘が口を利かず、あまり関心も示さないのに、メルロ＝ポンティは大いに興味をそそられた。妻のあるメルロ＝ポンティは、こうして十九歳のジュリエット・グレコに恋をする。グレコもメルロ＝ポンティにまったく魅力を感じなかったわけではなく、メフィスト名物のクレオール風血入りプディングも後押しした。[49] この頃のグレコは空腹に悩まされ、暮らしを立てようにもほとんど金はないのに、自尊心が邪魔をしてひとには打ち明けられない。グレコは夕飯に誘ってくれるひとには、その場で好意を抱いた。メルロ゠ポンティはそのうえ哲学教授とも言うし、グレコの見るところ、それより神に近づける職業はない――もっとも、それは神が存在するとしての話。メルロ゠ポンティと知り合った翌日、グレコは「レ・タン・モデルヌ」の二月号を買う。巻頭に「誠実と不誠実」と題するメルロ゠ポンティの長編エッセイが掲載されると聞いていた。

第7章　第三の道

求む――新しい政治のための新しい血

「レ・タン・モデルヌ」が創刊号で表明したように、旗幟を鮮明にする時が来た。一九四五年十月には戦前以来初めてフランスの女性が国政選挙に一票を投じ、アルベール・カミュは「コンバ」紙の読者に次善の策として非共産党系の社会主義政党に投票するよう呼びかける。カミュはシャルル・ド・ゴールを敬愛しつつも、平時の将軍による政治介入には警戒心を抱かざるをえない。ド・ゴールの判断、政策の多くを支持はしても、背後に控える政党を信頼する気にはどうしてもなれなかった。カミュは、本当のところを言えば、新しい道、ド・ゴールの改革的な愛国主義と共産党の国際主義の中間に新しい道を求めたかった。カミュが夢見たのは人道的な社会主義、政治の世界に新しい血を注入し、レジスタンス活動家の中から清廉、新鮮なエリートが台頭し、古い国家を統治することである。カミュは社会正義を、個人の自由を夢見た。フランス人の多くがカミュと同じ夢を見たけれども、悲しいかな、彼らの念願を党是とする政党は見当たらない。非共産党系の社会主義政党は激しい内部抗争にエネルギーを使い果たし、しかも腐敗しきって民主主義の新たな息吹を代表するには適さない[1]。そこでカミュは、国家を率いる政治指導者層の一新を提唱した。カミュは古い世代の政治家を忌み嫌う。ヴィシー政権に迫害されたレオン・ブルムのような勇敢な政治家も例外ではない。カミュは古顔の政治家を「生ぬるい面々」[2]と呼ぶ。若手はより清廉で、汚れも少ない。カミュはたくましく高潔な共和国を望んだ。ボーヴォワールとサルトルもカミュに同感だった。

ところが、この自立した政治的な立場は「共産主義でもなく愛国主義でもない」という以上に定義しにくいばかりでなく、実現するのも難しい。この考え方は決して新しくない。ヨーロッパでは一九二〇年代に再浮上した後、一九三八年にも当時は政治家として無名に近いのちの英国首相ハロルド・マクミランが、著書『中道』で独自の理論化まで試みた。かたやド・ゴール派、かたや共産党という手強い相手の板挟みになり、カミュのような左岸の自由な精神の持ち主の望む「第三の道」は、実のところ、著しい二極化を伝統とする国にあっては向こう見ず、革命的でさえあった。課題は社会民主主義を唯一の望ましい、達成可能な革命と想定することにある。政治の舞台の両袖には中傷を狙い、手ぐすね引いて待ち構える二大勢力があり、サルトル、ボーヴォワール、カミュを空疎、厭世的とまで責め立てた。共産党は彼らに反逆者の烙印を押し、左翼の理想を放棄し、人当たりのよい資本主義を奨励すると攻撃した。ド・ゴール派は彼らが進歩的なブルジョワジーを裏切り、ソ連軍の術中に嵌まったと考え、嫌悪した。カミュはこうした批判を的外れと見る。カミュが推進しようとするのは左翼と右翼、社会主義と資本主義の間のさんざん手垢のついた妥協ではなく、社会民主主義の一からの再生だった。軟派ではなく硬派を自認し、新聞雑誌を通じた絶え間ない熾烈な攻撃を跳ね返しながら、どちらか一方の陣営に属すよう迫る圧力にも、そうすれば得られる安逸にも抗い続けて、カミュは紛れもない剛毅さを世に示す。事実、戦前以来初の自由選挙の結果を見れば、カミュが秘かに将来を楽観するのも頷ける。フランスの選挙民はほぼ等分に二分されたように見えた。さしあたりこれは麻痺状態を意味するが、カミュにしてみれば、第三の選択肢に拡大の余地のある証左にほかならない。これからのち、カミュ、ボーヴォワール、サルトル、そして彼らの友人たちは、第三勢力の台頭支援に全身全霊を捧げる。

世界も、とくにロンドンとワシントンは強い関心をもって、あるいはジャネット・フラナーの言い方によると「いつになく媚びも交えて」選挙結果を待ち受けた。フランスは何を選択したか。まずは、圧倒的多数により第三共和政と一八七五年憲法を廃し、第四共和政の開始を決めた。フランスは第四共和政の憲法起草を誰の手に委ねることにしたか。社会主義者、共産主義者、それともド・ゴール派か。社会主義者は政治家が新旧入り交じり内部の合意形成よりも仲違いに多くの時間を費やす体たらくながら、全体としては根本的な変革を求めた。ただし革命は求めない。共産主義者は強力で規律正しく、レジスタンス運動への貢献から敬意を持たれていたが、革命、債権の国有化、言い換えればフランス国立銀行の廃止を求めた。ド・ゴール派、あるいは右翼的な人民共和派はより穏健な変革を望んだ。フランスの有権者はこの三者にほぼ均等の票を投じる。ジャネット・フラナーは「ニューヨーカー」誌の読者にこう伝える。「フランスの第四共和政は左二本、右一本、都合三本腕の女性の姿で発足した。共産党と社会党は先頃ふたたび覚醒した革命気分寄り、人民共和派は財布を持つ他方につながる」[3]。つまり、フランス国民議会は国家の将来像、舵取りを任せる人選のいずれも決しかね、政府の長ド・ゴール将軍は政党政治に次第に苛立ちを募らせる。

それでも三か月後の一九四六年一月二十日、シャルル・ド・ゴール辞任のニュースには誰もが、反対勢力も含めて衝撃を受けた。二院制と大統領率いる行政府による第四共和政を志向するド・ゴール派が、一院制の議会に全権能を集中し大統領抜きの政体を望む共産党、社会党と将来の制度をめぐって意見が一致するはずもない。党利党略の政治に嫌気がさし、フランスの救世主は公職から身を退き、「フランス人の心を虚無と憂愁に委ねる」[4]。しかしひょっとすると、サルトルの考えるように、将軍は実は大いに祖国に奉仕したのかもしれなかった。ド・ゴールが退場した今、フランスは腰を上げ、前に一歩踏み出せるかもしれない。ただ何となくもやもやした気分、一九四四年夏の解放時に抱いた大きな期待が一向に実現しない状況で、停滞感が人々の心を蝕みつつあった。レジスタンス運動の大志と精神は後退を余儀なくされる。選挙によって小差ながら第一党となった共産党の台頭を、誰がド・ゴールに頼らず抑えられるのだろう。[5] ド・ゴールの党は将軍が去った後も彼の意思を守り、彼の構想を引き継ぐと誓ったけれども、とくにワシントンは先行きを懸念した。

芸術分野の共産党の台頭

共産党はフランス政界の第一党であるだけでなく、若者や知識人の間にある種の精神的な力を持った。共産党は良心であり、磁力でもあった。共産党を教会（とはいっても無神論者の教会）と論ずる者も多く、この教会は自らのイメージ作りにも長けていた。共産党は組織的な宣伝活動を完成の域に高め、有名人を巧みに自陣に引き入れてイメージの強化を図る。国際的に名の通った偉大な芸術家が次々に入党し、正規の党員となった。一九四四年十月にピカソが入党を決断したことは、国内外にかなりの影響をおよぼした。

一年後、これも画家のフェルナン・レジェが入党すると決めたことも、同様の影響を与える。口髭を蓄えた六十五歳の画家、モダニストの巨匠は客船に乗りニューヨークを出航、一九四五年末にル・アーヴル港に帰着したが、六年ぶりに見る首都がいったい自分の目にどのように映るものかと思案した。[6] アメリカ亡命中はイェール大学で教え、帰国後も美術学生の指導を続けるつもりだったけれども、今度はリュクサンブール庭園の大好きなセコイアの巨樹から百メートルも離れていない六区ノートルダム・デ・シャン通り八十六番地に戦争中もかろうじて維持したアトリエを自前の大学にしようという考えだった。アメリカには退役軍人が国外の教育機関に学び、月々給付金を受け取れる復員軍人援護法があり、これを利用する旧米兵二百五十名がすぐさま入学手続きをしてレジェの教え子となった。[7] 学生たちはかつてパリの美術評論家ルイ・ヴォークセルが「チュビスト」と命名した頭目の帰国を待ちわびる。

戦争中の不在の埋め合わせをつけるために、レジェは共産党員になる必要を感じたのだろうか。良心の呵責のせいか、それとも掛け値なしの信念によるものか、あるいは両方が混じっていたのだろうか。ピカソの場合と同様、党は新事実を最大限に活用した。ニュースは広範囲に伝播し、世界中で大見出しとなった。ここにまたひとり、著名な芸術家が自らの天才を共産主義の大義に捧げようとする。実際はピカソにしてもレジェにしても共産党を上回る存在であり、入党後もどちらも誰の指図も受けない自由人であり続けたけれども、彼らの入党はやはり他の芸術家、若者、世論全般に大きな影響をおよぼした。

共産党は社会生活の隅々にまで浸透を図り、芸術界を思想闘争の最前線に位置づけた。共産主義者の芸術（そして共産主義者の芸術家）のみを道徳的に唯一容認可能とする考え方が、パリとモスクワの共産党指導者の少数派閥の中に広まりつつあった。共産党が終戦直後の芸術界に生じた混乱につけこみ、地歩を築こうと目論んだのは疑いない。

一九四六年、「美術界は強力な逆流に巻き込まれる。個人対集団、悲観主義対楽観主義、幻滅対参加、抽象対具象、蜂起対保守、色彩対単彩、カンヴァス対壁画、直感対内省、肉体対精神、擬古対当世、現実対非現実」。[8] しかし、共産主義と左翼が美術界の中央を占めたとしても、芸術をめぐる世間一般の議論は依然として流動的で、政治の比重はそこではさほどではない。「戦争はすべての人々に例外なく影響をおよぼし、芸術界の多様性はふたつの様式の対立関係ではなく、各人による個人の世界に占める位置の見方により決まる」[9]。新たな基礎の上に自由な世界を再建するのに、文化と芸術が主要な役割を果たさなければならないという点に関しては、誰も異論がないように思われた。レジスタンス派が一九四四年に起草した文化の受容を基本的な人権と規定する宣言に、依然として広範な支持が集まる。

共産党内の芸術関連の諸事全般および宣伝活動の最高権威として君臨する詩人ルイ・アラゴンは、従順な芸術家を好んだ。レジェとピカソはあまりに大胆不敵、独立心旺盛で、ああ言え、こうしろ、何を描けと指図することはとてもできそうにない。アラゴンは共産主義の大義を推進するために、道徳的に文句のつけようのない若手芸術家を育てようと考えた。お眼鏡に叶ったのがいずれも画家のアンドレ・フージュロンとボリス・タスリツキーで、どちらも資格に不足はない。ふたりともレジスタンス活動に参加し、タスリツキーはブーヘンヴァルト収容所に拘置された経験を持つ。美学と倫理の融合を目指すアラゴンは、鍛えれば思いどおりの形になる従順な芸術家を必要とした。ごくごく慎重に、アラゴンはパリで新しい美術展を企画して考えを実行に移し、成り行きを見守る。

シモーヌ・ド・ボーヴォワールは一九四六年二月十五日に近代美術館で予定される展覧会のオープニングには必ず出かけようと思い、日付を書き留めた。「美術とレジスタンス」と題する展覧会はパリで始まり、のちにアメリカ、ソ連、イギリスを巡回する。展覧会は奇妙な後味を残した。展示されたのは戦争中に制作された作品ではなく、展覧会用に委嘱された何の脈絡もない作品ばかりで、驚いたことに抽象作品は影も形もない。こうした選定の陰で、実はアラゴンと共産党が糸を引いていた。美術とレジスタンスの関係を、事後にどう示すというのだろう。無謀であり、誠意のかけらもないとボーヴォワールは考えた。ピカソ、ボナール、マティスは愛想よく促され、展覧会への支持を公式に表明した。こうしたお墨付きを見て、パリ市民は展覧会場に詰めかけた。いったいマティスがどうしてこのような紛い物を是認できたのだろうか。ボーヴォワールは不思議でならなかった。感じよく頼まれたので、感じよく応じただけのことか。あるいは友人のピカソ同様、七十六歳の老大家には何か違った考えでもあるのだろうか。一九四六年、マティスの絵は大きく変容していた。それまでに成し遂げたすべてから身を振りほどこうとしているように見えた。従来よりははるかに広い空間、光線に魅入られて、マティスの作品は原始的な生きる歓びを放ち始める。切り紙、シルクスクリーン、タペストリーのどれもが黄金時代、青緑色の空、紺碧の海、小鳥、光を讃美する。「マティスは超越的なものへの憧れを時代と分かち合った」[10]。カトリック教会と共産党はこぞって新たな超越、新たな精神性の探求とも定義しうる芸術のこの清新な息吹を捉えようと手を尽くす。

戦争中あまり芳しい活躍のできなかったカトリック教会は、イメージ刷新の好機到来と喜んだ。共産党とは違い、カトリック教会は新たな美学を押しつけようとはせず、近代性を採り入れて時代と共に歩む姿勢を評価されたいと願った。ドミニコ会のピエール・クチュリエ神父はなかでもとくに熱心で、教会の美術品の選び方に長年疑問を抱き、ものの考え方の革命まで唱える。「教会を信ずるなら、信仰を持たない者、キリスト教徒以外の芸術家にも門戸を開くべきであり、創作そのものが信仰の実践なのである」[11]と語る。神父はシャモニー近郊アシー教会の改装にあたり、ボナール、レジェ、ブラック、マティス、さらにユダヤ系ロシア人画家ふたり、リプシッツとシャガールにも作品を委嘱した。数か月後、モレル修道院長もルネ・ドルーアン画廊で「宗教美術」展を企画し、ボナール、ルオー、ブラック等キリスト教とは無縁の近代画家の作品を選び、展示する。

カトリック教会は抽象美術を驚くほど真摯に、純真な好奇心から受け入れた。対照的に、共産党は抽象美術を拒絶し、イデオロギーと道徳を振りかざして芸術を貶めようとしたが、これが世間の目につかないはずはない。こうした展開はしばしば詳細に報道された。

一九四六年に設立されたドニーズ・ルネ画廊とサロン・デ・レアリテ・ヌーヴェル（新現実展）がパリの抽象美術の震源地となる。ここでは毎日のように議論が沸騰し、仲間割れや対立が起こる。ルネは論戦や反論を少しも恐れない。家族こぞってレジスタンス派のルネは、一九四三年に八区ボエシ通り一二四番地の地下室を全国抵抗評議会（CNR）の第一回秘密集会の会場に提供したこともある。硬派と軟派は日頃と同じく、ここでも激しく衝突した。アラゴンは辛抱強く好機の到来を待つ。事実、抽象美術は内部に分裂を抱え、共産党系の新聞雑誌からの絶え間ない攻撃をも耐え忍ばなければならない。パリの画廊と新聞の美術欄は批判の飛び交う修羅場となった。

共産党とやり合い、共産党のはったりをずけずけ指摘できるのはシュルレアリストだった。彼らは世代もひとつ上であり、五十代とはいえまだ気力は衰えない。ただし、脛に傷がないわけでもなかった。パリ市民はシュルレアリストの多くが、戦争中ニューヨークに難を逃れたことを忘れていない。スターリン主義の本質を非難する者もあったが、アメリカに残る決断をした者も多い。ロベルト・マッタ、ヴィクトル・ブローネル、フランシス・ピカビア、アンドレ・マッソン、ジュアン・ミロ、イヴ・タンギー、そしてマックス・エルンストはアメリカにとどまるか、アメリカ市民となる道を選んだ。

パリを賑わす芸術、文化界のざわめき、思想上の闘争には国外からもこれを注視し、動向を逐一追う人々があった。ロンドンでは「ホライゾン」誌の編集長シリル・コノリーがサルトルの執筆した「レ・タン・モデルヌ」の宣言を翻訳し、自分も含め同世代人をこれに帰依させた。数か月後、「ホライゾン」誌のフランス特集号が刊行され、左岸の思想家たちを紹介し、幾人かはこのとき初めて英訳され、イギリスの読者の目に触れた。「ホライゾン」誌に関わる人々にとって「フランスは文明そのものを表象」した。コノリーは「英国人作家の怠惰、大脳疲労、無関心、凡庸さ」を率直に認める。その点は芸術家も変わらない。パリは対照的に「知的活力と自信に燃え盛る。占領下の屈辱的な四年の年月に意欲をかき立てられ、今、手にして立つ松明に火を灯そうとする。松明の火は自由、選択、合理的な改革への道を明るく照らすだろう」[12]。ロンドンが知的論議の場から退き、知識層が松明を掲げる栄誉を進んでパリに譲ったのは事実である。フィリップ・トインビーはロンドンから「レ・タン・モデルヌ」に送った現地報告の中で、イギリスの知識人の間でのこうした気分を説明しようと試みる。「我々には哲学がない。このところ熱狂を欠くのが、無気力の証拠である」[13]。数か月後、トインビーはさらにこう記す。「最近ではいよいよイギリスの知識人にとってフランスとフローベールが、共産主義者のロシアとスターリンと同様、大きな役割を果たす域に達した」[14]。

ロンドンからパリへのこの「(主導権の)象徴的な譲渡」は、ソニア・ブラウネルに力と目的意識を与えた。ブラウネルはすでに「ホライゾン」誌の編集部に欠くことのできない存在となっていたが——一年前にコノリーが急いでシモーヌ・ド・ボーヴォワールに会いに出かけたのは、ブラウネルにせっつかれてのこと——この後まもなく新しい書き手に新しい記事の執筆を依頼し始める。ブラウネルと緊密に連携した「ホライゾン」誌の副編集長ピーター・ワトソンは同性愛者でフランス語を話したが、ブラウネルはこの二面を備えた男性にはもともと熱を上げやすい。ワトソンに懸想したのはブラウネルばかりではない。写真家のセシル・ビートンも「鰐のように魅力的な容貌」[15]と思いつつ、ワトソンの気を惹こうとする。ワトソンは人を逸らさず、人当たりがよく、人扱いの巧みな遣り手だが、そればかりでなく先見の明もあった。イギリスでは無名に近い芸術家を「ホライゾン」誌を通じて紹介しようと、記事の執筆をパリに依頼したのもワトソンで、スイスの画家バルテュス、イタリアのジョルジョ・モランディの名はこうしてイギリスに伝わった。ワトソンはまたダニエル＝アンリ・カーンワイラーを説得してモダンアートの市場動向を報告してもらい、ミシェル・レリスには友人のアルベルト・ジャコメッティに関する記事を依頼した。レリスを通じてワトソンはジャコメッティにシャンデリアの制作を委嘱するが、住まいに吊るすかベッドフォード・スクエアの編集部で使うかまだ決めかねた。

イタリア式共産主義

芸術と政治の問題をめぐって、ボーヴォワール、サルトルと共産党との間の対立は深まる一方だった。両者の間にイデオロギー上の協調はありえない。議論は尽きないが、やがて行き詰まる。この状況には困難ばかりか苦痛も伴う。ブルジョワでありながら、自ら属する階級を裏切る道を選んだふたりにとって、共産党との協調は不可欠に思われたからである。とはいえ、ボーヴォワールにしてもサルトルにしても、自らの自由、批判精神、独立を犠牲にしてまで共産党の会衆に加えてほしいとは思わない。ふたりはこの頃、月刊誌「ポリテクニコ」の編集長エリオ・ヴィットリーニなどイタリアの共産主義者と知り合い、肝胆相照らした。「少なくとも、このひとたちとなら話が通じる」[16]。ふたりは「レ・タン・モデルヌ」のイタリア特集号を準備することに決め、そこでイタリア共産党はなぜフランス共産党よりはるかに多様性に寛容で、教条的でないかを説明しようとする。新しい友人たちは揃って夏にミラノで再会することに同意した。

一九四六年六月末、ボーヴォワールとサルトルは夜汽車に乗ってイタリアに向かう。ふたりは同じ共産党でもイタリアのほうがはるかに懐が深く柔軟なわけをなんとしても解明するつもりだった。ふたりにはまた著書のサイン会に出席し、講演をする予定もあり、できれば少しばかり観光も楽しみたいと思っていた。

従来の版元ボンピアーニが保守派の自分の立場からすると実存主義者のカップルは世間に波風を立てすぎ

るとの理由から距離を置くと公表した後、ふたりの新しい友人、月刊誌「ポリテクニコ」編集長のエリオ・ヴィットリーニがこれも大手の出版社モンダドーリに接触した。モンダドーリは渡りに舟と息子のアルベルトにかなりの額の前払い金を現金で持たせてサルトルとボーヴォワールの許に差し向け、正式に契約を交わす。モンダドーリは息子に、哲学者二名の運転手役を務め、新車のカブリオレでどこでもふたりの行きたいところに案内するよう指示した。サルトルとボーヴォワールにはこの心遣いが大いにありがたく、さっそくアルベルトに頼んでヴェネツィア、フィレンツェを回り、終点ローマまで車で送ってもらう。[17] ローマでふたりは作家兼画家カルロ・レーヴィに紹介される。この出会いの直前に出版されたレーヴィの処女小説『キリストはエボリで止まった』はファシスト政権によって流刑に処され、イタリア最南部バジリカータ州で過ごした日々を描き、この地方の極度の貧困をめぐる議論を国内全土で巻き起こした。最初の数ページを読んで、ボーヴォワールは抜粋を「レ・タン・モデルヌ」の秋号に載せることに決めた。

シモーヌ・ド・ボーヴォワールはまもなくフランスとイタリア両国の左翼の政治的な違いを明快に分析する。「フランスの挙国一致は外国の占領軍に対する戦いを通じて達成されたため、平和が回復されると弱体化し、右翼と左翼はそれぞれの道を進み始めた」。愛国心は畢竟、挙国一致の脆い土台にすぎないと判明する。

イタリアの国粋主義者はファシスト以外の何者でもない。ファシズムと戦った誰もが民主主義と自由を求めた。ファシスト以外の誰もが同じ目標を掲げ、その目標は状況ではなく原則に基づいたから、終戦後も存続できた。イタリアでは自由主義者、社会主義者、共産主義者がみな団結して国粋主義的なファシストと戦い、王政廃止と新共和国憲法を求めた。共和政と民主主義的立場に対するイタリア共産党の真摯な姿勢に疑問の余地はない。[18]

一九三九年に結ばれた独ソ不可侵条約、またの名をモロトフ＝リッベントロップ協定はフランス共産党を傷つけた。ヒトラーが不可侵条約を破棄するまでの二年間、フランス共産党はドイツによる占領に抵抗すべきか否か決めかねた。この躊躇いが国民に疑念を抱かせ、共産党は結局この恥辱を洗い流すことができず、レジスタンス活動に全面的に参加し、一九四一年から四四年までその中心を担ったにもかかわらず、最後まで疑念を晴らすに至らない。非共産党系のフランスの左翼は共産党に対してつねに釈然としない思いを拭いきれず、この懸念は戦争が終わるとともにブーメランのように舞い戻る。フランス共産党はどこから指令を受けているのか。臍の緒はフランスではなく、ソ連とつながっているのではないか。

イタリア共産党は一九二〇年代初めからファシズムと闘ってきただけに、フランス共産党のようにモロトフ＝リッベントロップ協定の悪影響を被らずにすんだ。そのうえ、指導者のひとりで思想家のアントニオ・グラムシ、ファシスト政権によって一九二六年に投獄され（「我々はこの頭脳の機能を停止させなければならない」）、収監中に罹患し、一九三七年に死亡したグラムシが「マルクス主義とブルジョワ的ヒューマニズムの目眩めく統合」[19]を巧みに成し遂げた。フランスでは、共産党がこれとは正反対の方向に進む。モスクワとコミンテルンの指示を仰ぎ、スターリン主義の教義に唯々諾々と従った。批判する者は、共産党はフランスではなくソ連の利益に奉仕していると主張した。

フランスの左翼内部の非共産主義者と共産主義者の間に高まる緊張が祟り、「レ・タン・モデルヌ」の編集部に最初の犠牲者が出る。レーモン・アロンは席を蹴って「コンバ」紙に合流した。アロンが「レ・タン・モデルヌ」の共産党に対する態度は軟弱すぎると考える一方、サルトルとボーヴォワールはアロンの右傾化は度を越すと見た。

すでに引退したチャーチルはこの三か月前、アメリカ合衆国で名高いフルトン演説を行ない、「不安で不可解な時代」について率直に語った。「レ・タン・モデルヌ」の編集会議にもパリ左岸にも、「つい最近、連合軍の勝利によって明るく照らされた舞台[20]」にも暗い影が射す。チャーチルは誰もがうすうす感じていたことを、明快に言葉に表した。

ソ連と共産党の国際組織が近い将来に何をしようと目論むのか、彼らの領土拡張主義、周囲に改宗を迫る傾向の限界は、もしあったとすればどこにあるのか、知るひともない……バルト海のシュチェチンからアドリア海のトリエステまで、大陸を横断して鉄のカーテンが下ろされた……ワルシャワ、ベルリン、プラハ、ウィーン、ブダペスト、ベオグラード、ブカレスト、そしてソフィア、これら名高い諸都市と周辺の人々は、ソ連圏と呼ばざるをえない地域に身を置いている。[21]

七月、サルトルとボーヴォワールはミラノでいったん別れの挨拶を交わす。ボーヴォワールはリュックサックひとつを手許に残し、本や衣類はパリに送り返した。ドロミーティ山地に行けるのが嬉しくてならない。[22]幸いなことに、「ちびボスト」もあとから合流することになっていた。ヨーロッパの未知の山岳地帯を初めて歩けると思うと、ボーヴォワールの胸は否が応にも高鳴る。一方、サルトルはワンダ・コザキエヴィッツを伴い、三週間の休暇に旅立つ。もっとも三週間を無為に過ごすつもりはない。この休暇は仕事もしながら過ごすことになるだろう。サルトルは構想中の戯曲二作を手早く書き上げるつもりだった。『墓場なき死者』と『恭しき娼婦』である。

アメリカ――きみが好き、きみが好きではない

一九四五年初めから四六年の夏までの間に、サルトルはアメリカ合衆国を二度訪れた。通算すると滞在期間は半年近くにおよび、サルトルはニューヨークに恋人を拵え、国内各地を旅し、名門大学で講演をした。シモーヌ・ド・ボーヴォワールもまもなくサルトルの後を追ってアメリカを訪れる。サルトルは多くの人々と出会い、多くの新しい友達をつくった。このときサルトルと知り合ったアメリカの作家の中には、リチャード・ライトのようにのちにパリに移り住んだ者もあり、一九四〇年代後半には黒人の作家や芸術家が数多くフランスに渡る。[23] 帰国するサルトルについて、アメリカ人アーティストもパリに向かう。アレクサンダー・カルダーはトランスワールド航空が運行を始めてまもないニューヨーク発大西洋横断直行便の乗客となった。

サルトルは間近に迫るカルダーの個展のカタログにエッセイを寄せた。コネティカット州ロクスベリーにあるカルダーのアトリエで昼下がりのひとときを過ごしたのは二度きりなのに、生まれてこのかたカルダーの作品に囲まれて育ったのかと思わせる。それとも自動車のナンバープレートを平らにして切り抜いて作った小さな孔雀のモビールをもらっただけで、サルトルにはたいがいのひとより長い時間をカルダーの世界で過ごし、より深く理解することができたのだろうか。「彫刻は動きを、絵画は奥行きあるいは光を連想させる。カルダーは何も連想させない。カルダーは真の、生きた動きを捉え、それを何かに仕立てる。カルダーのモビールは何も表さず、そのもの自体のほかに何かしらを仄めかすこともない。ただそのもの自体であ

る。絶対である」[24]とサルトルは述べ、こう結論づける。「カルダーのモビールは叙情的な発明、手業によるほとんど数学的な組み合わせでもあれば、自然の、花粉を蕩尽しにわかに数千の蝶を羽ばたかせるあの偉大で曖昧模糊とした自然の、手で触れられるシンボルでもある」[25]。

サルトルはアメリカに魅了される。サルトルの中の若者はアメリカ文学、映画、ジャズを滋養に育った。スタインベック、フォークナー、ヘミングウェイ、ドス・パソス、シドニー・ベシェ、ルイ・アームストロング、コール・ポーター、ジョージ・ガーシュウィン、デューク・エリントン等々のことなら、サルトルは何でも知っていた。サルトルはアメリカ人を、アメリカを愛した。なかでもアメリカの大衆文化に精通し、ことのほか愛好したけれども、アメリカに惚れこみ、心奪われても、サルトルらしく頭の冴えが鈍ることはない。

サルトルは自分の知っているアメリカを、欠点も含め何もかも、一九四六年夏の「レ・タン・モデルヌ」初の合併号でフランスの読者に伝えたいと願った。アメリカの前衛作家にとくに執筆を依頼した記事多数にサルトル自身の毅然とした序文を加えた合併号は、刊行と同時に相当な物議を醸す。

体制順応を事として安らぐ心の裡で名状しがたい漠とした不快に駆られる人々を見た。こうした人々はまさに悲劇的であることを恐れるがために、内心にも周囲にも悲劇を欠くからこそ、悲劇的である。アメリカには平等神話があり、人種差別が存在する。自由という神話があり、世論の専制がある。経済的自由主義があり、大陸全土を支配下に置きながら誰にも属さず、国家の中の国家のように振る舞う顔のない多国籍企業がある。アメリカには不倫を禁ずるタブーがごまんとあり、大学のキャンパスの裏庭には同じく使用済みコンドームのゴミがごまんと散らばり、ライトを消して道路脇に駐車する車が数多あり、愛を交わす前に強い酒をあおり、交接してそれをすっかり記憶から消し去ろうとする数多の男女がある。どこを探しても神話と人間の間に、人生とその集団的表象の間にこれほどの食い違いのある場所があるとは思われない。[26]

「この特集号での」と序文は始まる。

　我々の目標は男たち、女たちを示すことにある。彼らのひとりひとり、自らが批判あるいは称賛するものを身近に感じる。誰ひとりとして、アメリカを悪く言うつもりはない。フランスでは、ひとが不正を暴くと、フランスに対する批判と受けとめられる。誰もがフランスを過去のもの、あるいは変化しないものと見るからである。アメリカ人にとって、不正を暴くのは改革への道を拓くことにほかならない。彼も彼女も自国の未来に目を据えて見るからである。本号掲載の記事のすべてはひとの顔に似ている。気遣わしげな顔をしていても、自由で、変化する顔である。それこそ我々が本号で読者に示したいと願ったこと、いまだ大西洋を越えたことがなく、ニューヨークでブロードウェイに最初の明かりが灯るとき、人々の顔に浮かぶえも言われぬ柔和な表情を知らない読者に示したかったことである。

　この合併号は、要するに、アメリカに宛てた恋文だった。ただし、この恋には真心がある。本号には、アメリカと相対したときにヨーロッパが見せる傲慢さを非難するアメリカの作家たちの記事も掲載された。断っておかなければならないのは、サルトルが知的な論者から反駁されるのを何より好んだことである。デイヴィッド・ヘア[27]の漫画を論じた記事は、アメリカ漫画の新しいヒーローを読み解いた。「戦争はアメリカに新しいヒーローをもたらした。それはスーパーマン、超人的で暴力的、多くの点で反＝詩的、野卑なヒーローだった。ところが、これは抑えがたい想像力、活力、発明の産物ではあっても、知性の産物であったためしはない」。二十世紀のアメリカ美術批評の中で、クレメント・グリーンバーグはアメリカ美術史上、最も影響力を有する時代が戦時中にニューヨークのアメリカ人若手画家、芸術家と亡命中のフランス人シュルレアリスト、マッタ、エルンスト、デュシャン、ブルトン、タンギー等との間の交流から成立したと述べる。グリーンバーグによると、一九四六年には「エコール・ド・パリに育まれたアレクサンダー・カルダーを除き、アメリカ人アーティストで国際的な名声を博す者はひとりもなかった」。数年の間に、グリーンバーグの説く交流の結果、ジャクソン・ポロックとロバート・マザウェルの作品が体現するアクション・ペインティングがこの状況を一変させるだろう。

リチャード・ライトは「レ・タン・モデルヌ」のアメリカ特集号を、エレン夫人が虫垂切除手術を受けたパリのアメリカン病院で読み終えた。生死に関わることではないにせよ、夫人の病状は予断を許さず、夫妻はしばらくニューヨークに戻ることにした。サン＝ミシェル大通りに面したアパルトマンは狭すぎたし、いずれにしろ留守にするのは短期間にすぎない。荷造りをする前にライトは寸暇を惜しみ、休暇中に書き上げた戯曲『恭しい娼婦』の草稿を読ませてくれたサルトルに熱烈な讃辞をしたためる。戯曲はアメリカの人種問題を扱い、スコッツボロ・ボーイズ事件に想を得たものであったために、サルトルはライトの感想を知りたかった。事件は一九三〇年代に起き、九人の十代の黒人少年がメンフィス行きの貨物列車で白人女性ふたりを強姦した容疑をかけられ、誤審により有罪とされる。[28] サルトルは人種差別の本質を見事に捉えたとライトは考え、巧みな構成、雄弁な台詞に恐れ入った。「黒人――初対面の白人たちが集い話をすれば、賭けてもいいが、黒人がひとり、すぐに死ぬことになる[29]」。

肌の色など気にしないパリの暮らしに慣れきっていたライトは、ニューヨークに戻るとそれだけに大きなショックを受けた。一家の暮らすグリニッジ・ヴィレッジでも、「イタリア系の若者の集団が人種を異にする男女交際の制裁を買って出て、何度か暴力沙汰が繰り返された」[30]。そのためライトは、街頭ではエレンに決して腕を組ませなかった。それから、パリの不自由な生活と比べたせいもあったろうが、ライトは国中が新たな物質万能主義に席巻されていることにも愕然とする。「フランスでは、人々が聞きたがるのはきみの意見であって、収入ではない」[31]。ライトはルーズヴェルトの自由な精神が完全に消え失せたと感じた。

ライトはなるべく気が滅入らないように努め、市内の文化イベントに逃げ場を求める。ライトはアンリ・カルティエ＝ブレッソンと知り合いになるのを楽しみにしていた。カルティエ＝ブレッソンは五か月後にニューヨーク近代美術館で始まる予定の初の回顧展の準備に忙しい。カミュと同様、カルティエ＝ブレッソンもアメリカ当局に共産党にはまったく共鳴しないと言明した。これは真っ赤な嘘で、近代美術館の催す回顧展はまさしくこの本質的な細部に完全に、意図的に目をつぶろうとする。しかしこの共産党贔屓は、カルティエ＝ブレッソンの作品を理解する鍵である。カルティエ＝ブレッソンはフランス共産党に共鳴し、この後の十年間の選挙では欠かさず共産党に一票を投じた[32]。

戦後にアメリカを訪れたフランスの作家、知識人の中でアルベール・カミュだけが異質だった。カミュはアメリカに興味を覚えなかった。乗客用船室もいくつか備えた貨物船オレゴン号の船中日記にカミュは、十日間の航海の後にようやくニューヨークに入港しても、何も感じなかったと告白する。「霧を背景にマンハッタンの摩天楼がそびえる。わたしの心は静かに渇ききって、自分とは無縁の見世物を目にしているように感じる」[33]。

無関心はときに当惑に変わる。五週間の講演の旅は当惑続きの五週間だった。アメリカ人はカミュとあまりに肌合いが違う。人懐こいようで忘れっぽく、もてなし上手なようで無関心、浅薄な事柄に入れ上げ、真面目になるのをひどく怖がる。カミュはすぐさま、「会話の秘訣は雑談（スモール・トーク）と呼ばれ、意味のあることは決して口にしないこと[34]」と知る。カミュは日記に、自分の「周りにいるのは狂人かこの世で最も理性的な人間か。人生はこの地の人々が言うようにたやすく、この地ではそう見えるように愚かなのか、彼らが一人ではなく十人を雇ってサービスを少しも向上させないのは自然なことなのか。アメリカは謙虚、進歩的、あるいは体制順応的と呼ぶべきか[35]」と思案する。

カミュはニューヨークとパリ、アメリカとフランスの間の文化の違いに瞠目し、ドアノブの形からビタミン剤の氾濫にまで驚きの目を向ける。カミュは奇妙に感じたことはひとつ残さず書き留めた。「文化的な交流の場でのスコッチ・アンド・ソーダの大量消費、贅沢と悪趣味、ネクタイはとくに見苦しい。動物好き、朝に果汁を飲む習慣、夜に厖大な数の窓に灯る明かり、熱い風呂、ビタミン、ベーコン・エッグを食べさせる薬局[36]」。カミュにとってアメリカは謎であり続け、その謎を解こうという気にはならなかったらしい。

共産党を選挙で敗北に追い込んだ本

一九四六年四月の訪れは早く、陽気もあまり穏やかなのでシモーヌ・ド・ボーヴォワールはストッキングを履かずコートも着ないですます。[37]ある日、昼食を共にしながらボーヴォワールの母親が娘に、いまや誰もが読んでいる「あの」本、アーサー・ケストラーとかいう名の共産党を抜けたハンガリー人が書いた本の話をした。本とは『真昼の暗闇』のこと。ボーヴォワールはその本を書店に並ぶより先に、一九四五年元旦にいち早く読んだ。それから数か月後に本は刊行され、たちまち評判をとる。販売部数は刊行後一か月で七千部、一九四五年四月末までに五万部、一九四六年五月までに二十五万部、年の暮れには五十万部に達し、ケストラーの著作としては最大の成功を収めた。[38] 昼食をすませても太陽は空に輝き、まだホテルに帰りたくない。ボーヴォワールはジャック゠ローラン・ボストに会いにジャコブ通りのル・バー・ヴェールに向かって歩き出した。ジュリエット・グレコとは違い、ボーヴォワールはこのバーを苦手にした。[39] ポスターの趣味はよくても赤いテーブルと緑の壁はひどく不快で、とくに壁の緑はあまりどぎつく、胸が悪くなりそうだった。ここでもケストラーの本の話題でもちきりだった。

新聞各紙のゴシップ欄では、サルトルとボーヴォワールはカフェ・ド・フロールをすっかり見限り、オテル・デュ・ポン・ロワイヤルの地下のバーに鞍替えしたと報じた。ニュースが巷に流れると、ボーヴォワールはボストに一言「お祝いしましょう」と告げ、さっそくアイスクリームを食べにフロールを目指す。ボーヴォワールはもうフロールに行かないと皆が思うようになれば、古巣に舞い戻ってまた楽しい時を過ごせるのではないか。フロールではジャコメッティとトリスタン・ツァラが『真昼の暗黒』について語り合っていた。この本について聡明に語るのはジャコメッティひとりとボーヴォワールは思った。[40] ケストラーの作家としての苛烈さを考えると、ケストラーにとって書くことはセックスにも通じるように思える。あるいはボーヴォワールはこんなふうにも言っている。「何日もぶっ続けに働いた後、やりすぎて、息も絶え絶え、中身が空っぽになって岩礁に打ち上げられたカレイの類の平たい魚みたいな気分になる日もある」[41]。

一九四六年五月五日、国民投票の日がやってきた。フランス国民は共産党がこしらえた新憲法に可否どちらの判定を下すのだろうか。国民が意思表明を求められた新憲法は社会党が擁護したものの、ド・ゴール派は難色を示し、政界から引退後も大きな影響力を保つド・ゴール将軍自身も反対の立場を崩さない。新憲法は一院制の議会に強大な権力を授け、行政府にそれに拮抗する権能を与えない。投票日の当日、ボーヴォワールは部屋の窓を閉めなければならなかった。すぐ下の舗道で市民が喧しく議論し、仕事にならないためである。投票に必要な登録を締め切りまでにし損なって、ボーヴォワールは一票を投じることができず、いささか恥じ入った。サルトルも登録するのを忘れた。それでもサルトルはボーヴォワールにこう言い募る。「大切なのは投票することではない。どう投票するか、自分でわかっていることだ」。理屈は見事でいかにもサルトルらしい。ウィット充分だが胡散臭い。

結果に驚いたのは興味深く成り行きを見守っていた外国の関係者ばかりでなく、フランス国民自身も驚いた。選挙民の五十二パーセントが反対票を投じた。これは共産党に対する肘鉄と見なされた。ワシントンはご満悦、ド・ゴール派はほっと胸を撫で下ろしたが、さてこれからどうすればよいのだろうか。一夜明けて月曜日の朝、ボーヴォワールは街角の行きつけのキオスクに行ったが、売り切れで一紙も手に入らない。新聞の売り子から、カトリック教徒のフランソワ・モーリアックが投票結果を共産党不利に導いた最大の要因は『真昼の暗黒』の出版と論じたと聞かされた。[42] 一冊の本に選挙結果を左右することは可能なのか。ボーヴォワールはそうであってほしいと願った。

名を挙げ力を得たケストラーは大きな影響力を手にしたものの、一九四六年十月、選挙から数か月後にパリに足を踏み入れたとたん論争を挑まれ、反論が必要な立場に立たされる。折しも憲法第二草案の可否を問う二度目の国民投票が迫っていた。オテル・デュ・ポン・ロワイヤルと軒を並べるオテル・モンタランベールにチェックインすると、ケストラーは「レ・タン・モデルヌ」を買いにキオスクに向かう。同誌十月号でサルトルはメルロ＝ポンティに、ケストラーの『真昼の暗黒』と最新刊のエッセイ集『行者と人民委員』を思う存分論難させた。

ケストラーがパリに到着した頃、カミュも『ペスト』を書き上げ（刊行は翌年）、紙上の論争に復帰しようとしていた。カミュがサルトルとボーヴォワールの共産党批判は生ぬるいと感じる一方、サルトルとボーヴォワールはカミュの説教がましい口調に辟易することが増えていった。「『コンバ』紙は道徳談義に傾き、政治論がなおざり」とサルトルは「コンバ」紙編集長のデスクに戻ったカミュに指摘する。サルトルやボーヴォワールにとっては時代が直面する諸々の矛盾と取り組み、数式を解くようにこれらを判読するのは日常茶飯事であったのに対し、カミュは問題があまりに複雑でつかみどころがないとなると、そこから身を退きたくなる。カミュは躊躇いを好まない。カミュは確かなものを必要とした。「シモーヌ、きみはなぜフランス人の明快さに楯突くのか」とカミュはボーヴォワールに問う[43]。状況は明快とはほど遠い。状況は複雑だった。ボーヴォワールはカミュの考え方はあまりに近視眼的で、身を護ろうとして難問に答えるのを拒んでいると感じた。道義性の陰に隠れるのは、思想と政治の泥濘にまみれて身を汚すよりたやすい。三人の仲はきわめて親密であり続けたけれども、「地平線に不穏な影が迫っていた[44]」。

　一九四六年末の三か月は一触即発、矛盾を孕み、誰もが胸をときめかせる。「レ・タン・モデルヌ」のアメリカ人特集号にアメリカ人の性に関するエッセイを寄稿したシュルレアリスト詩人フィリップ・スーポーは、戦時中ド・ゴール派のレジスタンスが北米にフランスの通信社ネットワークを再建する作業に手を貸した。そのためアメリカには多く伝手があり、ボーヴォワールがサルトル、カミュの見たアメリカを自分でも見てみたいと切望しているのを知り、各地の大学を巡る講演旅行を手配しようと申し出る。「行けたら死んでもいい[45]」とボーヴォワールは応じた。ボーヴォワールの講演はたやすく手配できたが、それはスーポーの不届き千万なエッセイが「タイム」誌の目に留まり、東海岸の文学関係者の間に瞬時に名が広まっていたからだった。シュルレアリスムの草分けのひとり、「文学の何でも屋」フィリップ・スーポーはアメリカ人の性愛を考察し、目にしたものに身震いし、フランスの雑誌「モダン・タイムズ」に以下のとおり報告した。「アメリカ人は情事を犯罪の同類と見なす」。愛を恐れる気持ちが神経障害を引き起こし、スーポーによると「アメリカには世界のどの国よりも適応障害者が多い」[46]。

大好評と破滅は踵を接して訪れる。十月二十三日、ケストラーの芝居『黄昏のバー』の初日の晩はサルトルによると「惨憺たるもの」、マメインによると「目も当てられない大失敗」に終わる。十月二十五日、カルダーの個展のオープニングにはマティス、コクトー、ピカソ、ブラック、サルトル、ボーヴォワール、カミュほか大勢の観客が、パリで初お目見えのモビールの「ささやかな祝祭」を一目見ようと詰めかけて、大成功を収める。カルダーとは初対面のボーヴォワールは画廊の片隅に佇み、モビールとその作者を観察した。「大柄で肉付きのよい太鼓腹の男、ふっくらした頬に豊かな白髪を蓄えた男はわたしたち全員に引力の法則を思い起こさせ」、それによって彼の創作の奇跡をも意識に上す。サルトルがカルダーをボーヴォワールに紹介すると、彫刻家は小さな包みをポケットから取り出した。螺旋を使ってボーヴォワールのために特別に細工したブローチだった[47]。ボーヴォワールはこのブローチをその後の数十年間、しばしば身につけた。

二週間後の十一月八日、サルトルの戯曲『墓場なき死者』がアントワーヌ座で初日を迎える。成功か失敗か。大騒ぎになったのは間違いなく、その凄まじさに厚顔な作者も震え上がった。対独協力とレジスタンスを主題とするこの芝居では、拷問の場面に注目が集まる。観客は公演中に「恥を知れ！」と怒声を浴びせ、一階前方の席で拳骨が飛び交う。初日の晩、レーモン・アロンは拷問の場面で失神した妻を支えて、幕間に劇場を後にした。ようやく隠蔽したはずの「ある種のいやな記憶をブルジョワ連中が思い出したくないのは明らからしい[48]」。サルトルはこの時期アルコールの摂取量が増える。ウィスキーがあれば、のべつ幕なし世間の注目を浴びる暮らし、共産党が絶えず仕掛ける、哲学者として、個人としてのサルトルに対する攻撃もあしらいやすい。それでもカメラマンだけは、とりわけ創刊まもないゴシップ雑誌「フランス・ディマンシュ」の編集長がサルトルの母親の動静を窺おうと雇い入れたばかりのアンヌ＝マリー・カザリスと史上初のパパラッツォ、二十六歳のイタリア人ワルテル・カローネばかりは追い払いかねた。正式に承諾を得てサルトルの母親の写真を入手できなかった「フランス・ディマンシュ」は、カザリスとカローネに現場に戻るよう命じる。今度はさほど慇懃に振る舞わなくてよい。玄関の呼び鈴を押し、びっくり箱の人形のように飛び出して、シャッターを押したら逃げて帰ってこい、さもなければ馘《くび》だ。ふたりは命令を忠実に守り、翌日サルトルは、慌てふためく女中ユージェニーの写真がキャプション「実存主義者を案じる母親」とともに新聞の紙面を飾るのを目にした。

　ケストラーがパリに滞在したのは、新しい友人をつくるためだけではない。左岸の有力者、フランス政界の実力者にヨーロッパ最大の脅威は共産主義であると説得するつもりだった。ド・ゴール派のケストラー、非共産党系進歩派のカミュ、実存主義者のサルトルとボーヴォワールがそれぞれの考え方を一致させ、異性の誘惑、セックスとアルコールのほかに共通点を見いだすことはできるのだろうか。たしかにケストラーは共産党を歓迎する若い世代に苛立ちを隠せないが、カミュはパリでケストラーの耳となり、ケストラーの立場を擁護しようと請け合った。

　一九四六年十二月十二日の晩、ボリス・ヴィアンと妻のミシェルはタルティーヌ・パーティーを催した。皆が口々にアメリカの黒人作家ヴァーノン・サリヴァンの新作小説『墓に唾をかけろ』について語り合う。小説のセックス描写を咎められ、版元は裁判所に召喚された。レーモン・クノーは台所の隅に立ちつくし、右手に持ったウィスキーをちびりちびりやりながら、妙に口数が少ない。ヴァーノン・サリヴァンが架空の人物であることを、クノーは知っていた。ヴァーノン・サリヴァンはボリス・ヴィアンの創作だった。小説第一作が不発に終わってひどく落胆したヴィアンは、それならいっそ版元と読者をいちどきに騙してやろうと思いつく。偉大なヴァーノン・サリヴァンの翻訳者にすぎないと装うヴィアンに注文が殺到し、レイモンド・チャンドラーの翻訳まで頼まれた。十一時にカミュがやってくると、ヴァーノン・サリヴァンの話題はそれまでとなる。カミュは不機嫌だった。「レ・タン・モデルヌ」に掲載された友人ケストラーをまたもや非難するメルロ＝ポンティの記事を読み終えたところで、ひどく腹を立てていた。サルトルがメルロ＝ポンティの肩を持ち、さらにカミュの機嫌を損ねる。カミュはコートを羽織り、ドアをバタンと閉めて出ていった。サルトルとボストは後を追って通りに出たが、時すでに遅し、カミュはタクシーに飛び乗って走り去る。カミュとサルトルはそれから三か月、口を利かなかった。[49]

カミュはフランスおよび世界の政治に第三の道を拓く考えを広めようと、「コンバ」紙の舵取り役に復帰する。カミュは魂を喪くしたアメリカの資本主義も、スターリン主義の独裁も拒否する。カミュは自らを「王国のない男」、「党のない男」と見なしたかもしれないが、それはユートピアに遊んだことを意味しない。道はもうひとつあり、カミュはそれを「被害者でもなければ加虐者でもなく」と題する一連の記事で説明した。カミュはなんとしてもサルトルとボーヴォワールを説き伏せて仲間に引き入れるつもりだったが、しばらくは不貞腐れるしかないらしい。ほかにも困ったことがあった。若い歌手に恋をして、サルトルにその娘のために歌詞を書くように頼んでいた。「カミュは男前で魅力があり、皆が恋に落ち、本人も全能のつもり」[50]とボーヴォワールの診断は手厳しいが、おそらく図星でもあったろう。

Ⅲ　行動の曖昧さ

一九四六年十二月―一九四八年六月

第8章　共産主義者にならずにすますには

一九四六年のクリスマスの朝、フランスは二院制の新しい共和国として目を覚まし、政府はいくらかなりと安定を取り戻すことが期待された。ところがジャネット・フラナーの記すように、「フランスの第四共和政は暫定内閣首相レオン・ブルムの形容によると、『閣内共存は不可欠にして不可能な二大政党』により完全な麻痺状態に置かれている」[1]。二大政党、ド・ゴール派と共産党に妥協の余地はない。シャルル・ド・ゴール、共産党の両者に敵対する第三の勢力は存在したけれども、内情は四分五裂、さしあたりひとつにまとまって強い発言力を発揮しそうには見えなかった。この第三の道、民主主義的な代替案に血肉を与えるのがまさに左岸の知識人の課題となる。とはいえ、彼らは内部の意志統一を図れるのだろうか。

左岸知識人の綱渡り理論

アーサー・ケストラーはマメインと共にウェールズのじめじめした山荘暮らしに戻ったものの、電話はまだ通じず、一週間後にようやく郵便で届いた「レ・タン・モデルヌ」の一九四七年一月号を手にとり、実存主義者からの最新の批判を初めて目にした。封筒を破り棄て、ケストラーは雑誌にゆっくり目を通す。巻頭を飾るのはリチャード・ライト作『ブラック・ボーイ』の抜粋。ケストラーはこれから読み始めることにする。ケストラーは感心した。斬新、不敵、読者の心を鷲摑みにする。四歳の黒人少年が死ぬほど退屈して自室に火を放つ。火はたちまち家中に広がり、病身の祖母は寝たきりで動けない。続いてボーヴォワールの連載エッセイ「曖昧さの倫理」を拾い読みした後、メルロ＝ポンティの連載「行者とプロレタリア」（ケストラーの最新作『行者と人民委員』の語呂合わせ）に至り、一息入れ、革張りの肘掛け椅子から立ち上がり、書斎のドアを閉め、いつものようにアラックをグラスに注ぎ、煙草に火をつけ、おもむろに読み始めた。[2]

ジャン＝ポール・サルトルの支持を受け、メルロ＝ポンティは嬉々として『真昼の暗黒』の著者への批判作戦を継続する。これで「レ・タン・モデルヌ」は四号連続してケストラーの政見をこき下ろすことになった。サルトルとボーヴォワールは共産党から悪辣な攻撃を受けながら、現象主義者の友人に雑誌の紙面を使って共産党贔屓の立場を擁護させた。熱い論争を好み、友人との言い合いや衝突に目のないサルトルとボーヴォワールだったが、まさかメルロ＝ポンティのケストラー攻撃に私怨も交じるとは夢にも思わない。メルロ＝ポンティが恋仲になったソニア・ブラウネルは、たまたま以前ケストラーと愛人関係にあった。ソニアはメルロ＝ポンティにケストラーは「サディスト」[3]と明かす。さらにロンドン大空襲のさなかケストラーの子を堕さなければならなかったこと、そのためどれほど苦しみ、危ない目に遇い、心細い思いをしなければならなかったかもメルロ＝ポンティに打ち明けた。

マルクス主義者のメルロ＝ポンティには、戦争によって世界は資本主義のみでは成り立たず、集散主義こそより公平な制度であることが明らかになったと思われた。共産主義の勢力拡大が暴力によって養われることはあるかもしれないと認めつつ、共産主義の目標が人間による人間の搾取を終わらせることであるのに対し、資本主義は単に全員の自由と平和を護るふりをしながら、少数の利益を護るにすぎないと考える。言い換えれば、目的は手段を正当化し、つきつめれば理論的にも共産主義のほうがまだ資本主義より望ましい。メルロ＝ポンティにとって、さらにフランスとヨーロッパの知識人の大部分にとって、反共の立場をとるのが不可能なら、共産主義者になるのも不可能だった。レジスタンス活動に積極的に参加してナチの占領軍に抵抗しなかったフランス人の多くは心の奥底に凄まじい罪悪感を抱え、それがためにフランスのレジスタンス運動を最も戦闘的に担った共産党を非難はできず、非難する気も起こらず、かといってソ連や東欧から届くニュースを知れば共産主義を歓迎することもできない。共産党の「銃殺された七万五千人の党」という主張は今も人々の心に焼きついて離れない。実は「銃殺された一万人の党」に近く、しかもその数はあらゆる政治志向の持ち主を含んだ。それでも共産党系のレジスタンスが最も有効だったことは、良心の呵責に悩みながら一九四七年のフランスに生きる誰にも忘れることのできない事実だった。そして一九四七年に良心の呵責に悩むフランス人とは、国内のほぼ全員を意味した。

共産主義を批判するには大きな苦痛を伴うと思われたにしても、メルロ＝ポンティはソ連の警察が市民を脅かし、体制に反対する者にスパイの濡れ衣を着せて裁判にかけ、シベリアの収容所に送り、そこで朽ち果てるに任せ、死に追いやったことを認める誠実さを持ち合わせた。これらはしかし、最終的な目的は称賛に値する体制全体を糾弾する充分な理由にはならない。これは綱渡り理論と呼ぶしかない。メルロ＝ポンティの立場はどう見ても維持不能だが、当時の左岸の知識人の多くが同調した。彼らはマルクス主義と共産主義を糾弾することを拒む。[4] 戦時中に命を落とした一千八百万人のロシア人に敬意を払おうとすれば、尚更である。それでも、ソ連で実際に進行中の権力濫用を黙って見逃すこともできない。そうなるとフランス革命の時代に使われたオムレツの古い話に似てくる。卵を割らなければ、オムレツは作れない。

三十六歳のイギリスの歴史家アイザイア・バーリンは定期的にパリを訪れ、その都度「レ・タン・モデルヌ」を貪り読んだ。オックスフォード時代から親しい哲学者A・J・エイヤーも同様だが、こちらの興味は思想に限らず、左岸のお転婆娘たちの尻を盛んに追い、マメインの双子の妹シーリア・パジェットにも手を出した。ふたりの哲学者は思想闘争を固唾を呑んで見守った。

アイザイア・バーリンはのちに、ケストラー対メルロ＝ポンティ論争の当時の雰囲気を次のように回想する。

> ひとは望むものすべてを手に入れることはできない——現実にばかりでなく、理論上でもそうである。これを否定し、単一の、すべてを含む理想を、それこそが人類にとって唯一絶対の真実として求めれば、どうしても強制に行き着く。その先は破壊、流血——卵は割ったものの、オムレツは見当たらない。残るはすぐにも割れる無数の卵、すぐにも殺せる無数の人間。そして情熱的な理想主義者はしまいにオムレツを忘れ、ただただ卵を割り続ける。[5]

カミュは一貫してメルロ＝ポンティに反対してケストラーの側に立ち、メルロ＝ポンティの思考は複雑すぎると感じ、またそれ以上に道義に反すると見た。カミュは資本主義と共産主義の二者択一をきっぱり拒絶し、今では断固としてマルクス主義を排し、そのことを公言した。カミュはそれに代えて改革主義的、民主主義的な左翼、換言すれば社会民主主義を擁護する。

一方、共産主義者は彼ら全員——ケストラー、カミュ、メルロ＝ポンティ、サルトル、ボーヴォワール

——を、相互の相違にお構いなく裏切り者と見なした。彼らがマルクス主義と共産主義の思想的、歴史的意味合いをめぐって角突き合わせていることなどにはお構いなしに、共産党は十把一絡げにひとつの袋に放りこみ、自前の強力な新聞雑誌を駆使して猛烈な攻撃を仕掛ける。一九四七年の時点で共産党は二十七の日刊紙を擁し、フランス国内の新聞の二十五パーセントを占めた。こうした状況の展開を、毎週昼食をとりに出かけるビストロ〈ル・プティ・サン＝ブノワ〉で注視していたのが未来の社会学者、今のところ忠実な共産党員エドガール・モランだった。

一九三八年、エドガール・モラン青年はドストエフスキーとモンテーニュに答えを求め、明るく幸せな未来を夢見ながら、当初は恐怖が先立ちレジスタンスに参加できなかった。ろくに生きてもいないうちに死ぬのは怖かった。戦争が実は生きる術を教えてくれようとは、まだ知る由もない。民主主義はファシズムに屈伏し破滅に追い込まれたのだから、モランには「スターリンの共産主義だけがファシズムに対する処方箋を提示できる」[6]ように思えた。当初、一九四一年にはさしあたりスイスかスペインに逃れようと考えたが、小心なモランは怖じ気づいて気分が悪くなる。ある晩、小さな暗い自室でラジオから流れるリヒャルト・ワーグナーの曲を聴きながら、窓を開け放ち、煙草を口にくわえ、月の光を頼りに日記を書き、自問自答した。「偽善者め。彼らはそこにいる。彼らが呼んでいる」。一九四二年一月、モランは一か八か覚悟を決め、レジスタンス運動に身を投じた。それから二年半、モランと友人たちは住まいも習慣も、姓名まで棄て、その日暮らしを続ける。「地下生活を始めて、目の眩むような自由が自分のものになった。旅行、レザージャケット、危険、ウールのカーディガン、同志愛。解放が到来しても、ぼくらは平和に馴染めず、定職に就き慣習に従うこれまでと違う単調な人生を受け入れることもできないと感じた」[7]。

平和が戻って二年経っても、エドガール・モランのように戦争が人生の大学だった二十代の共産党員は、新しい状況にうまく馴染めない。モランは共産党系の新聞「アクシオン」のコラムを任されたが、保守的な共産党員の編集長が好む文体、あるいは論調を持ち合わせない。戦友は死んだり、国外に追放されたり、あるいはいつの間にか姿を消した。それでも党内に新しい友人もできた。作家のマルグリット・デュラス、夫のロベール・アンテルム、愛人のディオニス・マスコロ等もそのうちに含まれる。四人はしばしばサン＝ブノワ通り五番地のデュラスのアパルトマンに集い、議論し、安物のワインに酔い、歌を唄い時を過ごした。共産党と傘下の新聞雑誌は知識人の党員に仕事を与え、彼らの書くものを受け入れる多数の熱心な読者も用意した。モランはドイツの戦後事情を伝える本を書くため、現地に派遣される。共産党系の出版社に委嘱された関係上、モランの結論は党の方針に従わざるをえない。本が出版されると、「レ・レットル・フランセーズ」は好意的な書評を載せた。共産党系の知識人は自給自足、独立独歩、自己評価の泡の中に生きる——自立した経済、産業が彼らの周囲に築かれた。エドガール・モランのように党の方針に沿った内容を書けば、ソ連圏の多くの言語に翻訳され、東欧のすべての国々から講演旅行に招かれる。「従順な作家であればそれだけ称賛される。スターリン賞が我々のノーベル賞だった。作家、知識人の大半はこのまやかしの世界に、迷路のように入り組んだ社会に、それがもたらす譫妄状態に馴染んだ。しかしこれらの若者が元来は世界を変えようとして、世の中をよりよくしようとして党に加入したことを忘れてはならない[8]」。

彼らにとって物事をはっきり見つめ、行動を起こし、党を脱退することは第二の反抗を意味し、多くの者はその勇気を欠いた。「一度の人生で二度反逆するのは不可能に近い。一度目はブルジョワとその腐敗に対して、二度目は希望を与えてくれた当の家族に対して」。一九四七年に若いスターリン主義者であれば、それは「かつてない魔法のような、宗教のような機構[9]」に属することを意味した。しかも党は「平時にも戦時の心理を維持する」。党は「神聖な教典と通過儀礼を備えた友愛団体[10]」に変身を果たす。党は「信徒を寒さから護る教会」[11]になった。
モランと党にとって、そうした教会の外に立とうとするものはすべて敵と見なされる。後年、モランは広い視野から当時を回顧する。カミュの倫理観は、実は「共産主義に寄せる希望の蒸溜物」[12]だった。エドガール・モランはのちに、カミュが共産主義の現状に甚だしく失望し、ほぼ「致命的に傷つき」、政治のもたらす陶酔を拒否したことを理解した。誰とも徒党を組まず、自己の良心に従うのがカミュのとった態度だった。ところが一九四七年当時、スターリン主義者だったモランは、カミュを良くて気取り屋、悪ければ敗北主義者と非難した。実存主義者については、行動の両義性にあえて取り組もうとするため何より危険だが、ニヒリズムと指弾される彼らの正気は共産党の大局観と相容れない。「レ・レットル・フランセーズ」はサルトルを悲観主義者と執拗に攻撃したが、サルトルは「先験的な希望」を認めない。サルトルの考えによれば、「作家はよりよい明日を約束してはならず、世界のありのままを誠実に描写して、人々の心の中に世界をよくしようとする意志を呼び起こすべきである」[13]。サルトルただひとりが左翼の若者に現実的な新しい代替案を提示したため、共産党はサルトルを最も恐れた。しかしサルトルには後ろ楯となる党もなければ、赤軍も存在しない。

メルロ＝ポンティの反論を読み終え、ケストラーは身震いした。書斎の骨董じみた灯油ストーブがまた故障して使い物にならない。ケストラーは立ち上がり、今一度アラックをグラスに注いだ（前回のパレスチナ旅行土産がまだ一本残っていて、オーク材の小箪笥にしまってあった）。ケストラーにはカミュがふたたび自分を擁護することがわかっていた。そう思うとつい頬が緩む。カミュがそれほど熱烈にケストラーの味方をするのには、メルロ＝ポンティの場合とまさに同様、政治と哲学だけでなく私的な事情も絡んでいた。その経緯については、マメインの告白がある。[14]

事の始まりは忘れがたい一夜、サルトルとボーヴォワールも含め、みなが揃ってシェヘラザードで過ごした一九四六年十月の一夜にさかのぼる。多くが泥酔する中で、まだしも正気に近いふたり、カミュとマメインは頬を寄せ合いダンスをして、カミュはフランシーヌとの暮らしがどれほど不幸か、どれほどマメインに魅かれるか、ケストラーが友人のためにそれがどれほど苦痛かを切々と訴えた。マメインは自分ひとりパリ滞在を一週間延ばし、カミュにそう報せる。駅でケストラーを見送った後、マメインはカミュからバラの花束を受け取る。この後もマメインのもとに幾度となくカミュからバラの花束が届く。リュクサンブール庭園を散歩しながらカミュが『ペスト』の一節をマメインに読み聞かせた次の機会にはブーローニュの森に足を延ばし、続いてプロヴァンス地方のアヴィニョン近郊で数日を共に過ごす。友人の恋人を口説いても、もうカミュは良心の呵責を感じない。カミュとマメインは何日間かロマネスク教会を訪ね歩き、スペイン風のナイトクラブでタンゴを踊った。家に帰るや否や、マメインは浮気を告白する。これがマメインなりにカミュとの関係に終止符を打つやり方だった。

「きみのそばで過ごした数日は、ぼくの人生で最も幸せな日々だった。いつまでもそれを忘れることはないだろう」とカミュはのちにマメインに書き送る。カミュはマメインとの秘事が長続きするよう望んだが、今後は友人として付き合うことを受け入れた。ケストラーは達観したふうに事態を受けとめ、カミュには恨んでいないと報せた。「自分でも好き勝手にやっているし、同じように好き勝手にすることを「マメインにも」認める。そのため当然、ときに辛い結末に至ることもある。反面、陰でこそこそやるよりも、安定した揺るぎない関係が得られる」[15]。好き勝手を認めるとは言っても、それはケストラーがかりそめの情事をひとつ残らず告白するとか、サルトルとボーヴォワールのように取り決めを守って生きることを意味しない。マメインは無論、ケストラーがボーヴォワール、それから最新作の仏訳者ドミニク・オーリーを初めとするさまざまな女性と関係をもったことは知らなかったろう。ケストラーは現場を押さえられないかぎり、告白はしない。マメインは稀な浮気をケストラーよりいつも素直に認めた。

政治の麻痺と街頭抗議運動――
ド・ゴール派と共産党のフランス国内、インドシナ半島での確執

アーサー・ケストラーはウェールズの気候と配給制下のイギリスのストライキ相手に苦戦を強いられ、農家の賃貸契約が切れた後にはニューヨークに行ってしばらく腰を落ち着けようか、それともヨーロッパにとどまり内部から共産主義と闘おうか、どちらとも決めかねた。ケストラーは実際、早晩ヨーロッパは共産主義の手に落ちはしないかと恐れた。気分によって、ヨーロッパが赤い悪魔に屈伏するまでの期間を最大一年半あるいはそれ以下と予測する。その一方、ヨーロッパを棄てるのはきわめて難しいこともわかっていた。パリか近郊に家を見つけ、そこに落ち着き、このところ勝ち得た作家としての影響力を行使して、あわよくば国内政治に強く働きかけようというのがケストラーのお気に入りのシナリオだった。ヨーロッパの未来はパリの街頭で決定されるとケストラーは今も信じていた。しかし悲観主義が頭をもたげると、専制からの最後の避難所アメリカに渡りたくなる。

ケストラーにはもうひとつ悩みがあった。イギリスに対するどっちつかずの気持ちである。英語で著述を行ない、イギリスの市民権を申請はしたものの、イギリスにいてはドーヴァー海峡と大西洋の彼方ですでに

確立した有力な知識人の地位を得ることは難しいと感じ始めていた。文芸評論家V・S・プリチェットがこの年の早い時期に「ホライゾン」誌に寄せたエッセイの中でこの冷厳な事実を指摘した。ケストラーは「大陸の教育と政治により」イギリスから「切り離されている」。ケストラーは容易に「我々を眩惑させるが、それはイギリスがカフェの会話も、カフェの作家も欠くからである。我々には思想と戯れる技術がない。我々はまるでそうでないものを（ただ話を面白くするために）そうであるとうそぶく教育を受けていない。イギリスには終身学生もいない[16]」。これを読んでケストラーはいい気はしなかったけれども、一理あることもわかった。「フランス人には、こうした嫌みが強みになる[17]」が、イギリス人にはどうしてもそうは思えないだろう。

V・S・プリチェットの率直な言葉には説得力があったけれども、ケストラーを見下す態度にはイギリスが活発な知的営為を欠くことから来る僻みも滲む。いつ果てるとも知れぬパリの盛況と比べて、空襲を受け疲弊したロンドンは、「ホライゾン」誌の編集長シリル・コノリーに言わせれば「別の惑星の病んだ灰色の荒野」にも見える。副編集長のピーター・ワトソンはこれに輪をかけてぶっきらぼうに、イングランドを「監獄」と見た。ソニア・ブラウネルは「わたしたちを包囲する祖国の狭量、島国根性を耐えがたく感じた[18]」。なぜロンドンはパリのようになれないのだろう。皆を少しでも元気づけようと、ピーター・ワトソンはベッドフォード・スクエアの「ホライゾン」誌編集部をパリ風に飾りつけることにした。倉庫に眠っていた何点かのピカソの絵を持ち出し、壁に掛けた。一九四七年の春、同誌の編集部を訪れたイヴリン・ウォーは十八番のあてこすりが喉元まで出かかり、貴族出身、社交界の華転じてゴシップ作家となった友人ナンシー・ミットフォードに大急ぎでこう書き送る。「『ホライゾン』誌の編集部はワトソンの集めた酷い絵で溢れ返り……ソニア・ブラウネル嬢は辞書片手になにやらろくでもないものをフランス語からせっせと翻訳中[19]」。

イヴリン・ウォーと違い、パリ左岸にはあてこすりに費やす暇はない。政治の麻痺に加え、第四共和政では植民地、とりわけインドシナで深刻な問題が起こりつつあった。「レ・タン・モデルヌ」はヴェトナム独立同盟（ヴェトミン）とホー・チ・ミンを支持するヴェトナム人トラン・デュク・タオを起用し、他に先駆けてインドシナでフランスが直面する試練を包み隠さず報じ、現地の状況に光を当てた。この頃には実際に戦争が始まっていた。ジャネット・フラナーは「ニューヨーカー」誌の読者にこれまでの粗筋を説明する。「フランスはルイ十六世が安南の皇帝とこっそり同盟を結んで以来、インドシナを弄んできた。ルイ十六世の時代から第四共和政の初代大統領の時代まで、フランスはひとりの友人も作ることなく、なんと長い年月をインドシナで費やしたことか」[20]。インドシナ情勢を特集した「レ・タン・モデルヌ」の一九四七年三月号で、トラン・デュク・タオはこう結論づける。「ヴェトナムの独立は避けがたい」。クロード・ルフォールは「第二次世界大戦が現今の宗主国に抗する植民地闘争の引き金を引いたのではない。以前から目に見えていた革命の過程を加速したにすぎない」[21]。他の寄稿者も同じ意見だった。同誌に掲載された一九四七年二月五日付の復員兵の手紙はそっけなく予告する。「インドシナでの舞台稽古に続き、初日の幕はフランス帝国の他の地域で上がるだろう」。フランス軍の北ヴェトナムからの撤退とジュネーヴ協定を導くディエンビエンフーの戦いに先立つこと七年、実存主義者は未来を比類なく明晰に見通した。

忠誠審査制度

ケストラーがヨーロッパを離れてアメリカに渡ろうかと考えながら、あまり気が進まないでいる一方で、リチャード・ライトは家族を連れてヨーロッパに戻ることしか考えていなかった。アメリカの政治状況は変化しつつあり、ライトには目に映るさまざまがよいことのようには思えない。数か月前の一九四六年十一月、共和党が選挙で地滑り的な勝利を収め、上下両院の多数を占めた。「タイム」誌の前中国特派員、出版直後にベストセラーとなった『中国の雷鳴』の著者シオドア・H・ホワイトは、共和党の勝利を予測していた。ホワイトは夏から初秋にかけてアメリカ各地をドライブして周り、第十一爆撃飛行隊の戦友と旧交を温め、彼らがどのように社会に再適応しているかを我が目で確かめた。長文のルポルタージュ、栄えある帰国の物語を書き上げようという目論見である。「戦後の数か月間に一千三百万人のアメリカ人青年が除隊し、元どおりうまく溶けこめる場を求めて帰国した。何百万という男たちにとって、仕事、生き方、住まい、そして未来に懸ける希望を切り換える機会があるとすれば今しかない」[22]。こうした男たちが共和党に勝利をもたらした。彼らは「アメリカに静止を命じ、時計を止め、針を巻き戻し、戦前はこうだったというどこか非現実的な記憶の中にアメリカを連れ戻し、時代を遡ってたとえば一九二五年、一九二八年あるいは一九三二年に後戻りしたいと嘆願した」[23]。若い復員兵にとって、それは戦争をなかったことにしようとする試みだった。彼らは故郷の家に戻り、母親と、新妻と穏やかに暮らし、家を、車を、仕事を手に入れたいと願った。彼らの多くが政界に進出し、「歴史的に見れば、彼らの政界入りは一九四六年の選挙の見逃された真相にほかならない」。

帰還した復員兵は、海の向こうの世界の輪郭を改めた後、今後三十年のアメリカ政治の輪郭を改めようとしていた。ジョン・フィッツジェラルド・ケネディとリチャード・ニクソンは、共に太平洋での海軍の軍務を終えて民間人に戻り、一九四六年に初めて公職選挙に出馬した。ウィスコンシン州の「尾部銃手ジヨー」・マッカーシーも同様である。若い黒人復員兵も、その年ごくわずかながら選挙に立候補した。黒人の下院議員が二名誕生する。ニューヨークのパウエルとシカゴのドーソン。いくら背伸びして未来を見晴らしても、黒人は二名で満足しなければならないということらしい。[24]

スターリンと国家警察を批判するのはたやすい、リチャード・ライトはそう思う。しかしアメリカの政治も、とても開明的とは言いがたい。残酷で、腐敗し、悪辣で、しばしば人の生命を奪う。シオドア・H・ホワイトはシカゴ、ボストン、フィラデルフィア、そしてニューヨークのような北部の都市の政治は「腐敗していても、人の生命を奪うことはない」と見なし、南部の諸州とは区別した。こちらは「殺人を容赦する。黒人殺しはさりげなく、白人殺しはひどく厄介な者にかぎり容赦する」[25]。

一九四七年三月二十一日、アメリカのハリー・トルーマン大統領は忠誠審査制度を施行し、すべての連邦政府職人に「アメリカ政府の政体を変更する」ような「威力あるいは暴力行為の遂行」を擁護、あるいは容認しないと誓うよう求めた。言い換えれば、政府職人は共産主義を信奉しないと宣誓しなければならない。審査制度の施行は大学、企業、学校、政府・行政機関の高官、さらにハリウッドへの共産党の浸透を過度に恐れた結果だった。共産党はアメリカの若者への影響力を着実に強めていると恐れられた。

リチャード・ライトはこのニュースをラジオで聞いた。チャールズ通りのアパートの広々とした居間に置いた花柄のソファに座り、ライトと妻のエレンはなんとしてもできるだけ早くパリに戻ろうと決心する。それにはまず留守中のアパートの借り手を探さなくてはならない。ライトは実際のところ、忠誠審査制度に端を発する政治的な反響が我が身に降りかかろうとは思わなかった。標的にされたのは、今のところ政府の役人に限られる。ただアメリカ社会全体に新たな疑念が蔓延しつつあるのは事実で、それが人種間の関係にも悪く作用しかねないとライトは怯えた。

ライトは一九四四年八月号の「アトランティック」誌に寄せたエッセイの中で共産党との過去を全面的に否定したが、今となってはこの判断が幸運に思えた。書き出しはこうである。「さる木曜の晩、郵便局に勤務していた頃に知り合った白人青年グループから、シカゴのサウスサイドにあるホテルに集まり、世界情勢について論じ合おうと声をかけられた。集まったのは十人ほどで、サラミ・サンドイッチを食べ、ビールを飲み、語り合った。参加者の多くが共産党に入党していると知り、わたしは仰天した」[26]。ライトの過失の告白は広く報じられ、受け入れられ、ライトはもはや共産党員とも、その支持者とも見なされなくなった。ライトはこの話題には触れたがらない。それはもう過去の話だった。

しかしシオドア・H・ホワイトはライトの予感した「忍び寄る不安」の影響をまもなく身をもって知ることになる。それは徐々に、音も立てずにやってきた。一時は引く手あまた、アメリカの主要な新聞雑誌から引っ張りだこのホワイトは左翼がかってはいても共産党員ではなかったが、まもなく左翼系の少部数の雑誌にしか記事が載らなくなる[27]。ホワイトはそれも一過性のものだろうと思った。まとまった額の前払い金を受け取っていたし、本の売れ行きも好調だった。いずれすべて丸く収まるだろう。何か月かは印税で食べていける。気を回しすぎるのは考えもの、初めのうちはそう思った。

イースト・リヴァーを挟んで対岸のブルックリンでは、二十四歳のノーマン・メイラーがレムゼン通り四十九番地の小さなアパートで、炊事兵として見聞きしたフィリピンでの戦争体験に基づく小説第一作『裸者と死者』の仕上げにかかっていた。メイラーはトルーマンの忠誠審査制度のことは新聞で読んで知った。その日のうちに、メイラーは友人に手紙を書く。「除隊してからぼくはかなり左に偏った。今ではニューヨーク出身のユダヤ人過激派だよ」[28]。メイラーはハリー・トルーマンの「封じ込め政策」をあまり評価しなかった。アメリカ議会は共産党のけしかける反乱に怯えるギリシアとトルコに軍事、経済両面の支援を送ろうとしていた。困ったことに、問題はよそでも起こるだろうとメイラーは考える。この時点では共和党が議会の多数を占めてすでに五か月が経過し、メイラーにとっても妻のベアにとっても共和党が断然優勢なアメリカに暮らすのは面白くない。ヨーロッパまで航海し、しばらくパリに落ち着くのはどうだろうか。なんといっても、メイラーには復員軍人援護法の適用を受ける資格がある。まず小説を出版することさえできたなら。メイラーは著書のある小説家としてパリの地を踏みたいと思った。ただの小説家志望ではいささか物足りない。

「このまま居続けたら、共産主義者になりそう」

リチャード・ライトはシモーヌ・ド・ボーヴォワールをアメリカ巡回講演旅行の最初の目的地ニューヨークに迎え、政治の話をするのを楽しみにしていた。ボーヴォワールはアメリカ旅行用の荷造りに大わらわ。生まれて初めて軽薄な真似をしなくてはならず、自己嫌悪にも陥った。友人たちはそれを見て笑ったけれども、ボーヴォワールはアメリカ旅行に備えてドレスに一財産費やす羽目になり、泣き崩れた。

ボーヴォワールはブルジョワの暮らしを拒否した。著名作家として上流社会と交わることがあっても、自分はそこには属さない。ブルジョワの服装規定にそっぽを向き、イヴニングドレスなど死んでも買うものかと誓ったこともある。[29]「わたしはお仕着せを拒む。それはわたしの性ではなく、彼らの階級に属する。優雅礼賛は、受け入れがたい価値体系を示唆する」。それでもアメリカ旅行のために、そしてニューヨークのラガーディア空港でタラップを降りるそばから、サルトルのように仕立屋に連行される屈辱を避けようとすれば（サルトルの擦り切れた服はアメリカ側の主催者を震え上がらせた）、少なくとも新しいドレスを一着用意しなければならない。ボーヴォワールは小さな高級服飾店で大枚二万五千フラン（現在の十八万円弱）をはたき、黒いニットの素敵なドレスを買った。ボーヴォワールはサルトルのアパルトマンに歩いて帰り、買物袋を指さして「これが最初の譲歩よ[30]」と言うが早いか、わっと泣き崩れた。しかしこの買物は妥当な投資と判明する。ニューヨークでは誰もボーヴォワールに新しい服を買ってきてくださいとは言わなかった。ジャネット・フラナーは「ニューヨーカー」誌の読者に「ボーヴォワール女史ほど可愛らしい実存主義者には二度とお目にかかることはできないでしょう。そのうえ熱意があり、優しく、慎ましやか[31]」とまで伝えた。

到着したその足でボーヴォワールはチャールズ通り十三番地を訪れ、リチャード・ライト一家と再会を果たす。パリでの出会いは束の間で、顔見知り程度にすぎなかったエレン夫人ともボーヴォワールは打ち解けた。また小さな子供には日頃から無関心か苛立ちを隠さないボーヴォワールにしては珍しく、五歳のジュリアが気に入り、「愉快な子」と思った。ライト夫妻はボーヴォワールを友人たち、大半は反スターリン主義者のユダヤ人に紹介し、ボーヴォワールは毎晩パーティーに顔を出した。ボーヴォワールはドロレス・ヴァネッティにもぜひ会わせてほしいと頼む。ドロレスはサルトルの許を離れて不在のボーヴォワールの後釜に座るつもりでパリに向かおうとしていた。ある晩ふたりはシェリー゠ネザーランド・ホテルのバーでかなり遅い時刻に落ち合い、午前三時までウィスキーを（ボーヴォワールと会うというのですっかりあがってしまったドロレスはとくに）浴びるように飲んだ。ボーヴォワールはさっそくサルトルに出会いの模様を書き送り、ドロレスを「似合いの連れ合い」と称した。「あの娘がとても気に入りました。それからあなたの気持ちがわかって、嬉しかった。ドロレスはウィスキーを次から次に飲み干し、そのせいかかなり多弁になり、古典的な狂態も披露してくれました。彼女にはたいそう心を動かされるわね[32]」。

グリニッジ・ヴィレッジでライトの友人たちと話し、飲み、マリファナを喫って、ボーヴォワールは知り合ったニューヨークの知識人の盲目的な愛国心に驚かされる。「彼らの優越感は父を思わせる。彼らの反共主義となると、これはもうノイローゼに近い[33]」。ボーヴォワールは目につく些事、彼我の差、心に湧いた感情を何もかも書き留めずにはいられない。一九四七年一月三十一日にはこう記す。「アメリカの礼儀正しさ、上機嫌は暮らしをずっと楽に、心地好くしてくれる」。とはいえ、うわべの下に目をやらないわけにいかない。「けれど『人生の明るい面を見よう』という押しつけがましい誘いが気に障り始めた。どのポスターでも誰もがにっこり白い歯を剝き出しにしているのが、わたしには痙攣して強張ったみたいに見える。地下鉄に乗っても、街を歩いても、雑誌を開いても、あのしつこい笑いが追いかけてくる。あれは制度だわね。消費と借金で成り立つ社会の平和と経済の繁栄に楽観主義は欠かせない[34]」。

二月八日、ボーヴォワールはルイ・アームストロングのコンサートを聴きに、バーナード・ウルフの腕をとってカーネギー・ホールに向かった。リチャード・ライトがボーヴォワールに七歳年下のジャズ狂の作家、一九三七年には束の間トロツキーの秘書も務めたウルフを紹介した。ウルフはルイ・アームストロングのコンサートのチケットをなんとか二枚手に入れたが、これ自体かなりの手柄である。カミュとサルトルの先例に倣い、ボーヴォワールも自分にアメリカを授けてくれるひとを求めていた。バーナード・ウルフならその役が務まるとボーヴォワールは思ったけれども、餌の食いつきが悪い。ウルフがそうと気づく前に、ボーヴォワールはニューヨークを後にしていた。

名門大学を訪ねる講演旅行に出発するまでにまだ時間があり、ボーヴォワールはバス、飛行機、汽車、自動車でもなんでも来い、可能なかぎり旅をして、最大限アメリカを見ようと心に決めていた。かつての教え子で恋人でもあったナタリー・ソロキーヌ、現ナタリー・モファット、イギリスの映画脚本家アイヴァン・モファットの夫人に会いにロサンゼルスに出かける途中、ボーヴォワールはバッファローとナイアガラの滝に立ち寄った（苦々しく「がっかり」と記す）。ロサンゼルスでナタリーとアイヴァンが映画監督のジョージ・スティーヴンスに引き合わせた。昼食をとったレストラン〈ルーシーズ〉は、アイヴァンが契約を結ぶ映画会社ＲＫＯとワーナー、パラマウントのスタジオに囲まれている。スティーヴンスは戦前ジンジャー・ロジャースとフレッド・アステア主演のコメディ映画を監督して名を成した。四十二歳のこの年、スティーヴンスも旧職に復帰しようと努める何百万の若い復員米兵のひとりだった。戦争中の体験――ノルマンディー上陸作戦、パリ解放、そしてさらに劇的なダッハウ強制収容所解放の撮影――が尾を引き、目眩の収まらぬままスティーヴンスは監督するのに相応しいシリアスなドラマを探し求めた。コメディはもう作れない。中佐として、アメリカ軍通信隊撮影部の責任者として過ごした四年間がスティーヴンスを別人に変えた。もう後戻りはきかない。

　ルーシーズで昼食をとりながらスティーヴンスと話をする間にも、ボーヴォワールの目はどうしても周囲に引き寄せられ、「キャンディ・ピンクかパステル・ブルーの服を着たプラチナ・ブロンドの女たちのけばけばしい上品さ」を目にしないわけにいかない。過剰がアメリカの病とボーヴォワールは記す。「ここでは過剰な騒音、過剰な香水、過剰な熱気、過剰な偽物の贅沢に悩まされる」[35]。

　ジョージ・スティーヴンスとサンフランシスコ、サクラメント、リノ、そしてラスベガスを車で巡った後、ボーヴォワールはナタリーと共に三週間のアメリカ周遊バス旅行に出かけた。ふたりは長距離バスで最初の目的地ニューメキシコ州サンタフェに向かう。ボーヴォワールはここでほんの少しばかりヨーロッパ風の雑然とした気配、人間臭さを見つけてほっとする。「通りは曲がっていて、直角はなし、ありがたい。車もほとんど見かけない。日向をひとが歩いている。女たちは西海岸のように、細くて長い申し分のない脚を見せびらかしたりしません」[36]。さらに十二時間、砂漠とサボテンを縫って走り、着いたところはテキサス州サンアントニオ。ここでボーヴォワールは「有色男性」用と「白人淑女」用の軽食堂に気づき、こうした場所や表示に出会うことは予測してはいても、「ずっしり重いものが急に肩にのしかかった」。この重荷は南部を旅行しているあいだ、ずっとボーヴォワールにつきまとう。

ニューオーリンズでは豪華な大型ホテルに滞在したが、この「何でも揃った自足型」ホテルはボーヴォワールのお気に召さない。「死ぬまで一歩も外に出ずにすみそう。花屋、キャンディ屋、本屋、美容院、ネイルサロン、速記者、タイピストまでいつでもご用命承ります。レストラン、バー、カフェ、ダンスホールの揃った階が四つもある。ここは中立地帯ね、植民地の首都の真ん中に設けられた共同租界のようなもの」。チェックインを済ますと、ボーヴォワールはさっそくナタリーを連れて市内探索に乗り出す。クレオール料理を食べて、「本場のジャズ」が聴きたかった。夕食後、ふたりはフレンチ・クォーターのビヤンヴィル通りの角、バーボン通り二四〇番地、海賊ジャン・ラフィットの住まいのひとつとされるオールド・アブサン・ハウスに立ち寄った。「三人の黒人ミュージシャンがピアノ、ギター、ベースを弾いていた。いきなり、わたしたちは別世界に誘われた。バンドは誰を歓ばせようとも、驚かそうともしない。弾きたいように、弾いている」[37]。

真剣な面持ちで音楽に聴き入る少数の聴衆の中にふたりの若い白人男性があり、ゾンビ・カクテルの大きなグラスを啜るボーヴォワールとナタリーにしきりに目をやっていたが、ようやく近づいて自己紹介した。ボーヴォワールはそのうちのひとりがかなり気に入り、二十二歳のイタリア人で音楽を学んでいるという青年がジャズばかりでなくストラヴィンスキーやラヴェル、バルトークについて情熱的に語るのに耳を傾けた。「アメリカで会った大勢の若者の中で、あの子が本当に若く見える初めての若者だった」。夜通し喋り続け、バーボン通りに朝日の昇る頃に別れの挨拶を交わした新しい友人たちとは、その日の晩にも落ち合い、黒人のジャズを聴ける別の店を探しに行くことにした。住所はアブサン・ハウスで演奏していた黒人ミュージシャンが、メモに書いてこっそり手渡してくれた。

ニューオーリンズで迎える二日目の宵、陽気は前夜に輪をかけて素晴らしい。「灰色がかった真珠色の霧がなんとも眩い光を放ち、午前二時なのに夜明けのように思える」うえに、「空気は温室の中のように湿っている」[38]。この夜、ヨーロッパからやってきた四人の友人たちは、かつてないジャズを経験した。「そうしたこじんまりしたバーで、ジャズは紛れもない高みに至る。このジャズは生き方そのもの、生き続ける理由にもなる。ジャズはたちまち聴き手の心を貫き、人生を一変させる。彼ら黒人ミュージシャンの人生がしばしば困難で苦痛に満ちたものであるとすれば、それは他のアーティストのように死を遠ざけるのではなく、彼らがまさに死と存在の融合を成し遂げたからだろう」[39]。ボーヴォワールはサルトルに、「人生で最も詩的な夕べでした」[40]と書き送る。

ニューオーリンズ滞在三日目の四月一日、ボーヴォワールは何時間も市内を歩き回り、ニューオーリンズに心身を浸した。黒人ばかりの暮らす界隈で、敵意むき出しの視線に射すくめられたこともある。夜は招待してくれた大学の教員宅で過ごした。ボーヴォワールのために歓迎パーティーを催してくれたのである。そこでは誰もが「アカ」について語り、怯えているように見えた。「『アカ』の呼称はかなり融通が利く。肉体労働者、知識人、政治に関わる人々と交わる集団の性質は変わっても、毎日、自由がなし崩しについいえるのを感じた」[41]。四月二日、ボーヴォワールとナタリーは長距離バスに乗りさらに十五時間、ルイジアナ、ミシシッピ、アラバマ、フロリダをメキシコ湾沿いに旅した。「停車するたびに憎しみの気配がする。白人の傲慢な憎悪、黒人の無言の憎悪[42]」。

四月十日にニューヨークに戻ったボーヴォワールは数日間、午後から夜にかけて四、五人の若手作家のグループと過ごした。ジャズ好きの付き添いバーナード・ウルフに加えカルダー・ウィリンガム[43]もその中に含まれ、この二十四歳の「フレッド・アステア似」は南部の陸軍士官学校を舞台に同性愛を描く小説『男としての終わり』でスキャンダルを巻き起こしたばかり。ボーヴォワールはこうして大西洋を挟む両大陸で若手作家の日々の暮らしを比較する視点を得る。

若者たちは外出して夕飯をとることも、アメリカ中を旅行することも滅多にない。彼らの住む室内はフランスの作家の部屋と同じように質素だけど、浴室は快適でモダンだし、冷蔵庫を持たないひとはない。これを見てもアメリカの生活水準の高さがわかる。もっとも、本当の贅沢はレコード・プレーヤーを持っていること。ジャズはパンと同じくらい生きるのに欠かせない。彼らの日々はパリと比べてずっと孤独で退屈している。カフェがないから友達と会って意見交換したり、寛いだり、刺激を受けることもできない。パーティーは世渡りの勧めにすぎず、有意義な話はまったく聞こえない[44]。

ボーヴォワールはフィラデルフィアとボストンを駆け足で訪ね、講演をし、さまざまな人と知り合いになった。スミス・カレッジとウェルズリー・カレッジは「どちらも修道院と診療所の臭いがして」、ボーヴォワールはアメリカの若い女性の夢や志望を心許なく思った。ハーヴァード大学では、学生が高度に専門化された科目しか学んでいないことを知る。「アメリカは言語学者、科学者、数学者、社会学者を世の中に送り出すけれど、知性を鍛え、方向性を定めるほうはすっかりお留守」[45]。ボーヴォワールは哲学が心理学、論理学、社会学など特定の部門に区分けされ、自然科学として教えられていると知って驚いた。その結果、大学の研究生活は国民の知的生活から「切り離されている」ように見える。「フランスでは作家がよく大学で教えるのに、アメリカでは学者から始めて作家になるひとはない。文化と生活の間を繋ぐものが何もないように思われ、そのことがとくに気にかかる。アメリカの若者は、政治は専門家や玄人に任せたふりをするのがよいと思っている」。ボーヴォワールはハーヴァード大学やイェール大学の学生がロシアとの将来の戦争についてまるで他人事のように話し、すっかりあきらめて、さらには「それを期待するかのような口ぶり」で語るのを聞いて「背筋がぞっとした」[46]。左翼寄りの考えを持つ学生からは、共産主義者の烙印を押されるのが怖くて、もはや進歩派と名乗ることもできないと心中を明かされた。「このまま居続けたら、共産主義者になりそう」。ボーヴォワールはサルトルにこう書き送る。

フランス共産党が国民の不満を掻き立てる

アメリカにいるボーヴォワールに送った手紙に、サルトルはフランスをときおり麻痺状態に陥れるストライキについて記したが、今後も激しさを増しそうな気がしてならない。サルトルの予測は当たり、ストライキは七か月におよんだ。ストライキは国有化されたばかりのルノー社のパリ近郊の工場で、一九四七年四月末に始まる。約三万人のルノー社の労働者の半数以上が共産党系のフランス労働総同盟（ＣＧＴ）[47]の組合員だった。当初、三党からなる連立与党の一翼を担うフランス共産党はストライキ支持を見送る。しかし、インフレ率が五十一パーセントに達しても賃金の平均上昇率が十九パーセントにとどまり、食料配給制の続く状況で、共産党はポール・ラマディエ率いる政権を抜け、全国規模のストライキを展開し、反乱蜂起を促す戦術に全党を挙げて取り組むことに決する。数週間後にストライキは他の自動車会社、シトロエンとプジョーに飛び火し、さらにミシュラン、鉄道、百貨店と銀行もストライキに入った。公式に表明されたストライキの主な理由はインフレ、生活費の高騰、低賃金だが、誰もそれを真に受けはしない。ストライキの動機は政治であり、西欧内部の冷戦のきわめて明確な表現だった。

ジャネット・フラナーは相変わらず、このひとならではの一風変わった見方をアメリカの読者に提供する。「この数か月、フランスは股割りを試みる老婦人のみっともないポジションに陥った。右翼の脚を一方に開き、左翼を反対向きに広げて、いつまでこんな恰好を続けられるものかと誰もが首を傾げる」[48]。ド・ゴール派、なかでもアンドレ・マルローがストライキへの共産党の関与に対する恐怖心を煽り立て、パリでは政治的緊張が高まる。マルローは陰謀家らしく声を潜め、肩越しに振り向き、対話相手に覆いかぶさらんばかりにしてロシアの戦車がパリに向かって進軍しているという噂を（ふたたび）広めた。「一週間もしないうちに、共産主義者が炎と血を賭してパリを占領するか、あるいは占領しようと試みるだろう」[49]。マルローはカトリックの作家ジョルジュ・ベルナノスなど友人たちにこう語りかけた。

ボーヴォワールの留守中、サルトルは「参加する知識人」について考えを深めていた。一九四七年二月、サルトルは「レ・タン・モデルヌ」に「文学とは何か」と題する長編エッセイの連載を始めた。一九四七年に作家の直面する状況、作家に課せられた倫理的、知的、政治的責務を主題とする雄渾なエッセイである。五月号ではフランス、アメリカ、イギリスの作家のあり方を比較した。

フランスの作家のみが百五十年間も覇を唱えた末、「ブルジョワ意識」に満ち、しかも拴かれた言語に慣れきって、正真正銘のブルジョワであり続ける。アメリカの作家はそれとは異なり、作家になる以前にしばしば違う職業を経験する。彼、あるいは彼女は文学を自分の孤独を公言する方途ではなく、そこから脱け出す機会と捉える。彼らの目に映る世界は新しく、言うべきことは限りなくある。イギリスの知識人はかなり奇矯な、へそ曲がりな排他的階級をなし、仲間以外の国民とほとんど接することがない。彼らは我々のような幸運に恵まれなかった。革命を理由に、我々は自国の政治家たちから恐れられている。イギリスに知識人を恐れるひとはなく、知識人は無害な連中と見なされる。

ブルフ・オキンのアーサー・ケストラーにはこれが骨身に沁みた。ケストラーはそればかりか鬱病とスランプ、気分の揺れに悩まされる。数か月もしないうちにソ連軍がフランスを侵略するという考えに取りつかれた。最近フランスで戦争から生じた三党連立政権が内部崩壊したことも、ケストラーには終末が近いことの兆しに思える。マメインは絶望的な胸のつかえを少しでも軽くしようと、双子の妹シーリアに手紙を立て続けに書き送った。五月二十二日、「Kはまだ仕事に戻れない。最後にまともに働いてからもう二か月以上も経つのだから、どんなに酷い状態か想像がつくでしょう」。五日後、「Kは神秘主義に興味を持っている(夢中です)。まだいつもの彼じゃない。英雄視していたひとたちがみな破滅したことを嘆き悲しみ、尊敬できるひとが誰もいないのがとても辛いと言う。彼の不信感、厭世観、性格の悪さはとてつもないのよ」。母親の訪問も、ケストラーは忌み嫌う相手だけに、気分の改善にはつながらない。「Kのお母さんは、ここにいるときに、こう言った。『お前、フロイント博士の本を全部持ってるのね』。K、『フロイト博士のことかい』。『そうよ。十七歳の頃にはよく知ってたのよ。あたしは神経性チックを患って、ローレ叔母に言われて先生に診てもらったの。先生はあたしのうなじをマッサージして、気に障る質問をいくつもした。それで行かなくなったのよ』。お母さんがフロイトのところに行くのをやめなかったら、アーサーの、ひいてはわたしの人生がどんなに今とは違ったものになったかと考えると、頭がくらくらするわ[50]」。

ジョージ・マーシャルと彼の計画

一九四七年六月五日、アルベール・カミュの『ペスト』がパリの書店の店頭に並んだ日、アメリカ合衆国のジョージ・マーシャル国務長官は、ハーヴァード大学の一万五千人の院生を前に、地味ながら歴史的な演説を行なった。ヨーロッパの経済復興を支援する計画を初めて聞かせる相手に、国の将来を担うエリートを選ぶとは長官も隅に置けない。「国際情勢がきわめて深刻であることは、改めて皆さんにお話しする必要もないでしょう。少しでも知性のあるひとなら、誰の目にもそれは明らかなはずです」と前置きしてから、長官はヨーロッパの悲惨な経済状況について、いくつか事実に即した指摘を行なう。「ヨーロッパが求める外国——とりわけアメリカ——からの食糧および必要物資の援助額は、ヨーロッパの現在の支払い能力をはるかに越えるため、相当な追加援助を受けないかぎり、経済、社会、政治にきわめて甚大な劣化を来たすことは避けられません[51]」。

マーシャル・プランの目的は単純だった。ヨーロッパの経済復興を支えて、一九二九年に経験した世界的な経済恐慌の再来を避けることである。ワシントンでの長時間におよぶ公聴会を経て、経済協力法は賛成三百二十四対反対七十四で可決された。マーシャル・プランの名で知られる法案は一九四八年四月三日にトルーマン大統領の署名を得て成立した。資金援助の対象国はオーストリア、ベルギー、デンマーク、フランス、イギリス、ギリシア、アイスランド、ルクセンブルグ、オランダ、ノルウェー、ポルトガル、スウェーデン、スイス、トルコ、そしてかつての敵国ドイツとイタリアである。マーシャル・プランの実施期間中、アメリカ議会は一千三百三十億ドルをヨーロッパ経済に注入し、イギリスと大陸諸国の復興のために緊急に必要な資金と物資を提供した。この計画は信頼できる貿易相手国を支援することにより、アメリカの産品の市場を創出してアメリカ経済に恩恵をもたらす。計画の期間は当初四年とされ、一九五二年六月末に終了する予定だった。対象国が計画に従い援助を受ける資格を得るには、個々にアメリカ政府と合意を取り交わす必要があり、それにより計画の目的——通貨の安定、通商協力、貿易障壁の撤廃、経済的自立、産業の近代化——を遵守する義務を負う。マーシャル・プランはのちの北大西洋条約機構（ＮＡＴＯ）と未来の欧州経済共同体の基礎を固めた。

ジョージ・マーシャル長官はハーヴァード大学で行なった演説で、ただの一度も「共産主義者」、あるいは「革命」という語を発しなかった。とはいえ、こう言い添えるのを忘れない。「我々の計画が抗する相手はいずれかの国家、あるいは主義でもなく、飢餓、貧困、自棄、混乱であります。その目的は世界の健全な経済活動を復活させ、自由主義体制が存在しうる政治、社会状況の出現を可能にすることにあるのです」。共産主義の「き」の字も口にしなくとも、ヨーロッパに共産主義を拒み、代わりに資本主義を受け入れるよう促して赤い悪魔の進出を抑止するこれ以上に明確な計画は存在しない。

ＢＢＣ放送でマーシャル長官の演説を聞くが早いか、イギリスの外務大臣アーネスト・ベヴィンは受話器を取り、フランスのジョルジュ・ビドー外相に電話をかける。ふたりはパリで緊急のヨーロッパ会議を開き、マーシャル・プランの受け入れを前提に、条件の検討に入ることで合意する。イギリスもフランスもこの歴史的好機を逃す気は毛頭ない。懸念と予測が共に当たり、スターリンも直ちにソ連と東欧「同盟国」はアメリカの援助を受け入れる意志はないと表明する。東欧諸国はマーシャル・プランを拒み、代わりにソ連の援助を受け入れるよう強いられ、モスクワの善意への依存をいっそう深めることになった。

「タイム」誌の前外国特派員シオドア・Ｈ・ホワイトはマーシャルの提案に魅了される。そこにはたしかに、売文業者がまもなく「よい記事の種（グッド・ストーリー）」と呼ぶものの特徴がすべて揃っていた。時間をかけて報じる価値のある記事、今後数年は間違いなくこれで稼げそうな記事の種である。進歩派に肩入れしすぎて前の雇用主に嫌われ、ブラックリストに載せられたため、ニューヨークではなかなか原稿を活字にしてもらえなくて苦労していたホワイトは、アメリカを離れ、外国特派員に戻るのがよいかもしれないと考えるようになった。問題は中国に戻ることはできず、ヨーロッパについては何も知らないこと。それでも、「マーシャル・プランの進捗状況、アメリカはいかにしてヨーロッパを共産主義から救うか」[52]をぜひとも取材したいという気持ちに迷いはない。ホワイトはアメリカの影響力行使にいつでも夢中になったから、その意味でマーシャル・プランはさしあたり、またとない冒険になりそうだった。

第9章　恋愛、流儀、麻薬、孤独

夫、愛人、友人

ユダヤ人、スウェーデン人、ドイツ人の血を引く長身で男前、寡黙なネルソン・オルグレンとシモーヌ・ド・ボーヴォワールは、一九四七年二月二十一日にシカゴで袖を振り合うほどの仲にすぎなかったが、このオルグレンがまもなく、見るもの聞くもの何でも分析せずにいられないボーヴォワールの気を逸らす。夕べと昼下がりをそれぞれ一度共に過ごしただけなのに、三作目の執筆に難渋する三十八歳の小説家はフランスの哲学者の心に消えがたい印象を残した。オルグレンに誘われ、市内の虐げられた人々の暮らしを見て回るうち、ボーヴォワールはウエスト・マディソン通り、通称バワリーで「浮浪者、酔いどれ、老いて落魄した美形」と出会う。「みすぼらしいダンスホール」[1]では醜く老いさらばえ、みすぼらしい限りの男女が踊り惚け、時の流れが止まったかのように満ち足りていた。ボーヴォワールは茫然自失、情景を美しいと思い、心を動かされる。アメリカでは「美と醜、奇怪と悲劇、善と悪それぞれに居場所がある」とオルグレンはボーヴォワールに説く。「アメリカ人はこうした両極端が混じり合えると思いたがらない」。オルグレンはボーヴォワールをタクシーに乗せ、「ぎこちなく、でもとても真剣に、ひたむきに」[2]唇を合わせた。オルグレンはボーヴォワールなら自分の気持ちをわかってくれると感じた。

サルトルはボーヴォワールに帰国を一週間延ばすように頼んだ。ドロレスが一歩も退かぬ構えで、頑として譲ろうとしない。ドロレスは実はそのままパリに居座り、サルトルの心をボーヴォワールから引き離し、自分のものにする魂胆だったけれども、サルトルはまさかそうとは思いもよらない。ボーヴォワールはこれ幸いとシカゴに飛び、オルグレンと三日間を過ごした後、ニューヨークへの帰途にも同道し、今しばらく共に過ごそうと説き伏せる。ニューヨークではオルグレンが観光客、ボーヴォワールが案内人となる。戦争中のフランス駐留を除き、シカゴからほとんど出たことのないオルグレンは、ニューヨークで非常階段に吊るされた色とりどりの洗濯物、肥えた紳士のための仕立屋、刺青の店を見て我が目を疑う。ふたりはイースト・サイドの「ゲットー」を見て回り、恋に落ちた。一九四七年五月十一日、オルグレンはボーヴォワールの指にメキシコ製の安物の指輪を嵌め、ボーヴォワールは死ぬまで外さないと答える。[3]

その間パリの繁華街の大通りでは、ドロレス・ヴァネッティを連れてヴィットリオ・デ・シーカの『靴磨き』の上映会に赴くサルトルの姿があった。住む家を失くし、飢えて戦後のイタリアを生きる子供たちを容赦なく、力強く描いた苦悩に満ちながら美しい映画に[4]ふたりは深く感動する。ドロレスにすっかり参ったサルトルは、国に帰るよう恋人を説得するにはどうすればよいか見当がつかず、かといってボーヴォワールに二度目の帰国延期を頼むのも難しい。ボーヴォワールと四か月間も一日おきに手紙のやりとりを続けてきたサルトルは、「アメリカン・ガール」がいくら愛おしくても、この娘のために魂の友との一生の取り決めを反故にする気にはなれなかった。

五月八日の日曜日の明け方、ボーヴォワールを乗せた旅客機がオルリー空港に着陸したとき、サルトルはまだドロレスとベッドの中にいた。ドロレスはサルトルが結婚の約束をしないかぎり、ボーヴォワールに席を譲る気は毛頭ない。ボーヴォワールがサルトルに一週間の猶予を許したのは、まさにサルトルが「きちんと」ドロレスを見送れるようにするためだった。最後に送った手紙に、ボーヴォワールははっきり記す。「パリに戻ったら、少なくとも当座は面倒に煩わされずに、穏やかな気持ちでいたのです。お願いだから、すべてまるく収めて、ふたりだけの時間をゆっくり過ごせるように、あなたの許に戻る幸せを台無しにしないでくださいね」。ボーヴォワールは「あなたとまた会える日曜にはきっと幸せになれると信じています。あなたを愛している」[5]と手紙を締めくくった。体力を消耗させる長い空の旅を終え、縫い目のはち切れそうな特大の革製旅行鞄を二つ携え、午前十時三十分に（空港から市内行きバスの終着点）アンヴァリッド駅に着いたボーヴォワールは、この後の書き物ではMとのみ呼ぶ女がまだパリから去っていないと知り、心底落胆する。ボーヴォワールはサルトルを問い詰めるような愚かな真似はしない。弁明の時まで、我慢するしかない。落ち着いたふりをしてはみせても心は乱れ、憂鬱だった。愛しい恋人を後に残してきただけに、尚更である。どんなに激しい恋をしたとしても、ボーヴォワールはサルトルと交わした取り決めを裏切るつもりはない。しかし、サルトルのほうはどうなのだろう。サルトルは自分との関係を終わりにしたいのか。ボーヴォワールは抑鬱剤の助けを借りてなんとか窮状をしのいだ。一方、オルグレンからは真剣な交際を求められる。ボーヴォワールの心はふたつに引き裂かれた。

よく説教されても滅多に実行されない貞操とは、主に骨抜きにして遵守する人々のもの。彼らはこれを理想として祀り上げるか、ワインの助けを借りるかして乗り越えようとする。多くの男女は、サルトルとわたしのように取り決めを結び、たまの不品行はあっても一定の忠誠を保つ。サルトルとわたしはそれ以上に高望みして「気儘な恋愛」もしたかったけれど、問題をひとつ見逃していた。わたしたち二人の取り決めに対して、三人目の当事者はどう応えるか。[6]

パリの実存主義者同士の間で、友情は愛情と同じようにもつれがちに見受けられる。仲違いと仲直りが矢継ぎ早に起こり、政治と性が中心的な役割を演じた。『ペスト』が一九四七年六月に出版され、アルベール・カミュは初めて商業的な成功を収める。一週間後、版元のガリマール社はすでに重版に取りかかり、発売部数は夏が終わる前に少なくとも八万部に達すると予測した。サルトル、ボーヴォワールと和解し、ふたたび「コンバ」紙の編集長職を辞したばかりのカミュは旧友と付き合う機会も増えた。サルトルはケストラーと手紙をやりとりし、このふたりも以前の友好的な関係に戻る。カミュにはサルトルが共産党の悪質な攻撃の矢面に立たされていることがよくわかり、共産党自体の主張の矛盾を突いて精力的に反駁を続けるサルトルに脱帽した。「サルトルと共産党の関係は断たれた。党の識者はサルトルをしつこく攻撃するが、それは若者たちに対するサルトルの影響力を恐れるためである。共産党はサルトルが実際に自分たちの大義に親近感を抱くだけに、いっそう危険視した」[7]。

ジャネット・フラナーはガリマール社から『ペスト』の新刊見本を受け取り、むさぼり読んだ。英訳本がニューヨークの書店に並ぶ前に、フラナーは自分の読者に本の内容をぜひとも伝えたかった。「カミュとサルトルは小説の新たな人物像を創り出した。人間の月並みさが、およそ誰にも共通する性質として、現代生活の問題を解く手がかりとなる。フランス小説のこの新様式はバルザック様式を脱け出すかつてない大きな一歩であるにせよ、バルザックもフランス社会にペストのように蔓延する腐敗を最大の主題と見なした」[8]。

ソニア・ブラウネルは左岸でくりひろげられる諍いの最新情報を熱心に追い、『ペスト』を愛する点でも人後に落ちない。ソニアがフランスの首都をふたたび訪れるのは七月初め。既婚者モーリス・メルロ＝ポンティは不安に身を焼きながらソニアの到着を心待ちにした。メルロ＝ポンティは一年前にソニアと恋に落ち、今度こそ手放さないつもりだった。ふたりは逢瀬の宵のすべてをサン＝ジェルマン＝デ＝プレのジャズ・クラブで過ごす。煙草の烟の立ち込める店内で、ソニアは恋に落ちた。

ダンス狂のメルロ＝ポンティと熱くスイングして数週間を過ごした後、ソニアは腑抜けのようなロンドン、「飛びかかり掻っさらう野暮な英国式求愛法」[9]（ケストラーの十八番）の待つロンドンに帰るのは気が進まない。それでもソニアがとうとうパリを発つというとき、メルロ＝ポンティが秋の再会を約した。ソニアがパリで働けるように、仕事を見つけるという。それが思いどおりにならなければ、自分がロンドンに行く。ボーヴォワールとサルトルはソニアが気に入り、自分たちもすぐにロンドンに行くから、面白いひとたちに紹介してほしいと言って元気づけようとする。ふたりはサルトルの芝居『恭しい娼婦』と『墓場なき死者』のロンドン公演の初日に招待された。ウエストエンドのリリック劇場はこの芝居の演出家に二十二歳のピーター・ブルックを起用する。

ボーヴォワールとサルトルは限られたロンドン滞在の合間に、ソーホーのディーン通り六十九番地にあるガーゴイル・クラブをどうしても訪問したいと言い張った。ソニアは賛成しない。ガーゴイル・クラブはパリのカフェやジャズ・クラブの貧弱な模倣にすぎないと先回りして弁解し、諦めさせようとしたけれども、ボーヴォワールは頑として譲らず、何が何でも行くという。三人はある夜、喫茶室の小さなスツールに腰を落ち着けた。三人が賑やかにイギリス人について憎まれ口を叩いていると、巻き毛の若い画家ルシアン・フロイドがただならぬ雰囲気を漂わせ店に入ってきた。画家とは顔見知りのソニアが、会話に加わるよう誘いの声をかける。ボーヴォワールはまもなくイギリス人に対する見方を翻して心変わりを行動に移し、フロイドの腕に手を預けてガーゴイル・クラブを後にした。[10]

数週間後、リチャード・ライトは私生活で実存主義的な板挟みに遭う。サルトルとボーヴォワールの取り決めから生じた状況と似ていないこともない。パリ式処世術を採り入れるのにいささか逸りすぎて、ライトはついでに善悪の判断をいくつも曖昧にした嫌いもある。パリでの文学者としてのライトの盛名は高まる一方だった。パリ到着直前に『アメリカの息子』のフランス語版が出版され、この頃には『アンクル・トムの子供たち』と『ブラック・ボーイ』が立て続けにフランスでも刊行され、書評でも絶賛された。非共産党系のフランスの知識層は、アーサー・ケストラーを担ぎ上げたのと同様に、諸手を挙げてライトを歓迎する。ライトは世間に名の通った知識人として扱われるのが嬉しくてならない。よそ者である自分には、物事がよりはっきり見えるとライトは感じた。フランスで知識人扱いされるとなると、これはしかし片手間仕事では済まない。フランスのジャーナリストたちはアメリカに関することならおよそ何から何までライトの見解を求め、フランス事情についてもライトの意見を聞きたがった。フランスに来て自信をつけたライトは、どんな質問にも余裕をもって対応した。

ライトはたしかにパリの暮らしにもんどりうって飛びこんだ。あちこちから招待され、歓待され、ライト夫妻は毎夜のように社交の席に連なった。エレンは夫がよその女の魅力に惑わされやすいことを見逃さない。婦人科の女医ポラン博士の場合はどうなるか。「フランスの女性がなんとも実に女性らしく、しかも知的なことには舌を巻かざるをえない」とライトは一九四七年八月十七日の日記に記す。[11] そして二週間後、「この日記をどこかに隠さないと。エレンはまるで日記のどこかを読んだような目つきで、ぼくを見る」。

誘惑は多方面からやってくる。誰もがアメリカの有名な作家、リチャード・ライトの知り合いになりたいらしい。エレンとジュリアが休暇を楽しみに南仏に出かけて留守の間、ライトの許に知らない若い娘から電話がかかってきた。声の主イーディス・アンダーソン・シュレーダーはブロンクス出身のユダヤ人で、共産主義者だという。ベルリンにいる夫、マックス・シュレーダーに合流する許可が下りるのを待つ身で、文無しに近い。娘の声音のせいだろうか。話の内容か、話し方のせいか。その日の午後、ライトは娘をお茶に誘い、家族のいない自宅に招いた。ふたりは政治を論じ、続いてライトはキスをしようとする。娘は抗う。「ぼくの肌の色のせいか?」間髪を入れずライトが皮肉る。「わたしがだめと言った、それだけの理由でライトはわたしが好きになった[12]」とイーディス・シュレーダーはのちに回想する。もっともしまいには、いいわと言った。エレンが戻ってからは、ライトとイーディスは夜更けに会い、ライトのオールズモービルの中で語り合い、キスを交わす。車はブーローニュの森の闇の深い場所に停めた。

ル・タブー

サルトルとボーヴォワールの教え子でもあれば恋人でもある左岸の若い世代、戦争の子供たちは悪戯や企みを好んだ。ジャコブ通りの行きつけのル・バー・ヴェールが午前一時に店じまいすると、ほかに行き場もなく、舗道にしゃがみこんで早暁まで語り明かすのだが、これが近隣の住民には悩みの種、朝の早い職人はとりわけ迷惑した。おまるの中身を窓の下にたむろす若者たちの頭にふりかけて追い払うのが習慣となった。ジュリエット・グレコ、アンヌ＝マリー・カザリスとその仲間たちもこれにはたまらず、終夜営業のカフェに移動する。ここの常連はドーフィーヌ通りの印刷工場の労働者で、店内にはインクとコーヒー、近所のパン屋から運ばれるクロワッサンの香りが漂う。凍えるほど寒いある朝、コートを探すうちにグレコは小さな扉があるのに気づく。扉の向こうには急傾斜の木の階段があり、がらんとした大きなアーチ型天井の地下倉に続いていた。

グレコと友人たちはトゥールーズ出身のカフェの経営者ギヨネ夫妻に、地下をリハーサル室にして、その運営を任せてほしいと頼んだ。四か月後、ついにギヨネ夫妻も根負けする。〈ル・タブー〉誕生の日が迫る。「地下室、アーチ型天井の穴蔵に魅かれるのは妙な話」とグレコも回想録で認めている。「戦争中に空襲警報を聞いて身につけた習慣だろうか。単調でつらい日々の暮らしとは無縁のところにいたい、見捨てられた古いワインや虫喰いだらけの家具の臭いのしみついたところ、世間の片隅にとどまりたいという秘かな望みだろうか[13]」。

一九四七年の春、ル・タブーはドーフィーヌ通り三十三番地の扉を開く。「ときどきドアマンもしたのよ」とグレコは七十年近く経って当時を思い起こす。「わたしはすごく厳しかった、本当よ。哲学者しか店に入れない日もあったんだから[14]」。レコード演奏が数週間続いた後、ボリス・ヴィアンがそのときのために結成し「レ・グルル」と名づけた小編成のバンドを率いて毎晩演奏した。トイレの壁は「カウンターに行って薄荷入り砒素を注文すれば、一生喉の渇きは治まる」とか「列車衝突事故に生まれ変わりたい[15]」という類の威勢のよい落書きで埋まった。

アンヌ＝マリー・カザリスはかなり臆面もない自己宣伝作戦に乗り出そうと思いつく。かつての最年少受賞詩人、ポール・ヴァレリーと昼食を共にしたこともあるカザリスは、新聞に自分の写真を載せたくなったのだろうか。一九四七年五月三日、「サムディ・ソワール」紙は一面全ページを費やし、「サン＝ジェルマン＝デ＝プレの穴居人の生態」の見出しを付し長文の記事を掲載した。横の写真には背が高く男前、だらしない恰好の黒髪、十九歳の青年（映画監督志望のロジェ・ヴァディム）が、長い髪に蜘蛛の巣をつけズボンを履いた娘（ジュリエット・グレコ）に蠟燭を差し出す姿が映っている。「サムディ・ソワール」紙の記者ジャック・ロベールが「信じているものは？」とふたりに問う。すかさず「実存主義」と言い返したアンヌ＝マリー・カザリスは、無論それがどんな反響を呼び起こすかは承知の上。記事にはこうあった。「これらの哀れな若い実存主義者は穴蔵で酒を飲みダンスをし、原爆がパリに落ちるまで――ひねくれたこの子らはその日を待ち望む――新たな命を恋に散らす」[16]。これ以上付け加える必要はないだろう。一世代が一括りにわずか二行で決めつけられる。貧乏で下品、言い換えれば、実存主義者。

ボーヴォワールとサルトルは面白がるよりも苛立った。共産党とブルジョワジーからすでにさんざん責められたところにもってきて、今度は若者を堕落させた責任まで負わされる。実存主義とは体系的な哲学思想であり、ジャズに夢中のビバップ・ファンのことではない。時すでに遅し。ニュースはたちまち広がり、反響は北京、エルサレム、ニューヨーク、ロンドン、ベルリン、そして無論おそらくどこより重要な都市モスクワにも届いた。開店直後にル・タブーを訪れたと主張するソ連の記者二人が「リテラトゥルナヤ・ガズィエタ（文芸公報）」にこう記す。「これらの貧窮した若者たちは惨めに暮らし、酒をせがむ。野卑をきわめた性に耽る若者たちである」。

フランス女性

中傷する者はあっても、ル・タブーはやがて観光名所となり、パリのゆがんだ青春を一目見ようと世界中から人々が詰めかける。それでも一年間は、ル・タブーは広い世界のものではなく、友人と友人の友人のものだった。ジュリエット・グレコは回想する。「コクトー、クリスチャン・ベラール、ガストン・ガリマール、フランソワ・モーリアック、ジャン・ジュネ、シモーヌ・シニョレ、オーソン・ウェルズ、トルーマン・カポーティ等々。みな順繰りに高級婦人服メーカーの十代のモデル、姓でなく名で知られるモデルの美貌に目が眩んだ」[17]。髪を短く刈り込み性別も定かでないアナベル（ベルナール・ビュフェの未来の妻）、バレリーナの訓練を積んだ金髪のソフィー（のちにハリウッドの映画監督アナトール・リトヴァクと結婚）、威勢のいい赤毛のベッティーナ（アリ・カーン王子の未来の連れ合い）、そしてサファイア色の目をした絶世の美女エレーヌ（香水で巨万の富を築いたマルセル・ロシャスの未来の妻）もその中にいた。

これらのごく若い娘たちの行く先々、誰もが振り返って見とれ、まもなくパリの女性とはこういうものというイメージが定まる。この後少なくとも十年間、彼女らほど頻繁に撮影されたモデルは世界中ほかにない。フランスの高級婦人服メーカーがふたたび世界を席巻する時が来た。今では生地や素材の供給制限が解除され、パリのデザイナーの活動に一気に拍車がかかる。パリに創造力が沸き起こる。フランスの首都は今しも世界のファッション界の本拠の呼称を取り戻そうとする。ル・タブーの開店に二か月先立ち、小太りで大胆な四十二歳の男性デザイナーの初コレクションがファッション界を震撼させる。その名はクリスチャン・ディオール。「ハーパーズ・バザー」誌の編集長、アメリカ人のカーメル・スノーはディオールのコレクションに「ル・ニュー・ルック（le New Look）」の名を冠する。この語が定着する。コレットは文中これを指すのに好んで「ル・ニウルーク（le nioulouque）」を用いた。

クリスチャン・ディオールは世界からファッション・デザイナーとして認められる前に、もうひとつ別の顔を持っていた。一九二八年、富裕な両親の援助を受けて画廊を開き、アンリ・カルティエ゠ブレッソン初の（あまり芳しくない）絵画展のほかにジャコメッティ、デ・キリコ、カルダー、そしてダリの個展を開いた。一九二〇年代末の金融恐慌に巻き込まれ頓挫した後、余暇に素描をするのが好きなディオールは仕事を求め、オートクチュールのメゾンや映画、演劇のプロデューサーにファッションの型紙やスケッチを売り始めた。リュシアン・ルロンのメゾン・ド・クチュールがディオールを雇い入れる。終戦直後、繊維業界の大立者マルセル・ブサック、またの名を「綿の王」もディオールの才能を認め、契約を結んだ。ブサックはモンテーニュ大通り三十番地にメゾン・ディオールを開業し、デザインと引き換えにいくらでも欲しいだけ生地を提供する。

ディオール初のコレクションは選り抜きの顧客と世界中のファッション雑誌の編集者を集め、一九四七年二月十二日に発表される。長年の苦難と物資不足を経て、ディオールは生地三ヤールではなく二十ヤールを用いたゆったりとしたスカートにその形に相応しい「カローラ（花冠）」の名をつけるなど、目眩めく魅力と贅沢をふたたび採り入れて人々の意表を突く。ディオールはまたくびれたウェスト、丸みを帯びた高いバスト、狭い肩幅、ふくらはぎまで見せるスカートの裾丈など、セクシーなシルエットも考案した。ディオールのデザインではウェストとヒップが重要な役割を果たす。スカート、シャツ、ドレスがウェストからふわりと広がり、ドラマティックな印象を残す。これを着れば、誰でも曲線美が手に入る。ハリウッドのスターが契約の中に、ディオールのデザインしたドレスを着るという条項を入れるように求め始めた。マレーネ・ディートリヒはディオール初のコレクションのショーを最前列で見てからというもの、実生活でも舞台でも映画でも、ディオールの服しか身に着けなかった。数か月後、アルフレッド・ヒッチコックがディートリヒに『舞台恐怖症』の主役を提示すると、「いいけど、ひとつ条件があるわ」との返事。おそるおそる「何かね」と訊ねるヒッチコックに返ってきた答えは、「ディオールでなければ、ディートリヒもなし」。

薬を口に放りこむ

六月、サルトルがどうするつもりかわからず気もそぞろのボーヴォワールは、カルム通りのカヴォー・デ・ロリアンテで閉店前の最後となるパーティーを催し、二十二歳の「ジャズ狂」クラリネット奏者クロード・リュテールはル・タブーでボリス・ヴィアンに合流する。ボーヴォワールの帰国を祝うパーティーのため、ボリス・ヴィアンはバーテンダー役を志願した。技師転じてトランペット奏者兼小説家は「情け無用」のカクテルを混合、攪拌し、一杯目で全員を失神させる。アルコールとオルテドリンの混ぜ物を飲みすぎたボーヴォワールは人事不省に陥る。ジャコメッティは床に伸びた。サルトルと「ちびボスト」に支えられてボーヴォワールはホテルの部屋に戻ったものの、ハンドバッグと財布をどこかに置き忘れた。招待客のひとり（ボリス・ヴィアンの友人）はガラスの義眼を店に置き忘れた。[18] 翌日の午後、酷い二日酔いに耐えながら、ボーヴォワールは義眼とハンドバッグを引き取って帰った。ボーヴォワールが招待した客は、ひとりとしてその夜の自分の振る舞いを覚えていない。

一九四七年初夏のパリは息詰まるほど暑く、最高気温は三十八度に近づく。ボーヴォワールはホテルの部屋の窓とドアをすべて開け放ち、風を入れようとした。それでも働くのは不可能に近く、仕方なくベッドに横になり、じっと天井に目を凝らし、オルグレンとサルトルのことをよく考えた。このときほど気が滅入ったことはなく、パニックの発作を起こすこともしばしばで、そうなるとウィスキーと薬で紛らすほかない。ドロレスが結婚の見込みも立たぬままようやくニューヨークに帰り、哲学者同士の関係は嵐をやり過ごしたけれども、しこりはまだ残る。

毎日のようにアルコール、煙草、睡眠薬とアンフェタミン（中枢神経興奮剤）を混ぜて服用したのはボーヴォワールひとりに限らない。サルトルも麻薬を使った。実のところ、サン゠ジェルマン゠デ゠プレでは誰もが薬をやっているように見えた。覚醒剤あるいは興奮剤のオルテドリンはどこでも手に入った。この薬は戦時中レジスタンスの活動家が好んで用いた興奮誘発剤でもある。サルトルの好みはベンゼドリンかコリドレインで、どちらの覚醒剤も薬局で市販されていた。サルトル自身によると、寛ぐのと集中するのと両方の目的でこれを服用したという。[19]「とはいえ、ジャーナリストが仕事を続けようとして一錠か半錠服用するのに対して、サルトルは四錠飲んだ。多くは水と一緒に飲み下したが、サルトルは噛みつぶした[20]」。コリドレインに加えてサルトルは両切りのボイヤールを日に二箱喫い、何リットルものコーヒーと紅茶を飲んだ。夜にはウィスキーを半瓶飲んでから睡眠薬を四、五錠飲んで気を失った。

このほかにもエキゾチックな名前のアンフェタミンが薬局で売られていた。リュミナックス、ルヴィトン、トランキデックス、プシコトロン、リデプラン等々。一九三〇年代に開発されたこれらの薬は戦時中に使用量が増大し、戦後には執筆に耽る左岸の知識人ばかりでなく、ツール・ド・フランスの参加選手も服用した。一九五五年には医師の処方箋がないと買えなくなり、その後多くが販売禁止となったが、コリドレインだけは一九七一年にようやく有害、危険と認定されるまで流通した。[21]

こうした薬物は知力を緩めたり研ぎ澄ます手段にとどまらず、左岸の知識人、作家にとっては文字どおり仕事道具に等しかった。薬物が彼らを働く機械に変えた。「苦悩に身を捩るのではなく、麻薬の影響下でサルトルは遮二無二書き綴った[22]」。彼らの驚くべき多作は、麻薬を常用する習慣抜きには説明がつかない。不運にも、この習慣は若い世代にも受け継がれる。

「缶詰生活」

一九四七年夏のパリには日中のうだるような暑さ、夜の息苦しさにも一向に頓着せず、世の交わりを絶ったも同然のふたり、エディット・トマとサミュエル・ベケットの姿もあった。ベケットはダブリンに暮らす母を訪ねる年に一度の旅から六月に戻り、のちに「缶詰生活」と呼ぶ時期を経験する。ファヴォリット通りのアパルトマンの隣室ではシュザンヌが無言で古いストッキングをかがり、ベケットは家具もほとんどない質素な自室で新しい小説を書くのに余念がない。今度はフランス語を用い、タイトルはのちに『モロイ』と決まる。著書の出版に関して、ベケットはそれまでにささやかな成功を味わった。画家の友人ファン・フェルデの妹が、ベケットの作品に出版社の関心を惹こうとするシュザンヌに手を貸し奔走したおかげで、英語で書いた未刊の小説『マーフィー』の仏訳版がボルダス社から出版されたのである。奇跡はしかし長続きせず、惨めな結果に終わる。刊行後十二か月の売り上げはわずか十二部にとどまる。挫折には慣れっこのベケットは、さほどうろたえない。かえって『モロイ』を書こうという意欲が湧いたほどである。無論、左岸のカフェでときにベケットを見かけて作家と気づいたアメリカ人の学生たちにしてみれば、「ジェイムズ・ジョイスの秘書、過去のひと、わけのわからない、哀れを誘う、冗談みたいな存在」[23]にすぎない。ベケットは困ったことに、もはや属するグループがなかった。「レ・タン・モデルヌ」に二度掲載されたけれども、本人は実存主義者ではない。カミュの『異邦人』の書き出し――「今日、母が死んだ。昨日かもしれない」――はベケットを思わせたが、カミュはそうした不条理を行動に置き換えた。実情はといえば、「ベケットには崇拝者も、支持者もなく、読者さえなかった」[24]。

それでもベケットはたゆまず前進を続ける。『モロイ』を書くことによって、そうとは気づかぬうちにナタリー・サロート、ミシェル・ビュトール、アラン・ロブ＝グリエなどアンチ・ロマンの新進作家と歩調を合わせていた。ただし、ベケットのユーモアは彼らには見当たらない。『モロイ』によってベケットのアンチヒーローが誕生し、ヨーロッパ文学にはすでにお馴染みの作中人物、フローベールのボヴァリー夫人、ジョイスのレオポルド・ブルーム等の列に加わった。とはいえ、ベケットのアンチヒーローは「勇ましさ、偉そうなところの痕跡さえ、きれいさっぱり拭い去られている。ベケットの主役は孤独な人間で、他人に苛立ち、他人を恐れ、憎み、蔑む」[25]。それでもベケットの小説の登場人物は読者に親しみやすく、身近に感じられるだろうか、それとも文章による拵え物にすぎず、抽象的でとっつきにくいのだろうか。滑稽な話を書く才能を初めて生かし、誇張の技巧も存分に活用して、ベケットは読者に主人公モロイの人間性を感じさせることに成功した。売れないアイルランド人作家にはこれが転機となる。

エディット・トマの人生の転機はひとりの女性、ドミニク・オーリーの腕に抱かれて起こり、性愛と恋情のみを本質とした。情熱的なふたりの恋は十月を経ても持続したが、もはやふたりの間で完結はしない。愛の狩人オーリーはジャン・ポーランに惚れた。年の差は二十三あっても、知性に優劣はない。ふたりの動線はガリマール社内でしばしば交わり、出版社の狭い廊下での避けがたい淡い触れ合いから、閉じたドアの陰の熱い揉み合いに高まる。ポーランはしかもオーリーをガリマール社の編集部に正式に迎え入れる心づもりだった。初めからふたりは立場を明確にする。ポーランは重度のパーキンソン病を患う妻と別れる意志は毛頭なく、オーリーも結婚を望んだり、貞操を重んじるタイプではない。オーリーは前夫との間にもうけた十七歳の息子と暮らし、世話をしなければならない母親もあるので、もともと生活全般を共にする伴侶を受け入れる余地がない。ふたりの関係は世間からは絶対に秘密にしておかなければならないが、これがかえってふたりにはしっくりきた。レジスタンスに身を挺する間に、隠密行動は第二の性となっていた。ふたりの間柄のこうした制約は、激しい情熱、永久の愛を妨げるどころか実情はその正反対。ふたりは一九六八年にポーランが世を去るまでの二十年余り、愛人同士、心の友であり続けた。

トマは思いがけない快楽を手ほどきしてくれた女性に神秘的な愛着を深めていく。トマがオーリーに書いた手紙はほとんど形而上学的な色彩さえ帯びる。「あなたはわたしの病よ、愛しいひと、とめどなくあなたが欲しい病にわたしは罹りました。あなたが男だろうが女だろうが、どちらでもかまわない。あなたの愛撫、身体の美しさ、額の美しさ、目の美しさが好き。それからわたしがあなたにわたし自身を、あなたがわたしにあなた自身を捧げる放縦さも好き[26]」。

トマは移り気な愛人がよそに行ってしまう時が来ると知ってはいたけれども、その時が来ても心構えは間に合わない。オーリーはかなり抜け目なく、ほんのついでといったふうに、トマ宛ての手紙の中でポーランの名に言及し始める。一九四七年八月六日、ふたりが別々に休暇を楽しむ間、オーリーはトマ宛てにこうしたためる。「ほんの二、三行でいいから、手紙をくださいな……ジャングルのような庭を散歩するときにはあなたを連れていき、暖かく青いわたしの部屋にあなたを閉じ込める。あなたは猫のように、瞼を半ば閉じても、きらきら輝く黒い、皮肉っぽい目がわたしにはまだ見える。あなたを愛しています。ドミニク。追伸――ポーランから雑誌を作るわたしたちの計画が立ち消えになったと聞きました[27]」。

トマは仄めかしの意味を理解はしたけれども、なす術はない。オーリーを籠の鳥にしようとしても無駄なのはわかりきったこと。耐えるしかない、自尊心を宥め、嫉妬を抑え、愛情をよその誰かと分かち合わねばならない。考えるだけでも心が痛んだが、それでもオーリーを失うと思えばそれ以上に辛い。それに貞節を守るといったブルジョワの因習を昔から拒んできたのだから、自分が傷つく番になったからといって、今さらそちらに肩入れするのはおかしくはないか。忘れようとして、トマは仕事に没頭し、有力な共産党員の同僚に喧嘩まで売った。トマはアラゴンなど党中枢の知識人グループから、誰を憎み、誰に賛成しろと指図されるのに嫌気がさしてきた。共産党はだんだん居づらくなってはきたけれども、実践的なカトリック教徒のように、聖職者を批判はしても神を信じる気持ちは棄てきれない。それでも、ある話題についてトマは勇気をふるい、反共的と見なされる者なら誰彼なく新聞雑誌で猛烈に批判するのが役割の獰猛な党の番犬ロットワイラー、ジャン・カナパと真正面から対決しようと決心した。リチャード・ライトを讃美したと言ってカナパが「レ・タン・モデルヌ」を槍玉に上げると、トマはライト擁護に立ち上がる。トマは『ブラック・ボーイ』に心を奪われた。ライトを知ったことは「パスカルの啓蒙、デカルトの夢に匹敵する啓示」とまでトマは持ち上げる。[28] トマは明らかに危険を冒しており、党の硬直した方針に従順な共産党員の友人たちはそれに気づいた。戦時中のレジスタンスの偉大な闘士のオーラに今はまだ包まれていても、党はいつまでトマの独自路線を容認するのだろうか。

第10章　行動と異議

ジダーノフ批判――氷河期

一九四七年九月末、シカゴで二週間をネルソン・オルグレンと過ごした後、朝六時にパリに舞い戻ったボーヴォワールは眠り込まないように薬を二錠口に放りこみ、コーヒーを四杯がぶ飲みする。休暇は終わった。たまさかボーヴォワールを乗せた飛行機がパリに着陸してからわずか数時間後、アンドレイ・ジダーノフが多くの人生を翻弄する方針、いわゆるジダーノフ批判を策定する。これは半年前にワシントンで宣言されたトルーマン・ドクトリンへのしっぺ返しであり、ジョージ・マーシャルとその名高い援助計画への対抗策でもあった。

ジダーノフはスターリンから設立後まもないコミンフォルム（共産党・労働者党情報局）――ソ連の文化政策を統括し、ヨーロッパ諸国の全共産党間の連携強化を目的とする組織――の局長に指名された。ジダーノフは東欧全域に唯一許容可能な芸術の規範――あらゆる象徴を明確な倫理観の表現と見なす実証哲学的かつ似非科学的な普遍概念の類――を提示する。ジダーノフの文化政策は厳格に情け容赦なく実施され、反対する者はみな検閲を受け処罰された。ソ連ではショスタコーヴィチやプロコフィエフ等の作曲家があまりに「難解な」作品に対する自己批判を公にするよう迫られ、詩人のアンナ・アフマートヴァは「半娼半尼[1]」の咎でソ連作家同盟から除名され、「エロティシズム、神秘主義、政治的無関心」[2]を断罪される。アフマートヴァの詩集は書店から回収され、廃棄された。

ジダーノフは西欧諸国の共産党に対し、労働者階級を代表して反乱を呼びかけるよう指令を発する。冷戦は単にその名を呼号するにとどまらず、氷河期に突入する。ジダーノフが提示したように世界はこのときふたつの陣営——アメリカの支配する「帝国主義、反民主主義」陣営と、ソ連の率いる「反帝国主義、民主主義」陣営——に分割された。

共産党員のエディット・トマはミニュイ社の仲間とカフェ・ド・フロールで落ち合い、コーヒー片手に一九四七年十月七日付「ル・モンド」紙に掲載されたジダーノフ演説全文を読み通した。「セザンヌはナチにとってユダヤ人とフリーメーソンの頽廃の産物だったけれど、いまやスターリン主義者にとってはブルジョワの腐敗の代表になった。なんて馬鹿な話なんでしょう」[3]。トマはその日、日記にこう記す。そこから百メートルも離れていないサン＝ブノワ通りのマルグリット・デュラスのアパルトマンでは、エドガール・モランが頭を抱えていた。理由は同じである。モランのようにただファシズムと戦い、世界をよりよくするために共産党員になったかつてのレジスタンス活動家が前に進むにはどうすればよいのか。モスクワの決定する党の新しい方針に何も考えず、盲目的に従うのがよいのか、それとも政治を棄て、個人として情熱を燃やせるものに戻るのがよいのか。あるいは、そのほかに道はあるのか。真っ二つに引き裂かれ、進退窮まったと感じたのはトマとモランのふたりに限らない。

ルイ・アラゴンは妻をアウシュヴィッツで亡くしたかつてのカリスマ的なレジスタンス活動家、今は共産党の知識人対策を司るローラン・カザノヴァと共同で、知識人のいわば「処刑者リスト」を作成した。攻撃はマルロー、ジッド、カミュ、サルトル、ボーヴォワール、モーリアック、アロン、ライト、そしてケストラーに集中する。[4] 容赦は無用。共産党系の新聞雑誌には好きなように攻撃する自由が与えられた。冷戦はフランスの知的論争を果てしない反目の修羅場に変える。発作的に採用した共産党の戦術が公開の場での議論を終わりのない心理劇に変容させてしまえば、誰にしても冷静を保つのはきわめて難しい。それでもなお、根源的な第三の道を信じる人々がいた。

ボーヴォワールとサルトルはどちらも「共産主義の嘘と反共主義の嘘」[5]を憎み、両陣営の矛盾と不誠実を暴こうと意欲を張らせる。ふたりは「ひどく陳腐、ひどく古めかしくて弱い」旧態依然の社会党員をあまり信用してはいなかったけれども、実存主義者と社会主義者の関係修復を論じるために、社会党員の何人かと話し合いを始めた。「保守的なカトリック信者の左翼と共産党に挟まれて押しつぶされそうな今となっては、わたしたちに残されたチャンスはこれしかありません」[6]。ボーヴォワールはオルグレンに宛てた手紙にこう綴る。

リチャード・ライトは自分と自分の小説に対するフランス共産党からの攻撃にいささか面食らった。一方、これは通過儀礼のようなものかもしれないという気もした。これで自分もいまや一人前の左岸の知識人になれた、向こう傷だって見せられる。九月末、夕食に招かれヌイイ地区のアパルトマンを訪れたボーヴォワールとサルトルに、こう冗談も言った。ふたりのうちではボーヴォワールがとくにベッシー・スミスのレコードを聴き、ブランデーを飲みながらライト夫妻と過ごすひとときを楽しんだ。ある晩、暇を乞いながらボーヴォワールが夫妻に懇願する。「ぜひ左岸に戻っていらっしゃい」。ふたりはボーヴォワールを安堵させる。夫妻はすでにリュクサンブール庭園に隣接した素敵なアパルトマンに目をつけていた。すぐにも引っ越すつもりだった。

アルベール・カミュは共産党員の友人を容赦するのはもうやめにした。レジスタンスでは共に戦ったかもしれないが、彼らは道を誤ったのであり、カミュはそのことを声を大にして語り、文章にも書くつもりだった。アーサー・ケストラーからは以前からもっと声を上げろとせき立てられていた。マメインも同様である。マメインは妹に宛てた手紙の中で、フランスの反スターリン主義者の臆病なことを嘆き、詰った。「マルローやカミュのように明らかに反ソ陣営に身を置いたフランスの反スターリン主義の作家でさえ、とことんやるところまでいかずに、Kのように声を大にしてロシアを糾弾しようとしないのは、なぜなのかしら。たしかにロシアを非難はしても、(a)やんわりと名指しを避けて、(b)いつも釣り合いをとるようにアメリカも一緒に非難するのよね」[7]。

しかし、マルローやケストラーのように災厄を予言して不安を煽る人々とは異なり、カミュは一歩間違うと戦争になるとも、二、三か月後に赤軍の戦車隊がサン＝ジェルマン大通りを地響き立てて走るとも思わない。カミュはたしかに世界情勢を危惧したものの、最悪の事態に備えるよりも世論を喚起し、代案を提起しようと知恵を絞った。

「国際世論への最初の呼びかけ」

一九四七年十月のある雨降りの朝、ガリマール社でカミュの秘書を務めるラビッシュ嬢がデスクの上に手紙の束を置いた。一番上の封筒は一九三〇年代初期に創刊された左翼系月刊誌「エスプリ」の編集長からのものだった。「エスプリ」誌は「国際世論への最初の呼びかけ」と題する宣言を用意して、カミュのような知識人の支持を求めた[8]。「世界の新秩序が単一国家か大陸、西か東ではありえず、万国のものでなければならないことを、我々の誰もが知っている」と「エスプリ」誌は宣言する。カミュはサルトルに声をかけ、サルトルも賛同した。これらの知識人が戦後に探し求めた第三の解決策、第三勢力、第三の道が左岸の知性の中で形を成しつつあり、そこから世界に広がってゆく。宣言は「エスプリ」誌十一月号に発表され、大きな反響を、少なくとも西欧には引き起こす。「ブロック政治」はなんら平和を保証しない、それは「武装した平和は平和ではない」からだと宣言の署名者は論じる。ブロック政治に立ちはだかり、立ち向かう勢力としての統合され自立したヨーロッパ、非共産主義的な社会主義を採用し、植民地を放棄するヨーロッパへの期待が台頭しつつあった。[9]

ケストラーはパリに戻る日が待ち遠しくてならず、いよいよ我慢の限界に達する。どうしてもパリにいて、沸騰する世論に一枚嚙み、議論に加勢し、影響力を行使したい。パリに戻った当日の十月一日、ケストラーとマメインは小説家転じてド・ゴールの右腕アンドレ・マルロー、そして妻のマドレーヌとプラザ・アテネ・ホテルのバーで落ち合い、キャヴィアを載せたブリヌイ、スモークト・サーモン、シベリア風スフレを肴にウォッカを痛飲した。マルローは「左派の人間としての名声を利用し反動的勢力を助けるという、大きな危険を冒している」[10]と告白した。それは事実であり、天晴れでもあった。マルローはシャルル・ド・ゴールとド・ゴール派の運動にすべての希望を賭け、それが旧来の左派対右派、保守派対進歩派の対立を乗り越えるよう願った。

翌朝早く、少々二日酔いではあったけれども、ケストラーとマメインはパリの空気を吸って心も弾み、徒歩でオテル・モンタランベールの部屋からカフェ・ド・フロールに向かう。[11]そこにはボーヴォワールがいて、友人三人は抱き合って再会を喜び、午までの時間を共に過ごすことにした。コーヒーとタルティーヌ、それからドライな白ワインを一杯やってから三人はジュ・ド・ポーム美術館で始まったばかりのモネ、マネ、ルノワール、トゥールーズ＝ロートレックの展覧会を見に出かけた。左岸では万事順調、旧友は再会を果たし、冷戦反対で心はひとつのようであったし、誰もが「真摯、素直、友好的[12]」で、これまでのような「傲慢、尊大さ」は影をひそめた。これまでは実にそうしたことが多すぎた。万事順調だったのは、しかし十月七日にアルベールとフランシーヌのカミュ夫妻が引っ越した先のセギエ通りの新しいアパルトマンで夕食会を開くまでのこと。

初めのうちはじつに穏やかな雰囲気だった。ケストラーとマメインはビュシ通りで最高の食材を念入りに選び、冷製ローストチキン、ロブスターとシャンペンを携えてやってきた。サルトルとボーヴォワールの土産は「大量のブランデーとワイン」、フランシーヌも美味しい料理を用意した。ケストラーはしかし政治の話がしたい。友人たちは、今宵だけは政治抜きに楽しみたいと思い、当初ケストラーの問いをやんわり受け流す。ところがケストラーの友人のハロルド・カプラン夫妻が呼び鈴を鳴らしたときから、雰囲気は一転刺々しくなる。サルトルとボーヴォワールがカプランはアメリカ政府の「スパイのようなもの」と信じるに至ったことをケストラーは知らなかった。「わたしたちは皆カプランが大嫌いだった」とボーヴォワールは夕食会の直後にオルグレンに書き送る。「カプランはユダヤ人でありながら反ユダヤ主義者で、黒人を憎んでいる」と書き添え、さらにこう綴る。「ケストラーはカプランが反共だから気に入っているけれど、反共だからというだけの理由でそのひとを好きになるのは、共産主義者になるのと同じくらい酷いことではないかしら」。カプランは殺気立った気配を察し、早めに引き上げた。それをきっかけにサルトルとケストラーの間でカプランの本性、カプランが仕える主義が実際は何かをめぐって激しい論争が始まる。アルコールも悪いほうに作用し、ケストラーは酔った勢いで「今後俺たちは敵同士[13]」の捨て台詞を残し、憤然と立ち去った。マメインは妹にこの諍いについて書き送る。「夜も更けて、誰もがかなり酔った頃、カプラン夫妻が帰ると、サルトルが激しい言葉遣いでカプランを攻撃し始めた。Kはものすごく腹を立ててサルトルを罵り、何年も容共主義の雑誌を運営して、バルト海沿岸諸国から何百万もの人間が国外に追放されたことやら何やら黙って見過ごしておきながら、今更自由がどうのこうの言うのは、いったい何様のつもりかと言うと、サルトルもこれにはちょっとたじろぎました。わたしたちはそこでお暇したの」[14]。

ハロルド・カプランは工作員のようなものというボーヴォワールとサルトルの見立ては、おそらく正しかったのだろう。ケストラーがキャピーと呼ぶカプランは外務省職員登用試験に合格し、アメリカ大使館付きの外交官になった。ただし本人の説明によると、カプランには一定の自由裁量権があった。「大使館はわたしの立場の特殊性を理解して、自宅を拠点に非公式の文化センターのような活動をさせてくれた」[15]。カプランの自宅はモンパルナス大通りのマティスのアトリエの真上の階の豪壮なアパルトマンである。公式には、カプランは大使館の文化報道担当官と協調して任務に当たった。活動範囲はパリの文学界とその関係者全員。カプラン夫人は夫には十年後、本人言うところの「冷戦の熱血戦士」になるよりも、友人のソール・ベローのような道筋をたどって作家になってほしかった。当時のCIAの文化活動はヨーロッパの現在、そして未来のエリートを感化し、アメリカ政府の理念の味方につけることまで視野に含んだから、カプランの任務は容易にその一部と見なせる。「わたしの仕事はフランスで最も将来を嘱望される作家、科学者、画家、知識人を探し出し、彼らにアメリカ旅行、アメリカ留学を薦めることにあった。つまり、新しい友人を作るということだ」[16]。何十年かして、これにソフト・パワーの名がつく。冷戦時代には、それは説得の範囲を越えるものだったろう。

カプランをめぐってカミュのアパルトマンで言い争った翌朝、ケストラーはサルトルに謝罪の手紙を送り、サルトルもこれに暖かい調子で友好的に応じ、すべては丸く収まる。カミュ、サルトル、ボーヴォワール、その他多くの人々と同様、ケストラーも実際には第三の道を推進し、左翼をスターリンから救おうと努めた。素面のときは、少なくともそうだった。ケストラーのパリ滞在の理由は、執筆と政治活動両面のさまざまな企図に乗り出すことに尽きる。しかし時が経つにつれ、ケストラーはマルローとの親密な関係のせいもあってド・ゴール派への傾斜を徐々に深め、これがサルトルとボーヴォワールを大いに苛立たせた。

ノーマン・メイラーはワシントン審判をパリのカフェから見守る

戦争小説『裸者と死者』の原稿を版元のラインハート社に届け、前払い金をポケットに収めたばかりのノーマン・メイラーが妻のベアとル・アーヴル目指して出航し、パリに着いたのは奇しくもサルトルとケストラーが喧嘩別れしたその日に当たる。メイラーはパリに一年滞在し、フランス語を学び、小説を書き、パーティーに明け暮れよう、それも全部いちどきにやってのけようと意気込んだ。メイラーの伝記作家J・マイケル・レノンによると、「彼の生涯のうち最も幸福な時期のひとつで、将来への不安のほかに陽差しを遮るものはひとつもなかった」[17]。メイラー夫妻のブルックリンでの生活は決して贅沢でないどころか贅沢とはまるで縁遠かったけれども、パリの住み心地がこれほど悪いとはさすがに予測できなかった。ストライキに加えて電力不足、街中が塞ぎ込んだような陰気な気配に包まれている。最初の数週間は、リュクサンブール庭園から百メートル足らずの六区マダム通り六十五番地のオテル・ド・ラヴニールの一室で震えながらやり過ごした。初めてベッドを目にしたとき、若夫婦は思わず目を見張り、目を見合わせた。「収納ベッドだよ！」トイレはというと廊下の先にあり、お粗末というのがお世辞に聞こえるほど、しかも宿泊客全員の共用だった。
　ある晩、ソルボンヌ大学の講座に初めて出席して部屋に戻ると、ドアの下にメモが差し入れてある。友人が三部屋のアパルトマンを見つけてくれたという。夫妻の未来のアパルトマンはさして遠くない、モンパルナス大通りとノートル＝ダム＝デ＝シャン通りを結ぶ小路、ブレア通り十一番地にあった。世紀末前後に典型的な五階建ての砂岩造り、一八七〇年代の竣工以来ファサードを一度も洗浄していないのは難点だが、パリの雰囲気が濃厚に漂う。ふたりは翌日アパルトマンを下見し、赤い壁紙にもオレンジ色の絨毯にも台所に置かれたバスタブにもめげず、大喜び。日に一ドルもしない家賃はまさに掘り出し物、立地も希望と寸分違わず、そのうえガスストーブまで健在だった。

　メイラー夫妻はソルボンヌ大学の講座に十一月初めから通い始めた。毎朝、ウールのセーターを何枚も重ね着して、ふたりはリュクサンブール庭園を突っ切ってサン＝ミシェル大通りへ、その先のソルボンヌに向かう道すがら、動詞の接続法の活用を暗誦するかたわら唇の接触法の稽古にも精を出す。数百人の復員米兵と共に、メイラー夫妻が学籍登録したフランス文明講座は学費を名目に米ドルをかき集めるために設置された。落第すれば復員軍人援護法の給付金一月分百八十ドルをもらい損ねる。[18] フランス人の学生や若手作家と比べて、ふたりは裕福だった。

　メイラー夫妻にはすぐに友達ができた。まず仲良くなったのは同じ復員軍人援護法の受給生で、なかには戦争末期にごく短期間兵役に就いた者もあれば、国内で軍事訓練を受けただけで戦地を経験していない者もある。そのひとりがブルックリン出身のユダヤ人青年ミッチェル・グッドマン。ハーヴァード大学の奨学生グッドマンは戦時中海外に派遣されることはなかったが、戦後ヨーロッパに渡り、詩人ドニーズ・レヴァトフと知り合い、パリで結婚したところだった。ハーヴァード時代からのメイラーの友人マーク・リネンソールは戦争末期の数か月、航海士として従軍しドイツ軍の捕虜になったが、赤軍に解放された。リネンソールは作家の夫人アリス・アダムズとパリで二人暮らし。夫婦揃って作家志望のスタンリーとアイリーンのガイスト夫妻は裕福なアメリカ人一家と右岸で暮らしていた。メイラーと友人たちは、パリでは新たな姿勢で政治と向かい合う。やる気に燃え、考え方も厳密に、とはつまり、かつてないほど真剣にということである。パリに着いた頃のメイラーは、社会評論家ドワイト・マクドナルドの表現を借りれば「他愛ない賛同者」、「武力に訴えることを厭わないリベラル」[19]にすぎなかった。パリはメイラーの人格、政治意識、文章を、良きにつけ悪しきにつけ変えることになるだろう。

十月末から十一月初めにかけての十日間、メイラーは早めにアパルトマンを出てソルボンヌへに向かう途中、サン＝ミシェル大通りとスフロ通りの角のキオスクにしばしば立ち寄り、向かいのカフェに腰を落ち着け、ワシントン審判の報道記事に目を通した。フランスのマスコミは一九四五年の対独協力派捜索時に用いたのと同じ用語をここでも使い、「ワシントンの粛清」と呼んだ。フランス人ジャーナリストもワシントンの下院非米活動委員会の実施する映画産業のいわゆる共産主義プロパガンダをめぐる九日間の聴聞会の成り行きに注目し、一言一句漏らさず本国に報告した。実際、ハリウッドでも有数の才能ある人々の多くが共産主義の大義に、主に一九二九年の大恐慌のさなかに一度は共鳴したとして名指しされ、「非アメリカ的」と決めつけられたが、この語の内容は結局いつまでも定義されることがない。

聴聞会を取材したワシントン駐在フランス人特派員が瞠目したのは、ウォルト・ディズニーなど筋金入りのアメリカの共和党員にとって、民主党に投票することは共産党員であるのとほぼ同義という事実だった。下院非米活動委員会は一九一九年に設立されて以来、国内の親ドイツ、その後は親ナチ的心情、宣伝活動を主に憂慮し、そうした活動家の入国管理、国外追放に関するより厳格な法整備を求めてきた。一九四五年にはその矛先をアメリカ社会に重要な地位を占めると目される共産主義の共鳴者に転じた。

魔女狩りは全世界のメディアの注視の下で始まった。聴聞会には四百名分の傍聴席が用意され、百二十名のジャーナリストが詰めかけ、ラジオで実況中継された。国内の西海岸では時差の関係上、ときに真夜中になっても戦時中のように市民がラジオを囲んだ。銀幕最大のスターの中に、進歩的な思想を持った罪を認める者が出るのだろうか。ゲイリー・クーパーは証人として召喚され、ハリウッドからの進歩派追放を推進する赤狩りの急先鋒ジンジャー・ロジャースの母親とウォルト・ディズニーの前で、いかにも落ち着かない様子で証言した。これに抗しハンフリー・ボガート、ローレン・バコール、オーソン・ウェルズ、リタ・ヘイワース、ジョン・ヒューストン、キャサリン・ヘップバーン、ジーン・ケリー等が参加して、告発された人々の支援を目的に憲法修正第一条委員会が設立される。「あなたは現在、あるいは過去に共産党の党員であったことがあるか？」との問いに対し、言論と集会の自由を根拠に、多くが証言を拒否した。脚本家と監督合わせて十名が議会侮辱罪で告訴され、のちに「ハリウッド・テン」の名で呼ばれる。ハリウッドの映画制作会社は委員会の厳命に従うことに同意し、十名は失職したが、それは同時に、三百人近いハリウッドの映画人が、新たな活動の場を求めてヨーロッパに渡りたいと強く願うようになったことを意味する。チャーリー・チャップリン、アーウィン・ショー、オーソン・ウェルズもその中にいた。彼らはもはや社会全体にブラックリストが行き渡り、新聞の編集長、劇場の支配人、ラジオのディレクター、出版社までが恐怖におののくような国に住んで楽しいとは思えず、そこで働く気にはなれなかった。

蜂起未遂

一九四六年にフランス共産党がゼネストによる大衆蜂起を目指しながら革命を誘発し損じた後、共産党系のフランス労働総同盟（CGT）は警察に対し暴力に訴える戦術に傾斜する。政府は暴力行為の制圧を目的に暴動鎮圧機動隊、別称フランス共和国保安機動隊（CRS）を創設してこれに対抗した。一九四七年十二月初め、共産党過激派が破壊活動を開始、武装警官を満載中と見込んで列車を脱線させ、死者十六名、重症者五十名の大惨事を引き起こす。共産党はにわかに怖じ気づき、政府と秘密裏に交渉して実行犯四名の釈放と引き換えにストライキを終結させる。[20] CGTはその結果分裂し、少数派ながらかなりの数の組合員が脱退して非共産党系改革路線の「労働者の力」（FO）を結成した。これにはアメリカの労働組合と設立後まもないCIA（中央情報局）からの資金援助もあった。

フランス共産党は火遊びをして火傷を負った。「レ・タン・モデルヌ」は一九四七年十二月号でさっそく共産党の矛盾と不誠実を指摘し、真正面から叱責する。

「ユマニテ」紙［共産党の機関紙］は以前から我々に自由かファシズムのいずれかを選ばなければならないと言い続けてきたが、自分以外のあらゆる政治運動を攻撃するのであれば、それは共産党かファシズムのいずれかを選ばなければならないと言うのに等しい。RPF［ド・ゴール派政党］の人気が高まるのと反対に共産党が選挙で相対的に勢力を減らしつつある今そう言うのは、判断を留保中の非共産党系の有権者全員をRPFの陣営に押しやるのとなんら変わらない。この無謀な姿勢は挑発にあたる。いわゆる「アメリカの党」に宣戦布告し、そこにフランス国民の七十パーセントを含めるのは、反発をあえて招くに等しい。いつにも増して我々はこう問いたい。「今日、分別ある社会主義は可能か？　それは、具体的にはどれか？　我等ヨーロッパ諸国に、世界最強の二つの軍隊の衝突以外のものを受け入れる余地はあるのか？」[21]

サルトルとボーヴォワールはブロック政治を否定し、フランスと西欧世界で政治論議が緊急に必要とされていることをいよいよ声高に訴える。

「レ・タン・モデルヌ」が共産党の煽動的で無益な戦術を真っ向から批判したその週に、サルトルのエッセイ「反ユダヤ主義とユダヤ人」がアメリカで発表された。アメリカを訪問中のサルトルと知り合った「パルチザン・レヴュー」誌の記者ライオネル・エイベルは、読み終えて目眩がした。「このエッセイに世間は騒然となった。当時の知的営為でこれほど話題に上ったものは他にない」[22]。サルトルはこの文章で反ユダヤ主義は論じたり弁じたり、真実か虚偽か分析できる意見ではなく、犯罪だと明確に主張した。エイベルにとっては「反リベラルの議論相手がしつこいため、こちらもいくらか反リベラルにならざるをえない。どれほど明晰さを求めるにせよ、行動を起こすには『漠然とした考えから』始める必要があるのかもしれない」[23]。これが驚くほどの明察であったことがやがて明らかになる。

大西洋を越え、さらに英仏海峡の向こう側では、ライオネル・エイベルの私淑するもうひとりの作家もまた、漠然と考え始めていた。北ウェールズの隙間風の入る湿った狭い山荘に戻ったアーサー・ケストラーはご機嫌ななめ、マメインはなんとか冷静にやり過ごそうと懸命だった。「残念ながら彼はひどく不機嫌な時期に入ろうとしています。私はただ見ざる聞かざるを決めこんで、貝のように殻に閉じこもるつもり。とっても憂鬱だわ」[24]と妹のシーリアに書き送る。気候も毎度のことながら不快なことこのうえない。室内は極寒、屋外は降雪、新しく取り付けた暖房配管と新しいストーブを点けても家の中は凍てつきそうに寒かった。それでもひとつ、ささやかながら良くなった点がある。「自動変換器つきのラジオグラム」を購入したので、毎晩ＢＢＣの第三放送を聴けるようになった。それでもケストラーの気持ちはさして明るくならない。がみがみ小言を言い続けて秘書も務める連れを苦しめた。ケストラーはパリでサルトルとボーヴォワールに剣突を喰らって傷つき、憤懣やる方ない思いで帰宅した。この恨みはきっと晴らすとケストラーは心に誓う、といっても無論、武器は文章に限られる。そこで近未来を舞台に「実存主義ゴロ Existenchiks」（「党官僚 apparatchik」のもじり）を題材とする幻想小説を書こうと思い立ち、グループを率いるプティ・ヴィユ・イヴァン・パヴェリッチ（サルトル）とシモーナ・カストロヴナ（シモーヌ・ド・ボーヴォワール）ほか友人たちを登場させようとする。ケストラーはマメインに、パリで創刊された三か国語表記の月刊誌「オクシダン」の編集助手を務める妹シーリアはこの原稿を取り上げる気があるだろうかと訊ねる。「政治的にはかなり乱暴だけど、これを掲載すればどんな雑誌でも名声を博せる」[25]そうです、とマメインはシーリアに書き送った。

ケストラーは激しい興奮状態で執筆に取りかかる。これといった筋立てではなく、大本の考えが充分に展開されることもない。それでも第一稿を受け取ったカミュは大笑いし、そこからアイデアさえ得た。ケストラーと同じように、カミュも吐き出してすっきりしたいことをたくさん胸に溜めていて、実はこっそりサルトルとボーヴォワールを肴にした諷刺小説を書き始めていた。タイトルは『哲学者たちの即興曲』[26]である。

もっともケストラーはパリと政治に見切りをつけたわけではない。むしろ正反対で、もう一度パリに戻り、しばらく滞在するつもりだった。イギリスの日刊紙「オブザーヴァー」の編集長を説得して、フランス関連の記事を書くため二、三か月パリに派遣してもらうことになった。

共産党支配下のパリに生きる実存主義者を描く八千語の諷刺小説を、ケストラーは『英雄時代』[27]と題した。ケストラーはボーヴォワールのニックネームをどうするか長い時間かけて思案した末、カストロヴナからボヴァロヴナに変更した。手稿をパリに郵送する前に、最後にもう一度書き出しに目を通す。「ガリマルドフ社の門をくぐる前に、ボヴァロヴナ嬢はかすかな胸騒ぎを覚えた。旧カフェ・ド・フロールとポン・プロレタリア（旧ポン・ロワイヤル）の間で二度、自由警察の非常警戒線に遮られたからである」[28]。

社会主義リアリズム対実存主義者の芸術家

ジダーノフ批判がパリにも伝わり、アラゴンは一字一句ゆるがせにせずにこれを実地に移す。社会主義リアリズムを許容しうる唯一の芸術形式として強要し、この目的達成のために手塩にかけて育てた有能な人材を世に送り出した。画家のアンドレ・フージュロンもそのひとりで、このときからフランス共産党のお抱え画家となる。フージュロンの天下はスターリンの目の黒いうちは安泰で、それが五年続いた。その間、同じ党員仲間のピカソはフージュロンの絵を見て失笑を禁じえない。こうなると美術界でも政治的な見解を反映して立場は両極に分かれ、議論は次第に耳障りになる。社会主義リアリズムを賛美する共産党系の強力な新聞雑誌は、先駆者モンドリアン、カンディンスキー、マレーヴィチの跡を継ぎ、ブルジョワ芸術と目される幾何学的抽象を目の敵にして、驚くほど激しい攻撃を加える。

美術界でも実存主義は第三の道を提起する。その名はアンフォルメル運動。自由な身ぶりによるこの「開放的な」表現は、新たな絵画、彫刻をめぐりサルトル好みの「正当性」を偲ばせる論議を巻き起こす。アンフォルメルは政治からの押しつけを拒否する。アンフォルメル、抽象表現主義、アクション・ペインティング、叙情的抽象が大西洋の両岸で同時に台頭した。フランスではニコラ・ド・スタール、ジャン・フォートリエ、ジャン・デュビュッフェ、ヴォルス、ハンス・アルトゥング、ジャン＝ポール・リオペル、ピエール・スーラージュらが共産党の方針に叛旗を翻す。

無論、ボーヴォワールが「ジャコ」と呼ぶ芸術家も忘れてはならない。ジャコメッティは戦前はシュルレアリストだったが、今は独立独歩の人となり、一九四七年夏にはマーグ画廊の催すシュルレアリストの旧友たちの展覧会への参加要請を断った。ニューヨークに画廊を開いて成功を収めたマティスの息子ピエールとふたたび親しく連絡を取り合うようになったジャコメッティは、長身、痩身の人物をブロンズで鋳造した最新作を展示することに同意する。ただし条件がひとつあった。カタログの序文はほかの誰でもなく、必ずサルトルに書かせること。

ボーヴォワールはジャコメッティの名前さえ聞いたことがないというオルグレンに、ニューヨークの展覧会を見に行くように強く勧めた。ボーヴォワールはジャコを次のように紹介する。

友人は彫刻家で、よく会うことがあり、いつ会っても嬉しいのはたぶん彼ひとりだと思う。芸術家として、わたしは彼をとても尊敬しています。二十年前にはシュルレアリスト風の彫刻を作って大成功を収め、大金を手にしました。気取り屋の金持ちが、ピカソの絵に払うのと同じような大金を払ったものです。でもその後、彼は行き詰まったと感じた。まったく独りきりで制作に取り組むようになって、そうすると作品はほとんど売れなくなりました。毎日十五時間、もっぱら夜に仕事をして、会えばいつも服にも手にもたっぷりした黒い髪にも石膏をつけているのです。寒ければ仕事をする手もかじかむけれども、そんなことはお構いなし。とうとう、彼は本当に何かを成し遂げたと私は思います。昨日、作品を見せてもらって、心の底から感動しました。[29]

十四区のイポリット＝マンドロン通り四十六番地にあるアトリエは「格納庫のようにだだっ広く冷え冷えとして、家具もストーブもなく、あるのは壁と屋根ばかり」[30]だったが、ボーヴォワールはそこで初めて鋳造された高さ一・八メートルの《歩く男》を見た。サルトルとふたり、右足をぐいと一歩前に踏み出した針金のようにひょろりとした男の周りを静かに巡ると、胸に強烈な感情が沸き起こり、それがやがて世界中に伝播する。

その晩、おやすみと言ってボーヴォワールと別れた後、サルトルはサン＝ジェルマン＝デ＝プレ教会を見下ろす机に向かった。ローズウッドのパイプに煙草をつめ、方眼紙を数葉用意すると、万年筆を人差し指と中指の間に挟み、書き始めた。

ジャコメッティの古代人のような顔立ちに長く見入らなくても、彼の自負と世界の始まりに立ち会おうとする意志は理解できる。ジャコメッティは「文化」など屁とも思わず、「進歩」も信じない。少なくとも、芸術に「進歩」があるとは思わない。自分が同時代人と定めたアルタミラの洞窟に暮らした人々よりも「進んでいる」とは考えない。自然と人間がきわめて若かったこの時代、美しいものも醜いものも存在せず、趣味も趣味人も、批評さえ存在しなかった。すべては創造される時を待っていた。そのとき初めて、人間の姿を石で象ろうという考えが、人間の心に沸き起こる。モデルはそこにある。人間。独裁者でも将軍でも運動選手でもなく、未来の彫刻家諸君を誘惑する威厳もなければ、きらきらした飾りもない。地平線を歩く男の、判然としない姿だけがそこにある。[31]

サルトルにとってジャコメッティの創造力、天才は芸術、人生、政治のいかなる教義も信じず、従わないという事実に発するものだった。

サルトル――党の指導者

一九四八年の年初、サルトルは政治活動をもう一歩前に進める決意を固めた。宣言に署名し、評論や社説を書き、芝居を制作し、雑誌を編集し、ヨーロッパ各地で講演を行ない、毎週一時間ラジオで国民に向かって語りかけ、[32]大義を擁護し、新たな声が人々の耳に届くよう計らい、出版を促すなど、桁外れに精力的な活動を展開中の「参加する」知識人サルトルは、すでに数多くの企図に責任をもって取り組んでいたが、ここでいよいよルビコン川を渡ろうとする。サルトルは急進を究めた公約を掲げ、政党を組織した。

その気にさせたのは八百ページの大著『我等の死の日々』の作者ダヴィッド・ルーセだった。ナチの強制収容所の仕組みをぞっとするほど克明に、明晰に綴ったこの本はかつての虜囚の作としては初めて刊行されたもので、[33]著者のルーセはフランスの国内外でかなりの信望を集めた。三十五歳のルーセと実際に対面したひとは、誰もがその容貌と体軀から強烈な印象を受けた。カリスマと呼ぶもよし、個性と呼ぶもよし、ルーセは半ば人喰い鬼、半ば海賊に見えた。背は高く、胴回りは戦前のでっぷりとした太さをあらかた取り戻し、隻眼、欠けた歯も多いが入れ歯を作るのを面倒がって放ったまま。レジスタンスの戦友で非共産党系社会主義の日刊紙「フラン＝ティルール」の編集長ジョルジュ・アルトマンと共に、ルーセはサルトルの党、革命的民主連合（RDR）創設に協力し、次回の総選挙にできるだけ多くの候補を擁立するよう求めた。RDRは「戦争と全体主義は不可避と思わないすべての人々」に訴えかけるだろう。「目標は非共産党系の左翼を単一の旗印のものに糾合し、独立したヨーロッパを推進し[34]」、アメリカ合衆国とソ連を軸とする両ブロックの橋渡しをすること。サルトルはこの冒険にがむしゃらに身を投じ、しばし「レ・タン・モデルヌ」の舵取りをメルロ＝ポンティの手に委ねた。サルトルは政党の設立と戯曲の執筆、芝居の制作に全力を傾ける。

ボーヴォワールはサルトルの新たな政治活動の冒険に全面的に賛同はしたとしても、それに割ける時間の余裕はほとんどない。「ごく短い評論」の情報収集、執筆になんとか区切りをつけようと躍起になっていたが、女性の置かれた状況を考察するこの評論『第二の性』はすでに大部の論文になっていた。そればかりでなく、ボーヴォワールとしてはサルトルがコザキエヴィッツ姉妹のために書いている戯曲も気にかかる。ワンダはサルトルに自分が主役を演じる芝居を書いてほしいとせがみ、サルトルは快くこれに応じた。『汚れた手』はサルトルの戯曲の中でも傑作のひとつとなる。

サルトルが発起人となったRDRは、たちまち市中の話題を独占する。政党の発足を告知する記者会見には内外のジャーナリストを含む千人がつめかけ、翌週の三月十九日には第一回公開討論会が催された。パリ最大のコンサート・ホール、サル・ワグラムに集った市民の数は四千。「誰もが応援する気満々で、拍手を送り、党員になろうとして名前と会費を提供しました。でも、さて、これからどうする？　何かをする可能性はたしかにあったけれど、事態の展開が速すぎました[35]」。ボーヴォワールは討論会が終わって数時間後、オルグレンにこう書き送る。危険を察知した共産党は実存主義者のカップルに対する攻撃をさらに強める。

「アクシオン」や「レ・レットル・フランセーズ」など共産党系の新聞の多くはふたりの私生活にまつわる猥褻な話を掲載し、乱交も仄めかす。共産党がRDRを恐れたのは間違いない。

RDRはたしかに支持者を増やしているように見えた。党員にはならなかったものの、アルベール・カミュも支持を表明した。レーモン・アロンはド・ゴール派で保守的な日刊紙「ル・フィガロ」の論説委員だったが、RDRについては好意的な記事を書いた。アロンは「大分裂」と題する辛辣なエッセイを発表したところで、「フランスの左翼系知識人は革命的でないと見なされることを何より恐れる」と論じたばかりだった。共産主義へのこうした傾斜は、「たとえばボリシェヴィキのような行動派、世界を変革する能力を唯一保持する人々に対して感じる良心の呵責[36]」に根ざす。アロンはフランス左翼の核心を怜悧に見抜き、批判的であったとしても、RDRには好感を抱き、ド・ゴール派と共産党の双方を相手どって闘おうとするサルトルのエネルギーには称賛を惜しまない。リチャード・ライトもRDRに肩入れし、アンドレ・ブルトンもそれに続く。「ル・モンド」紙も支持に回った。自立した強いヨーロッパは「第三の道」の核をなすと同紙は社説で訴える。

「死に至る誤謬」

ケストラーはパリに戻り、ド・ゴール派の集会に何度か参加し、「いまやド・ゴール派の公式宣伝部長[37]」となったマルローとの会合を重ねた。ケストラーはフランス人民連合内部の左翼を強化することが重要と考え、マルローの資金集めに協力した。マルローは回りくどい言い方はしない。「どうしても一千万から一千五百万フランが必要」とマルローはケストラーに告げた。これは反共産党の宣伝活動に用いられる。ケストラーは友人のギ・ド・ロートシルトに連絡をとり、単刀直入にこう訊ねた。それだけの金額を都合してもらえるか。ロートシルトは一族にそこまで巨額の資金を負担できるものか確信が持てなかったけれども、ふたりを夕食に招待した。マメインも同行し、その場に居合わせた誰もが、ケストラーでさえも、マルローが存分に本領を発揮して華麗な弁論をくりひろげる様子を見守った。「マルローは普段にも増して素晴らしかった。一息に、四時間喋り続けたの。いつものように雄弁でした」。マメインはその日の夜に妹に宛てた手紙にこうかいつまんで報告する。マルローの話し方には「奇妙な、遠回しの執拗さ」があり、「陰鬱な目には自分の考えのほかに何も映っていないようでした」[38]。ただ、これを見るうち、ケストラーは次第に落ち着きをなくす。「マルローはいまやド・ゴールは『左翼の人間』というそれまでの見方を棄ててしまい、Kに言わせると、新しい地位に就いたとはいえ、マルローの率いる左派が党内右派との主導権争いに敗れたのは明らか」だった[39]。世間の人々がそうと気づくのは、これから三か月後のこと。ジャネット・フラナーが「ニューヨーカー」誌の読者に報せたように、「マルローはいまやド・ゴール将軍の右腕となった。将軍の部下に左腕はいはいない」[40]。

ケストラーの見るフランスの政治状況の報告を今や遅しと待ち受けるイギリスの「オブザーヴァー」紙の編集長に、ケストラーは切り口上で返信する。「約束した記事は書けそうにない。つまり、言う価値のあることに限って書けない」[41]。ケストラーはド・ゴール派を支持することに決めたものの、すでに彼らに幻滅しながら、実際それを口には出せないでいた。苛立ちを募らせるケストラーは言い合いの絶えないマメインをイタリアに送り出し、自分は元来は反ファシストを目的に設立されたものの、この頃にはすっかり右傾化した国際救援委員会に招かれ、各地で講演をするためニューヨークに向けて旅立った。ケストラーは自分がアメリカでどれほど有名か、またアメリカの政治がどれほど二極化しているかを充分に理解していなかった。FBIは当初ケストラーを筋金入りの共産党員と見て入国を拒否したが、パリの駐仏アメリカ大使が急遽J・エドガー・フーヴァーにそれは昔の話、今は正反対と報告を送る。FBIのファイルは時代遅れも甚だしい。サルトル、カミュ、ボーヴォワールの後に続いてアメリカを初めて訪れたケストラーは、この旅で新事実に目を瞠る。

ケストラーは講演のテーマをひとつに絞った。それは急進派の直面するジレンマである。ケストラーはこの問題をしばしば次のようにまとめた。

今日の共産党はフランスに対し、一九三〇年のドイツに対するナチと同じジレンマを提示する。民主主義の特権は、民主主義の特権の廃絶を目指す政党にも適用されるべきか。ナチズムが民主主義の絶滅を率直に公言したのに比べ、共産党は擁護者のふりをするため、ジレンマは複雑化する。共産党の権力剝奪は間接的な証拠と類推による演繹から正当化するほかない。[42]

パリではサルトル、カミュ、ボーヴォワールを初めとして多くがスターリン主義とアメリカの帝国主義を同じ穴の狢扱いしたが、ケストラーはこれを拒んだ。ケストラーからすると、「左翼の俗物」は共産主義の脅威の本質を見誤る「死に至る誤謬」を犯している。何にも増して、ケストラーには「ソ連の全体主義は悪、アメリカの帝国主義は悪、両者のいずれかを選ぶことはできないという誤った等式[43]」が受け入れがたい。同じ悪でも程度の低いほうを選ぶべきである。パックス・アメリカーナ（超大国アメリカ合衆国の覇権によって維持される平和）以外に世界の平和を保つ道はない。アメリカ合衆国は間違いなくケストラーの言葉を聞く耳を持つだろうが、ニューヨークからワシントン、ワシントンからハリウッドへと旅するうちに世間全般を覆うヒステリックな気分がいよいよ高まるのを見て、ケストラーは狼狽した。マメインに宛てた手紙にケストラーはこう告白する。「アメリカの印象をお前に報せるのはわたしの手に余る。心地好い悪夢とでも言えばよいか。日に五度この国で永遠に暮らしたいと思い、日に五度この国に暮らすくらいなら死んだほうがましと思う」[44]。実際、招待主の非常に保守的な団体が展開する右翼の赤狩りの策略のだしにされるのを嫌い、ケストラーは実際に旅行を途中で切り上げようとした。サンフランシスコ、シカゴ、ボストンで講演をすませてケストラーはニューヨークに戻る。ハンナ・アーレントとメアリー・マッカーシーともパーティーを開いて別れを惜しみ、ケストラーはマッカーシーをいつの日か口説き落とそうと心に誓う。最後の晩、ケストラーはマレーネ・ディートリヒに腕を貸してハーレムのジャズ・クラブを巡った。その晩は夜通しドイツ語を話せたのと、あの射抜くような青い瞳を間近に覗けたのとどちらの愉しみが勝ったか、ケストラー本人にも判然としない。

第三の性

ニューヨークへの旅を終えてジャネット・フラナーは海路フランスに戻り、直後に旗揚げした革命的民主連合がヨーロッパ政治の舞台に勇んで登場する様を注意深く見守った。「文士として最も広く世に知られたふたり、ジャン゠ポール・サルトルとダヴィッド・ルーセが政党を立ち上げた。これは大事です。サルトルの政治思想は、仮に小説より楽観的だとしても、内容はいっそうわかりにくい。才能、学究心、フランス人気質を兼ね備え、ヨーロッパの荒廃を過剰なまでに憂慮するサルトルの政治的希求はいっとき重視される。サルトル－ルーセの党は今後半年間に十万人の支持者を集めると宣言した。言葉のみが意味を持つとすれば、支持者は地上のあらゆる土地から百万単位で集まるでしょう」[45]。フランスで暮らし始めてからすでに四半世紀を経たフラナーは、ベテランの海外特派員には珍しくないことながら、お気に入りの話題、フランスをときに厭世的な目で見るようになった。

齢五十六歳を算え、フラナーもとうとう最もフランスらしい人生の時季、すれっからし期を迎える。レジオン・ドヌール勲章のシュヴァリエ受章者に列せられ、鮮やかな赤いリボンを襟に飾っても自分は成り上がり者という気持ちを拭えず、苛立ちを隠せない。ジャーナリスト稼業にも嫌気がさしていた。一八七一年のパリ・コミューンと取り組み、きちんとした本を一冊書き上げたい気持ちは山々でも、やり遂げることはできるだろうか。「この四半世紀近く、わたしは新聞雑誌用の雑文をでっちあげてきた。近頃は誰もがでっちあげる。創作する者は稀である。その違いを知る人であれば、私もそのひとりだが、創作し損ねた結果はただひとつ。そのひとはでっちあげたにすぎない」[46]とフラナーはかつての恋人で現在の秘書ソリータに心の裡を明かした。私生活も悩みと心痛の種でしかなく、フラナーはなんとかこちらも立て直そうと努める。一九四八年の初め、恋人のナタリア・ダネジ・マレーがローマに戻ったのを機に、フラナーはローマのナタリアとパリに暮らす戦前の愛人ノエリーヌの間で自分の時間を分けることに決め、一年のうち九か月をノエリーヌと、残りをナタリアと過ごすことにした。政治の世界の「第三の道」についての喧しい議論を聞きながら、フラナーは第三の性がないものかと思案する。冗談半分に、老いてなおきわめてリベラルな母親に手紙を送り、こう訊ねた。「どうして第三の性が存在しないのでしょうね。筋肉や繁殖意欲に支配されない性があってもよさそうなのに[47]」。実際、フラナーは世間的には自分用の「第三の性」を発明していた。記事に性別の判然としない「ジュネ」と署名したのである。「男性でも女性でも、受動的でも能動的でもないジュネは、性別の明らかでない、誰とも素性の知れない作り物だった。この仮面がフラナーに安心と身元を授けた。形式、自制、さらにはのちに本人が『定式』と呼ぶものまでもたらした[48]」。

サミュエル・ベケットは仕事の面ではようやく本領を発揮するに至り、一方、セックスに関してはパリの娼婦とうまくやっていた。伴侶でもあれば妹、母、そして親友を兼ねるシュザンヌより、こちらのほうがどうやら相性がよかったらしい。ベケットは政治、実存主義者、そしてパリにできた新政党、革命的民主連合を遠くから、より正確にはモンパルナス墓地の向かい側のファヴォリット通りに建つがらんとしたアパルトマンの一室から眺めた。「缶詰生活」はまだ続いていて、それが楽しみになったようでもある。ベケットはすでにフランス語で『終わり』、『追い出された男』、『初恋』、『鎮静剤』と四作の小説を書き上げ、戯曲の二作目を構想中だった。題名にはこれという当てがあり、シュザンヌに意見を求めた。『ゴドーを待ちながら』はどうだろう。シュザンヌは目を丸くした。『ゴドーを待ちながら』？　そのゴドーって誰？　無論、ベケットには返事のしようがない。ゴッド（神）との語呂合わせがどうのこうのと呟くばかり。ベケットはのちに友人のコン・レヴェンソールに書名の由来の真相を明かした。ベケットはしばしば九区のゴドー・ド・モーロワ通りに足を運んだ。娼婦の好んでたむろすその界隈である日のこと、娘が付き合わないかと声をかけてきた。遠慮しておくとベケットが断ると、娘はたっぷり厭味を利かせて「あら、そうなの、それじゃいったい誰を待ってるのよ。まさかゴドーじゃないでしょうね[49]」と答えたという。

ベケットの戯曲の処女作『エレウテリア』はシュザンヌが劇場の支配人に草稿を送り続けたけれども、舞台に載せようとするひとは一向に現れない。それでもベケットにはあまり気にならなかった。ベケットはその頃、マティスの義理の息子で美術評論家、新雑誌「トランジション（変遷）」の編集長ジョルジュ・デュテュイと知り合った。ベケットはデュテュイと気が合い、彼となら芸術や芸術家について論ずることもできた。そのうえ、雇い主にもなってくれた。ベケットは英語を教えるのに辟易していたけれども、兄からの仕送りはいかんせん額が少ない。週の生活費四十フランの半分は家賃に消え、シュザンヌが裁縫をして稼いでも帳尻の合わないときもある。ジョルジュ・デュテュイは面白い翻訳の仕事を回してくれたうえに、新しい人付き合いの輪にベケットを招き入れてくれた。これ以降、ベケットも定期的な収入が得られ、デュテュイの雑誌と英語版の姉妹誌（英語圏から左岸に大挙して押し寄せる文学好きの若者向け）に毎月寄稿できるようになった。ベケットが翻訳したのはサルトルやアポリネールだったから、願ったり叶ったり。しかもデュテュイのおかげで世捨て人のような暮らしとようやく縁を切り、サン＝ジェルマン大通りの角を折れたユニヴェルシテ通り九十六番地のデュテュイのアパルトマンで開かれる編集会議に参加して、人付き合いも始めた。ジョルジュ・デュテュイと妻のマルグリット・マティスが主導する小グループは毎週火曜日に昼食会を催し、そこにはアンフォルメルの画家ニコラ・ド・スタール、ブラム・ファン・フェルデに加え、二十四歳のカナダ人画家ジャン＝ポール・リオペルと未来の妻、アメリカ人で抽象表現主義の新進画家ジョーン・ミッチェルも集い、ベケットはやがてジョーン・ミッチェルに熱を上げる。

文学・映画界の異論――サン＝ブノワ通りとアンドレ・バザン

一九四八年一月、知識人の中でも反ファシズムの旗手と目されるエリオ・ヴィットリーニがイタリア共産党の指導者パルミーロ・トリアッティに公開書簡を送り、ジダーノフ批判とスターリンの文化政策について問いただした。ウィリアム・フォークナーとジョン・スタインベックの翻訳者として知られるヴィットリーニは有力な月刊誌「ポリテクニコ」を主宰し、サルトルとボーヴォワールの大ファンだった。フランスの雑誌「エスプリ」に掲載されたこの手紙の中で、ヴィットリーニは芸術と文化は政治の介入を受けるべきではないと主張した。芸術の創造は自立し自由でなければならない。「エスプリ」誌はフランスの共産主義者の間にも同様の議論を喚起したいと願った。エドガール・モラン、マルグリット・デュラス、デュラスの前夫ロベール・アンテルムと二度目の夫ディオニス・マスコロを中心とする若い共産党員——「サン＝ブノワ通り派」の名で知られた——はヴィットリーニの意見に賛同し、党の方針を変えたいと願い、党の理念教育を司るアラゴンに相談を持ちかける。サン＝ブノワ通り派はこうして「共産党改革派」の若者たちの巣窟との評判を得ることになった。呼称そのものが矛盾を孕むと当人たちに判明するのはそれから数年後。グループの活動拠点だったマルグリット・デュラスのアパルトマンは「知識人の活動華やかなりし頃のロシア小説にしばしば描かれる家のひとつ。いつでも三つの思想、五人の友人、二十の新聞、三つの憤慨、二つの冗談、十冊の本が行き交い、サモワールの湯が沸騰する家のひとつ」[50]となる。そこはマルグリット・デュラスが女王蜂、美しい女王として君臨する蜂の巣だった。作家仲間のクロード・ロワは当時のデュラスの姿を鮮明に記憶している。「デュラスは唐突に気が変わり、奇怪でしばしば剽軽な激情に駆られ、限りない憤懣、欲求、温情、驚愕を蔵した」[51]。デュラス、マスコロ、そしてモランはヴィットリーニの長いインタヴュー記事を「レ・レットル・フランセーズ」に掲載するところまで漕ぎつける。[52]彼らは党の先輩を説得していくらかでも譲歩させられるだろうと考えた。少なくとも、文化と芸術に関してはそれが可能だろうと思った。ところがどれほど頑張っても、曖昧に腕押し。芸術家も他の党員と同じ一兵卒にすぎず、党の方針に盲目的に従わなければならないとアラゴンは申し渡す。党内論議はこれで打ち切りとなったが、ヴィットリーニの書簡の反響は長くパリに尾を引き、数か月後に起こるユーゴスラヴィアのチトー首相除名処分と並び、大きな影響をおよぼすこととなった。

ヴィットリーニ事件とともに、一九四八年二月にチェコで起きたクーデターも多くの共産主義者が党とスターリンに寄せる信頼を揺るがし、サン＝ブノワ通り派のような若手知識人、作家等は「ナチとスターリン主義者の行ないがますます似通ってくる」[53]のを見逃せなくなる。エドガール・モランとマルグリット・デュラスはそれでもまだ共産主義を広めるのを使命と感じたかもしれないが、ふたりは盲目でもなければ聾唖者でもない。「我々は党に属するが、同時に左派知識人の一員でもある。サルトル、メルロ＝ポンティ、カミュ、ルーセ等と顔を合わせれば自由な議論が起こり、そうした場で我々は託宣を述べるのではなく、意見を戦わせる道を選んだ[54]」。

長くパリに暮らす外国人にとっても訪問者にとっても、教条主義に凝り固まった一九四〇年代の共産党が、個人的な思い入れと党員資格が両立しえた一九三〇年代のおぼろに自由な革命主義をにわかに許容しなくなったのは明らかだった。「この頃の共産党員はもはやそうした戯言を相手にしない。党の意向を受けた新聞は、実存主義とサン＝ジェルマン＝デ＝プレの知的生活にブルジョワ的頽廃の究極表現の烙印を押した。連中が敵地でアペリティフを舐めながら党の方針を曲げる姿を見かけることはもうないだろう」。「ニューヨーク・タイムズ・マガジン」の「パリ通信」を担当するジョン・L・ブラウンはこう記す。サン＝ブノワ通り派もついに好むと好まざるにかかわらず、どちらの側に立つか決めざるをえなくなる。

教条主義に領分を侵害されたのは芸術家ばかりでなく、また賛否の立場を明確にするよう迫られたのも芸術家に限らない。芸術の批評家もどちらの味方かを明らかにしなければならなくなった。映画批評の期待の星、三十歳のアンドレ・バザンもそのひとり。バザンは「文化は人権であり、誰もが自由に享受できなければならない」とするレジスタンスのモットーを熱烈に信奉した。バザンは単なる批評家にとどまらず、教育者であり、若者たちの指導者でもあった。共産党寄りの協会と雑誌「労働と文化」を通じて、フランスのみならずドイツやアルジェリアの工場や学校にシネクラブを設立し、映画批評を発表した。バザンは偉大な芸術作品を労働者階級に紹介し説明すれば、それが彼らを商業主義一辺倒の映画から解放することにつながると考えた。バザンは著作を発表する場に拘らず、「エスプリ」、「レ・タン・モデルヌ」、そして創刊まもない「ラ・ルヴュ・デュ・シネマ」などさまざまな新聞雑誌に寄稿した。イタリアのネオリアリズムとオーソン・ウェルズを贔屓するバザンは、従来とはまったく異なる新しい調子で映画について語り、文章を書き、読者や聴衆に文学や哲学と同等に映画にも真面目に向き合うよう迫る。映画は決して浅薄なものではないとバザンは主張する。映画は意義深く、現代社会の変革に一役買っている。

「レ・タン・モデルヌ」に寄せた『市民ケーン』の批評の中で、バザンはオーソン・ウェルズの天才を論じた。「フローベールが半過去を発明したのではなく、アンドレ・ジッドが大過去を、カミュが過去完了を発明したのでもないが、それらの時制の用法は彼らが始めたのであり、彼らにしか使えない。オーソン・ウェルズはトラッキング・ショットを発明しなかったとしても、その意味を発明したのは間違いない」[55]。オーソン・ウェルズを讃えることによって、バザンはジョルジュ・サドゥールに批評で対抗する。サドゥールは、有能でも自由奔放すぎて手なずけようのないオーソン・ウェルズに批判的な共産党公認の映画評論家だった。

緊張の高まりは、とりわけ雑誌「労働と文化」で顕著となる。アメリカ映画が好きで、映画の美学を何より優先するうえに、共産党公認映画の何本かを批判したために、バザンは党の方針に忠実な同業者と反りが合わなくなった。社会主義リアリズム映画にまだ正面きって反対の立場はとらないものの、いつまでも黙っていられるとも思えない。党に逆らうには相当な覚悟が必要だった。なにしろスターリン主義者はおそろしく威嚇的なうえに、共産党はフランス文化のかなりの部分とそれに伴う多くの働き口も支配下に収めていたからである。さしあたりバザンは若者を対象としたシネクラブの設立に精力を傾けることにする。また若者たちは当然ながら、政治論議の道具ではなく芸術形式としての映画に興味を抱いた。シネクラブが各地で呱々の声を上げ、古典的な名作と並び新作のプレミア上映も行ない、それに合わせてパネル・ディスカッションや公開討論を催し、「ラ・ルヴュ・デュ・シネマ」のような同好の専門誌も紹介した。

十六歳のフランソワ・トリュフォーはパリを席巻中のシネクラブ熱に勇気づけられ、自分でも「シネ・マヌ（映画狂）」、「映画中毒者のための」シネクラブを大胆にもカルチエ・ラタンに開設しようと目論む。この時点でトリュフォーはこそ泥をしてすでに逮捕歴があり、家出したところだった。トリュフォーはすげない母親と厳しいしつけからの逃げ場を読書と映画に見いだす。ある日の午後、トリュフォーはバザンのシネクラブのひとつが自分のシネクラブの活動を妨害していると苦情を言うため、バザンに面会を求める。ふたりは映画の話に夢中になり、気がつけば日が暮れていた。バザンはトリュフォーの百科事典並みの知識と熱意に目を瞠る。熱意ならバザンも引けをとらない。トリュフォーの父親がとうとう息子の居場所を突きとめて警察に身柄の確保を頼んだと知り、バザンは介入する。「パリの南にあるヴィルジュイフの少年院に拘置されていた」とトリュフォーは回想する。「当時そこは半ば癲狂院、半ば鑑別所だった。アンドレ・バザンは文字どおり、ぼくを救い出してくれた[56]」。バザンはトリュフォー少年を釈放させようとして奔走する。両親と連絡をとって早期退所に同意させ、警察と児童相談員を説得してトリュフォーを自分の保護下に置くことを認めさせた。バザンはトリュフォーに「労働と文化」の働き口を用意した。トリュフォーは毎週新たに公開される映画の解説を書き、工場の昼休みに上映会を企画した。フランソワ・トリュフォーは、こうして窮地を脱する。

リチャード・ライトは家族を伴い左岸に引っ越してからは、前にも増してカルチエ・ラタンのシネクラブで行なわれる上映会によく出かけるようになった。ライトが見つけた八部屋の家族向けの広々としたアパルトマンはリュクサンブール庭園とサン＝ジェルマン大通りからは至近距離。ムッシュー・ル・プランス通り十四番地の四階にあり、一八五〇年代に石と煉瓦で築かれた建物の玄関は、丈高い木製の扉の両側の一方に放蕩女、他方に篤学の娘の彫像を配してある。道を挟んで通りの向かいには、ソルボンヌ大学医学部の古めかしい石灰岩の塀が連なる。一八八〇年代には作曲家のカミーユ・サン＝サーンスもここに暮らした。

訪問客はフランス人であれ外国人であれ、ライトの住まいの贅沢さに驚嘆した。少なくともパリ市民の大半の暮らしと比べれば、豪華さはさらに際立つ。まもなくパリの住人となるチェスター・ハイムズはリチャード・ライトの世話になった同じアメリカの黒人作家だが、初めてライト家に足を踏み入れたときには我が目を疑った。

> 住まいは建物の四階全部を占めて、わたしの目には調度も豪華に見えた。玄関ホールのすぐ右の部屋は壁一面に本の並ぶ書斎で、モダンアート風の大きな絵が二枚、ライト自身の著作が数十冊、タイプライター数台、デスク、テープレコーダー一台、クッションの効いた革張りの肘掛け椅子が置いてある。その先に食堂、居間、主寝室が続き、奥は浴室、どの部屋の窓も街路に面している。向かい側には納戸、食糧庫、台所、乳児室、子供たちの寝室があった。[57]

エレン・ライトは二人目の子供を妊娠中で、帰国してアメリカで暮らすのはやめることに決めていた。今では自宅はパリである。ライト家は究極の贅沢、とはつまりセントラル・ヒーティングに投資する決断まで下す。

リチャード・ライトはパリの生活に満足していた。小説家としての成功を手にして、フランスとヨーロッパでも有数の著名な知識人と親しく交わりながら、次々と相手を変えて束の間の情事も愉しんだ。それでもこれで九か月間、新しい小説を書き始めることができない。ライトは理想的なカフェさえ見つけられれば、また書けるようになると自分に言い聞かせた。ライトの注文は煩い。柔らかい照明があり、よい頃合いに陽光が射しこみ、オーナーがあまり詮索好きでないこと。ライトが選んだのはオデオン通りの南端に位置するややうらぶれたカフェ、〈ル・モナコ〉。隣にはアドリエンヌ・モニエの書店とシルヴィア・ビーチのアパルトマンがあった。客は近所の住人もいれば外国人もいて、ライトはその混じり具合も気に入った。アメリカの版元ハーパー&ブラザーズとの間で次作の締め切りも決め、これで準備万端調った。それなのに、ライトはまだ書き始めようとしない。書き始めることができない。カルチエ・ラタンのシネクラブで過ごす時間が増える一方だった。パリに蔓延するある種の映画愛好症がトリュフォー少年と同様、ライトの心も捉えた。

本心を言えば、ライトはまた小説を書くのは気が進まなかった。映画が作りたかった。映画界を牽引するオーソン・ウェルズとロベルト・ロッセリーニから一年前に『アメリカの息子』の映画化を打診されて以来、ライトは何かしらの形で映画作りに参加することを夢見てきた。なんといってもサルトルはすでに何本か脚本を書き、それが映画になっている。シモーヌ・ド・ボーヴォワールでさえ台詞の執筆を依頼されて、それがどれも小説を書くよりよほど実入りがよいのである。ロッセリーニから手紙が届き、『アメリカの息子』の映画化は諦めざるをえないと知らされて、ライトはひどく落胆した。マーシャル・プランが実施されたばかりの時期に、アメリカを批判する映画をヨーロッパで制作するのは論外らしい。[58]

それでも、パリに住むアメリカ人は誰であっても快適な暮らしが営めた。今では欲しいものは店に行けばほぼ何でも手に入り、平均的なフランス人には買いたくても先立つものがないにしても、アメリカ人にはあった。何より大切な生活物資の供給が、いまだにフランス人には制限されていた。医師とタクシー運転手を除き、フランス人はガソリンを一滴も買うことができなかった。ところが、観光客のドルが欲しい政府の施策により、「アメリカ人観光客とばつの悪そうなアメリカ人ジャーナリスト（フランス人ジャーナリストにはおこぼれなし）には湯水のようにガソリンが提供された。解放後のフランの下落によって、それでなくても何でも安く手に入り楽に暮らせたのに、である」[59]。ジャネット・フラナーは「ニューヨーカー」誌の読者にパリ市民の暮らしぶりを報告するのが嬉しくてならない。今では生活水準もきわめて高く、近代的で快適な暮らしにすっかり馴染んだアメリカ人にとっては、きっと遠い昔か、未開の土地の話のように思えるだろう。「パリに暮らす成人にはクリスマスからこのかたバターの配給が途絶え、一九四八年四月には毎月百グラムほどのコーヒーの配給も翌月までお預けとなったけれども、政府から復活祭のプレゼント、なんと戦前の価格の三十倍もする鰯の缶詰が配給になった」。

第11章「巴里の憂鬱は強力な気付け薬」

ホテル暮らし

「パリは日毎にますます寂しくなってゆく。暗く、寒く、湿って、空っぽ。ちゃんとした家を持つべきなのかもしれない。こんなに冷え冷えするのはおかしい。春はまだまだ遠い」[1]。シモーヌ・ボーヴォワールがネルソン・オルグレンにこう書き送ったのは一九四八年一月九日。この日、ボーヴォワールは四十歳になった。小さな机に向かい、オルグレンにもらった赤い万年筆でこの手紙を書いたのはオテル・ラ・ルイジアーヌの円形の部屋。一九四三年から、このホテルで暮らしてきた。ボーヴォワールは「レ・タン・モデルヌ」の編集部から戻ったところで、山と積まれた郵便物の中から自作の小説『他人の血』の英訳を見つけて持ち帰った。帰り道、ジャコブ通りを歩きながら、「雪でも雨でもなく、氷のように暗く寂しい水のようなもの」[2]にしとどに濡れた。暖房のほとんど効かない部屋で、ボーヴォワールは寒さに震える。グラスにウィスキーを、「『スクォーッチ』ではなくバーボン」を注ぎ、窓の外に目をやった。金曜日の午後のわりに、ビュシ通りとセーヌ通りの交差点は不気味なくらい静かだった。この日はストライキがあって、商店やレストランはシャッターを閉ざしていた。

かれこれ二十年以上もボーヴォワールはホテル住まいを続けてきて、サルトルと同じように、こうした暮らしに伴う完全な自由、それが象徴する所帯じみた生活感の否定を満喫してきた。サルトルとボーヴォワールはどちらも自らの意志で進んでホテル住まいを選んだのであり、倫理的にもそれが正しいと信じた。ふたりはこうした自由を、文章を書くことによって手に入れた。この「部屋の哲学」はキリスト教の禁欲主義に根ざすと同時に、ある種の「分離主義的選民意識」[3]とも縁がある。サルトルは夫に先立たれた母のアパルトマンに同居することにしぶしぶ同意したけれども、信念を曲げようとしない。サルトルは何も所有せず、家具は自分のものではなく、アパルトマンもそうである。何であれ、物を所有したが最後、サルトルは自分を見失い、呆然とするほかなかったろう。サルトルにとって、そしてボーヴォワールにとって、家庭、私生活、所帯を持つのはブルジョワ階級と同義だった。ふたりがこの階級出身で、また頭からこれを撥ねつけたことは言うまでもない。家庭は家族、結婚、子供を象徴する。この三つにふたりは断固として背を向けた。これはたやすいことではなく、とくにボーヴォワールにとっては辛い選択であり、強い精神力と倫理観を要したが、ふたりはなんとしてもこれを守り抜いた。この理由から、ふたりに秘かに敬服したひとも少なくない。ふたりの生き方はのちに続く何世代もの知識人にとって至高の目標となった。

イギリスなど他の国とは異なり、フランスでは持ち家は奮闘努力の立派な成果とも、一生の大事とも見なされない。一九四〇年代後半にパリで暮らそうとすれば、選択肢はたいてい便所も調理設備も古めかしい老朽化した狭苦しいアパルトマンを借りるか、旅行鞄ひとつ下げてホテルに住むかのどちらかしかなかった。年が若く、知識人で、決まった相手がなければ、後者のほうが選択肢としてははるかに好ましい。とはいえ、四十歳で独身のシモーヌ・ド・ボーヴォワールが、名声を得て経済的にも自立しているのに、まだこのような暮らしを続けているのは奇抜というほかない。それはまた煽情的なマスコミと共産党系の新聞雑誌に、ボーヴォワールの波瀾万丈の私生活に首を突っこむ好機を提供した。どうやらボーヴォワールにも、左岸のどこかに小さな台所とトイレのついた一部屋を借りる機が熟したらしい。

「フランスの水漏れのする長い冬」

一九四七年十二月にニューヨークの版元から、処女作の手直しは最小限ですむ見通しが立ち、発売日を五月初めに早めるという手紙を受け取って大喜びはしても、ノーマン・メイラーもまた同郷人の多くが感じた——そして感じるであろう——「フランスの水漏れのする長い冬」[4]の憂鬱を感じずにはいられない。映画の脚本も手がける小説家アーウィン・ショー、パリを解放し、まもなくパリの住人となり、その後二十年を過ごすショーも、この季節につきもののきわめて奇妙なもの悲しさについて考えた。「冬のパリは女嫌い、人間嫌い、悲観主義者、何もかも長い下り坂の一本道と信じる歴史専攻の学生のための都市。冬は、不幸せと同様、他のどこよりパリで身に沁みる」[5]。

メイラーは妻のベアと共にアルプスでスキーを楽しむ小旅行から戻ったばかりだったが、気持ちが落ち着かない。小説の第二作に何を書けばよいのか考えがまとまらず、一方ベアも作家を気取り、ロシア系移民を主人公とする小説を書くはずが、実際にはフランス語を学び、貧しい絵描きのフランス人の友達に絵を教わり、パリ暮らしを楽しんでいた。メイラーは読書をすることにした。まだ書くことが見つからないのだから、どうせだったら本でも読もう。英訳されたサルトルの著作は手に入るかぎりすべて目を通し、もっぱらセーヌ沿いの屋台の古本屋で本を仕入れた。ブレア通りの自宅アパルトマンで本を読んだ。暖房の効いたカフェでも、ソルボンヌでの授業中も、滅多にない晴れ間にはリュクサンブール庭園の日向のベンチでも本を読んだ。無理してでも何か書くべきなのだろうと思った。何でもいいから書く。「面白くもないアメリカ人の若者」とカフェで出会い、「つまらないことをたくさん訊かれた」[6]後で（この青年とはその後二度と会うことはなかった）、小説のアイデアが浮かぶ。タイトルは仮に『ギヌヴェール夫人』（のちに『バーバリの岸辺』と改題）とする。戦争で負傷し記憶を失った青年がブルックリンに部屋を借り、自伝的な小説を書こうとするが、無論、本人は自分の過去を知ることができない。やはり仕事はあまり捗らなかった。五十ページ書いたところで暗礁に乗り上げる。本人の言葉を借りると、「小説用の燃料タンクがガス欠になった」[7]。

夜が更けると、メイラー夫妻はスランプの埋め合わせをつけようとひたすら外出した。一九四八年一月のある晩、ハロルド・カプラン宅か[8]、さもなければシャンゼリゼに近い八区の瀟洒なガブリエル大通りの小さなアパルトマンに暮らすスタンリー・ガイスト宅で[9]、ノーマンはジャン・マラケに紹介される。四十歳のマラケはメイラーより十五歳年上。父親代わりには若すぎても、師と仰ぐのに不足のないカリスマ性の持ち主なのは間違いない。

長身、痩身、縮れ毛を短く刈りこんだマラケは厳めしく近づきがたい風貌だが、眼差しにどこかメイラーを惹きつけるものがあった。グラス片手にメイラーは気軽に自己紹介した。しばらく言葉を交わした後、メイラーは友人のスタンリー・ガイストめがけてまっしぐら、「あの横柄な野郎はいったい何者なんだ」と訊ねる。ガイストはメイラーの耳元に口を寄せ、マラケの話をした。ワルシャワに生まれたマラキ・ヴラディーミル・イスラエル・ピンクスはユダヤ系ポーランド人、一九二五年にポーランドを発ち、世界を旅して回った。レーニン主義に染まり、アフリカに行き、国際旅団に従軍してフランコと戦い、坑夫、肉体労働者として働き、最終的にフランスに落ち着いた。同じポーランド移民のジョゼフ・コンラッドのように、またアーサー・ケストラーのように、外国語で文章を書く術を独学で身につけた。レ・アールで荷下ろしの夜勤をしながら、一八五〇年からパンテオン広場に建つ堂々たる御殿のようなサント＝ジュヌヴィエーヴ図書館でフランス文学に読み耽った。[10] アンドレ・ジッドに手紙を送ったところ、坑夫の経験を記録するように励まされ、一九三九年にジッドに後押しされて出版にこぎつける。戦争の始まった年、『ジャワ人』でサルトルの『壁』を抑えてルノドー文学賞を受賞した。祖国を喪したユダヤ人のジャンは、ルーヴル美術館の向かいの左岸のマラケ河岸に因む姓を名乗り、マルセイユ経由でフランスを脱出する。そこからメキシコを経てニューヨークにたどり着き、戦時中をそこで過ごし、アメリカのパスポートを取得した。パリに戻った今、マラケは熱烈な反スターリン主義者であり、大物知識人として誰からも一目置かれる存在だった。「覚悟しておけよ」とガイストはメイラーに言った。

ノーマン・メイラーを初めとして復員軍人援護法の恩恵を受けてパリに学ぶ学生の多くは、善意のひとだった。ファシズムに反対し、言葉だけでなく行動でそれを証明したいと願った。実存主義思想の洗礼を受けたメイラーは、参加する作家になろう、ただの立会人ではなく、実行する者になろうと心に決めた。パリに亡命中のスペイン共和派の友人から、「使命を帯びて」バルセロナに赴き、同志の脱獄準備を手伝ってもらえるかと訊ねられた。メイラーは逸る想いで冒険に身を投じる。ジュネーヴでフランをペセタに両替した後、メイラーはベアと妹バーバラを乗せた車を運転して、スペイン国境に向かう。三人は同志に渡す札束を筒状に丸めて詰めたコンドームを化粧品のチューブに隠し、シトロエンのスペアタイヤにビラを押しこんだ。バルセロナで連絡員と落ち合い、現金とビラを手渡し、意気揚々とパリに引き揚げる。[11] もっともノーマン・メイラーの政治思想は底が浅く、無邪気なロマンチストと紙一重。サルトルを読む前からサルトルに心酔し、マルクスは読んだことがないのにマルクス主義者のつもりだった。マラケと出会い、やがて友人になると、こうしたすべてに変化が生じる。

トロツキストのマラケは、シベリアに強制労働収容所を設け、抑圧、粛清を事とするスターリン政権を容認できない。マラケはまた資本主義はファシズムやスターリン主義と同じ巨悪であり、西欧民主主義はソヴィエト連邦と同様に独裁に陥る恐れが大きいとも考えた。そこにはメイラーの従来の考えよりも幅広く、はるかに複雑な世界観があった。知り合った当初はパリの住人によくある傲慢さに辟易し、続いて好奇心をそそられ、やがて魅了されたメイラーはたちまち、高邁な素養と見なして羨望するものの虜になる。一九四八年一月以降のふたりのやりとりは売り言葉に買い言葉、熱気を孕むこともあったが、メイラーはマラケを師匠、政治に関しては生涯の指南役と認め、のちには自作の翻訳者がマラケであることを誇りとした。メイラーはフランスでも成功したいと強く望み、フランスに翻訳権を売り込み、マラケを『裸者と死者』、および先々書くであろう著作すべての訳者に指定するよう版元のラインハートに強く働きかけた。実際、マラケは当時すでに翻訳者として引っ張りだこで、ネルソン・オルグレンの小説第二作『朝はもう来ない』の翻訳を打診されたばかり。ボーヴォワールもフランスでオルグレンの本を出版する版元を見つけ、パリで熱心に売り込もうとしていた。オルグレンの小説は「レ・タン・モデルヌ」に掲載される。若い才能を孵化させ、世間にお披露目する舞台として、「レ・タン・モデルヌ」の存在感は増す一方だった。

マラケの世界観は資本主義とスターリン主義のどちらにも反論するが、サルトル、カミュ、ケストラー、ライト、ボーヴォワールと彼らの支持者たちが唱える第三の道のほかに、これといって明確な政治行動の指針を提起しない。冷戦意識に徐々に滑り落ちようとする世界情勢は、行動を求めた。旧い仲間が、たとえ嫌々ながらでも右か左かのどちらかを選ばなければならないように感じて別々の道を歩み始め、ド・ゴール派が共産党の戦術、用語を借りて恐怖心を煽り、共産党内部の改革派が自らの党から除名され、孤立無援と感じ、途方に暮れる今、実存主義者が提示した代替案がますます魅力的に見え始める。

ジャズ——ニューオーリンズの「奴隷制に対する代々の不平」から「ビバップの愉快な戦闘性」へ

バターの代わりに、パリ市民は次第にジャズによって生きるようになった。毎月、新しいジャズ・クラブが開業してフランス人および外国人ジャズ・ミュージシャンの演奏する場が増える一方、世界的に名の知れたスターはより高級なコンサート・ホールで公演した。ボーヴォワールがオルグレン宛ての手紙で「喇叭を持つ若者」と呼んだボリス・ヴィアンは、スキャンダルの種となった『墓に唾をかけろ』の著者ヴァーノン・サリヴァンは実は自分と白状して以来、作家として成功を収めただけでなく、ジャズの興行主、コンサートのプロモーターとしてもたいへんな売れっ子になった。一九四八年二月にルイ・アームストロングがサル・プレイエル——ボーヴォワールはオルグレンに「わたしたちのカーネギー・ホール[12]」と説明する——に出演して、満員の聴衆を集めた。「熱狂して歓声を上げる人々、主に若者がホールを埋めつくした。席を取ろうとして、殺し合わんばかりの勢いです[13]」。フランス式異種交配そのままに、ボリス・ヴィアンと版元のガリマール社がルイ・アームストロングと彼のオーケストラを歓迎するパーティーを催し、黒人文化の擁護に努める詩人エメ・セゼール、レオポール・サンゴールを初めとして、ボーヴォワール、カミュ、サルトル、リチャード・ライト、パリに住む「その他大勢のアメリカの知識人」、作家、芸術家に引き合わせた。「パリはその種のひとたちでごった返しています」とボーヴォワールはオルグレンに報せた。

ディジー・ガレスピーもアームストロングの数日前にサル・プレイエルで演奏し、ビバップ好きのパリ市民を沸かせた。ピカソの隣人で友人の民族学者、作家のミシェル・レリスは半年間のアフリカ旅行から戻ってさっそく聴衆の群れに混じり、「デューク・エリントン以降、最も素晴らしいジャズ・ミュージシャン」の演奏に耳を傾け、好奇心を大いに刺激される。レリスは日記に思わずガレスピーのジャズ分析を書き綴るが、その用語はアメリカのジャズ批評家の多くを魅了までしはしなくとも、少なくとも彼らの興味を惹いたに違いない。

（1）管楽器の激しい毒性とひとりはアメリカ人、もうひとりはキューバ人のドラマーの力強さ。（2）ソロ演奏の連続による表現の自由と楽想の扱いの見事さ。（3）アフリカ性（むしろ、おそらく西インド諸島性）。意図的な、ときに異国趣味と見紛う悪趣味。トランペットの合奏がときにカメルーンで聴いたものを思い起こさせたのも事実。そうしたアフリカ性から無調音楽のビバップへの影響について語るひともあるが、根拠があるとは思えない。（4）ビバップとキャブ・キャロウェイのスキャット唱法との相互関係。端的に言って、ビバップは真に独創的というよりむしろ過激なのではないか。そうした黒人性はジャズの原点に戻ろうとするジャズ・ミュージシャンの自発的な欲求に発するものか、それともたんに異国情緒を求める白人聴衆の要求から生じるものか。[14]

四日後、レリスはもう一度この話題について書きたくなる。

ガレスピーのジャズはブルースをほとんど消し去り、奴隷制に対する代々の不平（アームストロングはまだこれに浸って悦に入っているようなもの）を克服したように聴こえる点で新しい。ガレスピーはブルースに基づくジャズの痛ましさを、愉快な戦闘性に近いもので置き換えた。これは窮状を諦めて受け入れるのではなく、そろそろ抗議の声を上げそうな黒人の物の見方の変化を反映しているのかもしれない。[15]

ジャネット・フラナーが「ニューヨーカー」誌の読者に打ち明けたように、「フランスのジャズ・ファンはシェーンベルクを論じるように、知的にスウィングを語るのです」[16]。

パリの排気口のすべてからジャズが噴出しているようだった。ジャネット・フラナーでさえジャズ・コンサートを取材し始め、しかもそれをド・ゴールの最新の演説やピカソの展覧会、あるいはサルトルの芝居公演を報じるのと同様、「真面目に」扱わざるをえなくなる。そしてとうとうニューヨークの読者にニュースを伝えた――パリはジャズの世界の新たな首都になった。もっとも、ジャズのコンサートと関連イベントのすべてを取材するわけにはいかない。そこでさしあたり、フェスティバルに的を絞ることにする。「由緒正しいマリニー座では一週間通しで熱狂的なジャズ・コンサートが催され、コールマン・ホーキンス、スラム・ステュアート、ハワード・マギーの類のアメリカの黒人が出演した」。フラナーが対立する派閥間の激しい論争を見逃すはずもなく、「頑固なニューオーリンズ・スタイル派――『ホット・ジャズ』をフランスでは『ジャズ・オット』と呼ぶ――と『ビバップ』の間の抗争」を報じ、「フランス戦線」[17]で活躍する筋骨逞しいクラリネット奏者クロード・リュテールにも触れた。さらに数か月すると、もはやフラナーも地下に潜り穴倉のジャズ・クラブを訪問せずにすますわけにはいかなくなる。

サン＝ジェルマン＝デ＝プレで流行るのは閉所嗜好、地下のクラブのいくつかは正真正銘十八世紀に遡り、いまだに換気設備もなし。この手の中で最高の最新クラブはヴィユ・コロンビエ座の地下にあり、クロード・リュテールのホット・ジャズと旧フランス領アフリカ生まれの黒人が故郷の歌を唄う。実存主義者と呼ばれる穴居人の地下倉のさきがけ、クラブ・サン＝ジェルマンとル・タブーは今なお熱心なファンの間で大人気を誇る。[18]

観光客と外国人学生の大群がパリに押し寄せた。これはマーシャル・プランの予期せぬ副産物なのか。一九四八年五月末にフラナーが記すように、「観光客はマーシャル・プランの指定を外れた貴重物資の積荷と見なされる[19]」。

その多くは「インテリ」観光客だった。ボーヴォワールはオルグレン宛ての手紙にも記すように、一目でそれを見抜いた。「実存主義者の若者たちは顎鬚を生やし始めた。アメリカ人のインテリ観光客も顎鬚を生やしている。顎鬚はどれもこれもとんでもなく醜い！　でも実存主義者の地下倉はどこも大流行。たった二ブロック——というのはサン＝ジェルマン＝デ＝プレ全体のことです——だけ、でもその内側ではバー、カフェ、ナイトクラブばかりでなく舗道に腰を下ろす場所さえないなんて、おかしいでしょう。なのにその周りはどこに行っても暗くて、死んだように静まり返っている[20]」。このおよそ一・五キロ四方の中で、世代を異にする老いも若きも交流した。そこに「一九三〇年代からの先住民、プレヴェールの仲間、サルトル一家、新聞各紙が『実存主義者』と呼ぶ宵っぱりの若者、共産党の細胞」が集った。「共通点は反ファシストであること。関連性は共産主義。以前共産党員であったか、現在共産党員であるか、まもなく共産党員をやめるか、先々共産党員になるかのいずれかである[21]」。

『第二の性』の研究

一九四八年のパリの知識人、芸術家の世界では肌の色、信仰、国籍がひとの生き方、世間の見る目と無関係であったにしても、性別はひとの幸福、大志、健康にはるかに大きな影響をおよぼした。女であることは、解放後のパリでさえ、生まれながらに困難な状況に置かれることを意味した。誰より自由な女、女として育てられながら男のように生きたシモーヌ・ド・ボーヴォワールは、今もこの問題の研究に余念がない。調べれば調べるほど——神話と文化人類学の資料を漁り、友人、他人両方の女性たちへの聞き取りを始めたところ——作業はいつの間にか厖大に膨れ上がり、ますますこの課題に魅入られた。一九四八年の五月と六月をネルソン・オルグレンと共にミシシッピ川を下り、メキシコを訪ね、ユカタン半島とグアテマラを巡って過ごした後、ボーヴォワールは意欲満々、執筆準備を再開した。

パリを経つ直前、用心して世間の反応を探るため、「レ・タン・モデルヌ」に「女性と神話」と題する数ページの小文を寄稿した。書き出しは「彼は『絶対』であり、彼女は『他者』である」。ボーヴォワールの手許には分析に適した事例がふんだんにあった。友人、知人に目を向け、話を聞き、社会の中での女性の地位について自分なりの結論を導けばよい。ソニア・ブラウネルを例にとれば、彼女はメルロ＝ポンティに恋して無我夢中。パリに来れば、恋仲のふたりはジャズ・クラブで夜を過ごし、朝まで踊り明かす。ときにはまたひとり哲学の徒、ソニアの同国人で、ロンドンのユニヴァーシティ・カレッジの新任哲学教授、パリを頻繁に訪れるA・J・エイヤーを伴うこともある。いずれも優れた知性と魅力的な人格に恵まれ、人付き合いも巧みなこのふたりだが、かりそめの恋の見方にはいくらか差があった。妻子のあるメルロ＝ポンティに離婚の意志は、アルベール・カミュと同様（まったく）ないのに対して、エイヤーは束の間の相手とも喜んで結婚、離婚、再婚し、子供をもうけるつもりでいる。ソニアにはメルロ＝ポンティの立場を受け入れるのに何の不都合もなく、進んでそうしただろう。なんといってもソニアは強い意志の持ち主で、些事でも重要なことに経済的に自立していた。「ホライゾン」誌の事実上の編集長でもあった。編集者ふたりが同時に何か月もフランスに滞在して留守の間、ソニアはしばしば編集部の一切を切り盛りし、記事の執筆も依頼した。「きみがよいと思うものなら、何でも掲載してくれたまえ」。毎年の夏をサマセット・モームの南仏の別荘で過ごすシリル・コノリーは、一九四八年七月、ソニアにこう書き送る。[22]これだけの仕事をこなしているのだから副編集長の肩書をもらい、それに見合う給料を得てもよさそうなのに、ソニアはあえて要求しない。ソニアは「黒幕」でいたいのだと自分に言い聞かせた。それに、恋愛問題のほうが大切に思える。ボーヴォワールに打ち明けたように、ソニアはただひたすらメルロ＝ポンティと、「生涯に一度きりの恋人」と一緒に暮らしたかった。三十歳になる日を間近に控え、ソニアは身を固めたいと願った。ボーヴォワールはメルロ＝ポンティのことならよく知っていた。ふたりは同級生で、ボーヴォワールの親友のザザはメルロ＝ポンティと恋仲だった。死がふたりを分かつまでと誓い合った仲だったが、偶然にもそれが現実となる。ザザが二十二歳の若さで急逝したのはメルロ＝ポンティのせいとボーヴォワールは考えた。[23]ボーヴォワールには、メルロ＝ポンティに恋しても、その果てにソニアを待ち受けるのはやはり涙と病と思えてならず、また実際そうなった。

マメインもまたボーヴォワールにしてみれば事例研究の手本のようなものである。五月にアルベール・カミュとフランシーヌ夫人を連れて短期間ロンドンを訪れ、パーシー通り十八番地のソニア・ブラウネルのアパートに滞在したマメインも、心から愛する男性と一緒に暮らそうと望み、それを実現できても何の不思議もなかった。ところがマメインはアーサー・ケストラーと暮らし、不幸の極みにいる。そしてそれをなかなか認めることができない。優れた教育を受け数か国語に堪能なのに、自立の道を諦めてケストラーと付き合い、のべつ虐待を受けている。口先ばかりの結婚の約束と引き換えに子供を作らないと承知させられ、実際なかなか結婚してもらえない。ケストラーが結婚の約束をしてから、すでに三年が経過した（やっとのことで結婚するまでに、さらに数年待たされる）。その間、マメインはケストラーの秘書、翻訳者、校正者、世話役、なぶり者になりながら、何をしても功績はいっさい認められず、経済的にも完全にケストラーに依存した状態に甘んじている。マメインはケストラーのむら気や気まぐれに耐えなければならないと考える。それが自分に課せられた道徳的な義務であり、人生を共に歩む者の運命と考える。マメインはまもなく「喘息の発作」を起こすようになる。マメインを診て当惑した何人もの医者たちがそう見立てた。それは喘息だったのか、それともマメインはケストラーにアレルギー反応を示すようになったのか。

英国のパレスチナ委任統治が正式に終了し、イスラエルの独立が宣せられる（そしてアラブの五つの主権国家の軍隊にたちまち侵略され、ユダヤ人の防衛組織ハガナーがこれに強力に抵抗する）と、ケストラーは「ル・フィガロ」、「マンチェスター・ガーディアン」、「インターナショナル・ヘラルド・トリビューン」の各紙に取材記事を寄稿するためすぐさま現地に旅立つ。もっとも、マメインも忘れずに同伴した。マメインにはせいぜい働いてもらうつもりだった。ふたりは六月四日にハイファに到着する。自分はお歴々と面会し、食事を共にし、「高尚な政治課題を論ずる」[24]間、狡猾なケストラーはマメインをエルサレムに送り出し、実地調査のすべてを委ねた。さらにふたりの友人で戦場写真家として名を馳せるロバート・キャパに勧められて携行したライカまでマメインに持たせて、写真を撮らせたけれども、たとえ写真がケストラーの書く記事に添えられてもマメインの名がケストラーと並んで記されることはない。マメインはそれが当たり前と考えた。マメインはただ連れ合いの手助けをしているだけのことで、なんといっても頭脳はケストラーなのだから。エルサレム滞在中、マメインが「レ・タン・モデルヌ」一九四八年六月号を手にできなかったのが惜しまれる。もし手にしていたら、「女性と神話」に関するボーヴォワールの第二エッセイを読んで興味を惹かれたことだろう。「女はイヴであり聖母マリアでもある。女は偶像、召使い、生命の起源、闇の力である。女は真実の根幹をなす沈黙、奸策、噂、嘘である。女は治癒者、魔術師であり、男の餌食であり、男の破滅の因、男になく男の欲するものすべてであり、男の否定、男の存在理由である。女は『他者』であり、『邪悪』である女を介さずに『善』は存在しえない」。

一九四八年に自分の権利を主張するには、そして単に存在するのにも、女は非常に強くなければならなかった。ボーヴォワールが若く野心的な娘たちに自らを映し出す姿見を提供したのは間違いない。ボーヴォワールの鏡像は強烈で、世間は眉を顰めた。ボーヴォワールは知的意欲、経済的自立、性的自由の三位一体による新たな渇望の的を示した。マリア・カザレスとジュリエット・グレコ、それぞれ十五歳と二十歳年少のふたりが後に続く。一九四八年六月十八日の昼時、アルベール・カミュはサン＝ジェルマン大通りで偶然カザレスと行き合う。二十六歳になったカザレスは新しい恋人、カリスマ性のある名優ジャン・セルヴェと一緒だった。カミュとカザレスは目を合わせ、二言三言、言葉を交わし別れたが、立ち去りながら同時に振り返る。それがきっかけだった。慕い合う想いが強すぎた。カザレスはジャンと別れたが、カミュはフランシーヌと別れない。このときからカミュはカザレスを「ただひとりのひと」と呼ぶ。ふたりの関係は世間の誰もが知るところとなり、ふたりは絶対の愛を礎に生きる。ふたりは共に暮らすことなく、人生を共にした。カミュがのちにカザレスに一言で伝えるように、「きみに隠れて浮気をすることはあったかもしれないが、きみを裏切ったことは一度もない」。言い換えれば、カミュは不実だったが、つねに誠実だった。[25] カザレスは型にはまらないこの関係を、十二年後カミュに早すぎる死が訪れるまで、大切に守り抜く。では、フランシーヌはどうなるのだろう。カミュは週に何日かは夜を妻と子供たちと過ごし、夏の休暇にも家族を同伴したのだろうが、フランシーヌは、世間の誰彼と同じように、カザレスこそ夫が真に愛するひとであり、というよりむしろ夫と対等に愛し愛される関係にあるのに対して、自分は家庭を守る妻、彼の子供たちの母親であり、カザレスほど夫から愛されてはいないことを知っていた。フランシーヌもかつてはコンサート・ピアニストを夢見たが、その記憶も今となっては色褪せた。当初はフランシーヌの家族も、娘が将来を嘱望される作家と結婚して大いに満足し、喜んだ。ところが今ではフランシーヌの体調の思わしくない日が増えたため、母親と妹が空路アルジェから駆けつけ、話し相手になり、子供たちの世話に手を貸さなければならなくなった。マメインと同じように、フランシーヌもやがて慢性かつ重症の体調不良に陥る。カミュの振る舞いは、フランシーヌの人生にとってまさに劇薬以外の何物でもない。それなのにフランシーヌは、そうはっきり自覚して、劇薬を一口ずつ、来る日も来る日も飲み続けることに同意したのだった。

実存主義のシャンソン

ジュリエット・グレコはひとに自分の人生を毒されるのはまっぴらだし、とくに男には絶対そんなことはさせないつもりだった。メルロ＝ポンティ（ほかにもすでに大勢）から口説かれ、現象学者を「おそろしく魅力的」と思ったのはたしかで、それから七十年後に本人も拘りなくそう認めている。とはいえグレコにとって大切なのは、つねに自立したひとりの女であること。グレコは悲劇役者になりたかった。そう、マリア・カザレスのような役者になりたかったけれども、国立演劇学校の入学試験を二度しくじった。それなら歌手になろう。新しい種類の歌手、自分のほかにふたりといない歌手になろう。友人のアンヌ＝マリー・カザリス、赤い巻き毛の詩人がその気にさせようとした。サルトルも同様。「でもあたし、歌ったことないわ」とグレコはふたりに言った。「それがどうかした？」とふたりは応じる。まったく、「それがどうかした？」「明日の朝九時に家においで」と一九四八年の春の一日、サルトルはグレコに言った。「きみのために歌を作っておくから」。運命には逆らえない。

　九時ぴったりにグレコはボナパルト通り四十二番地の階段を昇り、五階の扉をノックした。サルトルは約束を忘れず、歌詞を書いた紙を何枚も用意していた。「きみのためにいくつか詩を選んでおいた。これはきみのだ、この詞はぼくが書いた。これをあげる。ジョゼフ・コズマのところへ行ってごらん、曲をつけてくれるよ」。サルトルは「白外套通り」を一九四四年に戯曲『出口なし』のために書いたけれども、使っていなかった。階段を降りながら、グレコは詞を読み始めた。主役は処刑人、朝は早くから起き出して、一日の長い労働に備える。断頭台があり、将軍、美しく着飾った貴婦人、司教の生首が転がり落ちるところは白外套通り、フランス革命の時代には人通りも疎らな四区の静かな通りと唄われる。あまり陽気とはいえないけれども、実存主義のシャンソンなどというものがあるとすれば、まさにこれを措いてほかにない。とにかくレパートリーはこれだけでは足りない。グレコはサルトルが薦めるほかの詩にも目を通した。レーモン・クノーの「きみがそう思うのなら」[26]がすぐに気に入った。これまた実存主義のシャンソンの名に恥じない。こちらは青春の儚さ、脆さを唄う。若者よ、勘違いしてはいけない、と詩人は書く。きみは今日、恋をしているかもしれないが、恋は決して長続きしない。きみは今日、溌剌として可愛らしいかもしれないが、明日になればそうはいかない。恋と同じように、若さゆえの美しさの果てには必ず涙が待っている。グレコは大喜びした。でもまだ足りない、もう一曲いる。ジャック・プレヴェールのがよさそうだ。

グレコはカフェ・ド・フロールに駆けつけ、電話を使わしてもらってジョゼフ・コズマを呼び出した。「後で寄ってもいい？　詩に曲をつけてほしいの」。映画音楽の作曲で知られるコズマはユニヴェルシテ通りの砂岩造りのアパルトマンの七階の一間の屋根裏部屋、というより正確には女中部屋に夫人と暮らしていた。その一間にピアノ、椅子、ソファベッド、コーヒーテーブルをなんとか運び込んだ。コズマは詞を読み、ピアノに向かって腰を下ろし、グレコはピアノに肘をついて佇んだ。二時間後、詞に曲がついた。いよいよグレコは歌になった詞を歌わなければならないが、まったくの初体験。ブルゴーニュ通り三番地の崩れかかったホテル〈ル・モンタナ〉に戻り、階段を昇って自分の部屋に入り、鍵をかけ、鏡の前に立って、朗読を始めた。

我ながら感心しない。とてもうまくやれそうにないと思い、夕刻、友人のカザリスとバー〈メフィスト〉で落ち合ったとき、そう打ち明けた。「四日間、稽古できるわ。場所が見つかったの。〈屋根の上の牡牛〉がまた営業を始めて、スケジュールを空けてくれた。歌うのはあなたよ」。グレコは抗った。着るものがない。カザリスはグレコにいくらかお金を貸し、グレコピエール・バルマンの店に行き、そこで売っている一番安い服を買うようにと指示した。グレコは黒いミニドレスを買った。は黒いミニドレスを買った。それからの四日間、グレコはホテルの部屋の鏡の前に立って過ごした。手の動かし方、発音、発声、節回しを試した。いずれにせよ、グレコは詩を歌うのだし、著名人の書いた立派なテクストを暗唱するのである。自分は書き言葉を歌に変える仲立ちであり、自分というプリズムを通して言葉、思想、心象が聴衆に届く。四日かけてグレコは流儀を、独自の流儀を創り上げた。自分には縁遠い右岸、八区のキャバレーで運試しできるのがグレコには嬉しかった。自分のデビューに誰も気づかないといいと思った。〈屋根の上の牡牛〉は一九二〇年代初めに開業し、若い日のコクトー、ピカソ、ディアギレフ、サティ、ストラヴィンスキー、シャネル、ブラック、ディオール等大勢のお気に入りの溜まり場となった。それが今、左岸の若者をステージに迎えてふたたび船出しようとする。

グレコが歌手としての人生の一歩を踏み出したその宵、客席にはブロードウェイでテネシー・ウィリアムズの新作『欲望という名の電車』の主役を演じたばかりの二十四歳のアメリカ人青年がいた。同席したコクトーは翌年、この芝居を翻案しフランスで上演する。コクトーはグレコを見つめるマーロン・ブランドをじっと見つめた。グレコの後でステージを務め、「愛しいひと、わたしはあなたが大好きよ、どうしたらよいかわかりません」[27]と歌ったアーサ・キットという名のアメリカの黒人歌手にブランドはさらに魅力を感じた。グレコとブランドは仲良くなり、ショーがはねた後、ブランドは電動バイクのソレックスにグレコを乗せてホテルに送り届けた。ブランドはキャリアの岐路に立っていた。ブロードウェイの芝居で五年前から主役を務め、ジャン・アヌイの『アンティゴーヌ』とコクトーの『双頭の鷲』のニューヨーク公演に加わり、信じがたいほどの美貌と演技力の両方に目をつけたハリウッドから盛んに誘いを受けていた。パリにもエージェントとプロデューサーから電報が届いたが、返事はしなかった。ブランドは怖さと嬉しさの入り交じる気持ちで、男と女が自分を見て示す反応を観察していたらしい。ハリウッドではフレッド・ジンネマンが『男たち』の主役に抜擢しようと計画中で、やがてこの作品によってブランドは映画界でもスターとなる。その間パリでは、無名とはいえ人目を惹きながら、若いブランドは自分自身をもてあましていた。ジュリエット・グレコと同性愛のフランス人の友人たち相手にブランドは大いに喋り、酒はほんの少しにとどめ、煙草には手を出さなかった。グレコの考えるには、「あのひとはとてもチャーミングでとても口達者だったけれど、悩みを抱えていた。それは傍目にも明らかだった。悩みの種は性的なものでした」[28]。

マーロン・ブランドは生涯を通じ幾度となくパリに旅し、友人やクリスチャン・マルカンなど男女両性の愛人を訪ね、ノーマン・メイラーには映画の脚本などに手を出さずに小説に専念しろと諭し、一文無しのジエイムズ・ボールドウィンの窮状を救い、フランス文壇の寵児フランソワーズ・サガンを連れて景気よく街に繰り出した。ときにはジュリエット・グレコと行き合うこともあったが、そのグレコがブランドと同じく世界的な名声を博したのは黒のミニドレスを身にまとい、実存主義の歌を唄って南北アメリカ大陸を巡業して回り、ハリウッドの大立者を魅了したからで、誰もがダリル・ザナックのように求婚したりデイヴィッド・O・セルズニックのように七年契約を持ちかけたり、盛んにグレコに熱を上げた。しかし、大いに口説かれ、讃えられながら、どちらも「一九二五年生まれ[29]」の世代に属するブランドとグレコは、一匹狼であり続けた。パリが彼らをそうさせた。

Ⅳ　感覚に磨きをかける

一九四八年六月—一九五〇年

第12章　「あっちが芸術を独り占めしているのに、こっちはドルで懐を膨らませているだけ」

一九二五年生まれ

「一九二九年の最盛期以来最大のアメリカ人観光客流入の先陣が、いまやパリの市中いたるところで目につき、耳につく」。ジャネット・フラナーは一九四八年六月末にこう告げた。「観光客は貴重品扱い、大いに歓迎される。サン＝ジェルマン＝デ＝プレはアメリカの大学生グループのキャンパスとなった。カフェ・ド・フロールは、不似合いなブルージーンズを履き、中西部出身のボーイフレンド（たいがい急ごしらえの画学生風顎鬚を蓄える）を連れた山の手の可愛いお嬢さん方のドラッグストアの代役を務める」[1]。サルトルは外国人学生から正真正銘の権威と認められた。実存主義もこの頃には押しも押されもしない体制の一部となり、クリスチャン・ディオールの裾の長いドレスと並び、公式輸出品目の仲間入りを果たす。「インテリ観光客はポン・ロワイヤルのバーを贔屓し、以前は実存主義者がたむろしたこのバーも今ではこの手の連中で満ち溢れ、実存主義を論じ合う彼らの声がしばしば飛び交うありさま」[2]。アンヌ＝マリー・カザリスによると、左岸の若者はまさにこの一九四八年六月に純潔を失った。ル・タブーは世界的な評判の高まりを一年はよくしのいだものの、一九四八年夏には観光客の数が在来の実存主義者の数を上回り、名声の裏付けを失う。「わたしたちの青春時代は四年間続いた」[3]とカザリスは記す。「大人たちが一九四八年にわたしたちの青春を盗んだ。大人の最初のひとりが美貌を売り物にする女と踊り出したとき、わたしたちの天下は終わった」。

一九二五年頃に生まれた世代は成人しつつあり、いささか場違いなところにいるように思えて戸惑い、落ち着かない気分でいた。ロジェ・ステファーヌが「レ・タン・モデルヌ」に寄稿した「一九二五年生まれ」と題するエッセイは、この世代を悩ませる生々しい不定愁訴を直視する。

一九二五年に生まれたわたしたちは、用心しないといけない。何も信じてはいけない、誰にも、何にも親しんではいけない、なぜならわたしたちは何もかも、誰も彼も、真実も意見も失くすことがあると知っているのだから。そしてわたしたちは、瑞々しく、解決策はないと気づく。あるのは、「たぶん」だけ。一九四五年に二十歳のわたしたちは、賢明な人間です。宗教や哲学から学ぶものは何もない。狂った世界の真っ只中で、わたしたちは何より深く、長く続く歓びの味わい方を知っている。[4]

「ニューヨーク・タイムズ・マガジン」のパリ特派員ジョン・L・ブラウンは幾度となく訪れたパリで、あるとき一世代が分かち合う不安を察知し、読者にこのように伝えた。

このボヘミアはもはや流儀を信じるのをやめ、芸術を信じるのもやめ、またかなり本気で、人間を信じるのをやめた。彼らは野蛮な反ヒューマニズムのほうが党の指図する「同志愛」の教理よりよほど正直のように感じる。しかし、このように絶望しても、人生はなお続く。二十歳であれば、抽象的な苦悩は来ては去る心の痛みにすぎず、話のわかる仲間といればそれもかなり心持ちよく、箔付けにすらなった。「五時にフロールで会おう」[5]。

フランスの屋根の上のバイオリン弾きのように

この夏パリの左岸に群がった何千人もの学生の中に、二十二歳のアート・バックウォルドもいた。復員軍人援護法の給付金を手にパリを目指したバックウォルドがル・アーヴル港で下船したのは、一九四八年六月十二日のこと。船にはバックウォルドと同じく頬をピンクに染めたアメリカ人学生がひしめいていた。「皆ほとんど手ぶらだったけれども、フランスの税関には夢を申告した。何千ドルもの関税に値したことだろう」[6]とバックウォルドはのちに記す。オーストリア＝ハンガリー系ユダヤ人のカーテン製造業者の息子に生まれたバックウォルドは父親が大恐慌で破産し、幼年期をニューヨークのヘブライ孤児院で過ごしながらも、人生の先行きに大きな希望を抱いた。年齢を詐称して米軍海兵隊に入隊し、戦争末期には太平洋地域で従軍する。しかし海兵隊はさほどバックウォルドの役に立たない。パリならおそらくそんなことはないだろう。

パリに着いた最初の晩、バックウォルドはビガールに安宿を見つけた。翌朝、ホテルが自分のような文無しの観光客は別にして、部屋の大半を時間貸ししていることに気づく。バックウォルドにはピガールが楽しくてならない。露店で買った野菜を網袋に入れて街を歩けば、ユトリロの絵に描かれた人物になったような気がする。ラスパイユ大通りのアリアンス・フランセーズに学生登録をして、九区のクリシー広場に家賃月額五ドルの一部屋のアパルトマンを見つけた。まだ右岸と左岸の違いもわからないが、そんなことは屁でもない。ノーマン・メイラーと違って、その後の一年を条件法の活用に費やす気は毛頭ない。ある米兵上がりからアリアンス・フランセーズで毎朝生徒の出欠を取る娘を月二ドルで買収できると聞き、バックウォルドは好機に乗じる。これでフランス語の授業を受けなくとも、合衆国政府の月々の給付金はそっくり手に入る。モリエールとも格闘せずにすむ。「パリにいる入学予定の復員米兵が全員授業に出たら、サッカー場を使わないと連中を収容しきれないぜ」[7]と友人が笑いとばした。大いに甲斐性のあるバックウォルドは、財布を膨らます妙手をもうひとつ発見する。アメリカ市民には、ドルでガソリン切符を買う資格があった。バックウォルドは入手したクーポン券をタクシー運転手に月二十五ドルで転売する。「月七十五ドルの復員兵給付金にガソリン切符の二十五ドルを足して、ぼくはフランスの屋根の上のバイオリン弾きに負けないくらい金持ちだった」[8]。

ソルボンヌの講義に出る必要もフランス語の文法を覚える必要もないので、バックウォルドには女の子にちょっかいを出す時間がいくらでもあった。愉快でチャーミングなのはよいとして、バックウォルドはぽっちゃり型の近眼だった。つまり若い娘が一目惚れする類の男ではない。一杯奢ろうと持ちかける前にひとしきり笑わさなければならず、そうなるとカフェのテラスは異性誘惑に適した場所とは言いがたい。偶然、バックウォルドはパリで女の子と仲良くなるのに最適なのはルーヴル美術館と気づく。「どこの国の女性でもルーヴル美術館にはひとりで出かける。あそこなら安全と思うのと、ティントレットに見とれる男なら信用できると思うから」[9]で、話しかけられても邪推しない。しかしバックウォルドにはユトリロの夢物語から覚める時が迫っていた。一九四八年七月のある朝、バックウォルドはアメリカ大使館に呼び出される。授業に出ていないことが復員軍人援護局の知るところとなり、月々の給付金が打ち切られるという。パリにとどまりたければ、仕事を探さなければならない。それも大急ぎで。バックウォルドは新聞記事を書きたかった。米軍海兵隊を誤魔化せるのなら、「インターナショナル・ヘラルド・トリビューン」くらいわけないのではないか。

バックウォルドはまず、本人が「ポーランド人協同組合」と呼ぶもっと家賃の安い部屋を見つけて、左岸に引っ越した。マティスとハロルド・カプランが住む真向かい、モンパルナス大通り一三五番地にあるオテル・デ・ゼタジュニは、連合軍と共に戦ったポーランド人の退役兵が経営していた。バックウォルドの借りた四階の一室にあるのは洗面台とビデ、ベッド、机、そして「ネズミさえ餌を探すうちにめくらになるくらい低ワットの電球ひとつ」[10]だけ。行きつけの学生食堂は通りを渡って向こう側のワジャの店[11]、ラ・グランド・ショミエール通り十番地のこの食堂はサミュエル・ベケットのお気に入りでもあった。店主は若いお客に、よそに触れ回らないかぎり、つけで食べさせてくれた。アラカルトなしの定食のみ。定番は「肉とジャガイモの蒸しもの」[12]で、大皿に盛ったこの料理が相席のテーブルに運ばれてくる。

バックウォルドは左岸で出会ったアメリカ人の学生仲間と付き合い、声をかけると英語で応え、通訳を引き受けてくれれば誰とでも仲良くなった。バックウォルドは仕事を求め、できれば出版か新聞業界で働きたいと思い、勤め先を探してまわり、やがてアメリカ・エンターテインメント業界の専門誌「ヴァラエティ」の特派員に収まった。これでなんとか食いつなげる。「賃金は雀の涙だったが、おかげで映画やヴォードヴィルも含め、ありとあらゆるショービジネスの業界に出入りできるようになった。美味しい料理の供されるカクテルパーティーに出席するチャンスも巡ってきて、そういうときには自分用の皿にたっぷり夕飯をよそった」[13]。「ヴァラエティ」誌の仕事を続ける間も、バックウォルドは片時も「インターナショナル・ヘラルド・トリビューン」から目を離さない。

罪悪と放蕩の首都

ニューヨークでは「パルチザン・レヴュー」誌の何でも屋ライオネル・エイベルが、パリに発つ順番の回ってくるのを今や遅しと待ち構えていた。戦争中に亡命してきたり、戦争直後にアメリカに講演旅行にやってきて知り合った友人が、パリにはすでに大勢あった。ジャン・エリオン（画家）、サルトル、ボーヴォワール、カミュ、ボーヴォワールの先生だった哲学者のジャン・ヴァール、アンドレ・ブルトン、ロベルト・マッタ等である。猫っかぶりと呼ばれようと、エイベルには世に名の知られたフランスの友人たちと一緒にいると、どうにも居心地の悪いことがひとつあった。彼らの「恋愛関係、性愛関係に対するシニカルな見方」[14]である。シュルレアリストの友人たちの習俗から想像するに、パリの街と市民にはもはや道徳心のかけらもないのだろうか。そう思うのは内心に潜む独善的なユダヤ人トロツキストなのかもしれないが、それでもエイベルは考えるだけで尻込みしたくなる。シカゴに住む友人のソール・ベローもアニタ夫人と四歳になる息子グレゴリーを連れてパリに向かおうとしていたが、やはり同じ偏見を抱いていた。本人も女たらしのくせに、ベローもフランス人の放蕩を軽蔑してやまない。

ライオネル・エイベルはつい数か月前にフランス風色欲の一端に触れて嫌悪感を覚えたか、あるいは単に心を乱されたか、それとも興奮しすぎたのかもしれない。友人のロベルト・マッタと妻のアンが仲違いし、双子の息子が生まれた直後に離婚した。マッタは愛人のパトリシアと結婚するが、パトリシアはその前からピエール・マティスとよい仲だった。ピエールはその後、三人の子供の母でもある妻のティーニーを離縁し、パトリシアと懇ろになり、パトリシアはマッタと別れた。マッタがそれでも少しもへこたれないのは、アーシル・ゴーキーの妻アグネスと情事を重ねていたからだった。ピエール・マティスの最初の妻ティーニーは二年余りのちにマルセル・デュシャンと再婚するので、もしそのさなかに悲劇が起こらなければ愛の輪舞はめでたく大団円を迎えるところだったが、そうは問屋が卸さない。一九四八年の夏の盛り、ゴーキーはセントラル・パークで妻と不倫関係にあるマッタを詰ったあと、コネティカットのアトリエに戻って首を吊る。享年四十四歳。アンドレ・ブルトンはマッタを人殺しと呼び、ピエール・マティスはマッタとの契約を永久に打ち切った。ライオネル・エイベルにとって、「シュルレアリスム運動はその夏に死んだ」[15]。それでも三十八歳のニューヨークの知識人のパリへ、罪悪と怪しげな倫理観の首都パリへ行き、そこで暮らしたいという気持ちは揺らがない。

復員軍人援護計画の侵略

放蕩と聞いてその気になったか、この夏、六百名のアメリカの若者が米国海軍艦船タイガー号に乗って大西洋を渡り、シェルブール港を目指した。復員軍人援護計画の恩恵に浴する彼らはハンモックで眠り、兵舎用の汲み取り便所で用を足した。巡航速度三百海里／日の航海には十一日を要する。この船にはアーネスト・ヘミングウェイの内気で臆病な二十歳の次男パトリック、仏文学、米文学を専攻し、アーネスト・ヘミングウェイ、E・E・カミングスと同様アメリカン・フィールド・サービスの国際奨学金を得てフランスに留学する二十一歳のリチャード・シーヴァーも乗り合わせた。シーヴァーはパトリックにシェルブールからパリまで三百五十キロ余りを歩き通すつもりだと話した。ヘミングウェイ青年はシーヴァーの靴をじっと見て、辛そうな笑みを浮かべる。後年シーヴァーはなぜそれほど苦しい長旅を企てたのか、自分でも不思議に思った。上陸作戦の日にノルマンディーにいなかった埋め合わせをしようとしたのだろうか。シーヴァーは一九四四年に十七歳で海軍に入隊し、アラバマで行なわれるV-12と呼ばれる士官向け訓練コースに送られ、一九四六年春に除隊した。「一言で言うと、二年間軍服を着ながら、本当の戦争はやり損ねた」[16]。

シーヴァーは知り合いからもらったオデオン地区ランシエンヌ・コメディ通りに建つ古いホテルの住所を記した紙切れを手にしてパリに到着した。ホテルには一日一ドルで借りられる小さな部屋があり、窓から煙突と屋根が見え、広さは全部込みで六・五平方メートル。窮屈だが快適。近所には国立美術学校に通うアメリカ人学生ジャック・ヤンガーマンが住んでいた。ふたりには共通の友人があり、まもなくシーヴァーとヤンガーマンはよく一緒に街に繰り出すようになった。リチャード・シーヴァーは回顧録に「ぼくがジョイスの話をしたら、向こうはルイーズ・ラベというルネサンス期のフランスの女性詩人の作品に目を向けさせてくれた」[17]と記している。当初シーヴァーはソルボンヌの比較文学の講義にしおらしく出席していたけれども、講堂は風通しが悪く、足元のおぼつかない骨董品のようなやる気のない教師がどうやら第一次世界大戦当時と少しも変わらないノートを読み上げるだけの講義は退屈至極。「すぐさま教育現場を教室から街頭に、カフェに切り換えることにした。何かが起こるのはそっち、人生もそこにあった」。

美術学校一年生のヤンガーマンはピカソの友人ジャン・スーヴェルビーの監督下で厳しい素描の実技とアカデミックな授業を強いられる。考え方としては、秩序を乗り越え、独自性、ひょっとすると天才に到達するには、つまり芸術に革命をもたらすには、まず慣例を充分に習得する必要があるということである。創造性が混沌から湧いて出ることはなく、訓練と知識を通じてのみ達成しうるとフランス人は信じて疑わない。

ヤンガーマンとアメリカ人の学生仲間は、こうした考え方に慣れ親しまなければならないだろう。一八一六年からマラケ河岸とボナパルト通りの角に建つ国立美術学校の雰囲気も、ここから説明がつく。ヤンガーマン、そして異国から集う彼の仲間にとって、「それは信じられないような過去への後戻りだった」。ひとつきりのストーブがモデルのかたわらで燃えるぎゅう詰めの教室の席に着くたび、どうしても回りを眺めたくなる。「細かなところまで雰囲気をしっかり保っているのに驚かされた。教授の風貌、服装、身のこなしから何から、ひどく十九世紀風だった。ぼくのいるアトリエでかつてトゥールーズ＝ロートレックやファン・ゴッホも学んだ。それがまるで昨日のことのように思われる」。ヤンガーマンと仲間たちは、いつまでもつきまとうそうした亡霊と共に生きることに慣れなければならないようだった。ヤンガーマンはフランス人学生と付き合おうと努めたけれども、打ち解けるのは容易でない。「あっちが芸術を独り占めしているのに、こっちはドルで懐を膨らませているだけ」[18]のせいである。

ヤンガーマンと同級生たちはパリの街頭に出かけて美術を観察するように勧められ、ヤンガーマンはしばしばシーヴァーを長い散歩に誘い、美術史を学んだ。これは学生の好む課業のようで、誰もが熱心に取り組んだ。シーヴァーのホテルの向かいにはバルテュスのアトリエがあった。ふたりは日に二度その前を通り、夜にはときどき、秘め事でも見つかりはしないかと胸をときめかせ、こっそり中を覗き見した。ヤンガーマンはそのうちに、もう少し自分に自信が持てるようになったら、勇気を奮い起こしバルテュスのアトリエの扉をノックしようと思った。近所にはほかにもぜひ知り合いになりたい芸術家が住んでいた。ピカソ、マティス、ブランクーシ、ジャン・アルプ等である。新しく美術学校に入学してきた同国人エルズワース・ケリーも、同じ希望を心に温めていた。ふたり一緒に、準備が調ったと思えたら、巨匠のもとを訪ねてみよう。それまで、教室で素描したり街頭で頭上を見上げたりしていないときには、美術館でスケッチに明け暮れた。ニューヨーク出身の二十五歳、ノルマンディー上陸作戦に参加し、ボストン美術館付属校を卒業して美術の学位を取ったケリーは、人生で最もわくわくする一年を過ごした国にまた戻ろうと心に決めていた。美術の手ほどきを受けたのも、実は米国陸軍での訓練中のこと、ケリーは幽霊軍と呼ばれる偽装部隊に配属された。六〇三工兵偽装大隊はカモフラージュを得意とする画家とデザイナーの兵士で構成され、彼らの手がけた風船トラックや戦車は塗装して兵器を模した諸々と共に、ノルマンディー上陸作戦展開中にドイツ国防軍を欺き、連合軍の位置と進軍先を誤認させる目的で活用された。

ケリーは美術学校のすぐそば、ボナパルト通り三十六番地のオテル・サン＝ジョルジュに部屋を借りた。部屋の窓からは、住まいのある建物に出入りするサルトルの姿を見ることもできた。ヤンガーマンと同様、ケリーもただ楽しい時を過ごし、給付金の支給が終わったら国に帰るつもりでパリに滞在していたわけではない。パリで芸術家になろうと真剣に考えていた。ヤンガーマンと同様、骨董品紛いでも賢明な教師陣の勧めに従い、ケリーも毎日ルーヴル美術館に通いつめた。そのほかクリュニー美術館（国立中世美術館）、ギメ東洋美術館とセルニュスキ美術館も大好きだった。半年間、ヤンガーマンとケリーは毎日外出してスケッチをし、模写をして、他人の作風をスポンジのように吸収した。ケリーがピカソとビザンティン美術の影響を組み合わせた半身像を描けば、ヤンガーマンはカンディンスキーを意識して、幾何学的抽象を試みた。

「かつてなく頑なに野蛮に」

ふたりよりやや年上で、学生時代のやる気を失くしたカナダ生まれのアメリカ人もパリに向かおうとしていたが、機嫌が悪い。フランスの定期船ド・グラース号に乗ったソール・ベローは船酔いして、「脺臓と脳の位置が入れ代わったような気分」[19]。それより何より、腹が立ってならない。グッゲンハイム奨励金を受けてパリで一年過ごすことにしたが、それがすでに不愉快に思える。まずパリっ子にカナダ訛りのフランス語を馬鹿にされそうで恐ろしい。夫婦のパリ行きは、実は妻アニタの意向に添うものだった。アニタは四歳の息子グレゴリーのためと言い張り、パリ行きに固執した。ベローは友人に、パリは「面白すぎて妨げになる」と意見を述べている。パリのロマンティックな罠に嵌まらないように、せいぜい気をつけよう。パリは今でも、美術評論家のハロルド・ローゼンバーグの呼ぶように「我等の時代の聖地」なのだろうか。そんなことはあるまい。「パリに住むつもりはない、乗り継ぎの合間に数日滞在するだけ。住むような場所ではない」[20]とベローはくりかえし自分に言い聞かせた。

「わたしはまったくフランス贔屓ではないし、未熟さを補い一人前に仕立ててもらいたくて偉大な都市に身を委ねる生半可なアメリカ人とはわけが違う」[21]。ベローはシカゴ出身の同郷人ハロルド・カプランとシーリア夫人を笑い種にした。カプランは「ほとんどパリっ子になりきって、文句のつけようのないフランス語をしゃべり、フランス製の手袋をはめて、フランス製の自動車を乗り回す」[22]。もうひとり、パリに夢中の友人ジュリアン・ベールストックにとって、パリは「シカゴで育った少年時代から抱いてきた夢の答え」[23]だという。馬鹿馬鹿しい、とベローは思った。

ベローは妻のアニタに、カプラン夫妻のように左岸には住まないと申し渡す。ベローには清潔でこざっぱりとして、住み心地がよくブルジョワ的な右岸、できればシャンゼリゼ大通りの近くが望ましい。薄汚いサン＝ジェルマン＝デ＝プレを遠く離れたそうした場所のほうが、幼い子供のいる家族にはよほど相応しいだろう。アニタはこんなに意地の悪い夫はめったに見たことがなかった。「脅かされると、ベローは反撃に出る」[24]。高名な同国人の歩んだ道を自分もたどると思い、ベローがくよくよ思い悩むのはべつに不思議でもない。ベローは頑なだったけれども、自分ではどうしても認めようとしなかった。ただ将来書く小説の主人公には、そうした感情をもう少し正直に語らせる。「このシックで可憐なパリが回転木馬のようにくるくる回るとき、誰が文句をつけられるだろうか――橋の上の金色の馬、テュイルリー庭園に立つ古代ギリシアの英雄や美女の石像、仰々しいオペラ座、賑やかなショーウィンドー、粋な色彩、五月柱を思わせるオベリスク、満艦飾のアイスクリーム、世界のけばけばしい包装紙がくるくる回る」[25]。

新たな住処について恨みを公言したのは愛でなくとも憧れを、歪んだ形で抱いた証になる。成功できないかもしれない、独自の表現を見いだせないかもしれないという恐れもそこから感じとれる。なぜならベローもやはり、自分自身を発見しようとしてパリにやってきたのだから。ベローはきわめて高い目標を立てた。自分自身を信じるだけでなく、自分には特別な才能があり、特別な運命を与えられていると信じた。フィッツジェラルドやヘミングウェイの再来になるつもりはない。そうではなく、ドストエフスキーの再来になる。ベローは世界が自分に会いにパリに来るよう望んだけれども、それが実現するには精根込めて仕事に励まなくてはならないとわきまえて、うまくやり遂げられないかもしれないと時に不安になる。三十三歳のベローはそれまでに長篇小説二作、『宙ぶらりんの男』と『犠牲者』を書いたが、売れ行きは芳しくない。『犠牲者』はわずか二千五百部、『宙ぶらりんの男』はその半分しか売れなかった。今回の奨励金のおかげで大学勤めを免れ貴重な時間を得ることができ、その間にベローは何が何でも真価を証明しなければならない。これにしくじればまた教師生活に逆戻り、暇を見つけて新聞雑誌用に短編小説や批評を書くしかない。

ベローがパリとパリの知識人に敵愾心を燃やし、不機嫌なのはもうひとつ、アメリカ文学はヨーロッパの影響を脱しなければならないと固く信じていたからでもあったが、皮肉なことに、ベローという人間がヨーロッパの影響によって形作られたのも明らかだった。ベローはジョイスとフローベールを崇めたが、作家は世間の目を避けても、世間に無関心であっても、また神のようであってもいけないと考えた。それとは反対に作家は諍いに割って入り、ジャズやアクション・ペインティングのように即興で創作し、自らの闘いを世間の目に晒さなくてはならない。静止ではなく運動こそ、アメリカの作家は目指すべきだ。「我々は霊感に頼って具体と個別を挽回し、肉と骨の価値を回復しなければならない[26]」。

ベローはパリが望みに違わぬ「陰気で不平がましい小糠雨降る都市」であったことに満足した。気が滅入るような気候、悪臭漂う河岸、「セーヌから立ち昇る不自然な薬品のような臭気」。煙と蒸気を流して街路を灰茶色に染める霧には胸が悪くなったが、「パリの憂鬱が強力な気付け薬[27]」であることは認めた。友人がシャンゼリゼ大通りに近いマルブフ通り二十七番地に見つけてくれたオースマンの時代の典型的な建物の家具付きの快適なアパルトマンにも、ベローは喜ばない。アパルトマンは骨董じみた家具を詰め込んで、「落ち着かない」。実はこれこそオーギー・マーチ――まもなく誕生する小説の主人公――が右岸に下宿するアパルトマンそのものだった。「黴臭いのに飾り立てた」アパルトマンである。ベローは新品のレミントン社製ポータブル・タイプライターを旅行鞄に入れて運んできたが、(英国人カーレーサーと結婚した) フランス人の管理人にそれを贈物としてよこせと要求される。家賃はドル払いに限るといい、しかも目の飛び出るくらい高額だった[28]。ベローはチッペンデール風の家具も帝政様式の家具にも虫酸が走り、窓という窓に掛かった侘しく暗く重苦しいカーテンは火を点けて燃やしたいくらいだったが、なんとか思いとどまった。アニタはフルタイムでグレゴリーの世話をするメイドを雇いたがり、首尾よく手に入れる。グレゴリーはフレンチ・プードルを欲しがり、首尾よく手に入れた。少年は犬をマルーと名づける。ベローは家族の平和を金で買ったが、自分では平和と折り合えず、それでもアニタは故郷の友人たち全員に「わたしたちは王様のように暮らしています」[29]と報告することができた。

友人のライオネル・エイベルと同じように、ソール・ベローも、ふたりが一致してフランス的無節操と見なすものに憤り——いや、むしろ軽侮——を感じた。「品行方正なブルジョワ」の人生を歩んで、どこが悪い？　大作家がなぜ子供じみたボヘミアンのように暮らさなければならないのか。パリで暮らし始めてから数か月経ったある朝、サン＝ジェルマン大通りで偶然アーサー・ケストラーと行き合った折の成り行きがことのほか気に障った。ベローはケストラーを高く評価していた。一九四三年にはケストラーの『到着と出発』の書評を「ニューヨーク・タイムズ」紙に寄せ、褒め称えた。「アーサー・ケストラーは個人と政治の倫理に関わるきわめて厄介な難題に取り組み、由々しい問いを投げかけながら出来合いの答えで読者を満足させようとしたり、はぐらかしたりすることのないごく稀な現役作家のひとりである」[30]。ところが息子グレッグを連れたベローを目に留めると、ケストラーは驚きを隠せない。「おや、きみは結婚しているのか。子供がいるんだね。それでパリに来たとはね」。ベローは咎められたと感じて激しく憤った。家族や結婚という伝統的な価値観を保ったまま、近代的な大作家になることはできないというのか。ベローは世間、とりわけケストラーが間違っていることを証明してやろうと思った。

本人は盛んに否定するものの、ソール・ベローがフランス人、アメリカ人の別なく同業の作家より家庭生活に向いているとはお世辞にも言えない。仲間よりさらに偽善的なだけのように見えた。自惚れも甚だしい。家族がマルブフ通りのアパルトマンに落ち着くと、ベローは自分専用の部屋、毎日独りで働ける部屋を探し始める。ベローはほどなく、版元ヴァイキング・プレス社のモンロー・エンゲルに「片隅の部屋」と形容した部屋を見つける。卑猥なサン＝ジェルマン＝デ＝プレの中心、サン＝ペール通り三十二番地のオテル・ド・ラカデミーの一室である。まさにベローが家族には住んでもらいたくないと思う場所そのもの。もっとゆっくり時間をかけて懇ろになりたい多くの美しい娘たち、そして軽蔑すると公言してやまない傲慢なフランスの知識人とはまさに目と鼻の距離。ベローは「ポン・ロワイヤルの地下のバーにぶらぶら歩いていき、遠くからサルトルを観察するのを好み」[31]ながら、誰にもそのことを知られたくなかった。

ベローは天の邪鬼な男だった。友人たちに宛てたノートルダム大聖堂の絵はがきに自分はまだ「ちっともフランスにかぶれていない」し、「かつてなく頑なに野蛮な」[32]気分だと得意げに記しながら、実は自分は何者かを探ろうとしていた。シカゴに移民したカナダ生まれのユダヤ人ベローは、自分はアメリカ人と感じたい、他人からもそう見られたいと願った。

ところが当面は、苦闘続きで何ひとつ思いどおりにならない。この頃はシカゴで隣り合わせのベッドに入院した患者ふたりを巡る哲学的で陰気な短編小説「蟹と蝶」を執筆中。ベローは自分が地方作家ではなく、西洋思想に精通していると証明する必要を感じた。ところがこの小説にはさっぱり目鼻がつかず、ベローは激しく苛立った。苦心に苦心を重ね、延々書き直した挙げ句、これではだめと自分でもわかる。いつかよくなるのだろうか。「この頃はあまり外出もしないし、何を考えるにつけ好き好んでこのように引きこもっているることが不快でならず、作家という職業を呪いたくなる」[33]。気が立ち、苛立ちやすいベローはときどき椅子から立ち上がり、部屋の中を行ったり来たりした。「意気消沈して、気が滅入った」。多くのパリ市民と同様、ほとんど暖房のないアパルトマンに暮らすうち流感に罹るが、「気鬱と不機嫌に陥る人はそれよりずっと多い」。ベローは自分を苦しめる犯人をたちまち見抜く。それはパリという都市そのもの。ベローは後年、この頃の気分に説明をつけようとする。「パリは高度に発達した人間性の指定席であるため、そこでは高度に発達した形の苦悩を目撃することになる。目撃し、ときには経験もする。悲しみは文明がパリに日々賦課する税である。陽気なパリだって？　陽気とは、なんとまあ[34]」。

一九四八年十一月、ベローはアニタに数週間の予定で「縁起直しに」スイスとイタリアを独りで旅してくると告げた。自分は爪弾きにされていると感じる、あるいはそう感じたい世間との闘いは、やがてきわめてよい刺激であると判明する。自分自身と過去、出自との間に距離をとることによって、ベローはまもなく明快な現状把握と新鮮な視点を手に入れる。よそ者であることを滋養にして、ベローは偉大な作家に成長するだろう。ベローはこの後さほど間を置かずに、パリは何はともあれ「神経を刺激し、感覚を研ぎ澄ます高性能の機械[35]」と気づく。そこはまた隠れた不倫にもってこいの場所でもあった。

第13章　神経を刺激する

右岸のアメリカ人

一九四八年、ニューヨークのジャーナリズムの世界にシオドア・H・ホワイトの名は広く知れ渡っていたけれども、新聞雑誌の編集長はこぞってホワイトのことを忘れてしまったようだった。理由は単純。同業者の多くにとって、ホワイトはアカだった。ホワイトはたしかに自分でもリベラルと思ってはいたが、共産党員になったことは一度もない。それなのに今では知る人ぞ知る程度の小雑誌に寄稿するしかなく、皮肉なことに、そうした雑誌はホワイトよりはるかに左翼的だった。このままアメリカに居続けたら共産党員になったろうと冗談めかして独り言を言ってみたが、まさか一年前にアメリカ訪問中のボーヴォワールがそれとまったく同じように感じたとは知る由もない。ある昼下がり、無名に近い通信社「オーヴァーシーズ・ニューズ・エージェンシー」から電話があり、パリ特派員としてマーシャル・プランを取材し、「アメリカはいかにしてヨーロッパを共産主義から救うか」を伝えるように依頼され、嬉しさのあまりホワイトは思わず拳を突き上げた。うら若い新婦のナンシーも報せを聞いて大喜び。自分自身について、ホワイトはこう記す。「彼はヨーロッパが何を意味するか、皆目見当がつかなかった。ヨーロッパの人々が過去にいかに互いに苦しめ合い、現在も苦しめ合いながら、その間いかにして文明人の依って立つ価値をたゆまず築き上げてきたかを彼は知ることになるだろう」[2]。

シオドアとナンシーは六日間の海路ではなく、十九時間の空路を選ぶ。三十三歳のホワイトの見たパリは、十年前の短い訪問時から少しも変わっていなかった。「薄紫と青灰色の古めかしい建物がお馴染みの世紀末風の灰色の影と形を保って立ち並び、印象派風の二重勾配の屋根の連なる輪郭線は今なお新築の摩天楼によって損なわれていない」[3]。一九四八年の夏は、実はその後も数年続くことになる。「フランス人はふたたび自らをフランス人と感じるようになったが、自尊心を取り戻してもアメリカ人を快く受け入れる心映えを失ってはいない」[4]。

同国人の誰もがそうであったように、ホワイトもアメリカ市民、とりわけ海外特派員の授かる恩典の数々には驚くばかりだった。「公認特派員のエンボス加工された記者カードがあれば、どこでも出入り自由」[5]。フランス政府の情報省に頼めば演奏会、フェスティバル、オペラ、演劇のチケットがいつでも即座に手に入った。内閣の執務室もアメリカ人記者には――「記者とは名ばかりの下々にいたるまで」――つねに開放されている。「我々は外交官に近い特権を享受した。バイエルン地方の前哨基地に同行した従軍記者でもあるかのように、逼迫したフランス経済にはとうてい提供できない、アメリカ産の贅沢品を購入できるアメリカ政府直営物資配給所にも自由に出入りできた」[6]。フランス人の多くは自家用車を買おうとすれば順番待ちを強いられ、一年間待たなければならないが、アメリカ人記者にその必要はない。パスポートとドルがあれば、パリ郊外のシトロエン社の工場で完成したての新車がわずか数日のうちに手に入る。ホワイト夫妻は自分たちに訪れた幸運が信じられないほどで、新婚早々、若くしかも懐は暖かいとなれば、「愚かな暮らし方」[7]をしたのも無理はない。

ホワイトは既婚者であるばかりでなく、名士でもあった。ソルボンヌの講義に出なくてもよいし、無一文でもなく、安楽な暮らしを好み、それを手に入れる経済的余裕に恵まれた。言い換えれば、左岸は彼に似合わない。アパルトマンを探すなら右岸、それもアメリカ人の習癖どおり、シャンゼリゼ大通りにできるだけ近いところが好ましい。ホワイトは左岸の申し子ではなく、またそうなりようがない。八区のボッカドール通り二十四番地に家賃月額百ドルのアパルトマンを闇市場で見つける。一八九〇年代初めにギ・ド・モーパッサンもそこに住んだと知り、さっそく賃貸契約書のどこに署名すればよいか訊ねた。賃貸契約書に署名はしたが、家賃は現金払い。ニューヨークで発行した小切手はこの夏、一ドル五百フランのレートで両替できた。パリのアメリカ人にはそれぞれお抱えの両替商があった。ホワイトのは「噂話と善意のかたまりのような陽気なおばさんで、わたしたちは家族ぐるみで付き合うようになった。おばさんはフラン紙幣を入れた大きな紙袋を抱えて騒々しく駆け込んできて、ニューヨーク発行の小切手を送るスイスの銀行口座の番号を鉛筆で記した紙切れをそっと手渡すと、姿を消した」[8]。ホワイト夫妻はフラン紙幣を学生鞄に入れてベッドの下にしまい、この学生鞄に「ナンシーとわたしは、予算だの倹約だの考えることもなく、好きなときに手を延ばした」[9]。ふたりは毎晩ご馳走をたらふく食べたが、料金は千フラン（当時のレートで二ドル）。二台目の車を買い、召使いを雇い、ナンシーが妊娠したとわかると乳母を探した。言い換えると、ホワイト夫妻は「平常に戻りつつある暮らしのリズムに歓び、恥知らずにもすんなり溶け込んだ。それがしかも言いようもなくブルジョワ的、いかにも右岸的、醜悪なほど自堕落であり、左岸に暮らす独り者の芸術家や演奏家の友人たちに嘲笑われていると知りながら、そうしたのだった」[10]。

国際連合第一回総会とマーシャル・プランの開始

国際連合は一九四八年十月にトロカデロ広場のシャイヨー宮で初の総会を開いた。八年前にヒトラーがエッフェル塔を背に、カメラマンの列の前を行進したまさにその場所である。当初、新参者のシオドア・H・ホワイトの目には歴史的な総会も退屈に映った。アメリカはオランダを矢面に立たせようと躍起だった。「我々は東インド諸島からオランダを追放しようとしていた。当時は至るところから白人の帝国を追い出すことに精を出していた」と回想するホワイトは、まもなく会議場を出てトロカデロ広場からセーヌ河畔に緩やかに下る広々とした白い石造りの階段に腰を下ろした。右に人類学博物館、左に海洋博物館が見える。地平線上の心持ち左寄りにはナポレオンの霊廟、廃兵院の金色のドームも望めた。どこに視線を向けても、現在を記録するより、歴史に誘われて過去に歩み入りたくなる。「パリに暮らし、報道するのは博物館の中で商売をするようなもの。どうしても急ぐ気になれない。ここでは石に刻まれた無数の記憶のポケット、灰色の賛歌が過去の物語を、本で読んだことしかなかった物語を祝っている。物語はどれもその場と縁があるものの、建物は黙して語らず、挿話と景観をつなぎ合わせて昔を今に結ぶ仕事はわたしの手に委ねられる」[11]。

歴史が実はマーシャル・プランの拠り所であり、パリ以上に本部を置くのに相応しい都市は他になかった。ごく現実的な理由から、アメリカ議会が拠出を承認した最初の五十億ドルの割当を決めるにあたり、アメリカ政府はヨーロッパ諸国に対して大陸全体を視野に収め、ヨーロッパを単に美しい抽象概念としてでなく、具体的な現実として直視するように求めた。マーシャル・プラン事務局はヨーロッパ経済協力機構（OEEC）を設立し、アメリカから送られる支援金の配分法を監督させることにする。マーシャル・プランの恩恵に与るヨーロッパ十六か国[12]はOEECの投票権を持つ。十六か国が瀟洒なパリ十六区の「縁飾りのついた高い窓が並び、床はそれらしく軋む黄色と茶色の古くて美しい[13]ラ・ミュエット宮殿に集った当初、委員たちの声はアメリカ人の耳に「がやがやいう騒音」にしか聞こえなかった。シオドア・H・ホワイトは各委員の話を聞いて我が耳を疑う。歴史を遡り、まるで「シャルルマーニュ大王との対話、アルバ公爵、伝統的漁業権、ルイ敬虔王の三人の息子」[14]の時代に逆戻りしたような気がしてならない。ホワイトにとってヨーロッパは歴史の重みに喘ぎ、あまりに多くの国境によって分断されているとしか思えなかった。マーシャル・プランの複雑な全体を動かす前に、仕組みを明らかにしておく必要があった。効率的で簡潔であることが求められる。ホワイトの説明を見てみよう。

アメリカ人は単純な方針を採用した。ヨーロッパ側にまず自分たちの問題を図式化し、ヨーロッパ通貨による面倒な支払いは無視して、大陸で互いに必要とする物資を誰が供給できるか決定させようとした。その結果をまとめて「大予算の配分者」アメリカ側に提示すると、内部需要と外部供給のドル建て純差額をマーシャル・プランが補填する。[15]

言い換えれば、アメリカは請求側十六か国の総意に対してのみドルを与える。賢明であり、現実的でもある。そして露骨に押しつけることなく、マーシャル・プランは事実上、目立たない形でヨーロッパ共同市場の未来図を描いたのだった。サルトルが、非共産党系の「第三の道」の提唱者たちが、世界の二大強国に対抗する術として熱心に求めた統一ヨーロッパと連携する共同市場である。一九四八年に政治、経済両面の統一ヨーロッパを構想するのは非常に大胆であったかもしれないが、必ずしも少数のうぶな夢想家に限定されていたわけではない。この数か月前の一九四八年六月、ジャネット・フラナーは国会の議決に立ち会い、鮮烈な印象を受けた。

多数の政党に属するわずか百三十名の果敢かつ聡明な議員が「ヨーロッパ各国で構成され、ヨーロッパ連邦の恒久的制度の創設を使命とする議会の即時開催」を求める決議案をついに議会に正式に提出した。議会で今日あるいは明日何が起ころうと、これこそ今この瞬間、今年、今世紀に唯一の決定的に重要な政策提案である。[16]

ボッカドール通りのアパルトマンからシャンゼリゼ大通りを渡って向こう側、ベッリ通り二十一番地のインターナショナル・ヘラルド・トリビューン社までは歩いても十分ほどの距離。シオドア・H・ホワイトは毎日、アパルトマンの管理人の元スペイン共和軍兵士ジェルマンに威勢よく「ボンジュール」と挨拶し、ソール・ベローの住むマルブフ通りの建物の前を通り、パリ駐在アメリカ人特派員全員の本拠に向かう。手始めにフランスと諸外国の新聞に目を通すのが、それ自体よい教育になった。「一九四八年にパリで出た新聞記事はどれもこれもじつに流暢、言い回しの彫琢は鑿遣いが冴え、あてこすりと条件法の釉薬の光沢も美しいあまり、到着後数か月を経るまで、執筆陣の文才はもっぱら些事の潤色に捧げられていると気づかなかった」。[17]

毎朝、ホワイトは事実関係を甚だしく軽視しながら論調はきわめて党派的としか思えない報道に初めて触れて、鼈甲縁の眼鏡越しに目をひそめた。戦時中は地下出版に生命を賭けたフランスの編集者、記者の英雄たちは、「今も情熱と論旨は事実に優先すると信じている」[18]。彼らは「事実を素通りしても独自の論理を押し通す権利が自分にはある」と思い、「粉飾の手を加えたものを紛うことなき事実として発表して臆するところがない」[19]。フランスの新聞はまたおしなべてマーシャル・プランに懐疑的だった。それぞれの政治色に応じて、マーシャル・プランは「資本主義の策謀、フランス産業を狙う金融的策謀、フランスの労働者に対する策謀、ロシアに対する策謀、フランス文化に対する策謀」とさまざまに形容されたが、「パリの新聞各紙が計画の内実、運用状況を事実に即して報じることはほとんどなかった」[20]。ところが些事、空論、虚偽の煙幕をかいくぐり、真相に至る道を見いだしてみれば、マーシャル・プランの関連記事はそれを報じるホワイトにとって、その後の十年を通じ、最も知的刺激に富むものと判明する。

眺めのいい部屋

一九四八年十月、シモーヌ・ド・ボーヴォワールは貸し部屋を見つけ、とうに飽きの来たホテル暮らしにようやく別れを告げた。住宅供給の極端な不足に悩むパリにあっては、ボーヴォワールにも手の届きそうなのはせいぜい一間のアパルトマンだろうが、それでも用は足りる。ボーヴォワールは口伝ての情報を頼りに部屋を見つけた。広さ三×四・五メートルのその部屋は典型的な女中部屋で、ノートルダム大聖堂の南側に面して左岸沿いに蛇行する中世の小路、ビュシュリー通り十一番地の六階にあった。ボーヴォワールは壁と天井を赤く塗り、窓に赤いカーテンを掛けることにした。ジャコメッティが緑青をつけたブロンズのランプをデザインしてくれ、剝き出しの梁にはポルトガル、チュニジア、メキシコ、グアテマラ、北欧諸国の旅から持ち帰った異国風の色鮮やかな品々を吊り下げた。壁に飾る絵はなかったけれど、フェルナン・レジェが水彩画を一点プレゼントしてくれたのと、以前にピカソから版画を一点買っておいたのが役に立った。窓のひとつはオテル・コルベール通りに面していた。「セーヌ川と蔦、木々、ノートルダム大聖堂が見える」[21]。多くの友人がこの景色は何物にも代えがたいと思ったことだろう。もうひとつの窓は貧しいアラブ人やアフリカ人の暮らすホテルに面して、暗くなるとよく喧嘩が起きた。ホテルの舗道側にカフェ・デザミがあり、昼間はそこで移民同士の喧嘩が絶えない。さらに付け加えるべきは、窓の真下にたむろすのをことのほか好む浮浪者が二、三人あり、モントベロ河岸に続く舗道の三段の階段に腰を据え、一リットル瓶の安ワインをぐびぐびやっていることくらいだろう。「浮浪者は日がな一日酒を飲み、ダンスをし、独り言をつぶやき、つまらないことで言い争う」[22]。屋根の雨樋に猫の一群がいて、日暮れにはボーヴォワールに付き合ってにゃあにゃあ鳴いた。

部屋には洗面台と調理用具と小さなコンロを備えた一角もあった。この台所は浴室代わりにもなる。幸運なことに暖炉があり、暖房はこれに頼るしかない。ボーヴォワールは白い肘掛け椅子二脚とグレープフルーツ・ジュース、ジン一本、ジャム、パンと紅茶を買った。素朴な木の小さなテーブルを仕事机に使うことにしてノートルダム大聖堂の見える窓辺に置き、一九四八年十月二十四日の日曜の朝、ボーヴォワールは机に向かい、愛しいオルグレン、「わたしの狡賢いクロコダイル」に手紙を書いた。「この部屋が好きになってきました」[23]。そして翌日には、「家にいます。暖炉に火を入れ、お茶を淹れ、仕事をすればするほど、わたしの小さな巣が好きになる。昼食と夕食はひとを家に招いて、美味しいものを料理する。だいたいは調理済みの野菜と冷たいハムだけど。ただ缶切りはどうしてもうまく使えない、もうふたつ壊してしまいました。わたしには缶詰を開けてくれる素敵な家政夫がいるみたいね」[24]。ボーヴォワールはやはり小さな女中部屋に住む隣人の女性にときどき助けを求めた。この女性の名はノラ・スターン。母親のベティ・スターンをボーヴォワールは頻繁にお茶に招いたが、彼女はマレーネ・ディートリヒの親友だった。一九二〇年代、ベティは毛皮と織物で財を成した富豪と結ばれ、ベルリンでも屈指の影響力を持つ美術、文学サロンを主宰し、ナチが権力を握ったのを機にパリに逃れたが、パリもナチに占領され、またしても潜伏を余儀なくされた。

ソール・ベローと同じように、ボーヴォワールもパリの気候に敏感だったけれども、腹を立てるのではなく慈しんだ。「この何日か、パリは妙な天候でした。朝から夕方まで灰色の深い霧がたちこめて、夜にはそれがあまり濃いものだから、タクシーに乗るのも危ないほど。とても濃くて、建物の中まで入り込んでくる。図書館の中まで霧ですっかり霞んでいました[25]」。

ボーヴォワールは女性に関する研究を仕上げようと仕事に打ち込んでいた。版元のガリマール社が二巻本として出版することに決めたが、一九四九年六月の第一巻発売から一九四九年十一月の第二巻発売まで、四か月しか間がない。「ちびボスト」がタイトルを思いついた。『第二の性』。ボーヴォワールはこの本を元恋人、今は弟分のボストに捧げることに決めた。「この本をジャック＝ローラン・ボストに捧げることにしたのは、わたしがこれまで知り合った中で彼ほど男っぽさを押しつけないひとはいないからです[26]」とボーヴォワールはのちに説明している。

愛と性に関して男と女は平等であるべきと主張して、ボーヴォワールは危険を冒した。堕胎に関する意見を表明したときには、これに輪をかけて大きな危険を冒すことになった。ボーヴォワールは『第二の性』の一章をまるごと費やして堕胎を論じた。世論の反応はどうだろうかと思案もしたが、知り合いのパリの医師たちが逮捕され、刑事犯として裁判にかけられることになり、もはや選択の余地はないと決断する。オルグレン宛ての手紙にボーヴォワールはこう説明する。「フランスでは今、数多の堕胎がまるで醜聞扱いされていて、わたしはそれに腹が立ってなりません。ここでは避妊がまったく行なわれていない、禁止されている。これまで悩んでいる娘をたくさん診てもらって、よく知っている医師が逮捕されたの。その医師は貧乏人も金持ちも、全員を助けてくれたのに」[27]。「レ・タン・モデルヌ」は雄弁、痛烈なルポルタージュと証言を掲載して堕胎に関する立場を明確にし、堕胎を犯罪視することの欺瞞と非道を力説した。

緑色に塗られた細長い病室に並ぶ二十五台のベッド。十二日間、わたしはマダム十番だった。十五回の流産のうち、十二回は「誘導された」ものであるとわたしはまもなく知るだろう。マダム九番がこれは五度目の自ら招いた堕胎と口にしたとたん、病室の誰もが一斉に話し始めた。医者と看護婦はもちろん知っているし、だから麻酔を使わない。手術はわずか七分から九分で終わるけれども、激痛を伴う。世間は意趣返しの仕方をよく知っている。[28]

ジャン゠ポール・サルトルは自分の愛人は言うまでもなく、かつての教え子や貧しい友人の恋人や妻の堕胎費用の援助をしじゅう頼まれた。ボリス・ヴィアンの兄弟のひとりは医師で、友人や友人の友人のため、逮捕、投獄の危険を冒して手術を施した。

左岸をニューヨーク、そしてハリウッドへ連れていく

一九四八年の春、ノーマン・メイラーは人生最大の嬉しいショックを経験し、生涯を通じてその歓びを噛みしめる。処女小説『裸者と死者』が数か月前にアメリカで出版され、さっそくいくつかの書評で絶賛された。母のファニーと妻のベア、妹バーバラを馬力が弱くて好きになれない小型のプジョーに乗せてイタリア

からパリに戻る途中、局留め郵便を受け取りにニースの中央郵便局に立ち寄ると、郵便物の分厚い束がメイラーの到着を待ち受けていた。車に戻り、航空便の青い封筒や茶紙の小包を楽しそうに引きちぎり、内容を読み始める。中には処女作の書評があった。それも何十通も。「ニューヨーク・タイムズ」から「デイリー・ワーカー」まで紙面は賛辞で溢れ、メイラーの小説は十一週連続で「ニューヨーク・タイムズ」のベストセラー一位を記録した（合計六十二週、リストに載る）。無名でなくなろうとしている、そう思うと妙な気がする。「アメリカに戻れば有名人扱いされることはわかった……それまではずっと見物人のつもりだった……ぼくもいよいよアメリカという舞台に上る役者になる」[29]。パリを発つ前に見物人として過ごす数か月をメイラーはのちに懐かしく思い返し、慈しむだろう。

最終学期を終えて旅行鞄を荷造りし、七月二十一日にパリに別れを告げたメイラーは、政治にかけるパリの燃え盛る意欲を故郷に持ち帰った。メイラーはコーチ、導師、翻訳者、師匠を兼ねるジャン・マラケに自分と一緒にニューヨークに来てもらい、さらにハリウッドを目指す計画を立てていた。良いことも悪いこともあるだろうが、メイラーはとにかくパリの精神をアメリカ合衆国に持ち帰るつもりだった。

ニューヨークに戻ったメイラーはニュースクール大学の講師となったマラケと共に、左岸の学生と同じ情熱を燃やして政治と取り組んだ。メイラーは立場を明確にし、次回の大統領選挙では進歩党のヘンリー・ウォレスの選挙運動に協力することにした。ルーズヴェルト政権で副大統領を務めたウォレスは国民皆保険、人種差別廃止を訴え、共産党の仲間と見なされても意に介さない。メイラーはウォレスの演説原稿を書き、初めて書いた報道記事は党の機関紙「ナショナル・ガーディアン」に掲載される。一九四八年十月にはマラケを伴いハリウッドを訪ね、映画界のリベラル派の支持を取りつけようとした。ジーン・ケリーと彼の妻ベッツィ・ブレア宅で開かれたパーティーでは、シェリー・ウィンターズ、エドワード・G・ロビンソン、フアーリー・グレンジャー、モンゴメリー・クリフトを前に即席で熱のこもった演説を行なったが、メイラーがマラケの言葉を引き、ブラックリストに載せられたハリウッド・テンのための寄付を募ろうとすると、エドワード・G・ロビンソンが「ろくでなし！」と罵声を浴びせた。

メイラーはマラケの指南を受けながら、精力的に選挙運動を続ける。マラケはメイラーのために必読書のリストも用意した。ふたりはブルックリンで隣り合わせ──マラケはモンタギュー通り、メイラーはレムゼン通り四十九番地の小さなアパート──に暮らした。メイラーの友人たちはマラケがまったく気に食わない。メイラーの処女作を脚色して舞台に載せたいと考えた劇作家リリアン・ヘルマンは、マラケは「自惚れ、依怙地、教条的」と感じた。言い換えれば、友人たちの目にマラケはあまりにフランス人的と映った。それでもパリを体験したメイラーは別人に生まれ変わり、もう後戻りはできない。

マラケの必読書リストは、ソ連を世界の新たな文化の礎と見なすメイラーに残る信念を一掃する。メイラーはこの夏、マラケから政治に関する個人指導を受け、スターリンは怪物というだけでなく、米ソ両国の経済体制は戦争に向かうよう暗黙のうちに仕組まれていると信じるに至る。教育の仕上げにメイラーはマルクスの『資本論』を読む。これは後日の回想。「一年の間、ぼくは自分の身に起きた出来事より、一九一七年から三七年までのロシアの歴史を身近に感じて暮らした[30]」。

ギャリー・デイヴィス、最初の世界市民

その間、「赤毛の、愉快な、抜け目がなくてちょっぴりセンチな空軍復員兵[31]」ギャリー・デイヴィスがパ

リの舞台に登場し、世界をあっと言わせる。父親はアメリカ歴代大統領と社交界の面々の前で演奏を披露したバンドリーダーのマイヤー・デイヴィス。二十七歳の理想主義者ギャリーはアート・バックウォルドと同じオテル・デ・ゼタジュニに部屋を借りる。デイヴィスは冷戦と不気味に迫る第三次世界大戦を解決するには世界政府を樹立して、愛国主義を根絶やしにするしかないと考えた。国際連合の役割を拡張する必要がある。平和維持では任務の範囲が狭く、不充分。国際連合は平和を強いる力を持たねばならない。アート・バックウォルドはこう記す。「この点を強調するため、彼は国連総会開催中のシャイヨー宮の前でアメリカのパスポートを放棄して最初の世界市民となる決意を固めた」。一九四八年には、アメリカのパスポートは世界で最も渇望される証明書だった。「好んでそれを放棄する者は、誰であれ狂人と見なされた」[32]。

パスポート放棄計画はオテル・デ・ゼタジュニのバーでデイヴィス、バックウォルド、そして同ホテルに宿泊中の仲間全員によってまとめられる。

ぼくらはギャリーの行動について賛否を比較検討した。もし実行すれば、存在証明を持たないという理由でギャリーはフランス当局に逮捕されるだろう、ぼくらはギャリーにそう忠告した。狙いはまさにそこにあるとギャリーは言う。何にしても身分証明書などというものが本当はどんなに馬鹿らしいか、証明したい。その日はほかに大したことも起きていなかったので、ぼくらはギャリーにやってみるように勧めた。翌朝、ギャリーはシャイヨー宮に行き、パスポートを細かくちぎって捨てた。しかるべき身分証明書を所持しないという理由で、警察がギャリーを逮捕した。スターがこうして誕生した[33]。

デイヴィスは引き続きトロカデロ広場の国際連合本部前でキャンプを始める。アルベール・カミュから十代のパリっ子にいたるまで、誰もがアメリカ人青年の天才的発想に心を奪われ、新たな改宗者らしい熱心さでデイヴィスの主張に賛同した。一九四八年十一月十八日はのちにイヴ・サン＝ローランの私生活と事業両面のパートナーとなるピエール・ベルジェの十八歳の誕生日。ベルジェは手を尽くしてギャリー・デイヴィスの四十名近くの友人たちのために、国際連合の午後の総会の入場許可証を手に入れた。国連の会議は一般に公開されていて、シャイヨー宮のバルコニー席は申請者に無条件で割り当てられる。すべて念入りに計画済み。ソ連の高官代表が演説しようと演壇に立ったとき、ギャリー・デイヴィスが起立して世界政府、「ひとつの世界にひとつの政府」の差し迫った必要性を大声で訴えると、若い同志が階下の席に着いた各国の国連代表めがけてビラをばらまいた。軍警察が到着し、若者たちは素早くその場を立ち去ったけれども、デイヴィスの仲間三人が逃げ遅れて逮捕された。従軍記者でかつてのレジスタンスの闘士ジャン＝フランソワ・アルモラン、ピエール・ベルジェ、アルベール・カミュである。警察署に一晩留め置かれても三人の覇気は少しも衰えず、意気はかえって揚がった。数日後、カミュはアンドレ・ブルトン（デイヴィスの発想にシュルレアリスム性を認め、喜んだ）に伴われ、トロカデロ広場のカフェで即席の記者会見を開く。ふたりのほかにも大勢の知識人がデイヴィス支援に乗り出し、エッフェル塔の足許に建つ屋内自転車競技場、ヴェロドローム・ディヴェールで集会を催すと発表する。十一月二十二日、二万人がギャリー・デイヴィス、アルベール・カミュ、リチャード・ライトの話を聴こうとヴェロドロームに群がった。世界中のメディアが三人の言葉を一言一句洩らさず印刷し、電波に乗せる。パリに誕生した新たなユートピアから逃れる術は、さしあたり見当たらない。

十一月二十八日の夜も更けた頃、アート・バックウォルドが呆然とした様子で、電報を手にギャリー・デイヴィスに歩み寄った。電報の送り主はアルバート・アインシュタイン、宛て先は「ムッシュー・デイヴィス」。それまで見たこともないような長文の電報だった。ふたりは揃ってウォッカのダブルを注文し、電報の封を切った。以下は長文の一部。

年若い復員兵デイヴィス氏が自発的に市民権を放棄することにより、人類の福祉のために払った犠牲を多とする思いをぜひともお伝えしたい。デイヴィス氏は現代の道徳水準の低さの声なき証人の自然権のために闘わんとして、自らを「難民」になさった。現代の人間を苦しめる最悪の苦役は人々の軍事化ですが、この軍事化は差し迫る世界戦争による新たな大量殺戮を恐れる結果生じるものでもあります。国際連合の創設によりこうした状況を克服しようとする善意の努力は、残念ながら不充分であることが判明しました。国家を超越する制度が国際安全の問題を解決するには、充分な権能と独立性を持たねばなりません。そうした決定的な一歩を踏み出す権利を各国政府の主導にすっかり委ねることは誰にもできず、またすべきでもありません。[34]

数日後、デイヴィスの目論見を讃えて、エレノア・ルーズヴェルトが名高い新聞コラム「マイ・デイ」に次のように記した。「デイヴィス氏が独自の政府組織を設立し、直ちに世界全体におよぶ国際政府を始められたら、今よりどれほどよくなることでしょう」[35]。

アート・バックウォルドは理想主義者の同国人にいくばくかの責任を感じ、懸念を抱いた。世界中から手紙が舞い込み始め、まもなくデイヴィスは全員がボランティアのスタッフを収容するため、ホテルの十室を借り上げる。パリでのやりくりに四苦八苦のバックウォルドが、こうしたすべてに投げかける眼差しはどうしても皮肉なものにならざるをえない。「革のボマージャケットを着込み、ギャリーは英雄になり、たちまち有名人となった。十五分間、誰もが『世界市民』というアイデアに心を奪われた。ぼくらはギャリーの気高い行ないのおこぼれに与った。オテル・デ・ゼタジュニはにわかに外国特派員と報道写真家でごった返すありさま。一杯奢ってくれる気があれば、誰にでもギャリーの人物評を書きましょうと申し出た」。

皮肉はやがて怒りに変わる。クリスマスを目前に控え、バックウォルドならびにホテルの住人全員は郵便受けに入ったメモを発見した。「ホテルの経営者からの短信には、ギャリーが自分の始めた世界市民運動の運営のために、ホテル全室を借り上げることになったと記してあった」。バックウォルドは全員の部屋のドアをノックして回り、バーで非公式の緊急会議が開かれる。「全員がそんな馬鹿なことはないという見方で一致し、とんまな平和運動なんかのために部屋を明け渡すつもりはないとホテル側に通告した」[36]。バックウォルドと危機に立たされた友人たちはホテルの管理を任されているポーランド人に、自分たちは出ていかないと伝えた。睨み合いが続くうちに、デイヴィスが部屋代を用意できないと判明する。バックウォルドは狭い部屋をこれまでどおり使えることになり、世界はさしあたり政府を手に入れ損なうが、ギャリー・デイヴィスの闘いはこの後も続く[37]。

第14章　怒り、恨み、しくじり

万人の反抗小説

若く、怒りに燃える北米人が清算すべき過去を抱えてパリの岸辺に流れ着く状況は依然として続く。親友がハドソン川に身を投げてアメリカを去った後、二十四歳のジェイムズ・ボールドウィンは死に代えてパリを選ぶ。そのままニューヨークにとどまれば、彼もまた行き詰まったことだろう。「逃げ出すしかなかった。白人であるとはどういうことかぼくは知っていたし、ニガーであるとはどういうことかも知っていた。その先どうなるかも知っていた。監獄送りか、誰かを殺すか、殺されるかのどちらかだ」[2]。パリ行きの片道切符はボールドウィンの生命の安全通行証だった。一九四八年十一月十一日にパリに降り立ったとき、上着のポケットには四十ドルしか入っていないのに、本人にも意外なことに、パリにはすでに友人が何人かいた。そのひとりエイサ・ベンヴェニストはイスタンブールからアメリカに移住したセファルディム系ユダヤ人の子孫で、当時パリに住み、詩人ながら植字工、装丁も手がけ、この日はドゥ・マゴでリチャード・ライト、ジャン＝ポール・サルトルと昼食を共にしていたが、中座してボールドウィンを出迎えにアンヴァリッド駅に向かった。

ベンヴェニストはボールドウィンを連れてサン＝ジェルマン大通りに取って返し、手始めにパリ暮らしの匂いでも友人に嗅がせ、ついでに昼食も平らげる。リチャード・ライトはボールドウィンとは付き合いが長く、一九四五年に若者が初の執筆奨励金五百ドルを得られるように力添えし、ボールドウィンもこの奨励金を「我が身に起きた最も素晴らしいことのひとつ」[3]と記した。ボールドウィンはおかげで生き延びることができ、作家として独り立ちもでき、絶望から救われた。困窮する黒人の作家仲間にはつねに助力を惜しまないライトは、ボールドウィンの作品が今回はパリで出版できるように喜んで協力しようとする。ふたりが到着したとき、サルトルはすでに立ち去ってその場にいなかった。ジョージ・ソロモスはその場に居合わせた。テミストクレス・ホエティスの名でも知られるソロモスはギリシア系アメリカ人、パリとニューヨークでの同時刊行を目指し創刊された英語の文芸誌「ゼロ」の編集長だった。戦争中アメリカ空軍B17爆撃機のパイロットだったソロモスは、サルトルとライトに雑誌の創刊号への寄稿を求める。ライトは二つ返事で引き受けたが、「ここにいる若者ジミーにもひとつ書いてもらったらどうだろう」と言い添えた。一九四九年春、「ゼロ」創刊号に掲載されるボールドウィンのエッセイがふたりの親交に取り返しのつかない形で終止符を打つことになるとは、ライトは知る由もない。ボールドウィンはこの後まもなく、食べさせてくれ、力を貸してくれた手に嚙みつく。パリで初めて発表されたボールドウィンのエッセイは、リチャード・ライトとライトが代表するすべてを槍玉に上げる。息子は父親を屠らなければならず、パリこそ文学上の父殺しの舞台に相応しい。

ニューヨークで書評を担当できたのもライトのおかげではあったけれども、そのせいでボールドウィンは黒人、ユダヤ人問題に関する書籍（ボールドウィンは「小冊子」と呼んだ）を渫らさず読まなければならなかった。肌の色のせいで、ボールドウィンはアメリカ合衆国の被差別者に関する専門家になってしまったらしい。ボールドウィンはこれに腹が立ってならなかった。なぜサルトルやケストラーの本の書評を頼んでもらえないのか。「ぼくが書評する本の大半は『ニガーには親切にしましょう』、『ユダヤ人には親切にしましょう』の類で、アメリカはその間にもリベラル化に向かう激動のさなかにあった」[4]。ボールドウィンはそうした不満をエッセイに注ぎこみ、タイトルを「万人の抗議小説」とする。ジャンルを非難して、ボールドウィンはこう主張する。「この種の本は印象を補強するにすぎない。ぼくが犠牲者であるかぎり、連中はぼくを哀れみ、失業保険の小切手を何ペニーか増やしてくれる。ぼくにとってあのエッセイは新しい語彙と視点を見いだす転機となった」[5]。それはまたリチャード・ライトを抗議小説のさきがけの座から追い落とすボールドウィンなりのやり方でもあった。

　ボールドウィンのように進んで退路を断つ人間にとって、パリは理想的な場所であったらしい。バルザックに読み耽ったボールドウィンには、パリが世界で最も礼儀正しく平穏な都市とはとても思えない。「コンコルド広場を横切るたびに死刑囚をギロチン台に運ぶ護送車、群衆の雄叫びが聞こえ、現在オベリスクの建つ場所にはギロチンを見る思いがした」[6]。ボールドウィンは丁重に振る舞うつもりはさらさらない。自分で組み立てた文学のギロチンを大いに活用しようとして血気盛ん。リチャード・ライトに対する執着と憤怒は、自分自身とアメリカに対する「暴発寸前の関係」[7]から噴出するものだった。本人がのちに記すように、「その頃、何よりまずぼくは自分をもてあましていた」[8]。

　そのうえ、ボールドウィンは貧乏だった。アメリカから持ってきた四十ドルは二日しかもたなかった。その後は気前のよい友人と恋人に養ってもらう。もっともボールドウィンも怠けていたわけではない。若者には鬱積した感情が山とあり、言いたいことが嫌というほどあったのでたゆまず執筆に取り組み、それがまとまってできあがる処女作『山にのぼりて告げよ』は、当然ながら父と子の物語となる。ボールドウィンはさっそくカフェ・ド・フロールの二階を、ボーヴォワールの跡を襲い執筆の場に定める。そして自分のために、自分以外の読者のために文章を綴った。原稿依頼であればどこからの注文でも引き受け、アメリカ大使館の官報「仏米関係」にも寄稿した。これが文章修業にもなれば、食事をし、家賃を払う助けにもなった。

ボールドウィンはヴェルヌイユ通り八番地に部屋を見つけた。そこはホテルで、経営者は店子にたいへん理解があるとされるコルシカ出身の一家、管理人は関節炎に悩むデュモン夫人だった。ボヘミアンで一文無しの若い賃借人たちの突拍子もない振る舞いも大目に見て、家賃を催促することもない。ホテルの通路には日がな一日、ジャズが流れた。デュモン夫人は眠りたくなれば、ホテル全館の電源を落とした。

オテル・ヴェルヌイユの同宿人のリチャード・シーヴァーの回想にもあるように、「ホテルはキャベツと小便の臭いがした。屋根裏部屋を借りたら、みしみしいう階段を五階分、ほとんど闇の中を昇らなければならない、というのも電力節約を目的とするフランス人の大発明、ミニュトゥリー――本来の意味からすれば『一分間の照明スイッチ』――がせいぜい十秒しかもたず、階段はたちまち地獄の暗闇に閉ざされるからだ」[9]。部屋は狭く照明は暗く、アール・ヌーヴォー風の花柄の壁紙は傷んで剝がれかかる左岸の典型的なホテルそのものだった。屋根裏部屋のひとつは「四柱式ベッドが室内の大半を占め、それ以外に家具といえば嵩張る衣裳簞笥ただひとつ、窓辺に置かれたむき出しの小さな木のテーブルに年代物のタイプライターが載っている」[10]。左岸のホテルではタイプライターだけが貴重品で、空き巣はこぞってこれに狙いを定めた。

左岸に暮らす同年輩の大半がそうであったように、ジェイムズ・ボールドウィンも二重生活を送った。ボールドウィンにはつねに二つの側面があった。「高校生作家と少年伝道師。身なりは優雅、物腰の柔らかい在留アメリカ人と、虐げられたアメリカの黒人の歯に衣着せぬ猛々しい代弁者をどうすれば矛盾なく受け入れられるか」[11]。ボールドウィンはパリに暮らすリベラルな白人、ほとんどはユダヤ人の中産階級に属するアメリカ人、たとえばカプラン家やガイスト家のパーティーの常連となった。カプラン、ガイスト両夫妻は骨惜しみせずに仲介の労をとり、才能を世に出す術にも長けていた。夫妻はフランス人の友人たち、作家や芸術家を外国人の相方に好んで引き合わせた。一年前にノーマン・メイラーとジャン・マラケが生涯の友情を育む仲立ちをしたように、両夫妻は今度もボールドウィンをアルベール・カミュ、レーモン・クノー、サルトル、ダヴィッド・ルーセに引き合わせ、才能の開花に手を貸そうとした。スタンリーとアイリーンのガイスト夫妻はいつもひもじい若者の空腹を癒し、文学の視野を広げた。「シェイクスピアと聖書のほかに、ジミーはほとんど何も読んでいないのですよ」[12]とガイストはある晩、ソール・ベローにそっと打ち明けた。それは必ずしも真実ではなかったけれども、ガイストはボールドウィンにヘンリー・ジェイムズを読んでみるように勧めた。ボールドウィンはヘンリー・ジェイムズと深く通じ合うものを見いだし、驚愕する。そこにまたひとり、正気を保つために文章を綴った在留アメリカ人の同性愛者がいた。

一九四九年一月、ボールドウィンは重病に罹る。デュモン夫人はボールドウィンを三か月にわたり看病した。「肝っ玉母さん」は民間療法を用いる。毎朝、夫人は五階分の階段を昇り、ボールドウィンの無事を確かめた。「ぼくはこの時期をひどく孤独に、だが居たいところで過ごした」[13]。ベッドに臥し、ドストエフスキーとヘンリー・ジェイムズを読み、「ゼロ」誌に初めて寄せるエッセイを怒りを込めて書くほかに、できることは何もなかった。

「パリは野蛮だ」

ソール・ベローも怒っていた。いつになく動揺が激しい。毎朝、サン＝ペール通り三十二番地のオテル・

ド・ラカデミーまで歩いていき、日のあるうちはホテルの中でも一番狭い部屋で執筆にいそしんだ。近所のカフェ、フロール、ル・ルーケ、それからとくにブラッスリー・リップのテラスは必ず念入りに眺め回した。知り合いがいても足を止めて挨拶することはめったにない。それよりも鋭い視線をボルサリーノの縁に隠して、じっと観察するほうがずっとよい。何か目につくことがあれば、ベローは忘れず仲間に手紙を書いて報告した。語調は必ずと言ってよいほど嘲笑的で、それは相手が敵でも味方でも変わらない。[14] 一九四八年のクリスマス・イヴに左岸にやってきたシカゴ出身の同郷人ライオネル・エイベルのことは、こう鼻で笑う。「パリのエイベルはちょっとした見物だよ。かなり可笑しい。いやにめかしこんで、片眼鏡まで着用ときた。レストラン巡りに精を出している」。[15] 事実はというと、ベローはその前日リップの前を通りかかり、エイベルがサルトル、ボーヴォワールと昼食をとっているのを窓越しに目にした。ベローはたぶん羨ましかったのだろう。ベローはくりかえしパリの実存主義者は怪しいと睨み、彼らは無邪気にも共産主義に肩入れして反米主義に傾くと見て、そうした姿勢に蔑みの言葉を投げつけた。しかし本音を吐かせれば、彼らの側近グループの仲間に入れてほしかったはずだ。

嫉妬心、それから拒絶と失敗への恐怖心がベローを苛んだ。自分から積極的にパリの知識人たちと交わろうとするのではなく、気の置けないシカゴ出身者のグループとの付き合いに明け暮れながら、仲間を腐した。カプラン夫妻、ガイスト夫妻、ライオネル・エイベル、ロックフェラー財団の奨学金をもらってパリに滞在し、「パルチザン・レヴュー」の編集長を務めるウィリアム・フィリップス、パリに群がり「パルチザン・レヴュー」に寄稿するメアリー・マッカーシー、ジェイムズ・T・ファレルなど十把一絡げ、サン＝ジェルマン大通りのカフェ・ル・ルーケで一緒にカジノ遊びを楽しんだシカゴ出身の画家ジェシー・ライチェクにまで矛先を向けた。ベローはまだしゃかりきになって『蟹と蝶』に取り組んでいたけれども、どう評価すればよいかさっぱり確信が持てない。「よく書けているかどうかわからないが、これは本で、本を書くのはわたしの生業であり、わたしは極度の自惚れ屋に特有な焦燥感に駆られて、書き続けている」[16]。一九四九年二月末、ベローは友人のヘンリー・ヴォルケニング宛てにこう書いた。ベローは自分の書いているものが「天の邪鬼で滑稽」と思ったが、実際はどちらでもない。事実はといえば、ベローの傲慢さは、たいがいフランス女の腕に抱かれ忘れようと努めた深刻な倦怠感の隠れ蓑にすぎず、またこうした女たちのほかにベローは現地人と触れ合う機会を持たなかったらしい。ハロルド・カプランとソール・ベローは、若くて美しく、血筋も申し分ない愛人ナディーヌも分かち合う。金色の長い髪を靡かす碧眼の二十一歳、ナディーヌは上院議員、行政長官、実業家を輩出して世に名高いラウール゠デュヴァル家の一員だった。兄のクロードは戦時の英雄。一九四〇年六月に早くもロンドンでド・ゴールの軍隊に加わり、英国空軍のパイロットとして七十六回出撃し、作戦を完遂した。ナディーヌはユダヤ人が心に思い描く夢の異邦人そのもの。ベローはこのナディーヌと、カプラン夫妻がモンパルナス大通りに面した最上階のアパルトマンで催した豪勢な夜会で出会った。瀟洒な調度、ピアノ、白手袋の召使いに囲まれたナディーヌは金色の賜杯にも見え、これなら独り占めできなくても我慢できる。ナディーヌに向かっては、ベローは妻子のことは一切口にしない。現実逃避に錯乱まで交じったか、ベローはアフリカに駆け落ちしようとまで持ちかけた[17]。

ベローは捉え損ねた文化、同じ割合で魅了もすれば苛立たせもする文化に、盛んに対抗しようと試みる。一九四九年一月には出版社の代理人デイヴィッド・ベイズロンに「パリは野蛮だ[18]」と書き送る。「見事なまでに美しいが、思わぬところで野蛮な牙を剝く。心根は抜け目ない」。ベローは競争相手、パリに暮らすアメリカの作家全員をしばしば軽蔑した。ジェイムズ・ボールドウィンとこれまたカプラン家のパーティーで知り合い、おそらく噴出寸前の才能を察知したものか、代理人宛ての手紙では見込みなしと決めつけたくなった。「ここでは挫折したアメリカ人を多く見かける。ジミー・ボールドウィンなどはどうやら一文無しのようで、見境なくひとにたかっている。大したことはしていない。フロールやドゥ・マゴの前を通りかかると、必ず連れといて、ビールをやっている」[19]。ジェイムズ・ボールドウィンはただ卵を抱いて時機の来るのを待っていた。そのわずか五か月後、ボールドウィンは作家として登場し、世界はその真価を発見する。「一九四八年と四九年はただただ紙を破き続けた」とボールドウィンはのちに認める。「一九五〇年が来ようというまさにそのとき、何かしらを切り抜けて、死にかかった皮膚を脱ぎ捨て、元どおり裸になったと感じた。自分と前より楽に付き合えるようになったのは間違いない。そうなったら、書けるようになった」[20]。

ライオネル・エイベルは同じ移住組でも、友人ソール・ベローよりよほど愛想がよい。翻訳者として働くエイベルは、アメリカで過ごした学生時代もフランス語とフランス文化を喜んで受け入れ、戦争中はフランスから難を逃れてニューヨークにやってきた亡命者たちを間近で観察することができた。エイベルが新天地に寄せる好奇心は怒りや侮りを含まない。見聞きするものすべてを、エイベルは中立の立場から好意的に、面白がって吸収した。何にでもいちいち驚いたと言っても過言ではない。パリの街景については、「店舗や看板の彩りと奇妙さ、心地好く灰色を濃くしつつある十九世紀の建物群、働く場所と住む場所の深い混淆」[21]を目に留めた。エイベルにはパリがきわめて美しく、また風変わりに見えた。「この街はひとと出会うように意図されている。偶然の出会いが、パリでは意図されたもののように感じられる」。エイベルの表紙の擦り切れた小さな黒革の手帳にはサルトル、カミュ、作曲家ルネ・レイボヴィッツ、画家ジャン・エリオン、そして無論アンドレ・ブルトンの住所と電話番号が記してあった。あとは成り行き任せでも、いろいろな人に紹介してもらえるだろうと気楽に考えた。そのとおりになった。

かつての教え子シモーヌ・ド・ボーヴォワールが「二十五歳年下の妻のいる六十歳の同性愛者[22]」と評する

哲学者ジャン・ヴァールは教え子からそれほど慕われることはなかったようだが、ライオネル・エイベルを眼光鋭いルーマニアの哲学者リュシアン・ゴルドマンに紹介した。マルクス主義の理論家ながら資本主義にもいささか通じたゴルドマンは、左岸に老朽化した一間の貸し部屋をいくつも所有し、賃貸していた。エイベルはラ・モンターニュ・サント＝ジュヌヴィエーヴ通り四十九番地の中世に建てられたとおぼしい「崩れかかった石造りの階段が曲がりくねる古い建物」の「一部屋半」を選ぶ。[23] 毎朝、パンテオンの投げかける影の下で目覚めるのは、エイベルにとってこの世のものとも思われぬ経験だった。ゴルドマンは『隠れたる神』（のちにロラン・バルトがマルクス主義に対する「最も創造性に富む優れた批評」と太鼓判を押す）の執筆に忙しかったが、それでも暇を見て借家人の世話を焼いてくれた。しかも、家賃に関しては資本家ながら情け深い。ゴルドマンはエイベルに月わずか四ドルの家賃しか請求しなかった。

エイベルは鋭い観察眼の持ち主だった。友人ソール・ベローとは異なり、噂話の種にしたり、冷やかすためにひとを観察することはない。エイベルがひとに注目するのはより深く理解し、新しい交際の輪に取りこむためだった。エイベルはすぐさま自分も何かしら主張しなければいけないことを理解した。リュシアン・ゴルドマンが教えてくれたように、「パリではカフェにぶらりと入り、にっこり笑って『ぼくはライオネル、アメリカ人です』と言ってすますことはできない」。「サン＝ジェルマン＝デ＝プレの顔見知りが集うサークルの中では、誰もが心を映す鏡の中で生きていて、そこでひとは自らの振る舞いに加え、他人がその振る舞いに対して示す反応のありさまを目の当たりにする」[24]。

エイベルはまた選り抜きの集団の前で演技するときと、働くときのあることもよく理解した。鉄のように堅い克己心がないかぎり、サン＝ジェルマン＝デ＝プレのカフェに流れる騙し絵紛いの怠惰な時間は、芸術家、作家志望の世間知らずの若者たちの注意を易々と逸らし、彼らのキャリアを蕾のうちに摘み取ってしまうだろう。左岸の最も輝かしいスターの何人かは夜ばかりでなく昼も人付き合いをし、そのうえ仕事もした。サルトルとボーヴォワールには何にも揺らがない克己心があった。ふたりは午前九時から午後一時まで仕事をし、五時までに昼食をとり、人と会い、それからふたたび机に向かって夜の九時まで働き、その後、夕食をとってしばしば外出もした。ふたりはこの日課を徹底して守り、休日も習慣を崩さなかった。恋愛については、サルトルは愛人集団にそれぞれ異なる曜日を厳密に割り振った。ライオネル・エイベルの立てたスケジュールはそこまで自分に厳しくない。午前中は働き、午後と夜は社交に振り向けることにした。

幻滅と焦燥

一九四九年一月二十七日の晩、冷たい風が蛇のようにくねる五区の狭い通りを吹き抜けても、ボーヴォワールはシベリア並みの寒気もものかわ、二人目の子供に恵まれ、その娘にレイチェルと名づけたリチャード・ライトと連れ立ち、誕生祝いにふたりの好きなガランド通りのアルジェリア料理店に「クスクス」[25]を食べに出かけた。ボーヴォワールの目にライトは幸せそうでも「疲労困憊」[26]に見えた。「あまり仕事をしていないようです」とボーヴォワールは翌日、ネルソン・オルグレンに宛てた手紙に記す。

リチャード・ライトは世に知られた知識人の役割を貪欲に引き受けたけれども、ニューヨークにいた頃のように作家らしく生きるのが次第に難しくなったことにも気づかざるをえない。アメリカの版元ハーパー&ブラザーズ社に次作の原稿を渡す期日を何度も延長した。今のところ、外国での翻訳出版の売れ行きが好調で、印税が切れ目なく送金されてくるけれども、いずれそれも止まる時が来ることはよくわかっていた。ライトがパリで書こうとしていたのは、実は自分なりの『異邦人』で、タイトルもカミュの小説の英訳をそっくり拝借することにして、すでに十万語まで書いたものの、友人に告白したように「行き詰まっていた」[27]。ライトはそれがどうにも我慢ならない。ボーヴォワールやサルトルのように、もっと自由だったらどんなによいだろうと思う。スランプの原因を探ろうとすると、家庭生活が手近な犯人として浮かび上がる。

これと同じ週、ボーヴォワールは偶然ボリス・ヴィアンと行き合った。ヴィアンもちょうど妻のミシェルに二人目の子供が生まれたところだった。夫婦揃ってひとの親には適さない。幸い、祖父母がまた助け船を出してくれたけれども、夫婦間の緊張の高まりは誰の目にも明らかだった。ヴィアンは結婚生活の危機と死期の近いことを忘れようと、夜はジャズ・クラブでトランペットを吹いて過ごしたが、ボーヴォワールが皮肉っぽく指摘したように、演奏は「アメリカ人観光客向け」[28]でしかない。ミシェルは夫に「真面目な」作家になり、政治に興味を持ち、「参加」してほしかったけれども、ヴィアンに真面目になる暇はない。ヴィアンは自分が緩慢に死につつあると知っていた。なぜ今さら真面目になって、時間を無駄にしなければいけないのだろう。ヴィアンにとって大切なのはほかの誰のものでもない独自の詩的小説と、ジャズだけなのだった。それ以外はどうでもよい。ミシェルは実はヴィアンがサルトルのようだったらよいのにと思い、サルトルに次第に魅かれるようになった。英語の翻訳をしに不定期に通う「レ・タン・モデルヌ」の編集部を訪れるたびに、ミシェルはサルトルと鉢合わせした。

パリ市民の多くは疲れ果て、幻滅したようだった。街は雪に埋もれ、市民は寒さに感覚が麻痺した。一九四九年二月末、サルトルとボーヴォワールはカミュと会食したけれども、誰もがある種の脱力感から抜け出せない。ボーヴォワールはオルグレンに宛てた手紙の中で、こう告白する。「みな感じがよくて仲もよいのに、もう誰も話すことがありません。カミュはド・ゴール派でも共産党員でもないのに、何を話してもことごとくわたしたちと対立します。ギャリー・デイヴィスの一件を大事のように考えている。あのひとは失敗に我慢がならないのでしょう」[29]。カミュは憂鬱だった。サルトルとは違い、個人攻撃、政治的な攻撃の標的にされるのがいよいよ耐えがたくなってきた。口には出さなかったけれども、批判されても動じず、恬然としているサルトルを天晴れと思った。

ド・ゴール派の支援を受け、フランソワ・モーリアックの息子クロード・モーリアックが月刊誌「リベルテ・デスプリ（精神の自由）」を創刊する。一九四九年二月の創刊号にはソール・ベローの愛人ナディーヌ・ラウール＝デュヴァルとの結婚を間近に控えた二十三歳の右翼の小説家ロジェ・ニミエがカミュとサルトルに掟破りの悪辣な攻撃を仕掛ける。[30] ニミエは国際政治の緊張の高まりを指摘する。「フランスはサルトルの肩とカミュの肺を考慮して、戦争に打って出ることはおそらくないだろう」。カミュはこれに傷つき、世間の目の届かないところに退きたいと願う。リュクサンブール庭園の門からわずか数メートルの六区マダム通り二十九番地に寝室四部屋の広々とした居心地のよいアパルトマンを家族のために見つけてからでさえ、どこか束縛されずに自由に息ができ、仕事のできるところに逃げ出すことを夢見るばかり。今では毎週百通もの手紙が届くようになり、ガリマール社がつけてくれた秘書シュザンヌ・ラビッシュもさすがにもてあました。ミュンヘン市政八百年の記念式典に来賓として参列いただけますか。ポルノグラフィーの罪を問われたヘンリー・ミラーのための請願書に署名いただけますか。『異邦人』の映画化を考慮中のジャン・ルノワールとお会い願えますか。この夏、南米に講演旅行に行っていただけますか。

何であれ独りになれるなら、パリの混乱からしばらく離れられるのなら、鬱病の妻から、抜けられない仕事から、共産党とド・ゴール派の攻撃から逃れられるのなら何でもよい。どこでもいいから遠くのホテルに独り引きこもり、身を隠せたらどんなによいだろうか。「どこより愉快に暮らし、働ける場所、そこで死ぬのも悪くないと思えるのはホテルの部屋だ」。カミュは一九三七年に出版された第一エッセイ集『裏と表』の序文にこう記した。「わたしは家庭や家庭生活（ほとんどの場合、内面生活の対極にある）と呼ばれるものにどうしても適応できなかった。ブルジョワ的な幸福は退屈で、恐ろしい」。医師の勧めに反して、カミュはラビッシュ嬢に南米への招待を受けるように指示し、彼の地での二か月におよぶ講演旅行を引き受ける。フランシーヌには帰国次第カブリに直行し家族に合流すると約束して、安心させた。カブリはカンヌのすぐ北に位置する人口三百人の村で、アンドレ・ジッドやジャン・マレーがしばしば逗留したことで知られる。陽差しの明るい静かなカブリ、以前そこで過ごした幸せな日々はカミュ夫妻にとって楽しい思い出だった。

リチャード・ライトもカミュと同じように不満を抱え、苛立っていた。朝一番に出かけるのにもってこいのカフェ、シックすぎず地味すぎないカフェが玄関を出てわずか数メートル先に見つかった今、ライトは気持ちを整理して、頭もはっきりさせることができるだろうと考えた。ル・モナコは界隈の住人と外国人の客の割合がじつに好ましい。日の傾く頃になると近所の老人連が、幾筋か先のル・ルーケでソール・ベローが嗜むように、ペルノーをちびちびやりながらトランプでブロットを楽しめば、亜鉛貼りのカウンターの反対の端では黒人のアメリカ人、スウェーデン人、英国人、スイス人、カナダ人が十人余りさまざまな訛りの英語でなにやら熱心に話し込む。ル・モナコは朝七時に開店し、ソルボンヌ大学に向かう道すがらアメリカ人留学生が顔を出し始める九時までの間は、職人、勤め人、近隣住民専用となる。リチャード・ライトは人種も社会背景もとりどりのこうした客の群れを注意深く観察し、作品の着想が湧くのを待った。

ある朝、ル・モナコに向かおうとしたところで、管理人から電報を手渡された。ライトは歩きながら封を切る。発信人はニューヨークのハーパー&ブラザーズ社の担当編集者ジョン・フィッシャー。著名な元共産党員の自伝風短編にエッセイを寄稿してほしいという依頼だった。アーサー・ケストラーとアンドレ・ジッドはすでに依頼を受諾済み、本はとりあえず、というよりむしろそうあってほしいという願いからか『しくじった神』と題され、刊行日はすでに一九四九年九月に予定されている。うまいことに、ライトはわざわざエッセイを書かなくてもよいとフィッシャーは言う。一九四四年に「アトランティック・マンスリー」誌に寄せた「わたしは共産主義者になろうとした」を流用すればよいではないか。それは名案、とライトも思った。ライトは共産主義については賛成、反対のどちらにしても文章はもう書かないと誓い、それは「反共主義者であるのは共産主義者であるのと同じ精神的奴隷状態と感じた」からだったが、悲しいかな、いまや時代の要請として、従来に増して敵味方のより明確な線引きが求められる。数日後、ライトはサルトルにこの依頼の話をした。サルトルはチャンスに飛びついた。「レ・タン・モデルヌ」はアメリカ人を出し抜いてライトのエッセイのフランス語訳を一九四九年七月号に掲載しよう。リチャード・ライトは、心ここにあらずといった様子で承諾する。心はすでに遠くにあった。別件が持ち上がっていた。ライトはもう一通電報を受け取った。今度はブエノスアイレスから。エレンにはまだ話していなかった。

ライトは代わりにボーヴォワールに事情を明かす。ある日の午後、サン＝ジェルマン大通りで偶然行き合った折、「ピエール・シュナールというひとを知ってるかい？」と訊ねた。無論知っている。一九三〇年代にルイ・ジューヴェ等を主役に何本かフランス映画を撮ったひとだ。シュナールが社会的なひねりの利いた筋立てを好むことも、ボーヴォワールは覚えていた。「彼は今アルゼンチンに住んでいるのではなかったかしら」とボーヴォワールが訊ねる。ピエール・シュナール、本名フィリップ・コーエンは一九〇四年生まれ。一九四〇年にパリを脱出してチリに亡命した後、アルゼンチンに移り、戦争中も映画制作を続けた。「そうなんだ、それでわたしに手紙を寄越した。『アメリカの息子』を映画化したくて、半年以内に撮影に入るそうだ」。ボーヴォワールはライトをじっと見返す。「半年ですって！」シュナールはオーソン・ウェルズが一九四一年に手がけた舞台用の脚色を用いるという。「いや、それだけではない。シカゴとサウスサイドの黒人の住まいをブエノスアイレスのスタジオの中に再現するそうだ。それでわたしに主役を演じてほしいと言ってきた」。ボーヴォワールは笑ってしまった。「でも主役のビガー・トマスは二十歳なのに、あなたは四十歳よ！　すぐに減量を始めなくちゃね。もうクスクスは食べられないわ」。ボーヴォワールはいきなり笑うのをやめた。「エレンには話したの？」「いや。シュナールは八月にブエノスアイレスに来てほしいそうだ。少なくとも九か月は留守にするし、もっと長くなるかもしれない」。ボーヴォワールは唇をすぼめて、「なるほど」[31]と言った。

リチャード・ライトは幸い逃げ道を見つけた。自分は映画スターになる。作家に特有のスランプともこれでお別れ。ライトはずいぶん昔から映画を夢見てきたが、いまやチャンスが向こうからお誂え向きに巡ってきた。夫婦関係が元どおりになることはもうないかもしれないが、自分勝手にもそれだけの危険を冒す価値はあると考えた。それにライトは共産党ばかりか、最近は力を貸したこともある自分と同じ黒人作家たち、たとえばジェイムズ・ボールドウィン等からのべつ攻撃されるのにも嫌気がさしていた。若手の前衛は、まもなく軽騎兵[32]の名で知られるフランスの若手がカミュとサルトルを狙い撃ちするように、自らのアイドルを狙い撃ちする。

『わたしは自由を選んだ』——試される共産主義

サルトルはロシアから亡命したヴィクトル・クラフチェンコのことで頭がいっぱいだった。クラフチェンコ裁判第一回公判の当日、一九四九年一月二十四日にボーヴォワールを伴いライオネル・エイベルとブラッスリー・リップで昼食を共にしたときも、話題はこの裁判に終始した。ヴィクトル・クラフチェンコは首都ワシントン駐在のソ連購買委員会の役人で、一九四四年にアメリカに亡命した。その後一九四六年に『わたしは自由を選んだ』を出版し、監獄や強制労働収容所等でスターリン政権が犯した多数の残虐行為を暴き、弾劾した。『わたしは自由を選んだ』はアメリカとヨーロッパの双方でたちまち大成功を収め、とくにフランスで大きな話題を呼んだ。共産党系の有力紙「レ・レットル・フランセーズ」は組織的な反撃を企て、クラフチェンコは嘘をついた、また本を書いたのはゴーストライターだと重ねて非難する。[33] クラフチェンコはこれに対してフランスで名誉棄損の訴えを起こす。新聞各紙が「世紀の裁判」と囃したこの訴訟は、ソ連の体制を初めて裁判の被告席に立たせた。モスクワがこれを一大事と捉えれば、クラフチェンコの支援者たちも真剣に応じる。裁判の始まる前夜、クラフチェンコはサン゠ジェルマン大通り一八四番地、ブラッスリー・リップのほぼ真向かいのパリ地理学会で催された集会に姿を現した。「第一回公判より芝居の初日に似る」[34]と「レ・レットル・フランセーズ」はこれを蔑む。集会には世界中から映画用カメラ、カメラマン、ジャーナリストが取材に駆けつけて、たしかに映画のプレミアの雰囲気が漂った。いずれにしても、その後の十週間は凄まじい成り行きとなる。

ヴィクトル・クラフチェンコには「レ・タン・モデルヌ」等非共産党系のグループも、アーサー・ケストラーでさえあまり共鳴しない。フォンテーヌブロー付近の住まいの購入手続きの終わるのを待つ間、マメインと共にオテル・モンタランベールに滞在中のケストラーも、サルトルやボーヴォワールと同じく裁判の行方を注意深く見守った。三人は裁判の傍聴にも出かけた。誰もクラフチェンコを信用しなかったけれども、「レ・レットル・フランセーズ」の後ろ楯、フランス共産党にモスクワがどのように肩入れしているかは手にとるようにわかった。ソ連共産党はかつての同志に不利な証言をさせるため、知識人や元同僚を旅客機に満載してパリに送り届けた。

クラフチェンコの弁護団はマルガレーテ・ブーバー゠ノイマンを証言台に立たせて、勝利を決定づける。長身、壮健な四十八歳の証人はシベリアでソ連の強制労働収容所に、ラーフェンスブリュックでナチの強制収容所に投獄され、生き延びた経験を持つ。ブーバー゠ノイマンはクラフチェンコの申し立ての一から十まで裏付けた。彼女を一目見たひとは、誰もが心を動かされる。ボーヴォワールは証言台に立ったブーバー゠ノイマンの威厳ある姿、自己憐憫を排してあくまで明晰な話しぶりに魅了された。ブーバー゠ノイマンの冷静さ、明敏さがひとに与える印象は強烈で、誰もが痺れるほどの感動を覚えた。ブーバー゠ノイマンは夫の生命を奪い、自らに七年の強制収容所生活を強いた全体主義の残酷さを淡々と、偏りなく陳述した。ケストラーは感服のあまりマメインと二人して、ブーバー゠ノイマンが戦後の亡命先スウェーデンに帰るのに先立ち、新居に招いて数日もてなしたほどである。

ふたりの新居ヴェルト・リヴはベッド二台のほかにこれといった家具もまだなく、どの部屋も箱詰めされた引っ越し荷物で足の踏み場もない。入居するまで気づかなかった大きな故障も目について、たとえば漏水する浄化槽は「いやな刺激臭を放った」けれども、ブーバー゠ノイマンはそのような些事は少しも気にかけず、ケストラーとマメインも客人の滞在中はそうした悩みを一切合切忘れることができた。暖炉があり、川越しの景色も眺められる居間の床にマメインはさっそく、前の週にパリで開かれた家政見本市で買い求めたモロッコの敷物二枚とアルジェリアの絨毯を敷いてみた。[35] 二脚用意したチェスターフィールド・アームチェアに腰を据え、ケストラーとマメインはブーバー゠ノイマンの話に何時間も耳を傾けた。「マルガレーテ・ブーバー゠ノイマンには二日間わたしたちの家に泊まってもらいましたが、本当に素敵な経験でした。ブーバー＝ノイマンは収容所で過ごした七年間のことをひとに聞いてもらいたいという躁病患者のような欲求に駆られているのです。話をすれば、胸のわだかまりが晴れるのでしょう」[36]。ブーバー＝ノイマンがストックホルムへの帰途に着く前、ケストラーは時代の証言となる経験を書き続けるように強く促した。ブーバー＝ノイマンは回想録『スターリンとヒットラーの軛のもとで――二つの全体主義[37]』を書き終えたところで、その後も他に類を見ない経験を多くの著書に綴る。

ソ連に強制労働収容所が存在することは、もはや否定しようがない。一九四九年四月四日、クラフチェンコ勝訴の判決が下りる。クラフチェンコの勝利はマルガレーテ・ブーバー＝ノイマンに拠るところが大きい。亡命者の勝利により、モスクワには圧力と宣伝にいっそうの拍車をかける理由がまたひとつ増えた。

「第三の茶番」――党指導者サルトルの終焉

この頃になるとサルトルは悪魔の親玉顔負けの地位を獲得し、ヴァティカンならびに教皇がカトリック信者にサルトルの著書を読むことを公式に禁ずるまでになる。全方面からの攻撃にさらされても、サルトルはなんとか襲い来る嵐を次々にしのいでいく。サルトルという存在はすでに大きすぎて、倒しようがない。それでも打撃は激しさを増し、ド・ゴール派の宣伝部長マルローはガリマール社を脅迫して「レ・タン・モデルヌ」への資金提供およびその刊行をやめさせようとする。マルローはガストン・ガリマールの占領下でのある種の行為、たとえばヒトラーに寄せる挽歌の執筆を依頼したことを暴露すると脅しをかけた[38]。ガリマールはしぶしぶ折れたけれども、別の版元、ルネ・ジュリアールが代役に名乗りを上げる。「レ・タン・モデルヌ」の引っ越しはセバスチャン・ボタン通りから向かい側のユニヴェルシテ通りに道を渡るだけですんだ。カトリック教徒、ド・ゴール派、共産党はサルトルと実存主義者を攻撃し続けたが、効果は上がらない。その間にも革命的民主連合（RDR）内部に緊張が高まり、あわや暴発寸前の雲行きとなる。いつまで政治的中道の道を保てるのだろうか。ダヴィッド・ルーセがますます共産党に対する反発を強めれば、サルトルは反ド・ゴール主義に情熱を燃やす。長い目で見て、彼らの協調は可能だろうか。

一九四九年三月、サルトルは自らが資金源でもある党の全体会議の招集に忙殺されていた。発足当初の明るい見通しに反して、聴衆も新しい党員も思うように集まらない。ルーセはアメリカ旅行から帰国したばかりで、以前にも増して親米色を強めた。ルーセはサルトルに、いま必要なのはRDRの反共産党の姿勢をより明確にすることだと訴えた。サルトルは無論これに反対する。四月三十日、党の全体会議の開催中にルーセは党の採るべき方向性を党員に問う投票を求める。ルーセの動議は却下される。中立派の目論見は失敗に終わり、党は分裂し、RDRはこうして終わりの時を迎える。第三の道は、少なくとも政治の現場には存在しなかった。

ボーヴォワールとの夕食を終えて帰宅したサルトルは敗北に打ちひしがれてはいなかったにしても、普段より思慮深くはあった。サルトルは書斎に行き、机の電気スタンドのスイッチを入れた。茶色の手帳を取り出し、こう書いた。「RDRは内部崩壊した。残念だ。リアリズムの新しい確かな教訓。ひとが運動を生むことはできない。状況を見るかぎり、党創設の機は熟したとばかり思えた。党の創設は抽象的な要請に合致し、客観情勢に規定された。ところが人々の実際の、現実的な要求に応えるものではなかった。結局、人々の支援が得られなかったのは、そのためだ[39]」。

その晩、サルトルはぐっすり眠り、秘書のジャン・コーが十時に扉をノックすると、次の旅行の日程を見せてほしいと頼んだ。目的地はメキシコ。出発は数日後に迫り、RDRの活動に一区切りつけるにはもってこい。のちにサルトルが記すように、「我々はRDRを暗殺し、わたしはメキシコに旅立つ。失望はしても心は穏やかだ」[40]。サルトルは平静を装う。RDRの終わりは夢の終わりを意味した。単身サルトルは砦を守れるのか、守れるとしても、いつまで力が続くか。周囲の誰もが立場を明確にしなければならないのは仕方がないと思い、悪の度合いの少ないほうを選ぶとサルトルに告げた。ド・ゴール派を選ぶ者があれば共産党を選ぶ者もあり、アメリカを選ぶ者もソ連を選ぶ者もあった。知性と何よりも自由への渇望がサルトルを闘いに駆り立てる。RDRが終わってもサルトルの心は「穏やか」だったかもしれないが、政治に対する考え方は根本から変化した。サルトルは政治の現場からは身を退く。党員になることはもうないだろう。今後は、文学あるのみ。サルトルは詩人で盗っ人のジャン・ジュネ、世に出したいと願う秘蔵っ子の大部の評伝の執筆を続けていた。若いヴェトナム人のマルクス主義哲学者、トラン・デュク・タオに応える連載インタヴューも引き受けた。そして「レ・タン・モデルヌ」があり、サルトルはこれをあまり長く疎かにしたようで気が咎めた。この後、サルトルの政治活動はすべて著述を通じて行なわれることになるだろう。

第15章　権利擁護

「焔に巻かれた山椒魚のように生きる」

一九四九年春、ソール・ベローは左岸に引っ越そうというアニタからの度重なる要望にしぶしぶ応じる。マルブフ通りのアパルトマンの賃貸契約の期限も近づき、アニタはぜひとも実存主義者の水場に住まいを移したかった。アニタには女たらしの夫の行状をより間近で監視したいという気持ちもあったろう。ベローにしてみれば、妻子に仕事部屋兼独身男の隠れ家のすぐそばにいられるのはあまり歓迎できない。右岸では家族持ちの男、右岸では独り者の作家という暮らし方がベローは気に入っていた。それでも妻の求めに応じて、家庭の平和を購うことにした。ベローはオテル・ヴェルヌイユのすぐ隣、ガイスト夫妻の暮らすヴェルヌイユ通り二十四番地に短期貸しのアパルトマンを見つける。一九四九年の春には、十八世紀、十九世紀の建物が連なり、ブルジョワ的な洗練と分別を感じさせる小道にアメリカの気配が目立ち始めた。

ベローは相変わらず不満を抱えながらのろのろ前進していた。今では住まいからオテル・ド・ラカデミーまで数百メートルの距離しかなく、新しいアパルトマンから仕事場まで歩いてもすぐ着いてしまう。通い道の単調さを破ろうと、ベローは一日おきにボーヌ通りからジャコブ通りを行くか、住まいの前の通りの突き当たりを右に曲がってサン＝ペール通りに行くか、経路を変えてみた。メトロノームのように確実に、朝の仕事に向かう同じ顔ぶれとすれ違う。同じように毎朝見かける道路清掃人が箒と一緒に手にする正方形の特殊なレンチは、舗道の水栓を開けて勢いよく水を迸らせ、ゴミを側溝に流すための道具だった。晴れた日には水が陽光を明るく照り返し、銀色に煌きながら路面に迸る目覚ましい光景が出現する。

一九四九年春に初めて訪れた晴朗な一日、パリの道路清掃システムがソール・ベローの行き詰まりを突破するきっかけとなり、一直線にベローをノーベル文学賞に導いた。これは超自然的な啓示だったと、ベローはジャーナリストからパリのユネスコ職員に転身して気楽に暮らす友人ジュリアン・ベールストックに書き送る。「ある日のこと、道路を水がちょろちょろ流れ、流れながらきらきら光るのを見た」[1]。あるいは何十年かのちに学生に説明するように、「毎朝パリでは道路に水を流し、細長い黄麻布で流れの向きを変えてやる。ある朝のこと、流れが変えられるのを見ていて、こう考えた。『なぜわたしは自分の息の根を止めようとするこの酷いものに結わきつけられていなければならないのだろう』[2]」。実は『蟹と蝶』を仕上げようと四苦八苦しながら、新しい作品を書き始めたところで、『蟹と蝶』には「とことん悩まされた」。ベローは精神衰弱に陥る瀬戸際に追い詰められていた。

「気儘に流れる水を見て直感が閃いた[3]」。ベローはそれまで探し続けてきたもの、新たな本の書き方、独自のフォルムを見いだした。それは溢れんばかりの活気、息の長い文、夥しい形容詞、アメリカに特有な慣用法による無造作にも感じられるとめどない散文表現だった。「パリの街路を流れる水に、ベローは自らの文体の視覚化を見た[4]」。

パリ滞在が長くなればなるほど、ベローは生まれ育ったシカゴへの執着を深めたけれども、本人も記すように、「シカゴでは長年パリのことばかり考えていたことにも思い至った」。ベローは若い頃からバルザックとゾラの熱心な読者で、ラスティニャックが拳を揮いとことん闘い抜くと誓った街、ゾラの酔いどれや売春婦、ボードレールの物乞い、ドブネズミをペットにする貧しい子供たちの暮らすパリを知っていた。一九三〇年にはリルケの『マルテの手記』のパリ暮らしを綴った部分に夢中になり、プルーストのパリにも魅せられた。ベローの言うとおり、パリはベローの心に棲みついていた。

二つの都市はベローの心の中で入れ子状に嵌まり、パリの側溝をちょろちょろ流れきらきら光る水は、ごく自然にまた有機的にベローに両都市の間を行き来させ、隙間を埋めてくれたのだろう。冷たい影像が立ち並び、石畳の舗道を水の流れる一九四九年のパリが、ベローを大恐慌以前のシカゴへ、『オーギー・マーチの冒険』となる小説へ誘った。その朝から、言葉はベローから紙に向かって流れ、奔放に臆することなく溢れ出る。ホテルの部屋から通りを隔てた向こうでは、戦争が始まると同時に建設工事を中断していた病院のコンクリートを空気ドリルが掘削する。しかし、騒音もベローの思考を妨げない。ベローはそこで「焔に巻かれた山椒魚のように生きる」[5]。『オーギー・マーチ』はベローから奔出し続ける。

一九四九年四月十日、ベローは代理人デイヴィッド・ベイズロンに「これはわたしの最高傑作だ[6]」と書き送る。このときばかりは、ベローにも不平の種が見つからなかった。

フランス式作法——実体としての作法、行動する作法

パンテオンの影が射す「一部屋半」で、ライオネル・エイベルは昼前の大半を「レ・タン・モデルヌ」に連載された三部作『自由への道[7]』の第三部「魂の中の死」に読み耽って過ごした。この中でサルトルは「作家らしく、また人間らしく、愛した者の死を、その欠陥もすべて含めて深く悲しんだ。一九四〇年のたわい

ない敗北後のフランスを深く悲しんだ」[8]。この小説に夢中になったのはエイベルばかりではない。ジャネット・フラナーも魅入られた。

ふたりともサルトルの文体は他に二つとないと感じた。「催眠的」というのがおそらく、読者におよぼす影響を説明するのに最も適した言葉だろう。エッセイでも、ジャン・ジュネを主人公とする執筆中の文学的な伝記にしても、あるいは小説でも、サルトルは決して言葉を休ませない。サルトルを読むと、ひとはしばしば息詰まる追跡劇か高所の綱渡り芸人を見ているような気になる。エイベルは「分析の法悦の中で積み重なる類語反復」が「サルトルの冗長さ」の基礎をなすと見た。これには多様な効果がある。「同じことを二十五回二十五通りの言い回しで語られると、まず著者の言わんとするところがよりよく理解できるのに加えて、著者の主題に対する強烈な関心が感じとれる。読者は著者の感情に触れる。つまり著者は哲学的に考える習性を修辞と文学表現に用いる方法を発明したと言える」[9]。

ライオネル・エイベルが格闘した相手は実体としての作法、行動する作法だった。フランス式作法を要旨より手管を優先する浅薄さの事例として退けるのはたやすいけれども、エイベルを初めとする外国からパリにやってきた多くの若手作家や芸術家が発見したのは、人生の作法だった。生き方、書き方、物の見方、アカデミックでない文化的な好奇心、欲求である。彼らはパリで議論の作法と、この地ならではの形式を操る愉しみにも目覚める。フランス式作法は単に愉しむだけでは終わらず、それより息の長いもので、それはアメリカ陸軍のパイロットから小説家になったジェイムズ・ソルターがこの数か月後に初めてパリを訪れて気づくように「物事の位取り、評価の仕方」[10]なのだった。パリが提供するのは教育であり、それは「学校の授業ではなく、存在の見方である。どのように余暇を楽しみ、恋をし、食事をし、会話するか。裸体、建物、街景、どれも新しく、これまでとは違うふうに考えてもらいたいと願うものをどう見るか」[11]。

前年に国立美術学校に入学したアメリカ人学生ジャック・ヤンガーマンとエルズワース・ケリーは、教師の勧めを几帳面に守り、自由時間はルーヴル等パリの美術館に通いつめ、目を閉じても描けるようになるまで巨匠の作品を飽かず模写して、ディテールのすべてを吸収しつくした。

フランスという国では人間存在の最大要因は伝統かもしれず、伝統はたえず個人の発明によって強化されるという事実をふたりは受け入れた。美術学校は「要求する水準がきわめて高く、高度にアカデミックで論理に独創性があり、それを表現しようとするやむにやまれぬ衝動を有する者が持てる独創性を結実させることができるとすれば、未熟なうちに脇道に突進するのを慎み、まず厳格な訓練を経るべきであり、訓練はいったんその複雑な技巧のすべてを習得した後であれば自由に変更したり捨てて差し支えない」[12]と考える。

何か月かかけてオールドマスターやそれよりやや時代を下る巨匠の作品を、ビザンティン美術からカンディンスキー、ピカソまで消化した後、ふたりは新たに手に入れたパリっ子としての目を見開き、独自のスタイルの発見を目指して旅に出る。パリはエルズワース・ケリーに、その後まもなく作家の卵ジェイムズ・ソルターにも教えることを手ほどきした。物の見方、人間の見方を教えた。一九四九年五月、ケリーは具象美術を捨て、ルビコン川を渡り抽象を目指す。水面に散る光の様子を観察して、ケリーは黒と白の長方形からなる《セーヌ川》を描いた。パリの建築が徐々に若い画家のインスピレーションの礎となった。ケリーの閃きはソール・ベローのようにパリの側溝を見下ろしたときではなく、トロカデロ庭園に近い十六区の近代美術館の窓を見上げたときにやってきた。「実在するか案出したかを問わず、ものの解釈を描く代わりに、わたしはものを見いだし、あるがままの姿を描いた。そのようにして初めて見いだしたものが、わたしが手がけた初めての本物の美術作品、《窓、近代美術館、パリ》だ」[13]。ケリーはこの作品を二枚のカンヴァスと木枠で制作する。この後ケリーの手がける美術作品はものであり、署名もタイトルも伴わない。

ケリーにはそれでもまだとくに大切に思う美術家、ジャン・アルプ、ピカソ、ブランクーシ（彼らのアトリエは誰でも訪れる者に開放されていた）に会いに行くだけの勇気がなかったけれども、彼らから貴重な指針を学んではいた。美術の構成要素となる偶然、イメージを作る手立てとしてのコラージュの潜在的可能性である。パリを足の向くままさまよいながら、しかし意気揚々とケリーは着想をスケッチの形で収集した。橋の底面、塀で囲われた中庭、扉のアーチ、水面に映る建物の姿、ノートルダム大聖堂から見下ろす街路の模様、ルーヴル美術館と向かい合うサン＝ジェルマン＝ローゼロワ教会の石積み細工、建物の脇に連なる煙突、地下鉄のポスター、舗道の格子からケリーはインスピレーションを得た。ソール・ベローがそうであったように、エルズワース・ケリーもパリのロマンティックなイメージには興味がない。ケリーにとって、詩情はパリという都市の手触りの粗いディテールに発するものだった。

一九四九年にケリーの作品を目にしたひとはごく少数にすぎないが、同じサン＝ルイ島のオテル・ド・ブルゴーニュに宿泊中の新しい友人マース・カニンガムとジョン・ケージはその限りでない。ともに三十歳前半のアメリカの舞踊家と作曲家は、内気な若い画家をピエール・ブーレーズに引き合わせた。二十四歳になったばかりのブーレーズはすでにソナタを発表して、作曲家としての評価が高い。四人の誰もがそれぞれの分野で偶然、あるいはブーレーズが「管理された偶然性」と呼んだものに興味を持っていた。ケリーにとってこの時期はパリで過ごす六年間の下積み時代の幕開けにすぎないが、すでに独自の画風に向かって大きく一歩前進しつつある。このわずか一年半後にはアルノー・ルフェーヴル画廊で初の個展を開き[14]、ジョルジュ・ブラックは通りすがりに《メシェ》の前で歩みを止め、時間をかけて絵に見入った。ブラックはのちに画廊主エメ・マーグの夫人に、ケリーの《メシェ》は戦後の傑作《アトリエⅨ》の制作を促す貴重なアイデアを与えてくれたと告白する。

ゴドーを探しながら

エルズワース・ケリー青年は友人のジャック・ヤンガーマンと文学を学ぶリチャード・シーヴァーともよく付き合った。シーヴァーはソルボンヌ大学をしばらく休み、パリの街頭で人生を学ぶことにした。ジェイムズ・ジョイスとバンジャマン・コンスタンに関する博士論文の執筆を諦めたのではなく、ただパリの野外遊戯場でフランス文化を体験し、知識を深めようと考えたのだった。

シーヴァーはオテル・ド・ランシャン・コメディから通り三つほどセーヌ川寄りのジャコブ通り二十一番地のオテル・デ・マロニエに引っ越した。七階の女中部屋の家賃は月十ドル。「ただひとつ不都合なのは、時代物の赤いタイル張りの床が水平からほぼ二〇度傾いていることだった」[15]。ベッドとテーブルは、近所の工事現場から失敬してきた煉瓦を脚に挟んで片側を持ち上げた。「テーブルと揃いの木の椅子にまつわる些細な支障については、前脚二本を五センチほど切り落として解決した」[16]。軍の給付金だけでは収支が合わず、副収入が必要だった。左岸に暮らす文学部の学生の大半がそうであるように、シーヴァーも新聞記事や書評の売り込みに精を出し、ビアリッツで英語を教えて糊口をしのいだ。

シーヴァーの報酬はフラン払いだったから、暮らしぶりもパリ市民と変わらない。貧しかったけれども、この頃の左岸では誰もが貧しかった。「川向こうにまったくの別世界のあることは知っていた。外交官や実業家、ジャーナリストや政治家が贅沢三昧の暮らしをして、ぼくらのとはまったく違うパリを経験していることはね」。シーヴァーはそれでも彼らを羨ましく思わない。シーヴァーはフランス人になりたかった。それは友人のジャック・ヤンガーマンも同じこと、こちらはシーヴァーのかつての教え子と恋に落ちた。十七歳のそのお相手は「黒髪で目鼻立ちの調ったガルボ似の女優の卵、驚くほど若くて聡明な」デルフィーヌ・セイリグ。美貌と才能に恵まれ、嗄れ声と映画と舞台のどちらでも独創的で興味深い作品を選んで出演することで知られ、のちにフランスを代表するスターとなる。演劇を学ぶ学生で、俳優兼演出家ロジェ・ブランと親しいセイリグは完璧な英語を話した。優れた考古学者の父親が戦時中、クロード・レヴィ＝ストロースと共に自由フランスの文化参事官としてニューヨークに駐在し、セイリグは人格形成期の八歳から十三歳までニューヨークの学校に通った。[17] まだこの時点では本人も知らないが、数か月後にセイリグはサミュエル・ベケットの『ゴドーを待ちながら』の存在をリチャード・シーヴァーに報せる重要な役割を担い、[18] そのシーヴァーが今度はベケットの作品を英語圏の世界に広める役目を果たしたおかげで、ベケットは遅ればせながら名声を博し、後日ノーベル文学賞を授与される。

サミュエル・ベケットは四十三歳の誕生日を迎えたところだった。シュザンヌ・デシュヴォー＝デュムニールはベケットが一九四九年一月末に脱稿した最新作『ゴドーを待ちながら』を読んでとてもよいと思い、舞台演出家ロジェ・ブランの興味を惹き、できれば舞台で公演してもらうか、少なくともラジオの放送劇にしてもらおうと心に決めた。アントナン・アルトーのかつての弟子ロジェ・ブランはゲテ座の俳優兼演出家、それに支配人も務めていた。ある日の午後、シュザンヌは『ゴドーを待ちながら』と『エレウテリア』の原稿をブランに言づけようとして、劇場に赴いた。ブランは幸い『ゴドー』の上演を望んでくれたが、残念ながらゲテ座を去ることになったという。ブランがそれまでにゲテ座で手がけた三作は批評家筋の受けはよかったものの、興業的には失敗に終わった。それでもブランは作者に会って話がしたいという。ファヴォリット通りのアパルトマンで昼食を共にしよう。「ふたりは意気投合した。ブランが詩人シングとアイリッシュ・ウィスキー好きだったのも幸いした」[19]。『ゴドー』はまずラジオの放送劇として発表されることになったが、すぐというわけにはいかない[20]。

ベケットとシュザンヌはなんとかやりくりしていたけれども、どちらも疲労困憊していた。ファヴォリット通りの狭いアパルトマンはあまりに騒音が喧しい。隣人が最新型のラジオを買ったため、ベケットは書こうとするたびに、今では途切れることのない雑音が気になり集中できない。ベケットは十三の短編からなる連作小説も構想していて、『役立たずの文章』と題するつもりだった。この『役立たずの文章』を書くには、環境の変化が求められる。ふたりは、パリ近郊に廃屋に近い農家がたくさんあり、それならわずかな家賃で借りられると聞いた。ある日の午後、ふたりはパリの東駅から汽車に乗り、ユシー゠シュル゠マルヌに向かう。人口五百人のこの村は第一次世界大戦の戦場のひとつとして知られる。ふたりは村と周辺の農地を歩いてまわり、荒れ果てた農家に目をつける。所有者と交渉して一部屋のみ年額六ポンドの家賃で借りることができた。ベッド、テーブル、コンロ、椅子それぞれひとつのほかに何もない部屋だが、何本もの果樹とライラックの茂みを望むことができ、ちょうど花が咲いていた。人生の不条理には倹約で立ち向かうのがふたりの流儀だった。

半年後、母親の他界に伴い、遺産を相続してベケットの暮らしは以前より楽になり、シュザンヌとミニュイ社の新社長ジェローム・ランドンの出会いも事態を好転させるのに役立った。シュザンヌはランドンに『モロイ』を手渡し、読むように頼んだ。「ほんの二、三時間で読み終えた。それまで本というものを読んだことがなかったかのように」[21]。ランドンはシュザンヌに電報を送り、ベケットがこれまで書いたものはすべて出版したいと伝える。これこそシュザンヌが伴侶のために手に入れようとして努力を重ねてきた突破口だった。演劇公演に肩入れするロジェ・ブラン、本の出版を引き受けるジェローム・ランドン、英語版の雑誌で熱心に旗を振ってくれる贔屓のリチャード・シーヴァーを得て、ベケットはついに「発見され」、その名が全世界に知れ渡る日も遠くない。

マーシャル・プラン施行一周年

一九四九年四月十五日の晩、カーニュで『第二の性』第二巻の校正を終えてパリに戻ったばかりのシモーヌ・ド・ボーヴォワールは、上の空でビュシュリー通りのアパルトマンの小さな机に載せたラジオのスイッチを入れた。ネルソン・オルグレンに手紙を書きながら、恋人を乗せた飛行機がオルリー空港に着陸する五月十一日まで四週間足らずの日数を指折り数える。

手紙を綴るボーヴォワールの手が突然止まった——ラジオから流れるマーシャル・プラン施行一周年を讃える話し手の声がボーヴォワールの注意を惹いた。「寛大なアメリカの国民と指導者の皆さんに我々は大いに励まされました」とその声は言う。マーシャル・プランがフランスに暮らす者すべてに好影響をおよぼしたことは否定しようのない事実だった。オルグレンはパリではまだ石鹸を手に入れるのはひどく難しいかと訊ねてきた。ボーヴォワールはマーシャル・プランのおかげで、パリ市民は何でも手に入れることができる、アメリカ産のフルーツ・ジュースさえ買えると返事をした。[22] フランスの苦境もようやく峠を越した。牛乳、バター、チーズ、食用油、チョコレートが配給切符なしで入手できるようになれば、闇市消滅宣言も公表されるだろう。それも数週間待てば現実のものになりそうだ。

効果はフランス全土におよんだものの、マーシャル・プランの本拠はパリの右岸にあった。本部はヨーロッパ史上最大の影響力を誇った外交官タレーランの旧居に置かれ、空室ひとつない。サン＝フロランタン館とも呼ばれるこの邸宅（オーク板貼りのサロンはデュ・バリー夫人の音楽の館から移築したもの）の所有者はロートシルト家。戦時中に美術品コレクションの重要な部分をナチに略奪された後とあっては、アメリカ政府からの現金提供がありがたく感じられたことだろう。壮麗な新古典主義様式のサン＝フロランタン館はリヴォリ通りとサン＝フロランタン通りの交わる地点、パリの広場の中でもとくに宏壮かつ劇的な出来事の現場となったコンコルド広場に面して威風辺りを払う。

シオドア・H・ホワイト等マーシャル・プランを取材する外国人ジャーナリストは、いまや食前酒を嗜む習慣を身につけた。落ち合う場所はやはりコンコルド広場に面するオテル・ド・クリヨン。英国人の同業者が日々黄昏時に集い一杯やりながら噂話に花を咲かせることにしたのは、その日の出来事の意味合いを読み解くためだった。ホワイトは英国人の仕事仲間をどうしても揶揄せずにいられない。最も緊密な同盟国の間でも、戦闘意欲が火花を散らす。ホワイトは英国人ジャーナリストを学者、高慢ちき、愉快派の三つのグループに分けた。

学者派はサン＝ルイ島か左岸に住み、おそらく鵞鳥の羽根ペンを用い、厖大な学識を披瀝する。高慢ちき派は帝国がすでに滅びたことをご存じない。愉快派は遊軍記者で、事実の欠片でもあればこれをふくらませ、尾鰭をつけ、さらにでっちあげもすれば、興にまかせて夜通し噂話に熱を上げるなど、アメリカの記者はとうていその才能の足元にも及ばない。学者派は歴史を求め、高慢ちき派は何も求めず、愉快派はフリート通りの上司のご機嫌をとろうと販売部数の増大を目指す。[23]

シオドア・H・ホワイトは毎日ボッカドール通りのアパルトマンからベッリ通りのヘラルド・トリビューン社の建物にある編集部を経由してマーシャル・プラン本部に向かう途上、オテル・ド・クリヨンのバーで一服し、帰り道はこの逆をたどった。そうなるとシャンゼリゼ大通りを日に何度も行ったり来たりすることになる。のちにアメリカ大統領選挙を詳しく報じて名を挙げるホワイトは、こうして目抜き通りを歩きながらマーシャル・プランの本質を明らかにしようと試みた。

それには貨幣の定義から始めなければならない。「西欧文化圏では貨幣は支配関係を隠蔽する」。マーシャル・プランの新しさは、「国家間で大規模に使用される貨幣の支配力が、殺すのではなく癒す効用を初めて示した[24]」ことにある。ホワイトは状況を次のように解釈した。ヨーロッパの人々はまともな暮らしを営むのに必要なものを思いどおりにできず、その費用を払うこともできなかった。さらに悪いことに、パンを焼く小麦、服を仕立てる綿、自動車を動かす燃料にも事欠く始末。「人々は腹を空かせていた。あるものは飢え、さもなければ盗んだ。多くは貯め込んだ。誰もが誤魔化した」。アメリカ議会はヨーロッパをもう一度、今回は飢えと共産主義から救済することに合意する。経済面では、マーシャル・プランは小さなミスひとつなく、円滑に運用された。一九四九年六月までに、「ヨーロッパ内部の機構、流通、決済の難題はすでに解決済みだった[25]」。

我等の人生で最も幸福な春

一九四九年五月十一日、シモーヌ・ド・ボーヴォワールは浮き浮きした気分で目を覚ます。待ちに待ったその日。二年前にシカゴで買った白いコートを着て、愛するひとを迎えにサン＝ラザール駅行きのバスに飛び乗った。オルグレンは難なくボーヴォワールを見つける。鉄道駅は一世紀分の煤と埃にまみれて汚いこと夥しく、ボーヴォワールの白いコートは暗いトンネルの出口を照らす陽光のように輝いた。ふたりは黙って抱き合い、永久に続くように思えても実は三十秒足らずの抱擁を終えて話し始めた。今度は話が止まらない。ボーヴォワールはオルグレンを歓迎しようと盛りだくさんの計画を立て、紹介したい友人は山ほどあり、その誰も彼も手紙に詳しく書いたから、オルグレンは会わないうちから事細かによく知っているような気がする。ふたりは相手が話し終わらないうちについ話し始めて声が重なり、そのたびに顔を見合わせて大笑い。オルグレンの旅行鞄にはボーヴォワールの母親に贈るチョコレート、サルトル用のウィスキー、ボーヴォワールのための花柄の部屋着が入っていた。それに加えてたくさんの本と、前回の休暇を共に過ごした折に撮影した何枚もの写真。

　オルグレンは最新作『黄金の腕』を「フランスの妻」と過ごす四か月の休暇に出発する寸前になんとか書き上げ、第一回国際ジャズ・フェスティバル開幕直後のパリに到着した。毎夜フェスティバルには熱狂的なジャズ・ファンがつめかけた。サル・プレイエルで演奏したアメリカのミュージシャンには二十二歳の黒人トランペット奏者マイルス・デイヴィスもいた。マイルスが外国に旅するのはこれが初めてで、共演者にはチャーリー・パーカー、ディジー・ガレスピー、シドニー・ベシェ、クロード・リュテールといった錚々たるメンバーが顔を揃えた。五月のある宵、マイルス・デイヴィスはサン＝ジェルマン＝デ＝プレの陽気な仲間と偶然行き合った。そんな気分になるのは初めてで、その後も二度と繰り返すことはないだろう。「パリはその後のぼくの物の見方をすっかり変えた。パリにいるのがとても気に入り、ぼくに接するひとの態度も気に入った。パリに行って初めて、白人はみな同じではない、偏見を持たないひともいるとわかった」[26]。ボリス・ヴィアンはマイルスをパリの友人たちに紹介し、その誰もがマイルスを彼本来の姿である才能豊かなミュージシャンとして扱った。ジュリエット・グレコはといえば、恋する少女のようにマイルスに見とれた。グレコはマイルスの最初のコンサートを舞台の袖から、ボリス・ヴィアンと妻のミシェルと肩を並べて見た。金がなくてチケットは買えなかったが、マイルスの才能と美しさに深く心を動かされた。グレコはマイルスの横顔に夢中になる。「一晩中、彼の横顔を見ていた。本物のジャコメッティね[27]」。人と人の関わりが突然、単純になる。マイルスはグレコと、彼女の友人たちに恋をした。数日後にはニューヨークに残した恋人アイリーン、ふたりの間にできた五歳の娘シェリルと三歳の息子グレゴリーもマイルスの頭から消えかかる。マイルスとグレコは毎夜、手に手を取ってパリの街路を歩き、ジャズ・クラブを梯子し、カフェからビストロへ、あちらこちらの友人を訪ねてまわったが、誰もじろじろふたりを見たりはしない。グレコは英語を話さず、マイルスはフランス語を話さなかった。「どうしてたのでしょうね、見当もつかないわ。愛の奇跡かしら[28]」。グレコは後年こう回想する。マイルスはこの暮らし、この自由の楽しさに酔い痴れた。「ジュリエットはぼくが対等な人間として愛した初めての女性だ[29]」。

ボリス・ヴィアンはマイルスをグレコに紹介した後、ボーヴォワール、オルグレン、サルトル、さらにアンティーブから数日の予定でパリに戻ったピカソにも引き合わせた。ある晩、全員揃ってサン＝ジェルマン大通りのビストロで遅い夕食をとる最中、サルトルがマイルスに「なぜジュリエットと結婚しないんだい」と訊ねた。マイルスはあっさり「不幸にするには愛しすぎているからね[30]」と応える。グレコは咄嗟にこの答えの意味がわからなかった。マイルスはただの女たらしで、自分と一緒になるために二人の幼な子の母親を捨てたくないということだろうか。そうではない、単に肌の色の問題だった。「もしわたしをアメリカに連れて帰れば、わたしはさんざん悪口を言われたに違いないでしょう[31]」とグレコははるか後年、当時をこう回想する。一九五〇年代のこと、ウォルドーフ・アストリアに客として宿泊したグレコはマイルスを夕食に招待した。「マイルスがレストランに入ってきたときの給仕長の顔ったらなかった。二時間待たされて、まあ料理を顔に投げつけられたってとこかしら」[32]。午前四時にマイルスから電話がかかる。マイルスは涙声だった。「ここではもうきみに会いたくない、この国ではぼくらのような付き合い方は無理なんだ」[33]。グレコはこのとき急に、自分がとんでもない間違いをしでかしたと気づいた。「あの奇妙な屈辱感は決して忘れられないでしょう。アメリカでは、彼の肌の色がわたしにも露骨に目についた。パリではちっとも気にならなかったのに」[34]。

一九四九年の五月と六月のそうした日々はあまりに早く過ぎ去った。マイルス・デイヴィスと同じように、ネルソン・オルグレンも人生最良の数か月を送っていたけれども、理由はまったく同じでもない。毎朝ノートルダム大聖堂の情け深い眼差しの下で目覚めるたび、スウェーデン生まれのユダヤ教改宗者の息子は深い感動を覚えた。パリはオルグレンに聖俗両面の体験をもたらす。ビュシュリー通りから歩いて数分のモーベール広場の青果市で、オルグレンの心は歓びに満たされる。フランス人が日々交わす挨拶もオルグレンには愛おしく感じられた。「ボンジュール、コマン・サヴァ、トレ・ビアン、メルシー、エ・ヴー、ケル・ボー・タン、オ・ルヴォワール、メルシー・ムッシュー」。パリの暮らしのこうした些細なひとこまを心にとどめ、ある遅い朝、オルグレンはボーヴォワールの耳に囁きかける。「ねえ、シカゴではひとは口を利かずに買い物をするんだ」。一方、誰もがオルグレンを好きになった。ミシェル・ヴィアンはオルグレンがとても魅力的と思い、専属の通訳となる。オルグレンもミシェルが気に入り、ザズーと綽名した。サルトルはオルグレンが持ってきてくれたウィスキーがいたくお気に召し、オルグレンも哲学者のユーモアの面白味がわかるようになった。「ちびボスト」とは戦争の思い出を語り合い、オルガはシカゴからやってきた長身の男にすっかり魅入られて、ふたりの話にうっとり耳を傾けた。ヴィアン家ではタルティーヌ・パーティーが開かれ、ジュリエット・グレコ、マイルス・デイヴィスと共に夕食のテーブルを囲み、サン＝ブノワ通りのバー〈ル・モンタナ〉ではリチャード・ライトとウィスキー、グレープフルーツ・ジンのグラスを重ね、ガリマール社のカクテル・パーティーに顔を出し、グレヴァン蠟人形館を訪れ、ジュ・ド・ポーム美術館で催されたファン・ゴッホとトゥールーズ＝ロートレック展に足を運び、ある晩はキャバレーでイヴ・モンタンに聴き惚れた。フランス語の翻訳者ジャン・ギヨネと仕事に励む午後もあった。ギヨネにはシカゴ特有の俗語表現が難解至極でフランス語に置き換えるのに四苦八苦。[35] ふたりはカフェ・ド・フロールの最上階に腰を落ち着け、何時間もかけてスラムの語法を論じ合った。

『第二の性』第一巻の出版がボーヴォワールにはかえって邪魔のようにも感じられた。何事もボーヴォワールの気持ちをオルグレンから逸らすことはできない。ボーヴォワールはオルグレンにすべてを捧げ、人生の数か月なりとも献身的な妻の役割を演じてみたかった。[36] 著書の批判に応える時間なら、秋に刊行予定の第二巻は第一巻に輪をかけて粗野なほど率直で、性の表現もさらに生々しく、いっそう激しい議論を呼ぶことは確実なので、そのときにたっぷりとれるだろう。さしあたり、ボーヴォワールはハネムーン気分を満喫した。ビュシュリー通りの一部屋のアパルトマンには床に広げた地図とベッドがある。オルグレンはイタリアと北アフリカを旅したかった。夜が更ければ、ノートルダム大聖堂の尖塔から延びる影の下、ふたりは旅の計画を立て、日程を練った。ローマ、ナポリ、アマルフィ、ラヴェッロ、ソレント、イスキア、チュニス、アルジェ、フェズ、マラケシュ、そこからマルセイユ、そしてプロヴァンス地方のカブリへ。

四か月後の九月十三日、帰国便の待つル・ブルジュ空港まで見送りに来たボーヴォワールにオルグレンはこう囁いた。「こんなに幸せだったことはない、これほどひとを愛したこともない」[37]。ニューヨークのアイドルワイルド空港に降り立って、オルグレンは『黄金の腕』がきわめて好評と知らされる。アーネスト・ヘミングウェイはこう称えた。「オルグレンは両手が利き、周りを跳び回り、よほど注意しないと一発で倒される……オルグレン君、きみは素晴らしい」[38]。オルグレンにこれほどの幸福は二度と訪れず、作家としてこれほど持て囃されることも絶えてないだろう。一九四九年のパリでオルグレンは頂点を極め、その高みにふたたび登ることは二度と叶わない。

ボーヴォワールとオルグレンが甘い言葉を交わす間、サルトルはようやく「ニューヨーク・ガール」、しつこくねだるドロレス・ヴァネッティと別れることができた。かくてドロレスは医者の妻、サルトルは愛人は何人いても独身のままにとどまる。ドロレスはアフリカの仮面とデュシャン、ブルトン、カルダー、デルヴォーの作品が所狭しと並ぶアパートに暮らし続け、二度とふたたびサルトルの名を口にしない。サルトルはミシェル・ヴィアンを笑わせようと大わらわ。サルトル周辺の者は皆、ヴィアンは別にして、それが何を意味するか知っていた。知らぬはまもなく妻を寝盗られる夫ばかりなり。

第16章　告別、そして新しい夜明け

結婚の終わり

オルグレンと連れ立ちローマに発つ前に、ボーヴォワールはリチャード・ライトと会い、小説の映画化を本当によい考えと思うかと問いただした。ボーヴォワールはライト夫妻のことがとても気に入っていて、ライトがアルゼンチンに七か月も、ひょっとすると一年間も行ってしまえば、夫婦関係が破綻するような気がしてならなかった。夫妻の間にはすでに葛藤があり、エレンは夫の優柔不断、実存的倦怠にそういつまでも耐えられそうにない。ライトも実はエレンや娘たちのことはまったく考えていなかった。映画スターになるつもりで、ボーヴォワールの助言にしたがい、身体の線をすっきりさせ、若々しく見えるようにダイエットまで始めた。二十年分の贅肉を落とさなければならない。そう思うと、自分でもつい笑いたくなる。

自分たちのような作家にとっての未来は映画にある、とライトはボーヴォワールに話した。ノーマンを見てごらん、とも言う。ノーマン・メイラーはつい先頃、台本の共作者でもある師匠ジャン・マラケと共にニューヨークからハリウッドに拠点を移した。『裸者と死者』を映画化した作品がイギリスで公開されたばかりで、絶賛されると同時に第二次世界大戦中の米兵の見境のない蛮行の描写が大いに物議を醸す。興行収入も桁外れで、いくつもの映画製作会社がメイラー詣でに精を出しているという。メイラーはスタンダールの

『赤と黒』を原作とする脚本執筆にも手を初めるつもりで、早手回しにモンゴメリー・クリフトを説得し、ジュリアン・ソレル役を引き受けてもらった。勢いに乗るノーマン・メイラーとジャン・マラケは各々夫人を連れてシャトー・マルモンを引き払い、サンセット大通りのすぐ先の麓を走るマーレイ・ドライヴ一六〇一番地に建つ七部屋の大邸宅に引っ越した。一九四九年八月二十八日、スーザン・メイラーが誕生する。マラケが名づけ親を引き受けた。[1]

ボーヴォワールはハリウッドが、あるいは映画の台本を書くという行為全般が、彼らのように才能ある作家の成長に結びつくとは少しも思わなかった。出版と比べれば実入りもよいし、よほど華やかなのはたしかで、心をそそられるにしても、どちらかといえば罠に近い。エレンの面倒はわたしが見るとボーヴォワールはライトに伝えた。ボーヴォワールはカミュとも別れの挨拶を交わす。カミュはパリの家庭生活と政治に日々募る不満から逃れようと、ブラジル、アルゼンチン、ウルグアイ、チリを巡る旅に出ようとしていた。やはり巡回講演旅行を目的にメキシコに向かうサルトルもボーヴォワールは見送った。フランスの著名作家ふたりのうちどちらが他方を後追いしていたか、言い当てるのは難しい。いずれにしろ、戯曲が上演され、『異邦人』と『ペスト』の訳書が刊行されたばかりのアルゼンチンで、カミュは「実存主義の二番手」[2]として知られていた。

ボーヴォワール、サルトル、カミュ、ライトがサン＝ジェルマン＝デ＝プレを離れ、各々の冒険に出発しようとするかたわらで、後に残された何人かのパリ生活はますます困難を極める。一九四九年の夏は、恋愛、婚姻関係が静かに崩壊し始めた季節として記憶されるだろう。フランシーヌ・カミュは緩やかに鬱状態に陥った。エレン・ライトは夫の我が儘に愛想を尽かし、未来のケストラー夫人、マメインは原因不明の激しい喘息の発作を起こし、ロンドン市内ハムステッドの療養所に空路搬送された。

絶対安静の数週間を過ごした後ヴェルト・リヴに戻ったマメインは、ずっと気分がよくなってはいたけれども、虚弱なのに変わりはない。マメインの体調がそうした心許ない状態なのにもかかわらず、「秘密の小説」と呼ぶ『思慕の時代』[3]を執筆中のケストラーは習慣になった暴行を抑えることができない。口論になると、それは頻繁に起きたが、ケストラーはマメインを殴った。当時はそれを家庭内暴力、あるいは虐待と呼ぶ者もない。妹に宛てた手紙の中で、マメインは当たり前のようにこう記す。「アーサーに頭をびっくりするくらい強く叩かれました（三度目よ）」[4]。英国の薔薇には、そうした扱いも社会に大きな影響力を持つ有名人、世界に名を知られる作家の妻になろうとする者の「職務」についてまわるものと思えたらしい。

アーサー・ケストラーの伴侶という特殊な職務からは、これとはまた別の不快さが生じる。ケストラーは年上の嗜虐的な愛人から逃れようとする二十二歳の南アフリカ人女性シンシア・ジェフリーズを秘書に雇うことにした。ケストラーはついにマメインとの結婚に同意し、日取りも一九五〇年四月と決まったけれども、だからといって若くて言いなりになるシンシアを秘書兼折々の愛人にするのを思いとどまりはしない。マメインは時が経つにつれ、徐々に衰弱していく。結婚から四年後、マメインは三十七歳で急逝した。ケストラーは友人に、「わたしがマメインを殺した」と告げる。シンシアはマメインに代わりケストラーのかたわらに寄り添うことになったものの、三十年後には自らも悲劇的な結末を迎えることになる。[5]

独立心も闘志も旺盛な英国の詩神ソニア・ブラウネルは、とうとう絶望に駆られて結婚を選ぶことにした。生涯にただひとりの相手と思い定めたモーリス・メルロ＝ポンティから、自分と結婚するために妻と離婚するのを拒まれて、ソニアはそれまで何度か求婚されていたジョージ・オーウェルからの申し出を受けることにした。一九四九年春、グロスターシャー州クラナムのサナトリウムに入院中のオーウェルは最悪の健康状態にもかかわらず、ソニアに着想を得た女性主人公の登場する『一九八四年』をなんとか書き上げる。[6]

ソニアがオーウェルとの結婚を決意したのは不幸のどん底にいたせいだが、オーウェルはそれでもソニアに強さと優しさを見いだした。ソニアはメルロ＝ポンティを愛したようにオーウェルを愛することはなくとも、「互いに対する誠実さ、ユーモア、共感からふたりの間に盟約が育った」[7]。パリにいるソニアの友人たちは、強硬な反スターリン主義者との評判がフランスにも漏れ伝わりはじめた人物とソニアが結婚すると聞き、狼狽する。とはいえ、友人たちもオーウェルの作家としての才能は認め、『一九八四年』はイギリスでもアメリカでも大いに持て囃された。結婚式が一九四九年十月十三日、ロンドンのユニヴァーシティ・カレッジ病院のオーウェルの病室で行なわれたと知り、友人たちもソニアと同様、心を痛める。式に参列したごく少数の中に、気管支鏡検査を受けるためロンドンに短期滞在中のマメインの姿もあった。誰もができるだけ陽気に振る舞おうとしたけれども、友人たちにはソニアが妻というより看護婦になることがわかっていた。これほど若く、美しく、潑剌とした女性にとって幸せな前途とは言いがたい。

いずれにせよ、看護も結婚も長くは続かず、わずか三か月後の一九五〇年一月二十一日にオーウェルが息を引き取り幕となる。オーウェルを死に追いやった毒婦とソニアを中傷し続ける輩にとってはあくまでソニア・オーウェルにすぎなくても、友人たちにはいつまでもソニア・ブラウネルのまま、辛口のカンパリのグラスを片手につねに優しく微笑みながら多くの作家を見守り、友人、翻訳者として支えた女性なのだった。

オーウェルの葬儀から二か月後、ソニアはパリに戻り、友人たちの慰めを受ける。ソニアはできるだけ長い時間をパリで過ごす方法を探り、やがてイギリスの版元ワイデンフェルド&ニコルソン社とスイスのスキラ社の編集者として、新人発掘も担当してこの願いを叶える。ソール・ベロー、メアリー・マッカーシー、エリザベス・ハードウィック、ノーマン・メイラー、ミシェル・レリス、そしてマルグリット・デュラスの国際的な名声を高めようと精力的に努めるソニアに出会ったひとは誰もが、「爽やかな白ワインのように弾ける憂愁」[8]に心を打たれた。

ニュー・ウェーブ

一九四九年の夏、知識人の重鎮が大移動を起こし左岸から姿を消した後には、多くの空席が残された。まだ十代のはるかに若い後続世代は、早くから実存主義の洗礼を受け、人生を謳歌し、新たな実験を試み、混沌としたパリの生活、美術、文学、政治に積極的に関わりたくて、好機の到来を今や遅しと待ち構えていた。面白いことに、そうした若い世代は左岸ではなく右岸を選ぶ。これは栄えある先輩たちとの違いをはっきりさせるための、彼らなりのやり方だったのだろう。反抗心に燃える少年フランソワ・トリュフォーにとって、一九四九年は波瀾含み。ひとつの時代の終わり、新しい時代の始まり――であってほしいと、少なくとも本人は願った。十七歳の怒れる映画ファンはこの年、とうとうどん底に落ちる。梅毒を患ったのである。ピガールにほど近いナヴァラン通り九番地、瀟洒なネオ・ゴシック様式のファサードの陰に隠れた娼館に通いつめた挙げ句の体たらく。お気に入りの詩人シャルル・ボードレールと同病なのは誇らしくなくもなかったが、それでも若者ははるかに幸運に恵まれる。毎日お尻にペニシリン注射を打ってもらい、病はやがて完治した。師匠のアンドレ・バザンが主宰する「労働と文化」誌に雇われ、ようやく定職に就いたトリュフォーは革新的なシネクラブをうまく運営する方法、そして映画批評の書き方を学ぶ。トリュフォーはバザンの助手、恩義を感じる友人、そして弟分でもあった。バザンが次から次へと乗り出す映画関連のプロジェクトには必ず手を貸し、無鉄砲にもカンヌ映画祭の向こうを張ってビアリッツで開催した第一回「呪われた映画祭」[9]にも協力した。ジャン・コクトーとバザンはただ商業的なばかりでなく、真に芸術的な映画を奨励しようと思いつく。トリュフォーは一九四九年七月の初め、夜行列車に飛び乗り、映画祭のさほど重要でない招待客用のホテル代わりに用意されたビアリッツ高等学校の寮に投宿した。トリュフォーはそこでコクトーと知り合い、やや年長の筋金入りの映画ファンの集団とも偶然、同宿する。それはクロード・シャブロル、エリック・ロメール、ジャン=リュック・ゴダールといった面々。フランスの新しい波、ヌーヴェル・ヴァーグはその日、ビアリッツの海辺で誕生した。映画祭ではオーソン・ウェルズの『上海から来た女』、『偉大なるアンバーソン家の人々』、ジャック・タチの『のんき大将脱線の巻』、ジョン・フォードの『果てなき航路』、ジャン・ルノワールの『南部の人』、ジョゼフ・フォン・スタンバーグの『上海特急』、ルキノ・ヴィスコンティの『郵便配達は二度ベルを鳴らす』が上映された。その後数世代にわたり映画愛好家、評論家、監督の想像力を育み、形作る傑作群である。

　夏の暑さは息詰まるほどだったが、豪奢な十六区ではブルジョワの子女たちが稽古に励んでいた。もうすぐ十五歳になるブリジット・バルドーは「エル」誌の編集者から雑誌のイメージキャラクターに選ばれたところだった。バルドーの姿勢は抜群、天真爛漫なしとやかさも人目に立つ。バルドーはパリ・オペラ座のバレリーナを夢見て、ダンス・スクールで熱心にレッスン中。毎日リセの授業が終わると、住み込みの女性家庭教師が二時間の厳格なバレエのレッスンに連れていく。レッスン後は足が血まみれなのも珍しくない。同じリセに通うほんの少し年上のレスリー・キャロンは国立バレエ学校、コンセルヴァトワールの入学試験に合格した。数か月後、キャロンはジーン・ケリーの目に留まり、「ガーシュウィンの映画」に抜擢される。「それ何のこと?」とキャロンは笑いながら問う。返ってきた答えは「『巴里のアメリカ人』だよ」。

　ブリジット・バルドーはレスリー・キャロンのようになって、一生を踊り暮らしたかった。若手写真家ロジェ・ヴァディムが「エル」誌の表紙を飾ったバルドーの写真に目を留めて、映画の端役のオーディションを受けてくれないかと頼んだ。両親の許しを得て、バルドーは申し出を受け入れる。実のところ、バルドーは映画にはあまり関心はなかったけれども、初対面の色黒で背の高い男性、厳格な母親アンヌ＝マリーのように自分のことを救いようのない馬鹿扱いしたりしないこの男には大いに関心を持った。オーディションが徒労に終わっても、バルドーはピルエットとアントルシャの稽古を熱心に続ける。しばらくの間は。

ロジェ・ヴァディムはたしかに十代のバルドーを口説き落とした。十六区に住むカトリック信者の右翼でブルジョワ家庭の娘バルドーは、サン＝ジェルマン＝デ＝プレのどこの馬の骨とも知れないボヘミアンに、それまでバレエだけに捧げてきた情熱のありったけをこめて、恋をした。数か月後、一九五〇年の初め、バルドーはプロの踊り手を目指すふりをすっかりやめる。それでもバルドーはバレリーナらしい肉体と佇まい、優美さをつねに保ち、部屋に入れば居合わせた人々を必ずうっとりさせた。バルドーは性、社会、道徳、哲学的現象、「ニューヨーク・タイムズ」紙がのちに宣言する「動く輪郭の持ち主」[10]となり、ボーヴォワールも後日これについて研究し、文章を著す。フランスの知識人たちはバルドーには若いスターの美しい曲線美以上のものがあると見通した。バルドーはこの新世代、何が何でも自由に生きようとする実存主義の申し子そのもの。偏見もなければ道徳心もなく、社会の制約にも縛られない。フランソワ・トリュフォーとジャン＝リュック・ゴダールがまもなくパリの街頭で、カメラを技師の肩やコンヴァーティブルカーの後部座席に載せて市の許可もとらずに撮影を始めれば、バルドーもまもなく肉体の動きで世界を恍惚とさせるだろう。

バルドーを論じたエッセイの中で[11]、ボーヴォワールはすぐさま十代のバルドーを実存主義の産物と指摘する。ボーヴォワールによれば、バルドーは戦後フランスに登場した初の、そして最も解放された女性である。ボーヴォワールはこう記す。「バルドーの肉体には受動性を象徴する寛容がない。バルドーは歩き、踊り、動く。狩るか狩られるかの遊戯で、バルドーは猟師であり獲物である。バルドーが男性の標的であるのと同程度に、男性もバルドーの標的である。これがまさに男性の自尊心を傷つける[12]」。

バルドーの気取りのなさは、どのような気取りよりひねくれているように見える。バルドーは西欧世界に新種の女を提示した。「バルドーのように宝石、化粧、ハイヒールを軽蔑するのは、虚像への変身を拒むことである。己は男性と対等の存在との主張にほかならない[13]」。

バルドーは「良妻」にも、「賢母」にもなろうとしないだろう。男に恋しては飽き、四回結婚し、無数の男の心を弄び、男の許にとどまり、男と別れ、男の子をひとり生み、自分は母親に向いていないと気づき、息子の養育は父親に任せた。だからといって、バルドーは反抗心をそのまま行動に移したわけではない。ボーヴォワールはこう説明する。「欲望と快楽がバルドーには教訓や因習より真実らしく思えた。バルドーは自分の気に入ったことをする。それが世間をいたく悩ませた[14]」。バルドーの立ち居振る舞いと眼差しをこうした観点から見れば、なぜバルドーが実存主義者の偶像になったかは容易に理解できる。

バルドーより十か月後に生まれたフランソワーズ・サガンもパリのブルジョワの娘で、左岸の思考法を受け継いだ。サガンが両親と暮らす家は十七区の中でも高級なマルシェルブ大通り一六七番地にあった。夏の休暇はビアリッツ近郊のオスゴールに家族の所有する別荘で暮らすのが常だったが、一九四九年の夏にはその前に共産党の息のかかったメゾン・ド・ラ・パンセ・フランセーズ（フランス思想会館）が企画したピカソ展を見たいと言い張った。出品作は過去二年間に描いた作品から画家本人が選び、油彩画の総数六十四点にのぼる。フランソワーズ・コワレ（本名）は早くから作家を志望した。文学がペンネームの「サガン」を少女にもたらす。この名はお気に入りの作家、マルセル・プルーストを読んでいて目に留めた。ボゾン・

ド・タレーラン＝ペリゴール、ド・サガン大公は十九世紀を颯爽と生きて名を馳せ、『失われた時を求めて』のゲルマント公爵、シャルリュス男爵のモデルとなった。「フランソワーズ・サガン」。少女はその響きが気に入った。少女も自分なりに、颯爽とした人生を送るだろう。ただ今しばらくは友人のフロランス、アンドレ・マルローの娘と一緒に、自由な時間はビリー・ホリデイを聴き、サルトル、ボーヴォワール、スタンダール、そしてアメリカの文学界に彗星のように登場した若いカーソン・マッカラーズを読んで過ごす。サガンとマッカラーズには文章を書き、生き急ぐ共通の才能があった。

うら若いサガンもまた自由と愉楽に憧れる。本を読む歓び、そして新たに見いだした文章を書く歓び。書くことがサガンには愉しく、書けば自由に酔い痴れた。一九四九年夏、サガンはおそるおそる、しかしすでに熱に浮かされたように、未来の生き方の鍵を発見する。それは歓喜。サガンは新たな快楽主義の大家となるだろう。サガンは自分が若い女性と年上の男性に魅力を感じることに気づき、ただ歓びのために、それ以上の何物でもない歓びのために恋をしようと決心する。一夫一婦制はもともと馴染みの薄い理念で、ひとを奴隷状態に置くのに役立つにすぎないとサガンは考える。三年後、サガンの『悲しみよこんにちは』は国内外でスキャンダルを巻き起こし、世界中で数百万部を売り上げる。「パリ・マッチ」誌はサガンを新たなコレットと呼び、のちのノーベル文学賞作家、批評家のフランソワ・モーリアックはサガンを「魅力たっぷりの小さな怪物」と言い切った。印税を手にしたサガンは初めてのスポーツカー、黒のジャガーＸＫ１４０を現金で買い、もう後ろは振り返らない。

一九四九年の夏に思春期の少女だったバルドーとサガンは、わずか数か月後に世界的に名を知られる存在となる。新しいフランスの顔となるふたりは、車の運転も速ければお喋りのテンポも速い世代のシンボルとなり、無頓着で身軽な生き方は目眩めく知性と美貌もあいまって、のちに続く幾世代もの若者の青写真となる。それはボーヴォワール、サルトル、カミュの子供たちだった。

彼らは戦争に責任を負わないフランスだった。子供の目だけを頼りに戦争の時代を生きることを強いられ、若い時代を戦争の人質にとられたが、今ではそのことはきれいさっぱり、できれば全速力で忘れたかった。彼らの世代は年長の人々よりも無造作で、もっと気儘で危険な振る舞いをした。フランスの経済復興が彼らに新しい欲求を持たせ、それを満たすことをいまや可能にした。

やがて偶像となるかれらは、新しいスタイルも生み出そうとしていた。太陽に晒された髪をゆったりまとめてブルターニュ風の上衣に靡かせ、ブルージーンズに裸足かエスパドリーユを履き、くわえ煙草で生意気そうに歩く。永遠の青年詩人、悪戯が何より好きなジャン・コクトーはそんな彼らに恐れ入ると同時に、苛立ちも隠せない。「今日の若者はおそろしく生意気で、天才と見紛うほど厚かましい。偉大な天才、ありあまる天才。天才の連射。こうした諸君にもう少し才能があっても罰は当たるまい」[15]。もっとも、一九四九年夏にはトリュフォー、バルドー、サガン、そして彼ら彼女らの代表するニューウェーブはまだ力を蓄えている最中で、フランスの海辺に打ち寄せるには至らない。

「きみの上司のヴァギナについて知るべきことは、すべて知っている」

ネルソン・オルグレンとこのうえなく幸せな四か月を過ごした後——ふたりが共に過ごす掛け値なしに幸

せなひとときは、これが最後となる——向かうところ敵なしの気分のボーヴォワールは、大勢の批判者（旧友も含む）と対決し、人生の新たな局面に乗り出そうとする。『第二の性』第二巻が出版されたばかりで、パリの男性の多くが憤慨し、それはサン＝ジェルマン＝デ＝プレの中心でも同じこと。またこの本によりボーヴォワールもとうとうサルトル、カミュと肩を並べる存在として、世界的に認められようとしていた。

ボーヴォワールは『第二の性』でやりすぎたのだろうか。緻密な研究を踏まえて誰にもわかりやすい哲学的評論を著し、ボーヴォワールは男性がどのように女性を抑圧するかを初めて明らかにした。「事実と神話」の副題を付した第一巻の雄弁な主張は、男性が自ら「主体」であり続けながら、女性を「他者」の役割に閉じ込めた事実に焦点を当てた。女性はしたがって「客体」に格下げされ、社会では従属的な地位に置かれる。生物学、精神分析学、さらには歴史を検証すると、女性を当然のように「劣等」とする例はいくらでも見つかるが、それを正当化する説得力のある説明はひとつもない。ボーヴォワールはさらに、社会的な通念と神話が「永遠の女らしさ」をくりかえし述べたてて人間の意識に刻印を押し、女性を貶めてきたことも明らかにした。「体験」と副題を付けた第二巻では、幼児期から成人までに受ける性教育を通じて、女性の置かれた状況を具体的に分析する。

言い分を力説しようとするボーヴォワールの論法はたしかに単刀直入で、「ヴァギナ」と「クリトリス」という単語を惜しげもなく使ったのも間違いない。ボーヴォワールの素っ気ない語調は読者の度肝を抜き、率直さは卑猥と見なされた。性行為の始まりを扱う章でボーヴォワールは次のように記す。「勃起は彼の欲求の表現である。性器、手、口、男性の肉体が相手に向かってもたげられても、行為の中心にはつねに彼がいる」[16]。

女性の性感はこれよりはるかに複雑で、クリトリスとヴァギナの両器官の対立によって表現される。女性は生涯を通じて性的自立（クリトリス）を保持する。クリトリスの痙攣は男性のオルガスムに匹敵し、ほぼ機械的な方法で達成される膨張の一種である。ところが、女性が貫かれ受胎させられるのは、ヴァギナを介してである。ヴァギナは男性の介入によってのみ性感の中心となり、男性の介入はつねに一種の強姦とならざるをえない。[17]

ボーヴォワールは女性は「女らしく」生まれるのではなく、受け身でひとに頼りがちな、もの扱いされやすい生き方を受け入れるよう社会から条件づけられ、仕事を持ち、経済的に自立して自らを解放しようとする意欲と主体性を奪われることを明らかにしようとしたにすぎない。娘、妻、母、あるいは娼婦であれ、女性は男性の押しつける既成概念に従うよう強いられる。仕事をし、経済的に自立することによってのみ、女性は自律性と自由を達成できるとボーヴォワールは考える。

「レ・タン・モデルヌ」の編集部と、ビュシュリー通りのアパルトマンの両方でボーヴォワールは何千通もの怒りの手紙を受け取った。差出人の名を記したものもあるが、多くは無記名だった。「ひとはわたしを色情狂、堕胎常習者、レズビアン、冷感症と決めつけた」。偉大な作家フランソワ・モーリアックでさえ、ノーベル文学賞受賞を二年後に控えたこの年、ボーヴォワールの若い男性の友人に宛てた手紙にこう記した。「きみの上司のヴァギナについて知るべきことは、すべて知っている」。著書の販促を目的とする南米旅行から戻り、失望し、疲れ果てたアルベール・カミュはアルプスで心身を休めようと努めながら、怒りをたぎらせた。ボーヴォワールはフランス人男性の面目を潰し、間抜けに見せたとカミュは非難する。カミュには男らしさを誇示したがるところがあり、女、とりわけ頭のよい女にあれこれ言われるのを毛嫌いした。ソール・ベローもボーヴォワールのように知的な女性に脅威を感じる男のひとりだった。フランスに対する愛憎半ばする気分、パリの知識層に好印象を与え損なったことへの恨みから、ベローが友人アルフレッド・ケイジンに宛てた次のくだりは生まれたのだろう。「スタンダールもわたしと同じことをするだろう。つまりボーヴォワールがセックスについて書いた文章を熱さましに猫に喰わせるということ」[18]。右翼とド・ゴール派のマスコミは『第二の性』を憎んでやまず、共産党は嘲笑し、ローマ教皇庁は禁書リストに載せた。ボーヴォワールはどれを見ても驚かない。少数の同調者のひとりにジャネット・フラナーがいた。「ニューヨーカー」誌の読者にフラナーはこう予告する。「シモーヌ・ド・ボーヴォワール女史の『第二の性』は、人類の女性がまずは自然、続いて男性により文明の中で置かれた特異な、野暮ともいえる地位に関する長文の思慮深い労作であり、フランスの閨秀作家の手になる史上いかなる著述にも増して本格的、刺激的な研究です[19]」。

ボーヴォワールが堕胎について書いた章は思わぬ反響を呼んだ。「レ・タン・モデルヌ」の編集部の前に行列ができ、秘書のソルベ夫人にこっそり違法な医療処置を行なう医師の詳細を訊ねるようになったのである。とくに切羽詰まった青年はある朝早く、ビュシュリー通り十一番地の管理人の誰何を敢然と突破して五階まで駆け上がり、ボーヴォワールの部屋の扉を激しくノックした。日本の着物をまとったボーヴォワールは寝ぼけ眼で扉を開ける。青年は跪き、恋人を堕胎させてくれる医師の名前を教えてほしいと懇願した。「堕胎斡旋を仕事にしていると思われたようね[20]」。

この悪態と罵りを日々摂取し一か月を過ごした後、ボーヴォワールはサルトルと共にパリを離れ、プロヴアンスへ、カーニュの村へ向かった。十月にしては暖かく、秋なのに灼熱の太陽が照りつける。ボーヴォワールは前に一歩踏み出したくてうずうずしていた。創作にまた取り組み、新しい小説を書き始めたい。ボーヴォワールは解放の昂揚に続く「期待外れの終戦直後の時代」について書く必要を感じた。小説はパリの知識人たちをめぐって展開し、ネルソン・オルグレンに献呈されることになるだろう。タイトルは『レ・マンダラン』[21]にしよう。この実話小説にはボーヴォワールが知り合い、寝た相手はアーサー・ケストラーからネルソン・オルグレン、ジャン＝ポール・サルトルからアルベール・カミュ、メルロ＝ポンティから「ちびボスト」まで、こぞって偽名の陰に隠れて登場する。ネルソン・オルグレンは決してボーヴォワールを許そうとしないだろうが、それでもボーヴォワールはこの作品によってフランスで最も権威ある文学賞を受賞する。[22]

さよなら共産党

エドガール・モランとエディット・トマは後に引けない局面に差しかかる。ついに共産党を脱退する決断をし、マルグリット・デュラスに倣い青春と夢を賭けた橋を焼き払った。たった一年の間にトマが諦めざるをえなくなったものはあまりに多い。ドミニク・オーリーに寄せる思慕もそのひとつ、さらに国立公文書館の司書長は自らの政治生命も絶とうとする。戦時中のレジスタンスに対する貢献を考慮して、「コンバ」紙はトマがなぜ共産党を脱退するのか、自分の言葉で説明できるように紙面一ページを丸ごと提供する。しかし共産党の有力な日刊機関紙「ユマニテ」は、一九四九年十二月十九日にトマの「背反」を告知する短く酷しい記事を掲載して、磔刑に処す。フランスの出版業界の半分にとって、いまやトマは死んだも同然、視界から完全に消え失せ、雇うなど論外となった。エドガール・モランと同様、エディット・トマも「ハイマートロス（故郷喪失者）」となる。ふたりはブルジョワにとっては共産党員、共産党にとってはブルジョワなのだった。エドガール・モランはほぼ一夜のうちに職を失う。トマはというと、版元の扉はぴしゃりと閉ざされ、何か月も前から作業を進めてきた女性作家撰集の出版は無期限延期となる。トマの人生に残されたものは仕事、そしてドミニク・オーリーとの友情のみ。オーリーはアーサー・ケストラーとの束の間の粗暴な情事がトマに洩れないよう細心の注意を払い、ガリマール社の総帥ジャン・ポーランとの関係についてはいつにも増して慎重を期した。それでも秘密裏に小説を、神秘的な性愛を描く好色作品を書いていることはトマに打ち明けた。オーリーはペンネームにポーリーヌ・レアージュを選ぶ。執筆中の小説『O嬢の物語』[23]はサド侯爵の流れを汲む女性被虐性愛者の物語である。初版百部は警察に押収され、猥褻を理由に発禁処分を受けたが、数年後に発売されると百万部以上を売り上げ、二十以上の言語に翻訳された。ジャン・ポーランは愛人関係にある著者とはまるで面識もないかのように装い、序文を寄せた。ドミニク・オーリーが『O嬢の物語』の著者と名乗り出たのは、一九九八年に亡くなるわずか四年前のことである。

計画のある構想——欧州連合

第二次世界大戦が終わってまもなくパリの知識人、作家、芸術家の眼前に供えられた希望の多くは部分的にはブロック政治により、また彼ら自身のイデオロギー的、道徳的曖昧さにより打ち砕かれたとしても、そのときまでに一世代が自ら生まれ変わろうとして、さらに世界にふたたび歓びをもたらそうとして、これほど一心に努めたことはまずないと言ってよいだろう。結局のところ、彼らは冷戦に抗しきれず、世界政治に第三の道を生み出すことはできなかった。それでも、彼らは立派な遺産を後世に残した。その影響は今日でも生活のさまざまな局面で感じとることができる。彼らはブルジョワの倫理観を打ち砕き、ヴォードヴィルを芸術の高みに引き上げた。生き延びられたのは筋金入りの強さの持ち主に限られるけれども、生き残った女たちは男性優位の旧弊な秩序を震撼させた。世界市民の類のユートピア的企図は政治の世界に大胆な試みを呼び戻し、政治的な想像力の限界を押し広げた。言葉、イメージ、概念を扱う彼らの妙技は哲学と文学ばかりでなく、映画とモダンアートにも革命をもたらした。彼らの不遜さは繁栄するフランスを生きる次世代の無頓着に道を拓き、快楽と富裕の思想と現実を再発見する。冷戦政治を抑止する手立てはなかったにしても、ヨーロッパのための新事業がまもなく具体化する。

パリで迎える一九四九年のクリスマスは十年ぶりに食糧制限が撤廃され、市民は余分な金を食べ物に注ぎこんだ。過去二十五年間、パリの食品市場にこれほど商品が溢れ、食欲をそそったことはない。ジャネット・フラナーは惣菜屋でゆっくり時間をかけて「七面鳥のパテ、豚足のトリュフ添え、半喪服チキン（トリュフを皮の下に挿して焼いた鶏）、丸ごとのフォワグラ、イノシシの鼻のゼリー寄せ、青銅色の脆い殻入り生トリュフ」[24]を見てまわった。家禽と臓物の専門店では言葉を失い――「ストラスブール産鵞鳥、バリケン、形容を絶する臓物に血入りソーセージ」――そのまま鮮魚店に行き、ようやく「値の張る深海の牡蠣と毛むくじゃらの巨大なウミグモ」を買って「マヨネーズをたっぷりまぶす」[25]ことにした。

フラナーの年少の同胞アート・バックウォルドは、ようやく芸能週刊誌「ヴァラエティ」の臨時特派員の職にありついたけれども、毛むくじゃらのウミグモをマヨネーズで和えて食す余裕はまだない。もっとも、バックウォルドには計画があった。「ニューヨーク・ヘラルド・トリビューン」には娯楽欄がなく、「トリブ」を三十年間切り盛りしてきた英国人編集長エリック・ホーキンスにひとつそれを採用しないかと持ちかけようというのである。バックウォルドは面会の約束を取りつけ、経歴、学歴、フランス語の習熟度まで嘘八百を並べる。それでもホーキンスは申し出を断り、休暇を過ごしにイギリスに旅立った。バックウォルドは翌週、編集部をふたたび訪れ、副編集長のジェフ・パーソンズにこう言った。「ホーキンスさんと娯楽欄を執筆する件で相談していましてね、そうすれば広告の出稿も増えるというものでし」。嘘が魔法のように効いた。バックウォルドはその場で採用され、ひとつは映画、もうひとつは「日没後のパリ」と題してパリの夜遊びをテーマにふたつのコラムを任された。週給は二十五ドル。このコラムでバックウォルドは「へまばかりしでかす」ぶきっちょなアメリカ人観光客になりすます。コラムはたちまち人気を博し、大西洋の両岸で話題になる。コラムは巡り巡ってバックウォルドにピューリッツァー賞をもたらし、最盛期には全米五百五十紙以上に配信されるまでになった。

バックウォルドはもともと左岸派ではなく、初めての給料を手にするや否や右岸の女中部屋、シャンゼリゼ大通りの向かい側ベッリ通り二十一番地の新聞社からは徒歩数分のボッカドール通り二十四番地、シオドア・H・ホワイトの部屋の三階上に引っ越した。[26]

一九五〇年の灰色に曇った春の朝、シオドア・H・ホワイトは古代ローマ風のサント・クロティルド聖堂沿いに延びる七区マルティニャック通り十八番地で人と会う約束があり、そこまで歩いていくことにした。コンコルド広場からセーヌ川を渡り国会議事堂に向かう道のりが、ホワイトにはとくに好ましい。所要時間およそ三十分、これだけあればインタヴューの準備をするのに不足はない。話を聞く相手は政府高官ジャン・モネ。「胸が厚く丸顔、鼻先が針のように尖った気難し屋のフランス人[27]」は、ホワイトが職業柄出会った政治家の中でもとくに強烈な印象を残した。

ジャン・モネが教えてくれた技能を、以来わたしは世界で最も重要なものと見なすようになった。つまりアイデアの仲介である。実業家出身のモネは冷静で計算高く、辛辣だが、アイデアを愛し、ほぼどのような相手にも売りこむことができた。モネにとってはアイデアもスポーツの一種――アイデアを政治の伴流に流し入れ、それを政府へ、そして歴史へ送りこむ。モネは庭師のように、いつ、どのようにしてアイデアを植えつけるかを語った。モネは政府の要人を言いくるめて考えさせる。モネと同じ役割を担える人材を他の国に見いだすことは滅多にない。[28]

シオドア・H・ホワイトは一九五〇年にモネを評して「アイデアの仲買人（アイデア・ブローカー）」という言葉を発明した。これをのちに言い換えた「黒幕（パワー・ブローカー）」は日常語となる。

韓国が侵略を受ける六週間前、ジャン・モネは世界政治の協議事項に欧州連合を上程する。「古くからある考え方だが、今回は計画も添えてあった」。フランスはドイツが隣国と天然資源を分かち合うことを条件に、ドイツの鉄鋼生産に対する締めつけを緩和しようとする。モネが提案したのは、以下のような事柄である。フランス人とドイツ人ばかりでなくイタリア人、ベルギー人、オランダ人、英国人も天然資源、生産設備、そして市場を分かち合う新たな石炭、鉄鋼生産体制。言い換えれば、共同市場の創設を提案した。ジャン・モネはこのアイデアをフランス外相ロベール・シューマンに売りこみ、シューマンがさらにアメリカの国務長官ディーン・アチソンに売りこんだ。

ワシントンはジャン・モネ、実業家転じて夢想家、さらに転じて根回しの達人を、役職抜きながら彼の国の最も重要な指導者と見なした。フランス政界でのモネの威信は、アメリカ政界でのジョージ・マーシャルのそれに比肩しうる。モネはどの政党にも属さないが、(共産党を除いて)すべての政党の信頼を得ている。かくしてモネのみがアメリカとフランス両国の政府に対し、両政府が究極的には遠大な平和的解決策の代案として受け入れざるをえなくなるであろうアイデアの具体化に向けた計画を提起する無謀さと威信を有した。[29]

その晩、セーヌ川の対岸では、オルグレンとの再会が待ち遠しい二か月間のアメリカ旅行に備え荷造りをしながら、シモーヌ・ド・ボーヴォワールが欧州連合に思いを馳せた。オルグレンのことを思うと、つい気が散ってしまう。最後に届いた手紙がどこかよそよそしいのも気にかかるが、オルグレンを両腕に抱きしめたいという燃える想いに、留守中パリの政治に重大な出来事が起こりそうな懸念も入り交じり、考えがまとまらない。ボーヴォワールは赤いカーテンを引き、窓を開いて、春宵の爽やかな風が部屋に流れ入るにまかせた。河岸越しにノートルダム大聖堂を望む景色が好ましい。パリは静まり、川風は涼しく、河岸を走る車のヘッドライトが花盛りの木々をとぎれとぎれに照らし出す。ボーヴォワールは窓辺から心持ち身を乗り出した。界隈に居ついた浮浪者たちが、オテル・コルベール通りの小さな階段で眠りこける。ワインの空瓶がモントベロ河岸を脇に逸れた狭間の小道のどぶに転がっている。鎮静剤ベラデナルの薬瓶とF・スコット・フィッツジェラルド作『崩壊』の古本を旅行鞄に詰めた服の上に載せて、ボーヴォワールは今一度、静かに眠るノートルダム大聖堂に、そして「昏い流れの上空で彼女を取り巻く星明かりの照らす世紀[30]」に目を向けた。

謝辞

豊かな学識でわたしの心を温め、どんなときにも応援してくださったビル・スウェインソン、生来頼もしいサイモン・トレウィン、レーザー光線並みに鋭い眼と細部まで忽せにしない注意力を備えたドリアン・カーチマー、わたしの大好きな出版界の大御所ギリアン・ブレイク、極め付きの編集者キャロライン・ザンカンとケリー・カレン、賢明な助言を頂いたブルームズベリー社のマイケル・フィッシウィックにとくにお礼を申し上げます。

リンデン・ローソンが最初に草稿に目を通し、熱心に褒めてくれたことが大きな支えとなりました。そのローソンと炯眼このうえない「パイロットフィッシュ」、助言者のアナン・エルヴェにも感謝いたします。

本書の執筆に備えて調べ物をするうちに、作家アーウィン・ショーとルーヴル美術館の救世主ジャック・ジョジャールのふたりと恋に落ち、第三の性を求めたジャネット・フラナーに共感し、ソール・ベローの優越感に微笑み、シモーヌ・ド・ボーヴォワールとジャン＝ポール・サルトルの何物にも臆することのない知性に畏敬の念を抱きました。戦後パリの左岸でおふたりがなさったようにお酒を飲んだり麻薬を使ったことはありませんが、ときにそうしたいと思うことはありました。

本書を書こうと思い立ち、書き上げるまで素晴らしいインスピレーションの源であったニコル・パロットには、こう述べたいと思います。「わたしたちにはいつだってパリがある」。

訳者あとがき

本書は *LEFT BANK: Art, Passion, and the Rebirth of Paris 1940–50* by Agnès Poirier, Henry Holt and Company, New York, 2018 の全訳です。イギリスの「テレグラフ」、「タイムズ」各紙の「二〇一八年の良書」、「ガーディアン」紙の「夏に読む良書」に選ばれ、すでにドイツ、オーストリア、イタリア、トルコ、中国、韓国でも翻訳が刊行されています。著者のアニエス・ポワリエはパリに生まれ、ロンドンで教育を受け、イギリスの新聞、雑誌、テレビでジャーナリストとして活躍する女性。フランスの政治、文化のさまざまな話題を近くて遠い隣国人に説明するかたわら、これまでに主にイギリスに暮らすフランス人の目から見た両国の比較をテーマに、*Touché: A French Woman's Take on the English*, Weidenfeld & Nicolson, 2006（『恐れ入りました――フランス人女性の見たイギリス人』）など四冊の著書を発表しています。

「サルトルやボーヴォワールの仲間たちの話を盗み聞き」と見出しを付した「ニューヨーク・タイムズ」の書評（二〇一八年五月四日）は、今ならYouTubeで映像を楽しめそうな、誰もが興味津々の出来事を本書は臨場感豊かに伝えてくれると讃えました。そのYouTubeには、著者が自著について語り、読者の質問に応える催しの映像がひとつならずふたつもアップロードされています。シェイクスピア&カンパニー書店で行なわれたその一方を、なぜか前に見たことがあるような気がしたのは、記憶を探ってみると映画『ビフォア・サンセット』(二〇〇四年)の冒頭場面、イーサン・ホーク演じる主人公のアメリカ人作家が著書について語ったのと同じ場所のせいでしょう。この店は一九四一年に店仕舞いした初代と同じではありませんが、一九五一年の開店以来、英語圏の作家、読者のパリでの拠点となり、一九五八年には由緒ある名前をシルヴィア・ビーチから譲り受けたとのこと。

さて、自著を語る著者の話を一部、紹介しましょう。調査に一年、執筆に一年かけて千ページを書き上げ、自信満々アメリカの出版社に持ち込んだところ、長すぎるので縮めるようにとの返事。そこでまた一年かけてまとめたのが本書とのことです。そのためせっかく書いたのに割愛しなければならなかったひとも数多く、一番惜しいと思ったのは誰という読者の問いにはカーソン・マッカラーズとチェスター・ハイムズと答えています。当初の目算では一九四四年から五四年の十年をあつかうつもりが、調査が進むほどに戦争中の体験抜きに戦後の活動は理解できないと悟り、対象期間を一九四〇年から五〇年に変更。これはきりのよい時代区分を好む出版社の希望とも合致したそうです。また元来は思想をテーマにするつもり(著者の専攻は歴史学)であったものの、次第にディテールの面白さに魅入られた。たとえばボーヴォワールは緑色のインクで原稿を書いたと知り、それまでモノクロームだったボーヴォワールの周囲が総天然色に変わったと言います。

登場人物のうち著名な人々には自伝、伝記、評伝がすでに山とあり、付け加えることは何もないけれども、そうした人同士が親しく行き来する仲であり、カフェでお喋りもすれば食事も共にし、パーティーで語り合い、ときにはホテルの一室で一夜を過ごしたことはあまり知られていない。ばらばらに散らばっている点と点を結びつければ、点の理解も深まるのではないか。そう言われるとなるほどと思い当たるふしはいくつもあり、それが本書の大きな魅力のひとつであるのは間違いありません。なにやら非常に難しい本を書いたひとという印象しかなかったメルロ＝ポンティがダンス好きなばかりか、あれこれ目移りしながら異性との交際にも精を出し、ケストラーをさんざん貶した裏には嫉妬の絡む私怨があったと知ると、それでもやはり著書を読むことはなさそうですが、見方がだいぶ変わりました。メルロ＝ポンティに限らず、思想家、作家、歌手、演奏家、画家、記者として名を知られた多くの人々の本業を離れた素顔を窺えるのも本書の楽しさのひとつ。また戦後パリに暮らしたアメリカ人芸術家への目配りも新鮮に感じられます。

あまり日の当たらなかった人々、当時は世に知られたけれどものちに忘れ去られた人々、とくに女性を取り上げるように心がけたとも著者は語り、エディット・トマ、ドミニク・オーリー、ジャネット・フラナー、ソニア・ブラウネル、マメイン・パジェットの名を挙げます。トマとオーリーが交わした手紙、マメインが双子の妹に書き送った手紙はたしかにじつに瑞々しく魅力的ですし、二都を舞台とするソニアの活躍ぶりには目を瞠らされます。

著者によると忘れられたものはほかにもあり、サルトルとボーヴォワールのジャコメッティやカルダー論もそのひとつ。これはぼくも同感。これまで美術に関する評論を数多く翻訳してきましたが、残念ながら心に残るものは数えるほどしかありません。それと比べてサルトルがカルダーのパリ初個展のカタログに寄せた文章は少ない言葉で本質を突き、本質しか語らず、まるでカルダーのモビールそのままのようですし、オルグレンに宛ててジャコメッティの作品を見るように勧めるボーヴォワールの手紙も、本当に大切な瞬間に立ち会った感動を伝えて、読み手の胸に迫ります。幸いサルトルのカルダー論は『サルトル全集第十巻　シチュアシオンIII』（人文書院、一九六四年）に瀧口修造訳で収録されていて、容易に手に取ることができます。

　調査を始めたころには存命中のひとが三十人ほどあり、話を聞こうと苦心して連絡先を探し、やっと突き止めて喜んだのも束の間、新聞に追悼記事が載るという間の悪い出来事が続いて意気消沈したり、一方、ジュリエット・グレコやクロード・ランズマンなどは九十に近い高齢にもかかわらず多忙を究め、一年後にまた連絡するようにとの返事にたじろぐこともしばしば。ようやく十五人ほどの話を聞いてわかったのは、みな嘘つきだったことだそうです。自伝や伝記など、時間が経ってから書かれたものは当てにならず、結局一番役に立ったのは出来事とほぼ同時に、さしあたり他人に見せるつもりはなく書かれた日記とのこと。

　数多い登場人物の中でとくに気に入ったひとはとの問いには、ためらいなくジャック・ジョジャールと答えます。ナチを出し抜きルーヴル美術館の貴重な収蔵品を略奪から護った活躍ぶりを紹介する新聞記事（"Saviour of France's art: how the Mona Lisa was spirited away from the Nazis," *the Guardian*, Nov. 22, 2014）を読んで以来、ぼくもジョジャールには関心があり、とくに密使モーツァルトとの劇的な出会い、なんともロマンティックなその後の交わりに心ときめかせたおぼえがあり、このひとを主人公にした本が出ればぜひ読んでみたいと思っていたので、この答えには大いに納得。あらためて検索してみると、なんと四年前の記事の筆者もアニエス・ポワリエさんでした（記事は「ヨーロッパに終戦が宣言されるのを待ちかねたように、ジョジャールはメッテルニヒにレジオン・ドヌール勲章を授けるようド・ゴールに進言した」と結ばれます）。すっかり忘れていましたが、この記事は大きな功績にもかかわらず長く看過されてきたジョジャールのドキュメンタリー映画（*Illustre et inconnu*, Ladybird Films, France 3, 2014）の紹介が目的でした。幸いこの映画はインターネット上で公開されていて、再生ボタンを押すとまもなくルーヴル美術館に英国国王夫妻を案内するジョジャールが現れ、やがて大きな荷物を積んだトラックが美術館の門から走り出し、後半にはジャン・ルノワール監督の『ショタール商会』（*Chotard e Cie*, 1933）に主演して踊り、語るジャンヌ・ボワテルの記録映像まで見ることができます。

インターネットで見られる興味深い映像をもうひとつ紹介しましょう。それは『オテル・ラ・ルイジアーヌ』。タイトルどおりホテルのドキュメンタリー映画です。本編は残念ながら日本では視聴できませんが、予告編は再生可能で、そこには若々しいボーヴォワール、ジュリエット・グレコとマイルス・デイヴィスの姿や、今も昔もパリらしい街頭の景色が映し出され、早朝のオデオン座界隈の涼気さえ感じられるほど。夜更けまで舗道にたむろし、トランペットを吹き鳴らす不届き者に階上から水をかけるご婦人まで登場して興を添えます。ベルトラン・タヴェルニエ監督作『ラウンド・ミッドナイト』（一九八六年）でもこのホテルが撮影に使われ、廊下や部屋の様子がしばしばスクリーンに映ります。映画をご覧になった方は、映像を思い起こすと本書のホテルの描写がいっそう身近に感じられるのではないでしょうか。

本書には懐かしい名前がふたつ目につきました。一人目はアート・バックウォルド。パリに暮らし始めてすぐ、「インターナショナル・ヘラルド・トリビューン（ＩＨＴ）」を学割で講読し始め、毎日ひとつ単語を選ぶと日が暮れるのを待って左岸のバーに出かけ、会話の中でその単語を使うようにして英語を覚えたものでした。当時のＩＨＴではバックウォルドのコラムが断然面白く、自然に単語もそこから選ぶことが多くなり、人懐こい似顔絵が毎回微笑みかけたせいもあるのか、古い馴染みのように感じます。もうひとりはデルフィーヌ・セイリグ。通りがかりの映画館にふらりと入って偶然見たのが『去年マリエンバートで』。初めのうちはさっぱり要領を得ず、女優にも魅力を感じなかったのですが、半ばにさしかかる頃にはその表情、身のこなし、かすれ気味の声にすっかり見惚れ、聞き惚れてしまい、上映が終わり地下の映写室から地上に出る階段を昇るうちに、足が雲を踏むような、身体が宙に浮くような不思議な高揚感に浸ったことをよく覚えています。

リチャード・シーヴァーが引っ越した先の女中部屋が七階か八階か確かめようと送ったメッセージに親切に返事をくださったオテル・デ・マロニエのローリアンさん、英語の解釈について相談に乗ってくださったミラー和空さん、本書に相応しい写真を表紙に選んでくださった装丁家の細野綾子さん、今回も丁寧に原稿に目を通し、無数の有益な提案をしてくださった白水社編集部の金子ちひろさんにお礼を申し上げます。どうもありがとうございました。

二〇一九年七月

木下哲夫

［参考URL］

アニエス・ポワリエ　Agnès Poirier on *Left Bank*

https://www.youtube.com/watch?v=msdjuu4BXZY

ジャック・ジョジャール　*Illustre et inconnu. Comment Jacques Jaujard a sauvé le Louvre*

https://archive.org/details/IllustreEtInconnuCommentJacquesJaujardASauveLeLouvre

オテル・ラ・ルイジアーヌ　Hôtel la Louisiane
https://vimeo.com/ondemand/hotellalouisiane

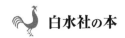

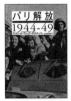

訳者略歴

一九五〇年生まれ。京都大学経済学部卒。翻訳家。
訳書に、S・N・バーマン『画商デュヴィーンの優雅な商売』（筑摩書房）、T・シュヴァリエ『真珠の耳飾りの少女』、A・ベイリー『フェルメール　デルフトの眺望』、R・シャタック『祝宴の時代』、J・リチャードソン『ピカソⅠ』『ピカソⅡ』『ピカソⅢ』（以上、白水社）、C・トムキンズ『マルセル・デュシャン』、S・プリドー『ムンク伝』（以上、みすず書房）、D・ホックニー『秘密の知識』（青幻舎）、『ジョナス・メカス　ノート、対話、映画』（せりか書房）、J・E・B・ブレズリン『マーク・ロスコ伝記』（ブックエンド）など多数。

パリ左岸　1940―50年

二〇一九年八月二五日　印刷
二〇一九年九月一〇日　発行

著者　アニエス・ポワリエ
訳者 ©　木《きの》下《した》哲《てつ》夫《お》
発行者　及川直志
印刷所　株式会社三陽社
発行所　株式会社白水社

東京都千代田区神田小川町三の二四
電話　営業部〇三（三二九一）七八一一
　　　編集部〇三（三二九一）七八二一
振替　〇〇一九〇-五-三三二二八
郵便番号　一〇一-〇〇五二
www.hakusuisha.co.jp
乱丁・落丁本は、送料小社負担にてお取り替えいたします。

誠製本株式会社

ISBN978-4-560-09719-9

Printed in Japan

索引

ア行
アームストロング、ルイ　220, 249, 316-317
アーレント、ハンナ　60, 168, 170, 299
アイスキュロス　76
アイゼンハワー、ドワイト・D　70, 99, 102-103
アインシュタイン、アルバート　360
アステア、フレッド　250, 253
アスリーヌ、ピエール　97
アダムズ、アリス　286
アチソン、ディーン　417
アナベル　269
アヌイ、ジャン　327
アフマートヴァ、アンナ　277-278
アベッツ、オットー　53, 55, 57-58, 94
アポリネール、ギヨーム　68, 93, 302
アラゴン、ルイ　35, 57, 59, 65, 121, 125, 140, 161, 195, 211, 213, 275, 278, 291, 303
アリ・カーン王子　269
アルトゥング、ハンス　292
アルトー、アントナン　390
アルトマン、ジョルジュ　295
アルプ、ジャン　60, 339, 388
アルモラン、ジャン＝フランソワ　360
アルレッティ　67-68, 71-72, 81, 120, 134
アロン、レーモン　122, 150, 152, 159, 217, 228, 278, 296
アンテルム、ロベール　75, 238, 303
アンベール、アニエス　56, 59, 62
ヴァール、ジャン　336, 371
ヴァディム、ロジェ　267, 406
ヴァネッティ、ドロレス　140-141, 173, 248-249, 261, 399
ヴァレリー、ポール　91, 121, 123, 143-144, 194, 267
ヴィアン、パトリック　164
ヴィアン、ボリス　156, 164-165, 172-175, 197, 229-230, 267, 271, 316, 356, 373, 396, 398-399
ヴィアン、ミシェル・「ザズー」　164, 229, 373-374, 396-397, 399
ヴィスコンティ、ルキノ　405
ヴィットリーニ、エリオ　215-216, 302-304
ヴィトルド、ミシェル　95, 133
ヴィラール、ジャン　184
ウィリアムズ、テネシー　327
ウィリンガム、カルダー　253
ヴィルデ、ボリス　62
ウィンターズ、シェリー　358
ウェイガン、マキシム　43
ヴェストファル、ジークフリート　38
ウェストミンスター公爵（ヒュー・リチャード・アーサー・グロヴナー）　120
ヴェルコール（ジャン・ブリュレル）　63-65
ウェルズ、オーソン　268, 287, 305, 308, 377, 405
ウェルト、レオン　106
ウォー、イヴリン　242-243
ヴォークセル、ルイ　210
ウォッシュバーン、エリフ・B　44
ヴォルケニング、ヘンリー　369
ヴォルス（アルフレート・オットー・ヴォルフガング・シュルツェ）　292
ヴォルテール　152, 161
ウォレス、ヘンリー　357
ヴラマンク、モーリス　123
ウルフ、バーナード　249, 253
エイベル、ライオネル　68-70, 168, 289, 336-337, 344, 368, 370-372, 378,

385-386
エイヤー、A・J　236,320
エスコフィエ夫人　89-90
エスリンク大公爵夫人　156
エラスムス　64
エラン、マルセル　86
エリオン、ジャン　336,371
エリザベス（英国王妃）　31-32
エリソン、ラルフ　161
エリュアール、ポール　59,65-66,73-74,89,121,138
エリントン、デューク　220,317
エルンスト、マックス　60,141,213
エンゲル、モンロー　344
エンゲルマン、ウィルフレッド　71
オーウェル、ジョージ　203,402
オーウェル、ソニア → ブラウネル、ソニア
オーウェル、リチャード　203
オーベルク、カール　67
オーモン、ジャン＝ピエール　72
オーリー、ドミニク　126-127,178,189-194,201,204,241,274-275,413-414
オルグレン、ネルソン　260-262,271,277,279,282,292,295,310,315-316,319-320,354-355,372,374,392,395-399,400,409,413,418

カ行

ガーシュウィン、ジョージ　220,405
カーンワイラー、ダニエル＝アンリ　214
ガイスト、アイリーン　286,367-368,383
ガイスト、スタンリー　286,313-314,366-368,383
カザノヴァ、ローラン　278
カザリス、アンヌ＝マリー　114-115,143,194-195,197-198,204,229,266-268,325-326,331-332
カザレス、マリア　86,91,96-98,114,127,134,178,182,323-324
カゾー、イヴ　106
カナパ、ジャン　276
カニンガム、マース　388
カプラン、シーリア　282,341,368-369
カプラン、ハロルド　70,282-283,313,335,341,366,368-369
カポーティ、トルーマン　268
カミュ、アルベール　20,24,59,76,80,86-88,90-91,96-98,103,111,114,116,121,123-127,133,140,143,145,150,159,163,169-170,172,177-190,195,206-207,223-224,227-230,236,239-240,249,257,263,273,278-280,283,290,296,298,304-305,315-316,320-321,323-324,336,359-360,367,370,373-375,377,401,409-411,413
カミュ、カトリーヌ　179
カミュ、ジャン　179
カミュ、フランシーヌ・フォール　86,127,178-181,186-187,192,202,240,282,321,323-324,374,401
カミングス、E・E　70,337
ガムラン、モーリス・ギュスターヴ　43
ガリマール、ガストン　59,75-76,87,91,142,268,380
ガルシア・ロルカ、フェデリコ　141
カルダー、アレクサンダー　141,145,219-220,222,228,269,399
カルティエ＝ブレッソン、アンリ　35,42,48-49,75,96-97,104-105,114,116,138-139,223,269
カルネ、マルセル　71-72,75-76,80,134
カレ、ルイ　141,145
ガレスピー、ディジー　316-317,395
ガローディ、ロジェ　160

カローネ、ワルテル　229
ガンガンバック大修道院長　155
カンディンスキー、ヴァシリー　291, 340, 387
キット、アーサ　327
ギトリ、サシャ　68, 104-105
キャパ、ロバート　109, 322
ギャバン、ジャン　72
キャロン、レスリー　405
キュニー、アラン　71, 93
キュヒラー、ゲオルク・フォン　47
ギヨー、ロール・アルバン　35
ギヨネ、ジャン　398
キリコ、ジョルジョ・デ　269
クーパー、ゲイリー　287
クチュリエ、ピエール　212
グッゲンハイム、ペギー　46, 49
グッドマン、ミッチェル　285
グドケ、モーリス　120
クノー、レーモン　59, 73, 80, 121, 165, 174, 229, 367
クラウザー、ボスリー　71
クラフチェンコ、ヴィクトル　377-380
グラムシ、アントニオ　217
グラント、ケイリー　133
グリーンバーグ、クレメント　173, 222
クリフト、モンゴメリー　358, 401
グレコ、シャルロット　78, 132
グレコ、ジュリエット　24, 78-79, 132-133, 140, 178, 194-195, 197-198, 204-205, 225, 266-268, 323-328, 396-398
グレン、タイリー　198
グレンジャー、ファーリー　357
クローデル、ポール　59, 79
ケイジン、アルフレッド　412
ケイトン、ホレス・R　173
ケージ、ジョン　69, 388
ゲーテ、ヨハン・ヴォルフガング・フォン　82
ゲーノ、ジャン　65
ゲーリング、ヘルマン　105
ケストラー、アーサー（アルベール・デュベール）　38, 40-41, 45-46, 127, 177, 179, 184-189, 192-193, 201-203, 224-230, 233-234, 236, 239-243, 256-257, 263-265, 280-284, 289-291, 296-299, 313, 315, 321-322, 344, 364, 375, 378-380, 401-402, 413-414
ケネディ、ジョン・フィッツジェラルド　244
ケリー、エルズワース　339-340, 387-389
ケリー、ジーン　287, 357, 405
コー、ジャン　195-197, 381
ゴーキー、アーシル　337
ゴーキー、アグネス　337
コクトー、ジャン　67, 87, 93-94, 116, 120, 123, 140, 159, 163, 228, 268, 326-327, 405, 409
コザキエヴィッツ、オルガ　33, 56, 76, 79, 112-113, 160, 166, 194, 295, 397
コザキエヴィッツ、ワンダ　33, 76, 79-80, 90-91, 113, 160, 218, 295
コズマ、ジョゼフ　72, 81, 140, 325-326
ゴダール、ジャン＝リュック　405-406
コノリー、シリル　69, 202, 213-214, 242, 321
コノリー、パトリシア　70, 336-337
コルティッツ、ディートリヒ・フォン　99, 105, 107-108
ゴルドマン、リュシアン　371
コレット　22, 120, 123, 269, 408
コンラッド、ジョゼフ　313

サ行

サール、ジョルジュ　142-143

サガン、フランソワーズ（本名コワレ） 178,328,407-409
サティ、エリック 326
サドゥール、ジョルジュ 305
サド侯爵 126,414
ザナック、ダリル 328
サリヴァン、ヴァーノン（ボリス・ヴィアンの偽名） 229-230,316
サルトル、ジャン＝ポール 20, 23-24, 32-35, 39-40, 48-49, 56, 58-59, 62-63, 73, 76, 79-80, 86, 88, 90-92, 95-96, 107, 111, 113, 115, 121-122, 124-125, 127, 135, 140-141, 144-145, 150-175, 177, 179-182, 185-189, 192, 194-197, 199, 207-208, 213, 215-222, 225-230, 234, 236, 239-240, 248-249, 252, 254-255, 261-264, 266, 268, 271-272, 278-279, 281-284, 289-296, 298-300, 302-304, 308, 310-312, 314-316, 318-319, 325, 331, 336, 340, 345, 351, 356, 363-364, 367-368, 370, 372-374, 376-378, 380-382, 385-386, 395-397, 399, 401, 408-410, 412-413
サロート、ナタリー（旧姓チェルニャーク） 67,163-164,274
サンゴール、レオポール 316
サン＝サーンス、カミーユ 307
サン＝テグジュペリ、アントワーヌ 106
サン＝ローラン、イヴ 360
シーヴァー、リチャード 23, 337-339,366,389-390,392
シーモア、デイヴィッド（「シム」） 109
ジェイムズ、ヘンリー 367
ジェジェール、クロード 54
ジェフリーズ、シンシア 402
シェレール、リュシアン 65
ジダーノフ、アンドレイ 277-278, 291,302
ジッド、アンドレ 41, 64, 86, 162, 195,278,305,314,375
シニョレ、シモーヌ（本名カミンカー） 53,61,72,79,119,268
シム → デイヴィッド・シーモア
ジャール、モーリス 107
シャガール、マルク 60,69,212
ジャコメッティ、アルベルト 55,62, 214-215, 225, 269, 271, 292-294, 353, 396
ジャット、トニー 20-21
シャトーブリアン 167
シャネル、ココ 68,120,326
シャピロ、マイヤー 68
シャブロル、クロード 405
シャムソン、アンドレ 84
シュヴァリエ、モーリス 68
ジューヴェ、ルイ 376
シューマン、ロベール 417
シュテュルプナーゲル、カール＝ハインリヒ・フォン 87
シュナイダー、ダグラス 171
シュナール、ピエール（フィリップ・コーエン） 376-377
シュニッツラー、アルトゥール 70
ジュネ、ジャン 159, 163, 185, 268, 382,386
シュペルバー、マネス 189
ジュリアール、ルネ 380
シュレーダー、イーディス・アンダーソン 265-266
シュレーダー、マックス 265
ジョイス、ジェイムズ 34,41,49,59, 274,338,343,389
ショー、アーウィン 109-112, 287, 312
ジョージ6世（英国王） 31
ジョジャール、ジャック 31-32, 35-37, 44, 51-52, 83-85, 113-115, 142-143
ショスタコーヴィチ、ドミトリー 277

ジョンソン、ジェイムズ・ウェルドン 173
ジルー、フランソワーズ 22
シルヴィア、ギャビー 95
ジロー、フランソワーズ 81, 93, 117
ジンネマン、フレッド 327
スーヴェルビー、ジャン 338
スーステル、ジャック 151
スーティン、シャイム 61
スーポー、フィリップ 227-228
スーラージュ、ピエール 292
スター、ソフィ 269
スターリン、ヨシフ 203, 214, 237, 245, 259, 277, 284, 291, 302, 304, 358, 380
スタール、ニコラ・ド 292, 302
スターン、ノラ 354
スターン、ベティ 354
スタインベック、ジョン 33, 66, 161, 220, 303
スタンダール 41, 400, 408, 412
スタンバーグ、ジョゼフ・フォン 405
スティーヴンス、ジョージ 250
スティーグリッツ、アルフレッド 169
ステファーヌ、ロジェ 332
ステュアート、スラム 318
ストラヴィンスキー、イーゴリ 138, 252, 326
スノー、カーメル 269
スペンダー、スティーヴン 193
スミス、スティーヴン・W 173
スミス、ベッシー 279
セイリグ、デルフィーヌ 390
ゼーガース、アンナ 60
ゼーリング、ハンス・ユルゲン 67
セザンヌ、ポール 278
セゼール、エメ 316
セリーヌ、ルイ＝フェルディナン 35, 90
セリグマン、カート 69
セルヴェ、ジャン 323
ゼルヴォス、クリスチャン 137-138
セルズニック、デイヴィッド・O 328
セルバンテス、グアダルーペ 139
ゾラ、エミール 152, 187, 384
ソラノ、ソリータ 300
ソルター、ジェイムズ 5, 386-387
ソルベ夫人 412
ソロキーヌ、ナタリー（のちにモファット） 33, 56, 91, 153, 159, 250-252
ソロモス、ジョルジュ（テミストクレス・ホエティス） 364

タ行

ダヴィッド、ジャック＝ルイ 36
ダ・ヴィンチ、レオナルド 36
タスリツキー、ボリス 211
タチ、ジャック 405
ダリ、ガラ 46, 49
ダリ、サルバドール 46, 49, 269
タレーラン、シャルル 393
タンギー、イヴ 69, 213, 222
チトー、ヨシップ・ブロズ 304
チャーチル、ウィンストン 42-43, 99, 113, 120, 218
チャップリン、チャーリー 20, 150, 287
チャンドラー、レイモンド 230
ツァラ、トリスタン 203, 225
ツヴァイク、シュテファン 38, 57
ツルゲーネフ、イワン 59
ディアギレフ、セルゲイ 326
ディートリヒ、マレーネ 39, 136, 140, 270, 299, 354
デイヴィス、ギャリー 358-362, 374
デイヴィス、グレゴリー 396
デイヴィス、シェリル 396
デイヴィス、マイヤー 359
デイヴィス、マイルス 395-398
ディオール、クリスチャン 21, 138,

269-270, 326, 331
ディズニー、ウォルト　286-287
ティツィアーノ　84
ディンクラーゲ、ハンス・ギュンター・フォン　68, 120
ティントレット　84, 334
デカルト、ルネ　144, 204, 276
デクール、ジャック　72
デ・シーカ、ヴィットリオ　261
デシュヴォー＝デュムニール、シュザンヌ　47, 164, 390
デュアメル、マルセル　152
デュシャン、マルセル　24, 49-50, 60, 69, 141, 168, 222, 337, 399
デュック、エレーヌ　78-79
デュテュイ、ジョルジュ　301-302
デュビュッフェ、ジャン　292
デュマ、アレクサンドル　161
デュモン夫人　366-367
デュラス、マルグリット　75, 140, 238, 278, 303-304, 403, 413
デュラン、シャルル　96
テリーヴ、アンドレ　63-64
デルヴォー、ポール　399
ドアノー、ロベール　104, 116
トインビー、フィリップ　151-152, 214
トゥールーズ＝ロートレック、アンリ・ド　282, 339, 398
ド・ゴール、シャルル　49, 53, 60, 83, 99, 101-102, 108, 112-116, 122-124, 128, 130-131, 143, 145, 165, 206, 208-209, 225, 233, 281, 297, 318, 369
ド・ゴール、ジュヌヴィエーヴ　130
ドストエフスキー、フョードル　161, 237, 342, 367
ドス・パソス、ジョン　33, 141, 220
トマ、エディット　72-73, 98, 126-127, 178, 189-193, 200-202, 204, 273-274, 278, 413-414
ドラクロワ、ウジェーヌ　36, 84
トラン・デュク・タオ　243, 382
トリアッティ、パルミーロ　302
トリオレ、エルザ　59
トリュフォー、フランソワ　306, 308, 404-406, 409
ドリュ・ラ・ロシェル、ピエール　58-59, 62, 72, 75, 78-79, 99-100
トルーマン、ハリー　245-246, 258
ドレイク、セント・クレア　173
トレネ、シャルル　32
トローネル、アレクサンドル　72, 81
トロツキー、レオン　249

ナ行

ナドー、モーリス　172
ナポレオン　20, 78, 99, 107, 350
ニクソン、リチャード　244
ニミエ、ロジェ　374
ノエリーヌ（ノエル・ハスキンス・マーフィー）　38-39, 128, 300
ノーマン、ドロシー　169

ハ行

パーカー、チャーリー　395
パーシング、ジョン　161
パーソンズ、ジェフ　416
ハーディ、ダフニ　40, 202
ハードウィック、エリザベス　403
バーリン、アイザイア　236
ハイデガー、マルティン　204
ハイムズ、チェスター　307
パウエル、アダム・クレイトン　245
パウンド、エズラ　41
バコール、ローレン　287
バザン、アンドレ　302, 304-306, 404-405
バザン、ジェルマン　142-143
パジェット、シーリア　185, 189, 201, 203, 236, 256, 289-290
パジェット、マメイン　179, 184-186, 188-189, 192, 201-204, 228, 233, 236,

240-241, 256, 280-282, 289-290, 297, 299, 321-324, 378-379, 401-403
パスカル、ブレーズ　276
バックウォルド、アート　333-335, 359-362, 415-416
バルザック、オノレ・ド　161, 263, 265, 384
バルテュス　214, 339
バルト、ロラン　371
バルドー、アンヌ＝マリー　406
バルドー、ブリジット　22, 178, 405-409
バルトーク、ベラ　252
バルベザ、オルガ（旧姓ケシュリエヴィッチ）90
バルマン、ピエール　326
バロー、ジャン＝ルイ　79, 134
パロディ、アレクサンダー（「クアルトゥス」）83, 101, 114
ピアフ、エディット　138
ビーチ、シルヴィア　41, 48, 66-67, 308
ビートン、セシル　214
ビーナンフェルド、ビアンカ　33-34, 46
ピカソ、オルガ　52
ピカソ、パブロ　39, 45, 47, 52, 55, 61, 67, 73, 77, 80-82, 92-94, 97, 102, 109, 117-118, 131, 137-140, 142, 151, 209-212, 228, 242, 291-292, 317-318, 326, 338-340, 353, 387-388, 396, 407
ピカソ、マヤ　39, 102, 109, 117
ピカビア、ジャニーヌ　60
ピカビア、フランシス　60
ヒッチコック、アルフレッド　270
ビドー、ジョルジュ　259
ヒトラー、アドルフ　31, 36, 38, 40, 45, 49, 51, 53, 57, 67, 75, 87, 99, 105, 107, 135-136, 217, 350, 380
ヒューズ、ラングストン　139
ヒューストン、ジョン　287
ビュトール、ミシェル　274
ビュフェ、ベルナール　269
ファレル、ジェイムズ・T　368
ファン・ゴッホ、フィンセント　339, 398
ファン・フェルデ、ブラム　137-138, 302
ファン・フェルデ、ヘール　137-138
フィッシャー、ジョン　375-376
フィッツジェラルド、F・スコット　342, 419
フィリップ、ジェラール　178
フィリップス、ウィリアム　168, 368
フーヴァー、J・エドガー　170, 298
フージュロン、アンドレ　211, 291
ブーバー＝ノイマン、マルガレーテ・「グレタ」379-380
ブールラ、ジャン＝ピエール　91
ブーレーズ、ピエール　388
フェルナンデス、ラモン　75
フォークナー、ウィリアム　33, 220, 303
フォード、ジョン　405
フォートリエ、ジャン　292
フォール、フランシーヌ → カミュ、フランシーヌ・フォール
フォッシュ、フェルディナン・ジャン・マリー　161
ブサック、マルセル　270
プッサン、ニコラ　84, 102, 117
プティ、ローラン　139-140
ブラウネル、ソニア（のちにオーウェル）65, 214, 234, 242, 263-264, 320-321, 402-404
ブラウン、ジョン・L　304, 332
ブラウン、ピエール　96
ブラジヤック、ロベール　119, 123-124
ブラック、ジョルジュ　96-97, 104, 212, 228, 326, 388
ブラッサイ　77, 80-82, 92-94, 97, 139-

140, 142
ブラッスール、ピエール　134
ブラッドリー、オマール　103
フラナー、ジャネット（「ジュネ」）　22, 38, 42, 125, 127-128, 130, 134-136, 143-144, 157, 167, 169, 176-177, 208, 233, 243, 248, 255, 263, 297, 299-301, 309, 318-319, 331, 351, 386, 412, 415
ブラン、ロジェ　390-391
ブランクーシ、コンスタンタン　339, 388
フランコ、フランシスコ　20, 313
ブランザ、ジャン　95
フランス、アナトール　161
ブランド、マーロン　327-328
プリチェット、V・S　242
ブリット、ルイーザ・ホロヴィッツ　44
ブリット・ジュニア、ウィリアム・クリスティアン　44-45, 47
ブリュレル、ジャン・「ヴェルコール」　63-65
プルースト、マルセル　70, 161, 180, 385, 407
ブルック、ピーター　264
ブルトン、アンドレ　60, 68-70, 73, 122, 141, 155, 222, 296, 336-337, 360, 370, 399
ブルトン、ジャクリーヌ　70
ブルム、レオン　144, 206, 233
ブレア、ベッツィ　357
ブレイク、パトリシア　180-182
プレヴェール、ジャック　62, 71-72, 76, 80, 134, 139-140, 195, 319, 325
ブレーカー、アルノ　67
ブレンターノ、ベッティーナ　82
フロイト、ジークムント　57, 256-257
フロイド、ルシアン　264
フロイント、ジゼル　41
ブローネル、ヴィクトル　60, 213
フローベール、ギュスターヴ　151, 161, 214, 274, 305, 343
プロコフィエフ、セルゲイ　277
ブロック、マルク　40
ヘア、デイヴィッド　70, 221
ベイズロン、デイヴィッド　369, 385
ヘイワース、リタ　287
ベヴァリッジ、ウィリアム　159
ベヴィン、アーネスト　259
ヘーゲル、ゲオルク・W・F　56
ベール、エレーヌ　91
ベールストック、ジュリアン　341, 384
ベケット、サミュエル　23, 34-35, 42, 44, 46-47, 49-50, 55-56, 59-60, 67, 89-90, 128, 131, 137-138, 164, 273-274, 301-302, 335, 390-392
ベシェ、シドニー　198, 220, 395
ペタン、フィリップ　43, 49, 53, 56, 84, 143-145, 149-150, 152
ベッティーナ（ベッティーナ・グラツィアーニ）　269
ヘップバーン、キャサリン　287
ヘミングウェイ、アーネスト　33, 41-42, 70, 105-106, 108-109, 114, 128, 220, 337, 342, 399
ヘミングウェイ、パトリック　337-338
ヘラー、ゲルハルト　57-58, 75, 78, 86-90, 94-95, 100
ベラール、クリスチャン　94, 268
ヘリゲル、オイゲン　97
ヘリック、マイロン・T　45
ベルグ、マリーナ・ド　140
ベルクソン、アンリ　59
ベルジェ、ピエール　360
ベルナノス、ジョルジュ　255
ヘルマン、リリアン　358
ベロー、アニタ　336, 341, 343-344, 346, 383
ベロー、グレゴリー　336, 341, 343

ベロー、ソール　283, 336, 341-346, 352, 355, 367-371, 374-375, 383-385, 387-388, 403, 412
ヘロドトス　64
ペロン、アルフレッド　34, 43, 55-56, 59-60, 67, 131
ベンヴェニスト、エイサ　363
ボウルズ、ポール　139
ホエティス、テミストクレス（ジョージ・ソロモス）　364
ホー・チ・ミン　243
ボーヴォワール、シモーヌ・ド　20, 22, 24, 33-35, 39-40, 46, 56, 59, 62-63, 76, 80, 91, 95-96, 112-113, 116, 122-125, 127, 129, 131-133, 135-136, 138, 140, 144, 149-151, 153-167, 169, 170, 172-175, 177-179, 183-188, 194-195, 197, 199-202, 204, 207, 211, 214-219, 224-230, 234, 236, 240-241, 247-255, 260-264, 266, 268, 271-272, 277-279, 281-284, 289-293, 295, 298, 303, 308, 310-311, 315-316, 319-321, 323, 336, 347, 353-355, 365, 368, 370, 372-373, 376-379, 381, 392, 394-401, 406-413, 418-419
ホーキンス、エリック　416
ホーキンス、コールマン　318
ホークス、ハワード　133
ポーター、コール　220
ボードレール、シャルル　158, 385, 404
ポーラン、ジャン　58-59, 62, 65, 73, 76, 89-90, 94-95, 97, 123, 126, 138, 151, 193, 195, 274-275, 414
ボールドウィン、ジェイムズ　328, 363-367, 369-370, 377
ボガート、ハンフリー　76, 180, 287
北斎　142
ボスト、ジャック＝ローラン　33-34, 46, 48, 56, 112, 124, 129, 132-133, 135, 151, 160, 218, 225, 230, 271, 355, 397, 413
ボナール、アベル　84
ボナール、ピエール　211-212
ホリデイ、ビリー　408
ポロック、ジャクソン　222
ホワイト、シオドア・H　244-246, 259, 347-353, 393-394, 416-417
ホワイト、ナンシー　347-349
ボワテル、ジャンヌ（「モーツァルト」）　85, 113
ポンス、リリー　71, 135-136

マ行

マーグ、エメ　388
マーシャル、ジョージ　257-259, 277, 418
マーフィー、ノエル・ハスキンス → ノエリーヌ
マール、ドラ　39, 54, 82
マギー、ハワード　318
マクドナルド、ドワイト　286
マクミラン、ハロルド　207
マグリーヴィー、トマス　34
マザウェル、ロバート　68-70, 222
マスコロ、ディオニス　238, 303
マッカーシー、ジョゼフ　245
マッカーシー、メアリー　299, 368, 403
マッカラーズ、カーソン　408
マッソン、アンドレ　60, 69, 213
マッタ、アン　61, 70, 336
マッタ、パトリシア　70, 336-337
マッタ、ロベルト　60, 70, 213, 222, 336
マティス、アンリ　69, 96-97, 211-212, 228, 283, 292, 301, 335, 339
マティス、ティーニー　336-337
マティス、ピエール　69, 70, 292, 336-337
マティス、マルグリット　302
マネ、エドゥアール　281

マラケ、ジャン　313-315, 357-358, 367, 400-401
マルカン、クリスチャン　327
マルクス、カール　58, 180, 314, 358
マルロー、アンドレ　121, 195, 255, 278, 281, 284, 296-297, 380, 408
マルロー、フロランス　408
マルロー、マドレーヌ　281
マレー、ジャン　93-94, 116, 375
マレー、ナタリア・ダネジ　300
マレーヴィチ、カジミール　291
マン、トーマス　57
マンシー、アンヌ＝マリー・サルトル　154, 172, 229
マン・レイ　41, 49, 54
ミシェル、アルバン　142
ミッチェル、ジョーン　302
ミットフォード、ナンシー　242
ミラー、ヘンリー　21, 41, 374
ミラー、リー　109
ミロ、ジョアン　213
ムーラン、ジャン　83
ムッソリーニ、ベニート　44, 77
メイヨー（アントワーヌ・マリアラキス）140
メイラー、スーザン　401
メイラー、ノーマン　246-247, 284-286, 312-315, 327, 334, 356-358, 367, 400-401, 403
メイラー、バーバラ　314, 356
メイラー、ファニー　356
メイラー、ベア　247, 284, 312, 314, 356
メッテルニヒ、フランツ・フォン・ヴォルフ　51-52, 84
メルヴィル、ハーマン　64
メルロ＝ポンティ、モーリス　62, 150, 172, 177, 180, 204-205, 226, 230, 234-236, 239, 263-264, 295, 304, 320-321, 324, 402-403, 413
モーパッサン、ギ・ド　161, 349
モーム、サマセット　321
モーリアック、クロード　374
モーリアック、フランソワ　73, 95, 121, 195, 226, 269, 278, 374, 408, 411
モセ、ソニア　54, 62, 91
モニエ、アドリエンヌ　41, 48, 308
モネ、クロード　281
モネ、ジャン　416-418
モファット、アイヴァン　159, 250
モファット、ナタリー → ソロキーヌ、ナタリー
モラン、エドガール　237-239, 278, 303-304, 413-414
モラン、ポール　59
モランディ、ジョルジョ　214
モリス、ガバヌーア　44
モルガン、クロード　72-73
モレル修道院長　212
モレル夫人　46
モロトフ、ヴャチェスラフ　36
モンダドーリ、アルベルト　216
モンタン、イヴ　398
モンテーニュ、ミシェル・ド　237
モンドリアン、ピエト　291

ヤ行

ヤンガーマン、ジャック　338-340, 387, 389-390
ユゴー、ヴィクトル　143
ユンガー、エルンスト　64, 87, 100

ラ行

ラーヴ、フィリップ　168
ライオン、フレデリック・B　170
ライチェク、ジェシー　368
ライト、エレン・ポプロヴィッツ　141, 161, 171, 222-223, 245, 248, 265-266, 307, 376-377, 400-401
ライト、ジュリア　161, 171, 248, 265
ライト、リチャード　141-142, 152, 160-162, 169-173, 175-176, 219, 222-

223, 234, 244-249, 264-266, 276, 278-279, 296, 307-308, 315-316, 363-365, 372-373, 375-377, 398, 400-401
ライト、レイチェル　372
ラウール＝デュヴァル、クロード　369
ラウール＝デュヴァル、ナディーヌ　274
ラヴェル、モーリス　252
ラシーヌ、ジャン　93
ラッセル、ウィリアム　173
ラッセル、バートランド　203
ラッセル、ロザリンド　133
ラビッシュ、シュザンヌ　280, 374-375
ラブレー、フランソワ　161
ラベ、ルイーズ　338
ラマディエ、ポール　255
ラルボー、ヴァレリー　49
ランズマン、クロード　177, 195, 197
ランドン、ジェローム　391
リーブリング、A・J　42-45, 49, 103-104, 114, 128
リオペル、ジャン＝ポール　292, 302
リシュリュー枢機卿（アルマン・ジャン・デュ・プレシー）　94
リッベントロップ、ヨアヒム・フォン　36
リトヴァク、アナトール　269
リネンソール、マーク　286
リプシッツ、ジャック　212
リュシェール、コリンヌ　53
リュシェール、ジャン　53-55, 61, 119
リュテール、クロード　198, 271, 318-319, 395
リルケ、ライナー・マリア　385
ルイ16世（フランス国王）　243
ルーズヴェルト、エレノア　361
ルーズヴェルト、フランクリン・D　44-45, 99, 113, 134-135, 223, 357
ルーセ、ダヴィッド　165, 294-295, 299-300, 304, 367, 381
ルーベンス、ピーテル・パウル　36, 84
ルーロー、レーモン　91
ルオー、ジョルジュ　212
ルクレール（フィリップ・ルクレール・ド・オートクローク）　99, 102-103, 106-109, 112-115
ルデュック、ヴィオレット　162-164
ルネ、ドニーズ　213
ルノワール、ジャン　35, 40, 72, 405
ルノワール、ピエール＝オーギュスト　282
ルフォール、クロード　243
ルブラン、アルベール　31
ルロン、リュシアン　270
レイボヴィッツ、ルネ　370
レヴァトフ、ドニーズ　285
レヴィ＝ストロース、クロード　140, 170, 390
レヴィツキー、アナトール　62
レヴェンソール、コン　301
レーヴィ、カルロ　216
レーヴィ、プリーモ　166
レーニン、ヴラジーミル・イリイチ　180
レオポルド3世（ベルギー国王）　43
レキュイエ、レーモン　37
レジェ、フェルナン　141, 209-212, 353
レノー、ポール　43, 46
レノルズ、メアリー　49
レノン、J・マイケル　284
レリス、ミシェル　80, 150, 159, 198, 214, 317, 403
ローゼンバーグ、ハロルド　341
ロートシルト、ギ・ド　297
ロートシルト家　52, 297, 393
ローブ、エドゥアール　137
ローブロー、アラン　94
ロジャース、ジンジャー　250, 287

ロシャス、エレーヌ　269
ロシャス、マルセル　269
ロスダ、エンドレ　81
ロッセリーニ、ロベルト　308
ロティ、ピエール　161
ロビンソン、エドワード・G　357-358
ロブ=グリエ、アラン　274
ロベール、ジャック　267
ロメール、エリック　405
ロル=タンギー、アンリ　108
ロワ、クロード　303

ワ行

ワイリー、フィリップ　173
ワトソン、ピーター　214, 242
ワルテル、マリー=テレーズ　39, 102, 109, 117

原注

序

1 Brenda Wineapple, *Genêt: A Biography of Janet Flanner* (Lincoln: University of Nebraska Press, 1989).

2 Tony Judt, *Past Imperfect: French Intellectuals 1944–1956* (New York: New York University Press, 2011).

3 Ibid., p. 11.

4 Richard Seaver, *The Tender Hour of Twilight: Paris in the '50s, New York in the '60s* (New York: Farrar, Straus and Giroux, 2012), Preface.

5 六区セーヌ通り60番地。

6 無料Wi-Fiのパスワードは（わたしの宿泊当時）PulpFictionだった。

7 Simone de Beauvoir, *La Force des choses* (Paris: Gallimard, 1963), vol. 1, p. 132.［シモーヌ・ド・ボーヴォワール『或る戦後』朝吹登水子・二宮フサ訳、紀伊國屋書店、1965年］

I　戦争がわたしの先生だった

1 イヴォンヌ・バビィは「ル・モンド」紙初の女性編集長。戦時中を十代の若者として過ごす。名付け親はアルベルト・ジャコメッティ。2014年1月29日、パリで著者がインタヴュー。

第1章　陥落

1 1793年11月、ルーヴル宮殿内で最も早く一般公開された区域。

2 Simone Signoret, *La Nostalgie n'est plus ce qu'elle était* (Paris: Éditions du Seuil, 1975).

3 フランスで1938年に初版刊行。英語版は1949年に『アントワーヌ・ロカンタンの日記』*The Diary of Antoine Roquentin* (London: John Lehmann, 1949)、1965年に『嘔吐』*Nausea* (London: Penguin Books, 1965) と改題して刊行。［ジャン＝ポール・サルトル『嘔吐』鈴木道彦訳、人文書院、2010年］

4 Anthony Cronin, *Samuel Beckett: The Last Modernist* (New York: HarperCollins, 1996), p. 306.

5 Ibid., p. 307.

6 改めて断るまでもなく、映画は封切り当時、受けがよくなかった。1956年の再上映に際して初めて『市民ケーン』と並ぶ傑作と喧伝される。

7 この手紙は、以下の記録映画で紹介された。*Illustre et inconnu,* by Jean-Pierre Devillers and Pierre Pochart (Ladybird Films, France 3, 2014).

8 *Le Figaro,* September 24, 1939.

9 この出来事に関して、当事者が以下に素晴らしい記述を残している。Arthur Koestler, *Scum of the Earth* (London: Jonathan Cape, 1941).

10 Wineapple, *Genêt,* p. 161.

11 Villa Gerbier.

12 ニューヨーク近代美術館（MoMA）はアメリカでは初となるピカソ回顧展「ピカソ芸術の40年」（1939年11月15日—1940年1月7日）をシカゴ美術館と共催した。作品数は初公開も含め、約300点。最盛期の来館者は週約1万5千人に達した。出典：MoMA.org.

13 1920年代後半にパリで創始された思想と歴史研究学派。とくにヨーロッパと南米で大きな影響力を有した。歴史家が社会科学的方法を採る重要性を唱え、社会史を特に重視した。

14 書店の開業は1919年11月17日。向かいのオデオン通り7番地には、恋人アドリエンヌ・モニエの経営する書店があった。

15 Charles Glass, *Americans in Paris: Life and Death Under Nazi Occupation 1940-1944* (New York: Harper Press, 2009), p. 32.

16 Cronin, *Samuel Beckett: The Last Modernist,* p. 315.

17 Ibid., p. 69.

18 Ibid., p. 73.

19 1940年6月4日、下院での演説。

20 Cronin, *Samuel Beckett: The Last Modernist,* p. 73.

21 アイルランド側に資金の存在確認を求めることを必須とする措置。Cronin, *Samuel Beckett: The Last Modernist,* p. 315.

22 Glass, *Americans in Paris.*

23 A. J. Liebling, *The Road Back to Paris* (New York: Paragon House, 1980), p. 80. Introduction by Raymond Sokolov, his biographer.

24 Hazel Rowley, *Tête-à-tête: The Lives and Loves of Simone de Beauvoir and Jean-Paul Sartre* (London: Chatto and Windus, 2006).

25 Glass, *Americans in Paris.*

26 Florence Gilliam, *France: A Tribute by an American Woman* (New York: E. P. Dutton, 1945).

27 友人宛ての手紙の中で、ベケットは彼女をこう呼んだ。

28 Gilliam, *France: A Tribute.*

29 "La ville sans regard".

30 アメリカの外交官ジョージ・F・ケナンは適切な譬えを探そうとした。「ギリシア神話に、女神を攫おうとしたところ、手を触れると女神が石に変わってしまう男の話がなかったろうか。パリに起きたのは、まさにそれ。ドイツ軍がやってくると、魂があっさり抜け出した。後に残されたのは石ばかり」。以下の日記の1940年7月3日より抜粋。George F. Kennan, *Sketches from a Life* (New York: Pantheon Books, 1989).

31 Liebling, *The Road Back to Paris,* p. 155.

第2章　選択

1 コンコルド広場に面したクリヨン、ヴァンドーム広場のリッツ、クレベール大通りのマジェスティック、ペルーズ通りのラファエル、ジョルジュ・サンク大通りのジ

ョルジュ・サンクはいずれもナポレオンが建てた凱旋門からほど近い場所にある。ほんの気休めかもしれないが、ウィリアム・ブリットはドイツ軍を出し抜いてオテル・ル・ブリストルを手に入れた。(旧アメリカ大使館がドイツ軍に接収されたため)。

2 以下の記録映画による。*Illustre et inconnu,* by Jean-Pierre Devillers and Pierre Pochart (Ladybird Films, France 3, 2014).

3 現在の通貨に換算して 460 ユーロ、565 米ドル、360 英ポンド。

4 Signoret, *La Nostalgie n'est plus ce qu'elle était.*

5 Cronin, *Samuel Beckett: The Last Modernist,* p. 319.

6 Agnès Humbert, *Notre Guerre: Souvenirs de résistance* (Paris: Éditions Emile-Paul Frères, 1946; reissued by Tallandier, 2004), published in English as *Résistance: Memoirs of Occupied France* (New York: Bloomsbury, 2009). [アニエス・アンベール『レジスタンス女性の手記』石橋正孝訳、東洋書林、2012 年]

7 Cronin, *Samuel Beckett: The Last Modernist,* p. 322.

8 Herbert R. Lottman, *The Left Bank* (New York: Houghton Mifflin 1981). [H・R・ロットマン『セーヌ左岸』天野恒雄訳、みすず書房、1985 年]

9 Ibid.

10 Ibid., p. 141.

11 人類学博物館レジスタンス集団など。

12 ポーランは人類学博物館グループの複写機を秘匿した。Lottman, *Left Bank,* p. 147.

13 Cronin, *Samuel Beckett: The Last Modernist,* pp. 322–23.

14 Signoret, *La Nostalgie n'est plus ce qu'elle était.*

15 踏破困難なこの山岳地域の地理を知り尽くしていたため、彼らはゲシュタポとドイツ国防軍を幾度となく出し抜くことができた。

16 Lottman, *Left Bank,* p. 180.

17 Ginette Guitard-Auviste, *Jacques Chardonne* (Paris: Albin Michel, 2000), p. 193.

18 Lottman, *Left Bank,* p. 180.

19 Ibid., p. 181.

20 稀覯書店シェレールは今日も健在。リュシアンに代わりトマが店を守っている。

21 1942 年 3 月、ヴァイキング・プレス社より刊行。

22 Lottman, *Left Bank,* p. 210.

23 「密輸コーヒーは 1 ポンド 8 ドル、卵 1 ダース 2 ドル、鶏肉 1 羽 5 ドル、煙草 1 箱約 2 ドル――戦前の価格と比べてほぼ 10 倍。ワインは 1 瓶平均で戦前の 8 セントから 60 セントに跳ね上がった」。Glass, *Americans in Paris,* p. 217.

24 Ibid., p. 234.

25 Ibid., p. 90.

26 Ibid., p. 93.

27 「老ハロルド・カプランとの対話」、「非凡なアメリカ人」、「ハロルド・カプランの生の声」。フィリップ・メイエルによる連続インタヴュー。フランス文化ラジオが 2010 年 10 月 27、28、29、30 日に放送。インタヴューはそっくりそのまま以下の雑誌に掲載された。*Commentaire,* Summer 2010, nos. 129 and 130.

28 プレミア上映はニューヨーク市内ハリウッド・シアター（収容人員1500名）で1942年11月26日に行なわれた。

29 「ニューヨーク・タイムズ」紙1942年11月27日。ボスリー・クラウザーは記事を「『カサブランカ』は今年の映画の中で最も刺激的、辛辣な映画である。ヴィシー政権が喜ばないのは間違いないが、それがこの映画のすべてではない」と締めくくる。

30 ニューヨーク市メトロポリタン歌劇場の初日は1942年11月23日。

31 「ミュージカル・アメリカ」誌1942年11月25日号掲載の批評記事に、オスカー・トンプソンが報じた。

32 アメリカでは1942年に『悪魔の使い』と題して封切られた。

33 *La Mort de Marie* (Paris: Gallimard, 1934) and *L'Homme criminal* (Paris: Gallimard, 1934).

34 Édith Thomas, *Le Témoin compromis* (Paris: Viviane Hamy, 1995), p. 112.

35 「ニューヨーカー」誌パリ特派員ジャネット・フラナーが1952年11月9日付の手紙に描写。

36 Paul Eluard, "Liberté" in *Au rendez-vous allemand* (Paris: Les Éditions de Minuit, 1945).「自由」はその後、何世代にも渡りフランスの学校で生徒が暗誦し、ロンサール、ボードレール、ランボー、プレヴェールと共に子供たちの記憶に永遠に刻まれた。［ポール・エリュアール『エリュアール詩集』安東次男訳、思潮社、1966年］

37 フランス語の題名『存在と無』は、ヴォルテールが翻訳したハムレットの独白「生きるべきか、死ぬべきか」に因む。

Demeure, il faut choisir	とどまれ、と。二つに一つ。
Et passer à l'instant	ひと思いに踏み越えて行くか、
De la vie à la mort	生から死へ、
Et de l'être au néant.	有から無へ、と。

(Voltaire, *Lettres philosophiques,* letter 18, 1734［ヴォルテール『哲学書簡』林達夫訳、岩波文庫、1980年）

38 かつての教え子で愛人となったオルガから女優としての地位を築けるように、自分の演じられる役を書いてほしいと頼まれて執筆に取りかかった。

39 Dan Franck, *Minuit: Les Aventuriers de l'art moderne (1940-1944)* (Paris: Livre de poche, 2012), pp. 446-47.

40 旧サラ・ベルナール座。悲劇女優として名高いベルナールがユダヤ人であったため、改称された。

41 Ingrid Galster, *Le théâtre de Jean-Paul Sartre devant ses premiers critiques,* vol. 1 (Paris: L'Harmattan, 2001).

42 2014年1月7日にサントロペの自宅でインタヴューした際、著者にこう打ち明けた。

43 Nathalie de Saint Phalle, *Hôtels littéraires* (Paris: Édition Quai Voltaire, 1991) を参照。

44 Brassaï, *Conversation avec Picasso* (Paris: Gallimard, 1964), p. 138.［ブラッサイ『語るピカソ』飯島耕一・大岡信訳、みすず書房、1968年］

45 Ibid., p. 155.

46 Ibid., p. 151.

第3章　闘争

1 第一次世界大戦中に創設された国家救援委員会による。

2 以下の記録映画による。*Illustre et inconnu,* by Jean-Pierre Devillers and Pierre Pochart (Ladybird Films, France 3, 2014).

3 Ibid.

4 Olivier Todd, *Albert Camus: Une vie* (Paris: Gallimard, 1996), p. 479. [オリヴィエ・トッド『アルベール・カミュ　ある一生』上・下、有田英也・稲田晴年訳、毎日新聞社、2001年]

5 Gerhard Heller, *Un Allemand à Paris* (Paris: Le Seuil, 1981), p. 157. [ゲルハルト・ヘラー『占領下のパリ文化人　反ナチ検閲官ヘラーの記録』大久保敏彦訳、白水社、1983年]

6 Ibid., p. 128.

7 Ibid., pp. 202-6.

8 Cronin, *Samuel Beckett: The Last Modernist,* p. 330.

9 Heller, *Un Allemand à Paris,* p. 153.

10 『エレーヌ・ベールの日記』は2008年にパトリック・モディアノの序文を添えてパリのタイヤンディエ社が刊行、英語版は2009年にマクレホース・プレス社が刊行。

11 ユダヤ人のシュルレアリストで同性愛者だったモセの姿は、1937年にマン・レイがニュッシュとふたり撮影した写真により、広く後世に伝えられた。

12 Marcel Mouloudji, *Le Petit invité* (Paris: Balland, 1989), p. 67.

13 1945年にロンドンで "France Libre" と題して発表され、のちに他のエッセイとまとめて *Situation III* (Paris: Gallimard, 1949) に収録されたジャン＝ポール・サルトルの短いエッセイ "Paris sous l'occupation" を参照。[ジャン＝ポール・サルトル「占領下のパリ」小林正訳、『サルトル全集第10巻』人文書院、1964年]

14 同上。

15 グランド・ショミエール美術学校は相変わらず6区グランド・ショミエール通り14番地にある。https://www.academiegrandechaumiere.com/

16 Geneviève Laporte, *Sunshine at Midnight,* translated by Douglas Cooper (London: Weidenfeld and Nicolson, 1975), p. 4. [ジュヌヴィエーヴ・ラポルト『ピカソとの17年　その芸術・人間・愛』宗左近・田中梓・久富尭介訳、美術公論社、1977年]

17 ジャン・ポーランは地下鉄に飛び乗り、16区マルボー通り17番地、ル・サヴルー医師との共通の友人、スイス人の反ユダヤ主義作家ジョルジュ・バトー宅に直行、潜伏した。ル・サヴルー医師もシャトネー＝マラブリスのかつてシャトーブリアンが暮らした邸宅に多くのレジスタンス活動家を匿った。この邸宅は現在、見学可能。対独協力者や反ユダヤ主義として広く名を知られながら、とにもかくにも友人であり続けた人々の住まいは、ゲシュタポの目を逃れるのに理想的だった。Frédéric Badré, *Paulhan, le juste* (Paris: Grasset, 1996), p. 218.

18 Jean-Paul Sartre, "La Republique du silence" (*Les Lettres françaises,* 1944) を参照。

19 現在はジョルジュ・ブラック通り6番地。

20 アンリ・カルティエ＝ブレッソンの伝記作家ピエール・アスリーヌは *Cartier-*

Bresson: L'œil du siècle (Paris: Plon, 1999) の中でこう書いている。『禅と弓』が刊行されたのは1948年なので、実際にはオイゲン・ヘリゲルが1936年10月にドイツの日本研究専門誌に発表した同じテーマの短いエッセイを指すのかもしれない。

21 Thomas, *Le Témoin compromis,* p. 153.

22 Ibid.

23 1944年2月1日、地下活動を行なうレジスタンス組織多数が効率化を目指して合体し、フランス国内軍（FFI）を結成した。FFIの会員数は1944年6月に20万人、同年10月には40万人となる。FFIは連合軍のノルマンディー上陸作戦、パリ解放に大きな役割を果たした。シャルル・ド・ゴールによって解隊された後、FFIの3分の1はフランス正規軍に入隊し、ヨーロッパの他の地域で連合軍と共に戦った。

24 Glass, *Americans in Paris,* p. 386.

25 ルーヴル美術館の真向かいのリヴォリ通り186番地とそこから1.5キロ北のレオミュール通り100番地。

26 Liebling, *The Road Back to Paris.*

27 *Combat,* 21 August, 1944. "Qu'est-ce qu'une insurrection? C'est le peuple en armes. Qu'est-ce que le peuple? C'est ce qui dans une nation ne veut jamais s'agenouiller."

28 ロベール・ドアノーはベルヴィル地区を取材するように求められたが、指令に背き、最激戦地ノートルダム大聖堂とカルチエ・ラタン周辺に直行した。*Paris, libéré, photographié, exposé* (Paris: Musée Carnavalet, 2014), p. 216.

29 歴史家イアン・ブルマは「パリを救った主張」の中で次のように論じる。「パリが焼き尽くされるに任すのを拒むことは、より下劣な過去を隠蔽するきわめて効果的な手段だった。彼の勇気ある決断のみが街を完全な破壊から救ったように見せることによって、フォン・コルティッツは戦争犯罪者ではなく英雄として歴史に名を残した」。Ian Buruma, "The Argument That Saved Paris," *New York Review of Books,* October 15, 2014.

30 Ernest Hemingway, *Hemingway on War* (New York: Scribner, 2004).

31 Glass, *Americans in Paris,* p. 400.

32 Léon Werth, *Déposition, journal 1940-1944* (Paris: Viviane Hamy, 1995).

33 Yves Cazaux, *Journal secret de la libération* (Paris: Albin Michel, 1975).

34 1944年9月2日付「コンバ」紙に掲載されたサルトルの回想。

35 シャルル・ド・ゴールは偶然これを見かけて「これは大事だ」と感想を述べた。

36 1944年8月19日から25日までのパリ解放戦で市民2800名が犠牲となった。

37 Glass, *Americans in Paris,* p. 408.

38 これに応えてヘミングウェイが言ったとされる「いやいや、その前にリッツの地下のワイン倉庫を解放しないとね」はつとに名高い。Ibid., p. 400.

39 フランソワーズ・ジローの回想。Françoise Gilot, *Life with Picasso* (New York: McGraw-Hill, 1964), p. 61. ［フランソワーズ・ジロー、カールトン・レイク『ピカソとの日々』野中邦子訳、白水社、2019年］

40 アーウィン・ショーの回想。Irwin Shaw and Ronald Searle, *Paris! Paris!* (New York: Harcourt Brace Jovanovich, 1976), p. 13.

41 Ibid., p. 19.

42 Ibid., p. 20.

43 闇市場では1キロ当たりパン35フラン、バター600フランの値で売買された。これは戦前の価格と比べて10倍に当たる。

44 Anne-Marie Cazalis, *Les mémoires d'une Anne* (Paris: Stock, 1976), p. 33.

45 Albert Camus, "La Nuit de la verité", *Combat,* August 25, 1944.

46 「ライフ」誌1944年9月4日号の論説。

47 Charles de Gaulle, *Mémoires de guerre* (1954–59; repr. Paris: Pocket, 2010).

48 Thomas, *Le Témoin compromis,* p. 171.

49 Assouline, *Cartier-Bresson,* p. 209.

50 Brassaï, *Conversation avec Picasso,* p. 223.

51 "Nous ne les reverrons plus. C'est fini, ils sont foutus."

第4章　欲望

1 ジークマリンゲン城での暮らしについて、詳しくは以下を参照。Louis-Ferdinand Céline, *D'un château l'autre* (Paris: Gallimard, 1957); Pierre Assouline, Sigmaringen (Paris: Gallimard, 2014).

2 Sartre, "Paris sous l'occupation."

3 Ibid.

4 Beauvoir, *La Force des choses,* vol. 1, p. 21.

5 フランス語の「銃殺された7万5千人の党」の字義は「銃殺により処刑された7万5千人の党」。

6 戦争中、2万5千人のフランス人が政治志向の如何を問わず処刑または追放、あるいは命を落とした。Stéphane Simonnet, *Atlas de la Libération de la France: Des débarquements aux villes libérées* (Paris: Autrement, 2004), p. 68.

7 シャルル・ド・ゴールは1944年7月7日にフランスの政治家、レジスタンス活動家ジョルジュ・マンデルが誘拐、殺害された事件の責任はブラジヤックにもあると考えた。

8 Beauvoir, *La Force des choses,* vol. 1, p. 30.

9 Ibid., p. 31.

10 Janet Flanner, *Paris Journal, 1944–1955* (New York: Harvest/Harcourt Brace Jovanovich, 1988), January 17, 1945, p. 15.

11 Todd, *Albert Camus,* pp. 503–8.

12 Thomas, *Le Témoin compromis,* p. 175.

13 Beauvoir, *La Force des choses,* vol. 1, p. 31.

14 戦時中ニューヨークで過ごしたイタリア語放送のアナウンサー、42歳のナタリア・ダネジ・マレー。Wineapple, *Genêt,* p. 170.

15 Flanner, *Paris Journal, 1944–1955,* December 15, 1944, p. 4.

16 Beauvoir, *La Force des choses,* vol. 1, p. 32.

17 Flanner, *Paris Journal, 1944–1955,* p. 25.

18 Ibid.

19 今日のオルセー美術館。

20 Beauvoir, *La Force des choses,* vol. 1, p. 51.

21 著者とのインタヴュー、2014年1月7日、サントロペの自宅にて。

22 Beauvoir, *La Force des choses,* vol. 1, p. 46.

23 Flanner, *Paris Journal, 1944-1955,* p. 23.

24 Beauvoir, *La Force des choses,* vol. 1, p. 48.

25 1941年にアメリカに帰化し、市民権を得た。

26 Flanner, *Paris Journal, 1944-1955*, p. 26.

27 Ibid., p. 27.

28 Beauvoir, *La Force des choses,* vol. 1, p. 48.

29 Yvette Szczupak-Thomas, *Un Diamant brut* (Paris: Points, 2009), p. 332.

30 Cronin, *Samuel Beckett: The Last Modernist,* pp. 340-58.

31 エッセイはミニュイ社から1989年に『世界とズボン』として刊行された。ファン・フェルデ兄弟に関するベケットの別のエッセイ「差し障りの画家」も同書に収録された。

32 Assouline, *Cartier-Bresson.*

33 Ibid.

34 Brassaï, *Conversation avec Picasso,* p. 225.

35 Ibid., p. 263.

36 Beauvoir, *La Force des choses,* vol. 1, p. 54.

37 Brassaï, *Conversation avec Picasso,* p. 265.

38 パリのアメリカン・センターで出会った当時、ヴァネッティの夫は医学生だった。名前はシオドア・エーレンライク。ニューヨークでは57丁目と1番街の角に建つアパートに落ち着いた。ヴァネッティは2008年7月13日に亡くなるまで、このアパートで暮らした。

39 Annie Cohen-Solal, "Dolorès Vanetti", *Le Monde,* July 19, 2008.

40 カルダー財団所蔵資料。Reference: Calder 1966, 188; CF, Carré to Duchamp; CF, Duchamp to Calder, July 3.

41 Brassaï, *Conversation avec Picasso,* p. 333.

42 Flanner, *Paris Journal, 1944-1955*, p. 32および以下のモノクロームのニュース映像 http://www.ina.fr/video/AFE86003186による。

43 Ibid., p. 38.

44 Ibid.

45 カルダー財団所蔵資料。Reference: Calder 1966, 188. CF, Calder to Carré, August 14; CF, Duchamp to Calder, July 3.

II「現　代《レ・タン・モデルヌ》」

第5章　存在の哲学

1 「レ・タン・モデルヌ」は1945年10月の創刊以来、一度も途切れることなく刊行

を続けている。現在の出版責任者クロード・ランズマンは、哲学の徒として草創期から雑誌に寄稿した。

2 *Les Temps modernes,* October 1, 1945, no. 1.

3 Ibid. "Nous vivons une agonie. On passe de la paix a la guerre, en notre siecle, par un jeu continu de degrades. La guerre en mourant laisse l'homme nu, sans illusion, abandonne a ses propres forces, ayant enfi n compris qu'il n'a plus a compter que sur lui. C'est la seule bonne nouvelle."

4 Beauvoir, *La Force des choses,* vol. 1, p. 65.

5 Rowley, *Tête-à-tête,* p. 169.

6 Beauvoir, *La Force des choses,* vol. 1, p. 165.

7 Flanner, *Paris Journal, 1944–1955,* p. 48.

8 Beauvoir, *La Force des choses,* vol. 1, p. 66.

9 Ibid., p. 61.

10 Ibid., p. 63.

11 *La Croix,* June 3, 1945, quoted in *Les Temps modernes,* November 1945, no. 2.

12 Beauvoir, *La Force des choses,* vol. 1, p. 70.

13 Ibid., p. 74.

14 *Les Temps modernes,* December 1945, no. 3.

15 *Les Lettres françaises,* December 28, 1945.

16 Beauvoir, *La Force des choses,* vol. 1, p. 88.

17 Hazel Rowley, *Richard Wright* (New York: Henry Holt, 2001), pp. 315–23.

18 Michel Fabre, *La Rive noire* (Paris: Éditions Lieu Commun, 1985), p. 147.

19 Rowley, *Richard Wright,* p. 307.

20 Ibid., p. 323.

21 Beauvoir, *La Force des choses,* vol. 1, p. 32.

22 Ibid.

23 サルトルの序文のおかげで、やがて日の目を見る。『見知らぬ男の肖像』は1948年にパリのロベール・マラン社から刊行された。

24 Beauvoir, *La Force des choses,* vol. 1, p. 90.

25 "Opposite numbers to our zoot-suiters," Flanner, *Paris Journal, 1944–1955,* p. 16.

26 タルティーヌは薄切りパンにバターを塗ったもの。こうしたパーティーは質素だったけれども、酒はふんだんにあった。

27 Flanner, *Paris Journal, 1944–1955,* p. 51.

28 Beauvoir, *La Force des choses,* vol. 1, p. 90.

29 アメリカでは1947年に『別の王国』、イギリスでは1951年に『別世界』と題して刊行された。

30 Beauvoir, *La Force des choses,* vol. 1, p. 95.

31 Flanner, *Paris Journal, 1944–1955,* p. 58.

32 Rowley, *Tête-à-tête,* p. 161.

33 Lionel Abel, *The Intellectual Follies: A Memoir of the Literary Venture in New York and Paris* (New York: W. W. Norton, 1984), p. 116.

34 Ibid., pp. 118-19.
35 Rowley, *Tête-à-tête,* p. 161.
36 *Les Temps modernes,* August-September 1946, no. 11-12, special double issue on the USA.
37 Todd, *Albert Camus,* p. 549.
38 Rowley, *Richard Wright,* p. 330.
39 Ibid., p. 331.
40 ドロシー・ノーマンへの手紙。Ibid., p. 333.
41 この本を2015年に再刊したシカゴ大学出版会による。
42 『日々の泡』と題した訳書もある。
43 Beauvoir, *La Force des choses,* vol. 1, p. 123.
44 Rowley, *Richard Wright,* p. 334.
45 Flanner, *Paris Journal, 1944-1955,* p. 57.
46 Ibid., pp. 57-58.
47 Rowley, *Richard Wright,* p. 337.

第6章　欲望と解放

1 Claude Lanzmann, *Le lièvre de Patagonie* (Paris: Gallimard, 2010), p. 208.
2 1946年10月27日付のエディット・トマの日記。エディット・トマ・コレクション、フランス国立公文書館。
3 Mamaine Koestler, *Living with Koestler: Mamaine Koestler's Letters 1945-51,* ed. Celia Goodman (New York: Littlehampton Books, 1985).「アーサーがパレスチナから帰ってきた。……こんがり日に焼けて、土産は袋一杯のアラックとブランデー。スコットのレストランで夕飯をとる。わくわくしたけれど、ちょっと緊張する。アーサーはわたしと結婚したいと言うけれど、子供を作るのは拒む」。
4 『異邦人』はジェイムズ・ジョイスの友人ステュアート・ギルバートの翻訳により1946年4月11日に出版される。「ニューヨーク・タイムズ」紙の批評家は「英国臭さ」に辟易したが、全体として翻訳は良質、「見事に語られた」小説と見なす。『異邦人』の書評はほぼ例外なく讃辞一色。個人的にも親しい友人たちが書評を手がけたのが助けになったことは言うまでもない。イタリアの哲学者でレジスタンスの闘士、1941年にモロッコに逃れる際にカミュの世話になったニコラ・キアロモンテは「ニュー・リパブリック」誌に寄せた書評で『異邦人』を「天晴れ」と呼び、絶賛した。
5 Todd, *Albert Camus,* p. 559.
6 Ibid., p. 565.
7 Ibid., p. 572.
8 Ibid., p. 574.
9 Beauvoir, *La Force des choses,* vol. 1, p. 152.
10 所帯持ちは冬の間、家族1人につき7日分の物資を支給された。大半はそれを体調不良のときのために蓄えた。
11 オリヴィエ・トッドによると、カミュはおどけてケストラーにこう言った。Todd,

Albert Camus.

12 Beauvoir, *La Force des choses,* vol. 1, p. 153.

13 カミュの伝記作家オリヴィエ・トッドは、そういうことは起こらなかったと考える。「ふたりの間にあったかもしれない睦言は、カミュには恐ろしくて口にできなかったろう。ボーヴォワールの肉体には明らかに惹かれていたが、カミュは知的な女性を恐れた」。

14 カミュの伝記作家オリヴィエ・トッドはそう考える。

15 戯曲は前年アメリカの批評家から軒並み酷評された。同作を批評した「ヴァッサー・クロニクル」誌のメアリー・ウォーカーには先見の明があった。「これはアーサー・ケストラーによる最初の、そしてできることなら唯一となってほしい戯曲である」。批評の締めくくりは、「ケストラーの筆致の繊細さは農耕馬のそれに匹敵する。ケストラーは過去に優れた作品を残しているので、これが白鳥の歌ではなく、巣を奪われて怒るコマドリの呻きにすぎないことを願いたい」。

16 Michael Scammell, *Koestler: The Literary and Political Odyssey of a Twentieth-Century Skeptic* (New York: Random House, 2009), p. 287.

17 Beauvoir, *La Force des choses,* vol. 1, p. 155.

18 M. Koestler, *Living with Koestler,* p. 40.

19 これには複数の証言がある。たとえば以下を参照。Beauvoir, *La Force des choses,* vol. 1, p. 157; M. Koestler, *Living with Koestler,* p. 43.

20 マネス・シュペルバーは1905年にオーストリア帝国領ガリツィアの超正統派ユダヤ教徒の家庭に生まれた。1927年にベルリンで共産党に入党し、1934年にパリに移民。スターリンの大粛清により1938年に共産党を脱退し、全体主義について執筆を開始。1939年に志願してフランス軍に入隊し、フランスでユダヤ人追放が始まると、スイスに難を逃れた。1945年にパリに戻り、カルマン＝レヴィ社に編集者として勤務するかたわら、精神分析医、作家としても活動する。アーサー・ケストラーとは特に親しい間柄だった。

21 Angie David, *Dominique Aury* (Paris: Éditions Leo Scheer, 2006), p. 400.

22 1941年11月7日付のエディット・トマの日記。Ibid., p. 393.

23 David, *Dominique Aury,* p. 397.

24 1946年10月27日付のエディット・トマの日記。

25 1946年10月27日付、ドミニク・オーリーからエディット・トマへの手紙。エディット・トマ・コレクション、フランス国立公文書館。

26 1946年11月2日付のエディット・トマの日記。

27 同上。

28 1946年11月28日付のエディット・トマの日記。

29 Cazalis, *Les mémoires d'une Anne,* p. 54.

30 Ibid., p. 17.

31 Ibid., p. 75. 音だけ聞くと「もしもし」（フランス語で「アロ」allo）は「水に入ろう」（フランス語で同じく「アロ」a l'eau）とよく似ている。

32 Lanzmann, *La lièvre de Patagonie,* p. 203.

33 Ibid., p. 206.

34 Rowley, *Tête-à-tête*, p. 167.

35 現在の名称はオテル・デ・カルム。

36 In the preface written by Noël Arnaud to Boris Vian, *Manuel de Saint-Germain-des-Prés* (Paris: Éditions du Chêne, 1974).

37 Cazalis, *Les mémoires d'une Anne*, p. 84.

38 Beauvoir, *La Force des choses*, vol. 1, p. 145.

39 Ibid., p. 147.

40 *Étude de femmes* published by Éditions Colbert, and *Le champ libre* published by Gallimard.

41 Édith Thomas, *Jeanne d'Arc* (Paris: Éditions Hier et Aujourd'hui, 1947).

42 Édith Thomas, *Les Femmes de 1848* (Paris: Presses Universitaires de France, 1948).

43 Dominique Aury, "Par delà tout espoir," *L'Arche*, no. 13, February 1946, p. 157, quoted in David, *Dominique Aury*, p. 399.

44 当時49歳の前衛詩人、パフォーマー、エッセイストのトリスタン・ツァラは反体制的なダダ運動の創始者のひとり。反ファシスト主義者で共産主義者でもあったが、党員だった1950年代を除き、党からは距離をとった。

45 M. Koestler, *Living with Koestler*, p. 27.

46 Ibid., p. 29.

47 Ibid., p. 28.

48 Cazalis, *Les mémoires d'une Anne*, p. 74.

49 Juliette Gréco, *Jujube* (Paris: Stock, 1982), p. 111. [ジュリエット・グレコ『グレコ　恋はいのち』中村敬子訳、新潮社、1984年]

第7章　第三の道

1 Ariane Chebel d'Appollonia, *Histoire politique des intellectuels en France 1944-1954* (Paris: Éditions Complexe, 1991), vol. 1, pp. 130-36.

2 Todd, *Albert Camus*, p. 530.

3 Flanner, *Paris Journal, 1944-1955*, p. 45.

4 Ibid., p. 52.

5 1945年10月に行なわれた総選挙で共産党の得票率は27.1パーセント。ド・ゴール派と社会党の得票率はそれぞれ25.6パーセント、24.9パーセント。

6 レジェの帰国を歓迎しようと、「レ・タン・モデルヌ」は1946年1月号に掲載を予定してダニエル＝アンリ・カーンワイラーにキュビスムの誕生をテーマとする長文のエッセイの寄稿を依頼した。カーンワイラーは当時、義理の娘とその夫のミシェル・レリスと、グラン・ゾーギュスタン河岸のアパルトマンに同居していた。

7 Laurence Dorléac, *Après la guerre* (Paris: Gallimard, 2010), p. 29.

8 Ibid., p. 11.

9 Ibid., pp. 11-12.

10 Ibid., p. 31.

11 Ibid., p. 33.

12 Hilary Spurling, *The Girl from the Fiction Department: A Portrait of Sonia Orwell* (London:

Hamish Hamilton, 2002), p. 73.

13 Philip Toynbee, "Lettre de Londres," *Les Temps modernes,* January 1946, no. 4. "Nous n'avons pas une philosophie. Nous sommes moins sujets que vous aux élans, aux enthousiasmes intellectuels passionnés. Notre manque de fanatisme n'est en ce moment que le gage de notre apathie."

14 Philip Toynbee, "Lettre de Londres," *Les Temps modernes,* May 1946, no. 8.

15 Spurling, *Girl from the Fiction Department,* pp. 56-57.

16 Beauvoir, *La Force des choses,* vol. 1, p. 147.

17 Ibid., p. 145.

18 Ibid., pp. 147-49.

19 Ibid.

20 1945年3月5日、ミズーリ州フルトンのウェストミンスター・カレッジで行なわれた「鉄のカーテン」演説。

21 同上。

22 Beauvoir, *La Force des choses,* vol. 1, p. 149.

23 カルダーは1946年10月25日にルイ・カレの画廊で開かれる「アレクサンダー・カルダー：モビール、スタビール、コンステラシヨン」展のオープニングの準備に取りかかっていた。

24 Jean-Paul Sartre, "Les Mobiles des Calder," in *Alexander Calder: Mobiles, Stabiles, Constellations,* exhibition catalogue (Paris: Galerie Louis Carré, 1946), pp. 9-19. English translation by Chris Turner, from Jean-Paul Sartre, *The Aftermath of War* (Calcutta, India: Seagull, 2008).［ジャン＝ポール・サルトル「カルダーのモビル」滝口修造訳、『サルトル全集第10巻』人文書院、1964年］

25 Ibid.

26 *Les Temps modernes,* August-September 1946. アメリカを特集した夏の合併号。

27 デイヴィッド・ヘアは若いアメリカ人画家。ブルトン夫妻のニューヨーク滞在中にブルトンの二度目の妻ジャクリーヌを口説いた。

28 スコッツボロ・ボーイズが死後恩赦を受けた後、エド・ピルキントンが2013年11月21日付「ガーディアン」紙に寄稿した記事による。「1931年3月25日アラバマ州を通過中の貨物列車の車中で、黒人少年9人が白人の青年数人と口論になった。列車がスコッツボロ駅に停車すると、白人の地元民兵隊が列車に乗り込み、少年たちを拘束した。民兵隊は車中に白人女性2名を発見し、彼女らは強姦されたと語る……白人女性2名を強姦したと不当に非難され、9人は怒る群衆によってあわやリンチされかかり、拙速に全員白人の陪審員による裁判にかけられ、長い年月を監獄で、うち8名は死刑囚の獄舎で過ごすことになった」。

29 『恭しい娼婦』。

30 Rowley, *Richard Wright,* p. 349.

31 Ibid.

32 1956年のブダペスト蜂起を見て、カルティエ＝ブレッソンもとうとう共産党に愛想を尽かした。Assouline, *Cartier-Bresson,* p. 379.

33 "J'ai le cœur tranquille et sec que je me sens devant les spectacles qui ne me touchent pas."

Todd, *Albert Camus,* p. 549.
34 "Le secret de toute conversation ici est de parler pour ne rien dire." Ibid., p. 559.
35 Ibid., pp. 559-62.
36 Ibid., pp. 562-65.
37 Beauvoir, *La Force des choses,* vol. 1, p. 111.
38 Scammell, *Koestler,* p. 287.
39 Beauvoir, *La Force des choses,* vol. 1, p. 113.
40 「1946 年 5 月 2 日。『真昼の暗闇』に関する議論を少なくとも 100 回は聞いた。一番正しい批評はジャコメッティのもの」。Beauvoir, *La Force des choses,* vol. 1, p. 115.
41 Ibid., p. 154.
42 Scammell, *Koestler,* p. 289.
43 Beauvoir, *La Force des choses,* vol. 1, p. 154.
44 Ibid.
45 Ibid.
46 *Time* magazine, December 1945.
47 Beauvoir, *La Force des choses,* vol. 1, p. 168.
48 Ibid., p. 160.
49 Ibid., p. 158.
50 Ibid., p. 159.

III　行動の曖昧さ

第 8 章　共産主義者にならずにすますには

1 Flanner, *Paris Journal, 1944-1955,* p. 71.
2 ぶどう、干しぶどう、またはナツメヤシなどを原料とし、アニスの香りをつけた中東産蒸留酒の総称。
3 Quoted in Scammell, *Koestler,* p. 301.
4 Hélène Carrère d'Encausse, *Staline* (Paris: Flammarion, 1979) を参照。
5 1994 年 11 月 25 日にトロント大学から名誉法学博士号を授与された際、アイザイア・バーリンが行なった答礼の挨拶。
6 Edgar Morin, *Autocritique* (Paris: Gallimard, 1970), p. 35.
7 Ibid., p. 70.
8 Ibid., p. 100.
9 Ibid., p. 107.
10 Chebel d'Appollonia, *Histoire politique,* vol. 2, p. 14.
11 Claude Roy, *Nous* (Paris: Gallimard, 1972).
12 Morin, *Autocritique,* p. 86.
13 Beauvoir, *La Force des choses,* vol. 1, p. 163.
14 Scammell, *Koestler,* p. 304.
15 1946 年 12 月 16 日付、ケストラーからアルベール・カミュへの手紙。Scammell,

Koestler, p. 303.
16 Quoted in ibid., p. 304.
17 Ibid.
18 Spurling, *Girl from the Fiction Department,* p. 81.
19 Ibid.
20 Flanner, *Paris Journal, 1944-1955,* p. 70.
21 *Les Temps modernes,* March 1947, no. 18.
22 Theodore H. White, *In Search of History* (New York: Warner Books, 1978), p. 246.
23 Ibid., p. 251.
24 Ibid.
25 Ibid.
26 Theodore H. White, "I Tried to Be a Communist," *Atlantic Monthly,* August 1944, vol. 174, no. 2.
27 White, *In Search of History,* p. 260.
28 友人のフィグ・グウォルトニーへの手紙。J. Michael Lennon, *Norman Mailer: A Double Life* (New York: Simon and Schuster, 2013), p. 99.
29 Beauvoir, *La Force des choses,* vol. 1, p. 170.
30 Ibid., p. 171.
31 Rowley, *Tête-à-tête,* p. 175.
32 Simone de Beauvoir, *Letters to Sartre* (New York: Arcade Publishing, 1991), p. 415.
33 Beauvoir, *La Force des choses,* vol. 1, p. 171.
34 ボーヴォワールの日記はのちに「レ・タン・モデルヌ」に連載され（1947 年 12 月通巻 27 号以降）、1948 年に「アメリカその日その日」*L'Amérique au jour le jour* (Paris: Gallimard, 1948) として書籍化、英語版 *America Day by Day* もアメリカで刊行された。
35 「レ・タン・モデルヌ」1948 年 1 月刊 28 号に「アメリカその日その日」の連載 2 回目として掲載されたボーヴォワールの 1947 年 2 月 27 日付の日記。
36 同上。
37 Beauvoir, *Letters to Sartre,* p. 446.
38 Ibid., p. 447.
39 Beauvoir, *"L'Amérique au jour le jour."*
40 Beauvoir, *Letters to Sartre,* p. 447.
41 Beauvoir, *"L'Amérique au jour le jour."*
42 Ibid.
43 カルダー・ウィリンガムは映画の脚本家となり、スタンリー・キューブリック（『勝利への道』、『スパルタカス』）、リチャード・ライシャー（『ヴァイキング』）、マイク・ニコルズ（『卒業』）、アーサー・ペン（『小さな巨人』）など、多数の作品を手がけた。
44 Beauvoir, *"L'Amérique au jour le jour."*
45 Ibid.
46 Beauvoir, *Letters to Sartre,* p. 453.

47 フランス労働総同盟（CGT）は1895年に結成された。
48 Flanner, *Paris Journal, 1944–1955,* p. 70.
49 Lottman, *Left Bank,* p. 265.
50 M. Koestler, *Living with Koestler,* p. 52.
51 ジョージ・C・マーシャルの演説文は、以下で入手可能。www.oecd.org.
52 White, *In Search of History,* p. 261.

第9章　恋愛、流儀、麻薬、孤独

1 Beauvoir, *Letters to Sartre,* p. 434.
2 Ibid.
3 ボーヴォワールはこの約束を守った。オルグレンに遅れること5年、最後に言葉を交わしてから22年後の1986年、ボーヴォワールは指輪と共に埋葬された。
4 絶望と腐敗を克明に描く『靴磨き』は娯楽にはほど遠いものの、「見事に制作された社会の記録」と「ニューヨーク・タイムズ」紙の批評家もしぶしぶ認めざるをえなかった。
5 Beauvoir, *Letters to Sartre,* p. 454.
6 Beauvoir, *La Force des choses,* vol. 1, pp. 176–77.
7 Ibid., p. 182.
8 Flanner, *Paris Journal, 1944–1955,* p. 79.
9 Spurling, *Girl from the Fiction Department,* p. 82.
10 リュシアンの未来の妻、ギネス家の跡取り娘キャロライン・ブラックウッドがのちに自分の親友ナタリー・ソロキーヌの夫、ハリウッドの脚本家アイヴァン・モファットと駆け落ちするとはボーヴォワールは夢にも思わなかった。
11 Rowley, *Richard Wright,* p. 363.
12 Ibid., p. 364.
13 Gréco, *Jujube,* p. 104.
14 著者とのインタヴュー、2014年1月7日、サントロペの自宅にて。
15 Elisabeth Quin in *Bel de Nuit* (Paris: Grasset, 2007) を参照。
16 "Voici comment vivent les troglodytes de Saint-Germain-des-près", Jacques Robert, in *Samedi Soir,* May 3, 1947.
17 Gréco, *Jujube,* p. 104.
18 Beauvoir, *La Force des choses,* vol. 1, p. 181.
19 オリヴィエ・トッド。2013年12月11日、カフェ・セレクトで著者のインタヴューに応えて。
20 Rowley, *Tête-à-tête,* p. 205.
21 Marie-Dominique Lelièvre, *Sagan à toute allure* (Paris: Denoël, 2008), p. 228.
22 Rowley, *Tête-à-tête,* p. 205.
23 Cronin, *Samuel Beckett: The Last Modernist,* p. 386.
24 Ibid., p. 387.
25 Ibid., p. 378.

26 エディット・トマ・コレクション、フランス国立公文書館。Quoted in David, *Dominique Aury,* p. 402.

27 1947年8月6日付、ドミニク・オーリーからエディット・トマへの手紙。エディット・トマ・コレクション、フランス国立公文書館。Quoted in David, *Dominique Aury,* p. 406.

28 Quoted in Dorothy Kaufmann, *Édith Thomas, passionnément résistante* (Paris: Autrement, 2007), p. 186.

第10章　行動と異議

1 1946年、ソ連政治局に宛てた詩人アンナ・アフマートヴァに関する報告書の中でジダーノフの用いた表現。Quoted in Michael Ignatieff, *Isaiah Berlin: A Life* (New York: Vintage, 2000), p. 166.

2 Ibid.

3 Quoted in Kaufmann, *Édith Thomas, passionnément résistante.*

4 Chebel d'Appollonia, *Histoire politique,* p. 142.

5 Simone de Beauvoir, *Beloved Chicago Man* (London: Victor Gollancz, 1998), p. 69.

6 Ibid., p. 70.

7 M. Koestler, *Living with Koestler,* p. 53.

8 Todd, *Albert Camus,* p. 610.

9 Lottman, *Left Bank,* p. 277.

10 M. Koestler, *Living with Koestler,* pp. 57-60.

11 ボーヴォワールはカフェ・ド・フロールとしているが、マメイン・ケストラーによるとカフェ・レ・ドゥ・マゴ。Mamaine Koestler, *Living with Koestler,* pp. 57-60.

12 ケストラーとカミュに関するボーヴォワールの言葉。Beauvoir, *Beloved Chicago Man,* p. 75.

13 Ibid., pp. 78-79.

14 M. Koestler, *Living with Koestler,* pp. 57-60.

15 「老ハロルド・カプランとの対話」より。

16 同上。

17 Lennon, *Norman Mailer,* p. 1.

18 Ibid., p. 98.

19 Peter Manso, *Mailer: His Life and Times* (New York: Simon and Schuster, 1985), p. 113.

20 Rémy Kaufer, "Les grèves insurrectionnelles de 1947," *Historia Magazine* 733, January 2008.

21 *Les Temps modernes,* December 1947, no. 27.

22 Abel, *Intellectual Follies,* p. 73.

23 Ibid.

24 M. Koestler, *Living with Koestler,* p. 65.

25 Ibid., pp. 62-70.

26 刊行されるのは、はるか後年。

27 言うまでもなく、「英雄時代（レ・タン・エロイック）」は「レ・タン・モデルヌ」

にかけた言葉遊び。

28 Scammell, *Koestler,* p. 307.

29 Beauvoir, *Beloved Chicago Man,* pp. 97–98.

30 Ibid., p. 98.

31 Jean-Paul Sartre, “La Recherche de l’absolu,” *Les Temps modernes,* January 1948, no. 28. “Il n’est pas besoin de regarder longtemps le visage antédiluvien de Giacometti pour deviner son orgueil et sa volonté de se situer au commencement du monde. Il se moque de la Culture et ne croit pas au Progrès, du moins au Progrès dans les Beaux-Arts, il ne se juge pas plus ‘avancé’ que ses contemporains d’élection, l’homme des Eyzies, l’homme d’Altamira. En cette extrême jeunesse de la nature et des hommes, ni le beau ni le laid n’existent encore, ni le goût, ni les gens de goût; ni la critique: tout est à faire. Pour la première fois l’idée vient à un homme de tailler un homme dans un bloc de pierre. Voilà donc le modèle: l’homme. Ni dictateur, ni général, ni athlète, il ne possède pas encore ces dignités et ces chamarrures qui séduiront les sculpteurs de l’avenir. Ce n’est qu’une longue silhouette indistincte qui marche à l’horizon.”

32 サルトルはフランス国営放送ラジオ局から 1947 年 9 月に毎週 1 時間の番組を制作、放送するよう求められたが、サルトルの反ド・ゴール主義的な主張が公共放送局の許容限度を超え、1947 年 12 月 3 日に「現代の審判」は中止された。

33 レジスタンス運動に加わったダヴィッド・ルーセは 1943 年から 45 年にかけて、ブーヘンヴァルトとノイエンガンメ強制収容所で捕虜生活を送った。

34 Beauvoir, *La Force des choses,* vol. 1, p. 206.

35 Beauvoir, *Beloved Chicago Man,* p. 188.

36 Quoted in Chebel d’Appollonia, *Histoire politique,* p. 162.

37 M. Koestler, *Living with Koestler,* pp. 72–74.

38 Flanner, *Paris Journal, 1944–1955*, April 2, 1948, p. 82.

39 Ibid.

40 Ibid.

41 1948 年 1 月 13 日付の手紙。Mamaine Koestler, *Living with Koestler,* pp. 72–74.

42 アーサー・ケストラーのアメリカ旅行の取材を担当した「ニューヨーク・タイムズ」紙の記者ハーヴィー・ブライトの報告。“A Visit with Arthur Koestler,” *New York Times,* April 4, 1948.

43 Scammell, *Koestler,* p. 318.

44 1948 年 4 月 1 日付、アーサー・ケストラーからマメイン・ケストラーへの手紙。Ibid., p. 320.

45 Flanner, *Paris Journal, 1944–1955,* June 14, 1948.

46 Wineapple, *Genêt,* p. 213.

47 Ibid., p. 207.

48 Ibid., p. 209.

49 Cronin, *Samuel Beckett: The Last Modernist,* pp. 386–94.

50 Lottman, *Left Bank,* p. 241 に引用された作家クロード・ロワの言葉。

51 Ibid.

52 Chebel d'Appollonia, *Histoire politique,* vol. 2, pp. 32–37.

53 Morin, *Autocritique,* p. 68.

54 Ibid.

55 "La technique de Citizen Kane," *Les Temps modernes,* February 1947, no. 17.
"Flaubert n'a pas inventé l'imparfait, non plus que Gide le passé simple, ou Camus le passé composé, mais l'emploi qu'ils font de ces temps leur est personnel. Encore faudrait-il ajouter à l'actif de Welles que s'il n'a pas découvert ces procédés, il a du moins inventé leur sens. Son écriture cinématographique lui appartient incontestablement.
"Évoquer comme le fait Georges Sadoul, l'emploi antérieur de certains procédés, pour en contester la propriété à Orson Welles, c'est oublier que l'invention appartient à ceux qui s'en rendent maîtres."

56 Aline Desjardins, *Aline Desjardins s'entretient avec François Truffaut* (Paris: Ramsay, 1987).

57 *Richard Wright,* p. 373 に引用されたチェスター・ハイムズの自伝 *The Quality of Hurt: The Early Years* (1972) より。

58 Rowley, *Richard Wright,* p. 373.

59 Flanner, *Paris Journal, 1944–1955,* June 14, 1948, p. 82.

第 11 章 「巴里の憂鬱は強力な気付け薬」

1 Beauvoir, *Beloved Chicago Man,* p. 142.

2 Ibid.

3 Michelle Perrot, *Histoires de chambres* (Paris: Éditions du Seuil, 2009), p. 244.

4 Lennon, *Norman Mailer,* p. 103.

5 Shaw and Searle, *Paris! Paris!,* p. 94.

6 Norman Mailer, "The Art of Fiction," interviewed by Steven Marcus, *Paris Review,* Winter/Spring 1964, no. 32.

7 Ibid.

8 Mary V. Dearborn, *Mailer: A Biography* (Boston: Houghton Mifflin, 1999), p. xx.

9 Lennon, *Norman Mailer,* p. 103.

10 Ibid., p. 99.

11 Dearborn, *Mailer,* p. 59.

12 Beauvoir, *Beloved Chicago Man,* p. 179.

13 Ibid., p. 181.

14 Michel Leiris, *Journal 1922–1989* (Paris: Gallimard, 1992), pp. 462–63.

15 Ibid., p. 463.

16 Flanner, *Paris Journal, 1944–1955,* October 1, 1953, p. 215.

17 Ibid., May 26, 1948, p. 87.

18 Ibid., May 11, 1949, p. 101.

19 Ibid., May 26, 1948, p. 103.

20 Beauvoir, *Beloved Chicago Man,* p. 208.

21 Roy, quoted in Lottman, *Left Bank,* p. 241.

22 Quoted in Spurling, *Girl from the Fiction Department,* p. 89.

23 ボーヴォワールは長年、ザザが死んだのはメルロ＝ポンティに結婚を拒まれた心の痛みのせいと思い続けた。実際は、ザザの両親がメルロ＝ポンティの家族の評判が芳しくなく、娘にふさわしくないと考え、結婚に反対した。Deirdre Blair, *Simone de Beauvoir: A Biography* (New York: Simon and Schuster, 1990), p. 153.

24 M. Koestler, *Living with Koestler,* p. 87.

25 Todd, *Albert Camus,* p. 665.

26 Raymand Quenean, "Si tu t'imagines," in *L'Instant fatal* (Paris: Gallimard, 1948).

27 François Forestier, *Un si beau monstre* (Paris: Albin Michel, 2012).

28 2014 年 1 月 7 日にサントロペの自宅でインタヴューした際、著者にこう打ち明けた。

29 マーロン・ブランドは 1924 年、グレコは 1927 年生まれ。

IV　感覚に磨きをかける

第 12 章　「あっちが芸術を独り占めしているのに、こっちはドルで懐を膨らませているだけ」

1 Flanner, *Paris Journal, 1944–1955,* June 23, 1948, p. 91.

2 Ibid., p. 92.

3 Cazalis, *Les mémoires d'une Anne,* p. 106.

4 "Nés en 1925," *Les Temps modernes,* May 1948, no. 32.

5 "Chief Prophet of Existentialism," by John L. Brown, in *New York Times Magazine,* February 2, 1947.

6 Art Buchwald, *I'll Always Have Paris* (New York: Ballantine, 1996), p. 2.

7 Ibid., pp. 2–9.

8 Ibid.

9 Ibid.

10 Ibid.

11 わたしが最後に店を訪れた 2016 年春にはワジャはまだそこにあった。アート・バックウォルドは 30 年ぶりにこの地を訪れ、以前と同じ経営者が切り盛りしているのを見て涙を流す。Buchwald, *I'll Always Have Paris,* p. 20.

12 Ibid., pp. 2–9.

13 Ibid., p. 34.

14 Abel, *Intellectual Follies,* p. 106.

15 Ibid.

16 Seaver, *Tender Hour of Twilight,* pp. 82–90.

17 Ibid., p. 103.

18 Jack Youngerman in interview: Jack Youngerman talks with Collette Robert, Archives of *American Art Journal* 17, no. 4, 1977.

19 1948 年 9 月 27 日付、ソール・ベローからヘンリー・ヴォルケニングへの手紙。

Saul Bellow: Letters, ed. Benjamin Taylor (New York: Viking, 2010), p. 63.

20 Saul Bellow, "My Paris," *New York Times,* March 13, 1983.

21 James Atlas, *Saul Bellow: A Biography* (New York: Random House, 2000), p. 140.

22 Ibid., p. 139.

23 ジュリアン・ベールストックはパリを終の住処に定め、ユネスコに30年勤務した。1948年にユネスコの大量情報部に入部、世界書籍推進計画部長に就いた。

24 Atlas, *Saul Bellow,* p. 138.

25 Saul Bellow, *The Adventures of Augie March* (1953; New York: Penguin Books, 2006).

26 Bellow in the *New York Times Book Review* in 1959, as quoted by Sam Tanenhaus in his review of Zachary Leader's *The Life of Saul Bellow: To Fame and Fortune,* published in the *New York Times Sunday Book Review* on April 27, 2015.

27 Bellow, "My Paris."

28 Saul Bellow, "The French as Dostoyevsky Saw Them," *New Republic,* February 23, 2010.

29 Atlas, *Saul Bellow,* p. 148.

30 Saul Bellow, "A Revolutionist's Testament," *New York Times,* November 21, 1943.

31 Atlas, *Saul Bellow,* p. 142.

32 ベローからサム・フリーフェルドに宛てた絵はがき。Quoted in Atlas, *Saul Bellow,* p. 139.

33 1948年10月25日付、ベローからモンロー・エンゲルへの手紙。*Saul Bellow: Letters,* p. 64.

34 Bellow, "The French as Dostoyevsky Saw Them."

35 戦間期のパリの文学生活を描いた以下を参照。Marcolm Cowley, *Exile's Return,* quoted in Atlas, *Saul Bellow,* p. 137. [マルカム・カウリー『亡命者帰る 「失われた世代」の文学遍歴』大橋健三郎・白川芳郎訳、南雲堂、1960年]

第13章　神経を刺激する

1 White, *In Search of History,* p. 261.

2 Ibid.

3 Ibid., p. 263.

4 Ibid.

5 Ibid., p. 264.

6 Ibid.

7 Ibid., p. 265.

8 Ibid.

9 Ibid., p. 266.

10 Ibid.

11 Ibid., p. 269.

12 これらに加え、連合軍の占領下にあったトリエステと西ドイツを含む。

13 White, *In Search of History,* p. 278.

14 Ibid.

15 Ibid.
16 Flanner, *Paris Journal, 1944–1955,* June 14, 1948, p. 88.
17 White, *In Search of History,* p. 278.
18 Ibid., pp. 272–73.
19 Ibid., p. 273.
20 Ibid., p. 272.
21 Beauvoir, *La Force des choses,* vol. 2, p. 231.
22 Ibid. "Clochards et clochardes assis sur le trottoir en escalier buvaient des litres de vin rouge, ils chantaient, dansaient, monologuaient, se querellaient."
23 Beauvoir, *Beloved Chicago Man,* p. 235.
24 Ibid., p. 237.
25 Ibid., p. 240.
26 Rowley, *Tête-à-tête,* p. 194.
27 Beauvoir, *Beloved Chicago Man,* p. 266.
28 Geneviève Seneau, "Salle commune," *Les Temps modernes,* October 1947, no. 25.
29 Lennon, *Norman Mailer,* p. 2.
30 Ibid., p. 112.
31 *Time* magazine in an article published on January 10, 1949.
32 Buchwald, *I'll Always Have Paris,* pp. 29–30.
33 Ibid.
34 Albert Einstein, *Einstein on Peace,* ed. Otto Nathan (New York: Random House, 1988), p. 704.
35 1948年12月15日付。
36 Buchwald, *I'll Always Have Paris,* p. 33.
37 1949年1月、デイヴィスは世界市民の国際登記所を開設する。150を超える国から75万人が登記した。1950年にアメリカに帰国したとき、デイヴィスは正規の身分証明書を持たない移民として入国した。

第14章　怒り、恨み、しくじり

1 ボールドウィンの親友ユージン・ワースは1946年ニューヨークのジョージ・ワシントン橋から投身自殺した。
2 James Baldwin, "The Art of Fiction No. 78," *Paris Review* (Spring 1984), no. 91, interview by Jordan Elgrably.
3 Quoted in Rowley, *Richard Wright,* pp. 315–79.
4 Baldwin, "Art of Fiction."
5 Ibid.
6 James Baldwin, *No Name in the Street* (New York: Dial Press, 1972), p. 39.［ジェイムズ・ボールドウィン『巷に名前もなく　闘争のあいまの手記』橋本福夫訳、平凡社、1975年］
7 Baldwin, "Art of Fiction."

8 Ibid.
9 以下の1年後の回想より。Richard Seaver, *Tender Hour of Twilight,* p. 10.
10 Ibid.
11 David Leeming, *James Baldwin: A Biography* (New York: Arcade, 2015).
12 Fabre, *La Rive noire.*
13 Baldwin, "Art of Fiction."
14 ただしベローはのちにこの欠点を取り繕おうとする。1996年1月19日に友人ジュリアン・ベールストックに宛てた手紙に、ベローは「不平を言ったのではなく、事実を記録した」と記しておく必要を感じた。Bellow, *Letters.*
15 1949年1月25日付、ベローから代理人デイヴィッド・ベイズロンへの手紙。Bellow, *Letters,* pp. 76-77.
16 1949年2月27日付。Bellow, *Letters,* p. 77.
17 Atlas, *Saul Bellow,* p. 141.
18 Ibid., p. 73.
19 1949年4月10日付。Bellow, *Letters,* p. 80.
20 Baldwin, "Art of Fiction."
21 Abel, *Intellectual Follies,* p. 160.
22 Beauvoir, *Beloved Chicago Man.*
23 Abel, *Intellectual Follies,* p. 165.
24 Ibid., p. 166.
25 Ibid., p. 264.
26 Ibid., p. 204.
27 Toru Kiuchi and Yoshinobu Hakutani, *Richard Wright: A Documented Chronology 1908-1960* (Jefferson, North Carolina: McFarland, 2014), p. 251.
28 Ibid., p. 265.
29 Beauvoir, *Beloved Chicago Man,* p. 270.
30 Todd, *Albert Camus,* p. 686.
31 ライトとボーヴォワールのこのやりとりはボーヴォワールの回顧録に基づき、著者が構成した。Beauvoir, *La Force des choses* および Beauvoir, *Beloved Chicago Man* に引用されたオルグレンへの手紙より。
32 「軽騎兵」Les Hussards は1950年代、60年代に実存主義、とりわけサルトルに反対する右翼の若手作家が興した文学運動。何より文体を重視した。呼称はロジェ・ニミエの1950年作『青い軽騎兵』に因み、サルトルの依頼で「レ・タン・モデルヌ」に記事を寄せたベルナール・フランクがあてこすりを意図して用いた。
33 In its editions of November 13, 1947 and April 25, 1948.
34 Lottman, *Left Bank,* p. 271.
35 マメインが1949年2月26日、オテル・モンタランベールで妹シーリアに宛てて書いた手紙より。M. Koestler, *Living with Koestler,* p. 100.
36 Ibid.
37 『スターリンとヒットラーの軛のもとで　二つの全体主義』［林晶訳、ミネルヴァ書房、2008年］はマルガレーテ・ブーバー＝ノイマンの二度目の夫ハインツ・ノイ

マンの行方探しから始まる。ノイマンはドイツ共産党の内部抗争の犠牲者として名高く、1937年にモスクワで逮捕され、ルビャンカに投獄された。ブーバー＝ノイマンは1961年まで夫の身に何が起きたか知ることができなかった。

38 ガリマールにとって幸いなことに、これらのエッセイは出版されることなく終わる。ポール・エリュアールの孫娘クレア・サルティと著者とのパリでの対話より。

39 Beauvoir, *La Force des choses,* vol. 1, p. 275.

40 Lottman, *Left Bank,* p. 281.

第15章　権利擁護

1 Atlas, *Saul Bellow,* p. 144.

2 パジェット・パウエルがゲインズヴィルのフロリダ大学大学院で講じる小説創作講座で1992年2月21日にベローが述べた言葉。

3 Atlas, *Saul Bellow,* p. 144.

4 Ibid.

5 Saul Bellow, "How I Wrote Augie March's Story," *New York Times,* January 31, 1954.

6 Bellow, *Letters,* p. 80.

7 当初の構想では4部作となるはずだったが、4部は完成しなかった。サルトルが書いたのは最初の2章だけで、これはのちの1949年に「レ・タン・モデルヌ」に掲載された。

8 Flanner, *Paris Journal, 1944–1955,* April 28, 1949.

9 Abel, *Intellectual Follies,* p. 133.

10 James Salter, *Burning the Days* (New York: Random House, 1997), p. 239.

11 Ibid., p. 240.

12 Florence Gilliam, *France: A Tribute by an American Woman* (New York: E. P. Dutton, 1945).

13 Catalogue of *Ellsworth Kelly: The Years in France 1948–1954,* National Gallery of Art in Washington DC, 1993.

14 今も6区ボザール通り10番地に建っている。

15 Seaver, *Tender Hour of Twilight,* p. 16.

16 Ibid.

17 Ibid., p. 32.

18 Ibid., p. 34.「デルフィーヌ・セイリグからユニヴェルシテ通りのクルブ・デセー・ド・ラ・ラディオで行なわれるロジェ・ブラン演出ベケット作『ゴドーを待ちながら』の録音に来ませんかと誘われた」。

19 Cronin, *Samuel Beckett: The Last Modernist,* p. 406.

20 1952年2月、『ゴドー』の一部がラジオで放送され、これがブラン演出による翌年の劇場公演の補助金獲得に役立った。

21 Cronin, *Samuel Beckett: The Last Modernist,* p. 410.

22 Beauvoir, *Beloved Chicago Man,* p. 275.

23 White, *In Search of History,* pp. 270–71.

24 Ibid., p. 275.

25 Ibid., p. 286. ホワイトは英国についてさらにこう続ける。「1949 年 6 月までに、ヨーロッパ内部の流通、決済、機構の難問はすでに解決済みだった。この時点で計画立案者は解決不能の課題、つまり英国に突き当たる。マーシャル・プラン施行から最初の 1 年半について、アメリカ合衆国は西欧を救済し、英国を見捨てたと言える」。ホワイトは同書 291 ページにこう付け加える。「1949 年夏、いよいよその時が来たという気がした。9 月 17 日から 18 日にかけての週末に英国は 1 ポンドの価値を 4.03 ドルから 2.80 ドルに下落させた。わたしは 19 日の月曜日にゴールデン・アロー号に乗りパリを発った。ところがロンドンに着いてみると、英国人は世界情勢の主流から逸れ、遠く離れる長い道のりを、そんなことには無頓着に、愛想よく、朗らかに歩き始めた後だった。世界は遠い。労働党がポンドの管理に成功したか失敗したかなど、ここでは何の意味も持たない」。

26 Miles Davis, *The Autobiography* (New York: Macmillan, 1990).［マイルス・デイヴィス、クインシー・トゥループ『マイルス・デイヴィス自伝』中山康樹訳、シンコーミュージック、2015 年］

27 著者とのインタヴュー、2014 年 1 月 7 日、サントロペの自宅にて。

28 フィリップ・カルルによるインタヴュー。リチャード・ウィリアムズ訳、「ガーディアン」紙 2006 年 5 月 25 日に掲載。

29 George Cole, "Miles Davis: His Love Affair with Paris," *Guardian,* December 10, 2009.

30 フィリップ・カルルによるインタヴュー。

31 同上。

32 同上。

33 同上。

34 同上。

35 Beauvoir, *La Force des choses,* vol. 1, p. 250.

36 シモーヌ・ド・ボーヴォワールは夢の世界でネルソン・オルグレンを「愛する夫」と思いなし、手紙でもそう呼んだ。ボーヴォワールはオルグレンが彼女に贈ったメキシコ製の安物の結婚指輪を亡くなる日まで身につけ、そのまま埋葬された。第 9 章注 3 も参照。

37 Rowley, *Tête-à-tête,* p. 199.

38 Earl Rovit and Arthur Waldhorn (eds.), *Hemingway and Faulkner in Their Time* (New York: Bloomsbury, 2005), p. 136.

第 16 章　告別、そして新しい夜明け

1 Lennon, *Norman Mailer,* p. 119.

2 カミュはこのように紹介されて驚き、かつ落胆した。カミュはサルトルの副官であったためしはない。

3 「『思慕の時代』で著者はふたたび人間精神の同調者となったボリシェヴィキ的心情ばかりでなく、民主的、フランス的、宗教的、文学的、背信的、アメリカ的等いくつもの特殊な条件付けを受けた精神をも扱う」。批評家リチャード・H・ロヴィア

は1951年2月25日付「ニューヨーク・タイムズ」紙に寄せたきわめて好意的な書評にこう記した。

4 M. Koestler, *Living with Koestler,* p. 112.

5 アーサー・ケストラーより22歳年下で健康そのものであったにもかかわらず、シンシアは1983年3月1日、回復の望めないケストラーのかたわらで自ら命を断つ決心をした。

6 Spurling, *Girl from the Fiction Department,* p. 93.

7 Ibid., p. 96.

8 フランスの作家、詩人ジョルジュ・ランブールの言葉。

9 Festival du Film Maudit.

10 「ニューヨーク・タイムズ」紙の批評家ボスリー・クラウザーは1958年にロジェ・ヴァディムの『素直な悪女』でバルドーが演じた役柄についてこう記した。「事実、3人の主演男優を性的昂奮の極致に駆り立てるのはマドモワゼル・バルドーがベッドの中ですることではなく、するかもしれないことなのである。彼女は動く輪郭の持ち主であり、この現象は我が目で見ないかぎり信じられるものではない」

11 Simone de Beauvoir, "Brigitte Bardot and the Lolita Syndrome", *Esquire magazine,* August 1959.

12 Ibid.

13 Ibid.

14 Ibid.

15 Jean Cocteau, *Le Passe defini,* vol. 4 (Paris: Gallimard, 2005), July 1955.

16 *Les Temps modernes,* May 1949, no. 43.

17 Ibid.

18 1950年1月28日付、ベローからアルフレッド・ケイジンへの手紙。Quoted in Atlas, *Saul Bellow,* p. 154.

19 Flanner, *Paris Journal, 1944–1955,* January 25, 1950.

20 Ibid., p. 266.

21 ボーヴォワールは当初『生存者』と題し、次に『容疑者』とした。サルトルは『グリオ』(語り部)を提案した。ボーヴォワールの新しい若い恋人クロード・ランズマンが『レ・マンダラン』(中国の高官の意)を思いついた。Beauvoir, *La Force des choses,* vol. 2, p. 36.

22 1954年12月6日のゴンクール賞。ローマ旅行中にこのニュースを聞いたアルベール・カミュは、熱があり病気だったが、1954年12月12日に手帳にこう記した。「新聞を偶然読んだ。パリの喜劇をすっかり失念していた。ゴンクール賞とは笑止千万。わたしは英雄扱いとのこと。下らない」。

23 『O嬢の物語』は1954年に出版され、リチャード・シーヴァーがサビーヌ・デストレの筆名で翻訳した英語版を1965年にオリンピア・プレス社が刊行した。「ニューヨーク・タイムズ」紙の書評家エリオット・フレモン=スミスは1966年に『O嬢の物語』は「検閲の最後の理論的根拠、『文学的』猥褻文書と『ハードコア』猥褻文書を区別する我々の最近の、いささか絶望的な試み」を打ち砕いたと評し、「不快、忘れがたい、少々好色、それより嘔吐を催す、信じがたく、人を不安に陥れ

る」と形容した。

24 Flanner, *Paris Journal, 1944-1955*, January 25, 1950.

25 Ibid.

26 ボッカドール通り24番地は住むには面白いところだった。映画プロデューサーの28歳のベルギー人ラウール・レヴィが3階のシオドア・H・ホワイトの真向かいの部屋に住んでいた。レヴィは初めて映画をプロデュースしているところで、この後まもなく暴動が起きたと偽の通報をしてパリ市警を出動させ、エキストラ代わりに使う。数年後、レヴィは友人ロジェ・ヴァディムの『素直な悪女』(主演ブリジット・バルドー)をプロデュースする。このほかにも一癖も二癖もある隣人揃い。パリ最高の宝飾店主の情婦、米軍のポンコツ戦闘機をいかがわしい政権に売りつける英国人武器商人、元スペイン共和国軍兵士、建物の管理人ジェルマンなど。数か月後、アーウィン・ショーと妻マリアンが到着する。

27 White, *In Search of History*, p. 333.

28 Ibid., p. 332.

29 Ibid., p. 334.

30 最後の段落は作家アーウィン・ショーに敬意を表し、「過ぎ去った事共の追憶」(旧題「パリ!パリ!」、初出は1953年、アメリカの雑誌「ホリデー」)と題するショーの記事に因む。「街は右も左も静まり、川風は涼しく、折々橋を渡る自動車のヘッドライトが河岸の木々をときおり照らし出す。浮浪者は河岸で眠り、夜が明け、パリの艶やかな写真集を作り続ける連中が撮影しにやってくるのを待つ。汽車がどこか近くを、汽笛を鳴らして通り過ぎる。汽笛は抓られた乙女、抓ったのが助祭と知って驚く乙女の悲鳴のように聞こえる。政治家と外交官の建物は暗い。記念碑はまどろむ。昏い流れの上空できみを取り巻く星明かりの照らす世紀……ためらいがちに、きみは娘のほうに寝返りをうつ……」。